谢林著作集

先刚 主编

全部哲学尤其是自然哲学的体系

System der gesammten Philosophie und der Naturphilosophie insbesondere

〔德〕谢林 著 庄振华 译

图书在版编目（CIP）数据

全部哲学尤其是自然哲学的体系 /（德）谢林著；庄振华译. —北京：北京大学出版社，2023.9
（谢林著作集）
ISBN 978-7-301-34262-6

Ⅰ.①全… Ⅱ.①谢… ②庄… Ⅲ.①谢林（Schelling, Friedrich Wilhelm Joseph von 1775-1854）–自然哲学–哲学思想 Ⅳ.① B516.34

中国国家版本馆 CIP 数据核字（2023）第 141767 号

书　　　名	全部哲学尤其是自然哲学的体系 QUANBU ZHEXUE YOUQI SHI ZIRAN ZHEXUE DE TIXI
著作责任者	〔德〕谢　林（F.W.J.Schelling）著　庄振华 译
责 任 编 辑	王晨玉
标 准 书 号	ISBN 978-7-301-34262-6
出 版 发 行	北京大学出版社
地　　　址	北京市海淀区成府路 205 号　100871
网　　　址	http://www.pup.cn　新浪微博 @ 北京大学出版社
电 子 邮 箱	编辑部 wsz@pup.cn　总编室 zpup@pup.cn
电　　　话	邮购部 010-62752015　发行部 010-62750672 编辑部 010-62752025
印 刷 者	北京中科印刷有限公司
经 销 者	新华书店
	890 毫米 ×1240 毫米　16 开本　34.25 印张　460 千字 2023 年 9 月第 1 版　2023 年 9 月第 1 次印刷
定　　　价	158.00 元

未经许可，不得以任何方式复制或抄袭本书之部分或全部内容。
版权所有，侵权必究
举报电话：010-62752024　电子信箱：fd@pup.pku.edu.cn
图书如有印装质量问题，请与出版部联系，电话：010-62756370

目 录

中文版"谢林著作集"说明 ················· 1

谢林自然哲学的思想宗旨与演进历史（代译者序）············· 7

全部哲学尤其是自然哲学的体系(1804)················· 1

人名索引 ························· 493

主要译名对照 ······················· 496

中文版"谢林著作集"说明

如果从谢林于1794年发表第一部哲学著作《一般哲学的形式的可能性》算起，直至其1854年在写作《纯粹唯理论哲学述要》时去世，他的紧张曲折的哲学思考和创作毫无间断地延续了整整60年，这在整个哲学史里面都是一个罕见的情形。[①] 按照人们通常的理解，在德国古典哲学的整个"神圣家族"（康德—费希特—谢林—黑格尔）里面，谢林起着承前启后的关键作用。诚然，这个评价在某种程度上正确地评估了谢林在德国古典哲学的发展过程中的功绩和定位，但另一方面，它也暗含着贬低性的判断，即认为谢林哲学尚未达到它应有的完满性，因此仅仅是黑格尔哲学的一种铺垫和准备。这个判断忽略了一个基本事实，即在黑格尔逐渐登上哲学顶峰的过程中，谢林的哲学思考始终都处于与他齐头并进的状态，而且在黑格尔于1831年去世之后继续发展了二十多年。一直以来，虽然爱德华·冯·哈特曼（Eduard von Hartmann）和海德格尔（Martin Heidegger）等哲学家都曾经对"从康德到黑格尔"这个近乎僵化的思维模式提出过质疑，但真正在

---

① 详参先刚：《永恒与时间——谢林哲学研究》，第1章"谢林的哲学生涯"，北京：商务印书馆，2008年，第4—43页。

这个领域里面给人们带来颠覆性认识的,乃是瓦尔特·舒尔茨(Walter Schulz)于1955年发表的里程碑式的巨著《德国唯心主义在谢林后期哲学中的终结》。①从此以后,学界对于谢林的关注度和研究深度整整提高了一个档次,越来越多的学者都趋向于这样一个认识,即在某种意义上来说,谢林才是德国古典哲学或德国唯心主义的完成者和终结者。②

我们在这里无意对谢林和黑格尔这两位伟大的哲学家的历史地位妄加评判。因为我们深信,公正的评价必须而且只能立足于人们对于谢林哲学和黑格尔哲学乃至整个德国古典哲学全面而深入的认识。为此我们首先必须全面而深入地研究德国古典哲学的全部经典著作。进而,对于研究德国古典哲学的学者来说,无论他的重心是放在四大家的哪一位身上,如果他对于另外几位没有足够的了解,那么很难说他的研究能够多么准确而透彻。在这种情况下,对于中国学界来说,谢林著作的译介尤其是一项亟待补强的工作,因为无论对于康德、黑格尔还是对于费希特而言,我们都已经拥有其相对完备的中译著作,而相比之下,谢林著作的中译仍然处于非常匮乏的局面。有鉴于此,我们提出了中文版"谢林著作集"的翻译出版规划,希望以此推进我国学界对于谢林哲学乃至整个德国古典哲学的研究工作。

---

① Walter Schulz, *Die Vollendung des deutschen Idealismus in der Spätphilosophie Schellings*. Stuttgart, 1955; zweite Auflage, Pfullingen, 1975.
② 作为例子,我们在这里仅仅列出如下几部著作: Axel Hutter, *Geschichtliche Vernunft: Die Weiterführung der Kantischen Vernunftkritik in der Spätphilosophie Schellings*. Frankfurt am Main 1996; Christian Iber, *Subjektivität, Vernunft und ihre Kritik. Prager Vorlesungen über den Deutschen Idealismus*. Frankfurt am Main 1999; Walter Jaeschke und Andreas Arndt, *Die Klassische Deutsche Philosophie nach Kant: Systeme der reinen Vernunft und ihre Kritik (1785-1845)*. München, 2012.

中文版"谢林著作集"所依据的德文底本是谢林去世之后不久，由他的儿子（K. F. A. Schelling）编辑整理，并由科塔出版社出版的十四卷本《谢林全集》（以下简称为"经典版"）。① "经典版"分为两个部分，第二部分（第11—14卷）首先出版，其内容是晚年谢林关于"神话哲学"和"天启哲学"的授课手稿，第一部分（第1—10卷）的内容则是谢林生前发表的全部著作及后期的一些手稿。自从这套全集出版以来，它一直都是谢林研究最为倚重的一个经典版本，目前学界在引用谢林原文的时候所遵循的规则也是以这套全集为准，比如"VI, 60"就是指所引文字出自"经典版"第六卷第60页。20世纪上半叶，曼弗雷德·施罗特（Manfred Schröter）为纪念谢林去世100周年，重新整理出版了"百周年纪念版"《谢林全集》。② 但从内容上来看，"百周年纪念版"完全是"经典版"的原版影印，只不过在篇章的编排顺序方面进行了重新调整，而且"百周年纪念版"的每一页都标注了"经典版"的对应页码。就此而言，无论人们是使用"百周年纪念版"还是继续使用"经典版"，本质上都没有任何差别。唯一需要指出的是，"百周年纪念版"相比"经典版"还是增加了新的一卷，即所谓的《遗著卷》（Nachlaßband）③，其中收录了谢林的《世界时代》1811年排印稿和1813年排印稿，以及另外一些相关的手稿片段。1985年，曼弗雷德·弗兰克（Manfred Frank）又编辑出版了一套六卷本《谢

---

① F. W. J. Schelling, *Sämtliche Werke*. Hrsg. von K. F. A. Schelling. Stuttgart und Augsburg: Cotta'sche Buchhandlung, 1856-1861.
② *Schellings Werke. Münchner Jubiläumsdruck, nach der Originalausgabe (1856-1861) in neuer Anordnung.* Hrsg. von Manfred Schröter. München 1927-1954.
③ F. W. J. Schelling, *Die Weltalter. Fragmente. In den Urfassungen von 1811 und 1813.* Hrsg. von Manfred Schröter. München: Biederstein Verlag und Leibniz Verlag 1946.

林选集》①，其选取的内容仍然是"经典版"的原版影印。这套《谢林选集》因为价格实惠，而且基本上把谢林最重要的著作都收录其中，所以广受欢迎。虽然自1976年起，德国巴伐利亚科学院启动了四十卷本"历史-考据版"《谢林全集》②的编辑工作，但由于这项工作的进展非常缓慢（目前仅仅出版了谢林1801年之前的著作），而且其重心是放在版本考据等方面，所以对于严格意义上的哲学研究来说暂时没有很大的影响。总的说来，"经典版"直到今天都仍然是谢林著作的最权威和最重要的版本，在谢林研究中占据着不可取代的地位，因此我们把它当作中文版"谢林著作集"的底本，这是一个稳妥可靠的做法。

目前我国学界已经有许多"全集"翻译项目，相比这些项目，中文版"谢林著作集"的主要宗旨不在于追求大而全，而是希望在基本覆盖谢林各个时期的著述的前提下，挑选其中最重要和最具有代表性的著作，陆续翻译出版，力争做成一套较完备的精品集。从我们的现有规划来看，中文版"谢林著作集"也已经有二十二卷的规模，而如果这项工作进展顺利的话，我们还会在这个基础上陆续推出更多的卷册（尤其是最近几十年来整理出版的晚年谢林的各种手稿）。也就是说，中文版"谢林著作集"将是一项长期的开放性的工作，在这个过程中，我们也希望得到学界同仁的更多支持。

---

① F. W. J. Schelling, *Ausgewählte Schriften in 6 Bänden*. Hrsg. von Manfred Frank. Frankfurt am Main: Suhrkamp 1985.
② F. W. J. Schelling, *Historisch-kritische Ausgabe*. Im Auftrag der Schelling-Kommission der Bayerischen Akademie der Wissenschaften herausgegeben von Jörg Jantzen, Thomas Buchheim, Jochem Hennigfeld, Wilhelm G. Jacobs und Siegbert Peetz. Stuttgart-Band Cannstatt: Frommann-Holzboog, 1976 ff.

本丛书得到了国家社科基金项目"德国唯心论在费希特、谢林和黑格尔哲学体系中的不同终结方案研究"（项目批准号20BZX088）的资助，在此表示感谢。

先　刚

北京大学外国哲学研究所

北京大学美学与美育研究中心

谢林自然哲学的思想宗旨与演进历史
（代译者序）

在一个科学技术高度发达的时代谈论"自然哲学"似乎不合时宜，谈论数学哲学发生大变革之前的谢林自然哲学更是如此。然而无论就自然哲学是古典哲学家思想的重要一环而言，还是就任何时代的自然科学要良性发展，都离不开深度反思而言，自然哲学对于自然科学之根基与边界的反思依然不可或缺。①而谢林由于建立了西方历史上最典型也最系统的自然哲学，在这方面尤其值得我们重视。

在西方对自然与自然科学进行哲学反思的历史上，谢林远非首开先河。整个前现代自然科学都是在"自然哲学"（philosophia naturalis）的名义下进行的。那时的自然哲学包含宇宙论以及作为有机物学说与心理学的目的论；18世纪以来自然哲学又有了"自然形而上

---

① 事实上当代学界并未中断对于一种新的自然哲学的呼吁，尽管学者们对于那是怎样一种自然哲学这一点存在分歧。范德沃尔最近的一部著作在这方面比较有代表性，系统介绍了现代哲学对自然的遗忘，以及当代在形而上学层面建立新的自然图景的可能性，见 Koo van der Wal, *Die Wirklichkeit aus neuer Sicht. Für eine andere Naturphilosophie*, Springer Fachmedien, Wiesbaden 2017, S. 15-34, 51-75, 109-123。

学""思辨物理学"等别名。① 单就近代范围内而言,波墨、莱布尼茨、康德、赫尔德以及同时代的歌德、冯·巴德尔(Franz von Baader)等人均有自然哲学作品面世。但谢林自然哲学与这些作品最大的区别还不在于它的体系化,而在于它并非作为一般形而上学的某种应用或作为某种部门哲学,而基本上是作为一般形而上学本身出现的。它代表了谢林早期作品②中突破同时代主体主义先验哲学而取径于更原初的同一性的思想规划的首次实施,甚至可以视作对他后期"肯定哲学-否定哲学"架构的某种预示,因而甫一出现便具备了撼动那个时代的哲学整体图景的潜力。尽管在同一性哲学时期,谢林往往将自然哲学与先验哲学作为针对不同领域但又并行不悖的两种哲学③,但这并不足以撼动自然哲学作为一般形而上学的地位,因为自然哲学虽然表面上与先验哲学并行,但还承担了更根本的奠基任务:它不仅是早期规划的证实者(相比之下,先验哲学则是这一证实的受惠者),还勾画了绝对者与实在世界(自然哲学的对象)、观念世界(先验哲学的对象)的基本关系格局,即绝对者的肯定活动与被肯定者的关系,或创生的自然与被生的自然的关系,换言之,自然哲学不仅描绘实在世界,还描绘绝对者的创

---

① Cf. Wolfgang Bonsiepen, *Die Begründung einer Naturphilosophie bei Kant, Schelling, Fries und Hegel. Mathematische versus spekulative Naturphilosophie*, Vittorio Klostermann, Frankfurt a. M. 1997, S. 13.
② 主要包括1794年的《一般哲学的形式的可能性》和1795年的《论自我作为哲学的本原》。
③ 比较典型的是《先验唯心论体系》(1801年)与《全部哲学尤其是自然哲学的体系》(1804年)中的体系安排。参见谢林:《先验唯心论体系》,梁志学、石泉译,北京:商务印书馆,1976年,第6—9页;F. W. J. Schelling, *System der gesammten Philosophie und der Naturphilosophie insbesondere*, in ders., *Sämtliche Werke*, Band VI, J. G. Cotta'scher Verlag, Stuttgart und Augsburg 1860, S. 201-214。

生模式。①

　　谢林自然哲学绝不仅仅是他个人思想发展史与德国古典哲学史上一个即将被后续阶段代替的阶段，它提出的绝对者自我肯定活动、"本质-形式"结构等等是谢林此后一直在坚守的一些原则性思想；它的意义也绝不仅仅是对那个时代相当粗朴的自然科学进行所谓的"哲学总结"，而是对现代自然科学的观念性、主体性提出了根本性挑战，对当今科学与思想的发展依然极有启发。由于谢林自然哲学演变复杂、版本繁多，我们需要先厘清其根本旨趣，才能依此统摄各个版本。本文首先澄清这种自然哲学与自然科学的差异，继而通过考察其与黑格尔哲学截然不同的构造模式，来凸显其思想宗旨，进而以该主旨贯通各版本自然哲学的演进史，最后简要讨论这种哲学与当今思想的关系。

一、与自然科学的关系

　　在深入谢林自然哲学的内容之前，我们先要明白它处理的是什么性质的问题。这个问题又分为外、内两层。前者涉及当今读者在客观上的阅读障碍，后者涉及哲学家的主观立意与执行方式，在客观上影响到整个谢林哲学的基本特征，乃至它对后世发生影响的方式，本文第一、二节分别讨论这两个层面。从外部来看，身处21世纪的我们首先面

---

① 准确地说，就谢林早期哲学而言，自然哲学是其哲学构想必不可少的展开方式；就此后的同一性哲学而言，自然哲学在与先验哲学并列之前，首先作为"开路先锋"，打开了不同以往的德国古典哲学新格局，也在相当程度上充当了一般形而上学的角色（我们不必在自然哲学与先验哲学之外另寻与二者不同的某种一般形而上学规划）。另外，我们也可以从《动力学反应过程的一般演绎》（1800年）与《论自然哲学的真实概念》（1801年）对自然哲学与先验哲学的轻重安排中看出对这一点的佐证：前者已使自然哲学优先于先验哲学，后者则将先验哲学降为导引。

对的是这种哲学的所谓"价值"或"合法性"的问题：当今时代还有必要郑重其事地探讨自然哲学吗，抑或应当像克罗齐在20世纪初对待黑格尔那样，在谢林的整个哲学中生硬区分"活东西"与"死东西"，将自然哲学归入后一类别，弃之不顾？这类疑问大都基于一个似是而非的假设：自然科学是时代的领头羊，它的"进步"不容置疑，过往的哲学只要对这种进程缺乏足够的预测力与解释力，就应该靠边站。本文无意在此详细辩驳这种唯科学主义的立场。这里我们只需留意，反思科学的根基与边界的任务从来不是由科学本身完成的，科学演变的具体情形（尤其是某些高端技术的发展）并不能自动为这种演变提供依据和正当性，因此上述假设在根本上而言是将两个层面的问题混为一谈了。谢林本人对两个层面有清晰的区分。① 自康德以来，德国古典哲学向来懂得划分经验性规律的层面和为近代自然科学的"哥白尼式革命"提供可能性条件的诸本原的层面，谢林也不例外。

但这还只是表面问题，因为不同的哲学家可以提出不同的本原架构，而自然科学并不能直接证实或证伪使其得以可能的本原架构，因而并无资格充当不同自然哲学之间的裁判。可见更深层次的问题在于，谢林的自然哲学有何优胜于其他自然哲学之处？这一问题的解决只能付诸深藏于德国古典哲学内部的争执。下面我们从谢林的成名作《一种自然哲学的理念》的若干论述入手，讨论谢林眼中自然哲学与自然科

---

① 但谢林并非只以自然哲学自居，完全外在地看待自然科学。正如德国哲学家维兰德所说，谢林从1796年开始就致力于电学、磁学和化学等领域的研究，他的自然哲学不仅没有脱离自然科学研究，反而是以他自己和同时代其他人的自然科学研究的成果为基础的。Siehe Wolfgang Wieland, "Die Anfänge der Philosophie Schellings und die Frage nach der Natur", in M. Frank und G. Kurz (hrsg.), *Materialien zu Schellings philosophischen Anfängen*, Suhrkamp Verlag, Frankfurt am Main 1975, S. 270。

学的关系,以此表明自然哲学的定位。谢林在该书首版序言(作于1797年)中曾说:"我的目的毋宁是让自然科学本身首次在哲学的意义上**产生**,而我的哲学本身无非就是自然科学。"① 谢林强调自己的自然哲学是"哲学意义上的"自然科学,言下之意是,还有一种非哲学意义上的自然科学。② 而谢林在前一个意义上将哲学称为"科学",这符合德国古典哲学家们继承自古希腊哲学的以追求真理与科学自任的一贯做法,但这里所谓的"科学"是广义的知识之学(Wissen-schaft)、真理之学,而非当今狭义的数学-自然科学。关于自然哲学的任务,谢林在后文中某个地方明白揭示出科学的进展离不开形象化虚构之后,这样说道:"一种哲学自然科学的大部分事务正好在于,规定那样一些**虚构**的可行性与界限,它们对于研究和观察的进步而言绝对必不可少,而且只有当我们希望超出它们的界限之外运用它们时,才与我们科学上的进步相抵牾。"③ 与那种认为自然科学可以确定自身发展方向,而且理当无边无际地发展的偏见相反,谢林认为它的发展带有人类表象能力的固有缺陷,而且一定的表象方式只能在自然哲学规定的各个概念(比如重力、磁、电等)中的某个概念的范围内运行;任由某种表象方式无限扩大,只会与自然科学的新发现相矛盾,这无疑会使自然科学走一些不必要的弯路。由此我们可以得出一个基本结论:自然哲学不能也不应当越俎代

---

① F. W. J. Schelling, *Ideen zu einer Philosophie der Natur als Einleitung in das Studium diser Wissenschaft*, in ders., *Sämtliche Werke*, Band II, J. G. Cotta'scher Verlag, Stuttgart und Augsburg 1857, S. 6.

② 谢林也称前一种自然科学为"哲学自然科学"(philosophische Naturwissenschaft)、"思辨物理学"(spekulative Physik),称后一种自然科学为"单纯自然科学"(bloße Naturwissenschaft)。

③ F. W. J. Schelling, *Ideen zu einer Philosophie der Natur als Einleitung in das Studium diser Wissenschaft*, S. 100.

庖，预测或规定自然科学及其技术应用的发展，但自然哲学由于研究自然的理念以及自然这一实在世界的来源、层级结构与走向，因而有能力预先规定自然科学的各种对象所处的层面、运行的特殊方式和我们从中得到的知识的范围。

关于自然哲学与自然科学这两个层面的区别并非泛泛之论，两个层面对具体概念的界定也是根本不同的，自然哲学能给自然科学带来全新的视角，揭示后者在运作时"日用而不知"的一些条件。比如自然哲学对"力"的界定是："**力**意味着我们至少能当作**本原**而置于自然科学顶端的东西，以及尽管本身不可呈现，却可以依照其**作用方式**而由物理学规律规定的东西。"① 与通常认为物理学直接研究力的观点不同，谢林认为力本身是关注现象反复呈现之规律的物理学所无法达到的一种本原性设定，因为后者关心的只是力的表现形式，故而向来已经以力为前提了。比如所有力中最基本的吸引力与排斥力就是如此："如果吸引力和排斥力本身是物质的**可能性**条件，或者毋宁说，如果物质本身被设想为无非就是这些力量的争执，那么在所有自然科学的顶端，这些本原或者是来自一门更高的科学的前提，或者是在一切步骤之前就必须被预设下来的公理，假如物理学的说明一般而言要成为可能的话。"② "它们是**我们的认识**的最初条件，而我们却徒劳地盼望**从**我们的认识**出发**（在物理的或机械的意义上）说明它们；它们就其本性而言已经超出一切认识之外；一旦人们追问它们的根据，我们必定离开**预设**了那些力量的经验领地之外；而且我们只有在我们的**一般**认识活动的

---

① F. W. J. Schelling, *Ideen zu einer Philosophie der Natur als Einleitung in das Studium diser Wissenschaft*, S. 50.
② Ibid., S. 192.

本性中,在我们的知识最早的、最原初的可能性中才能发现将这些力量当作本原(这些本原在其自身是绝对不可证明的)而置于所有自然科学之前的根据。"①这意味着,自然科学虽然有着广阔的发展空间,但在研究自然现象本身的根据、层级与界限方面实在力有不逮,其志亦不在此,必须另有一门自然哲学来探讨这类问题。

二、从构造方式看思想宗旨

以上展示的是建立一门不同于自然科学并为之奠基的自然哲学的必然性。但这毕竟是一种外在的探讨,尚未深入问题本身的机理。欲知晓谢林何以建立如此这般的自然哲学,必须从他自己的问题意识入手。就谢林自然哲学与同时代其他哲学思想(尤其是康德、早期费希特思想)的关系而言,这种自然哲学发端于在主体、客体之先而又成为双方条件的原初同一性,后者既继承了康德先验哲学与早期费希特知识学的某些思想,又突破了两者多少带有的主体性格局。②如要更深入把握谢林自然哲学,接下来必须探讨的问题是:如果说原初同一性在谢林这里既不是最初的本原,也不是最终的归宿③,它只是对人而言无以逃

---

① F. W. J. Schelling, *Ideen zu einer Philosophie der Natur als Einleitung in das Studium diser Wissenschaft*, S. 195.
② 参见庄振华:《略论谢林自然哲学的开端》,载《云南大学学报(社会科学版)》2019年第5期。
③ 谢林有言:"只有当自在体(An-sich)、一切存在的本质(das Wesen alles Seyns)本身凭借其本性而成为肯定者与被其自身肯定者,主体与客体的绝对等同性才能在一般意义上得到肯定。"另外他还直截了当地说,这个发起肯定活动的最初本原就是上帝:"这样一个绝对肯定其自身,因而也被其自身肯定者,只会是绝对者或上帝。" Siehe Schelling, *System der gesammten Philosophie und der Naturphilosophie insbesondere*, S. 148.

避的事实，那么原初同一性从何而来？它以何种方式被建立起来？

这里谢林自然哲学的基本构造方式：源自绝对者的肯定—对该肯定活动的肯定—前两者的无差别状态（下文简称："肯定"模式）。这个模式在早期各版本的自然哲学中被酝酿，在《全部哲学尤其是自然哲学的体系》（1804年）的"一般哲学"部分得到成熟的表述，后来延续到谢林的同一性哲学、"自由论文"、世界时代哲学与肯定哲学中，并规定了他批判黑格尔哲学的方式，可谓"兹事体大"。从实质上看，这个"肯定"模式与黑格尔《逻辑学》同属德国唯心论在谢林开辟的新基点上对近代理性及其科学架构方式的最深刻反思，相互对照可能是理解二者最好的方式。①

《逻辑学》始于"纯粹存在"，终于"绝对理念"。我们不可错误领会了黑格尔与斯宾诺莎、费希特、谢林的思想差别，误认为黑格尔选择从无规定的纯粹存在出发，而后三者选择从绝对者出发，这不过是在同一标准下很偶然地选择了不同的答案罢了。在黑格尔看来，"如果自我＝自我，或者甚至理智直观真正被看作只是最初的开端，那么，这个最初的开端在这种纯粹的直接性中就无非是**存在**，正像反过来，纯粹存在如果不再是这个抽象的存在，而是在自身包含着中介的存在，则是纯粹的思维或直观一样"②。黑格尔并未遵循柏拉图主义的路径，从

---

① 《逻辑学》在谢林自然哲学诞生时还远未成型，看起来似乎与后者没有多大关系。但深刻如谢林者，在其思想发展的中后期与黑格尔进行深度"争辩"时的目标所向几乎总是《逻辑学》。我们在这里拿关乎谢林哲学基本格局的自然哲学与作为黑格尔思想核心的《逻辑学》进行对比，并不是为了就个别概念进行什么猎奇式的比较，而是为了探究谢林与黑格尔的思想差异的深层机理。
② 黑格尔：《逻辑学：哲学全书·第一部分》，梁志学译，北京：人民出版社，2002年，第167页。个别术语有改动，下同。

绝对者的自我肯定与流溢出发构想世界的生成,即并未从宇宙秩序出发解释现实事物,而是严密遵从"开端"对人类理解力而言的含义,即仅仅专注于考察,对于人的理解而言,思维①与事物双方的开端(二者在《逻辑学》中是一回事)的情形如何。在后一种意义上,开端意味着没有任何规定性和深入理解,即意味着最直接的东西,而古代、中世纪与近代各种版本的绝对者显然不是这样一个最直接的东西。绝对者就宇宙秩序而言固然是第一位的东西,但对于坚持从人自身的理解起步且已将此种理解化为固有生活方式的近代人而言,是不能一蹴而就的;人类在通达绝对者的路途上需要经历多重凶险挑战,还必须从理性自造的陷阱②中脱身而出。黑格尔选择的正是这样一条人类向宇宙秩序提升的路子。但与此同时,应当留意的是,《逻辑学》是以自然意识业已完成《精神现象学》中描述的向绝对知识上升之路,开始以客观思维的身份与事物本身同步偕行为前提的,因而"存在本身以及后来的各个规定——其中不仅有存在的规定,而且有全部的逻辑规定(即整部《逻辑学》中的所有范畴——引者按)——都可以被看作关于绝对者的定义"。③因而这里的纯粹存在作为最直接也最抽象的客观思维,也是绝对者的一种形式,而不是意识的主观想象。

思维向绝对理念攀升,也不是出于人类理智上的征服欲,而是为了解决一个巨大的时代难题,即近代理性在突飞猛进的表面现象之下掩

---

① 《逻辑学》中的思维主要不是指人的主观思维(飘忽不定的主观念头或情绪),而是客观思维,即事物的可理解性或合逻辑性。
② 近代以来关于这种陷阱的反思不绝如缕,康德的启蒙观、黑格尔的本质论、维特根斯坦的"捕蝇瓶"之喻为其中比较典型的几例。
③ 黑格尔:《逻辑学:哲学全书·第一部分》,第165页。

盖着的自造陷阱、自我封闭困局。《逻辑学》体大思深,这里不可能也没有必要详尽重述,我们只从它的进展方式入手,最简单地勾勒一下该书思路。从微观视野看,《逻辑学》的每一层级的范畴内部都含有三部曲式的进展:抽象的知性方面、辩证的否定性理性方面和思辨的肯定性理性方面。①这三个方面分别考察事物离散的现成存在,事物自身与其对立面的相互依赖,以及作为对立之根据的统一性的呈现过程。不难发现,上述进展方式依然以人类理性的自我构造与自我突破为主线,其实质依然是思维和存在均从抽象离散状态到封闭的二元设定,最后到以思辨性推论打破封闭性的进展方式。从宏观视野看,《逻辑学》的三个主要层面(即存在论、本质论、概念论)则是上述三个方面系统化的产物,只不过在这三个层面,系统化分别采取了知性的、辩证的和思辨的方式罢了。这里的要害在于,本质论承接存在论中对自为存在着的绝对者的寻求而出现,构造出越来越深入、越来越立体化的二重世界,以巩固对现实世界的承认,以致最后像斯宾诺莎那般承认现实中即有绝对者。但究其实质,这种种做法都不过是理性为了巩固自身而对世界进行的二元设定,以封闭性的代价获得了在世界上生存的确定性。而概念论正是通过思辨性推论的方式打破这种封闭性的努力。黑格尔对本质论及其出路的探讨,应对的实际上是由文艺复兴时代开启,后来被康德总结为"哥白尼式革命"的近代科学架构方式的困局,而这一困局不仅体现在科学中,也体现在政治、经济与日常生活的各领域中。黑格尔虽然鲜少像谢林那样就绝对者而论绝对者,也并不讨论绝对者如何以肯定性的方式演化为现实世界,但鉴于黑格尔对于近代理性自我封闭

---

① 黑格尔:《逻辑学:哲学全书·第一部分》,第151—162页。

的弊端已有深刻思考，所以谢林中后期作品中对黑格尔"缺乏对理性有限性的反思"和"缺乏肯定哲学"的批评，似有重新考察的必要，至少我们不能仅仅站在谢林批评黑格尔的立场上来阅读黑格尔。①

谢林自己看问题的角度则十分不同。如果说黑格尔从近代思想的立足点（人类的理解或事物的可理解性）出发，在突破理性陷阱之后探索这一立足点本身不为人知的根据（宇宙秩序），那么谢林则承接柏拉图主义的传统，在新的时代语境下化用这一传统，以此打破理性的僵局，使世界的每一个层面乃至环节都融入绝对者自我肯定的进程之中。在《全部哲学尤其是自然哲学的体系》的"一般哲学"部分，谢林完整呈现了上述自我肯定的基本模式。谢林虽然在本书开篇就极为强调认知者与被认知者、主体与客体的原初同一性，但这并不意味着原初同一性就是绝对的、最原初的根据。谢林在第一个命题中就说："一切知识最初的预设是，认知者与被认知者是同一个东西，"②连最高认识的标志也是这种同一性："最高的认识必然是那样的，在它当中主体与客体的等同性本身被认识到。"（命题3）但这只是就认识而言的，因为谢林旋即指出，这种同一性并非与所同一者不同的什么抽象现成东西，而是以"本质"显现为"形式"为前提的："只有当自在体、一切存在的本质本身凭借其本性而成为肯定者与被其自身肯定者，主体与客体的绝对等同性才能在一般意义上得到肯定。"（命题6）本质是最原初的肯定者，

---

① 先刚教授的系列文章已就此类问题打开了一个极为重要的讨论空间。参见先刚：《试析后期谢林对于黑格尔的批评》，发表于《哲学评论》2017年第2期；先刚：《重思谢林对于黑格尔的批评以及黑格尔的可能回应》，发表于《江苏社会科学》2020年第4期。
② Schelling, *System der gesammten Philosophie und der Naturphilosophie insbesondere*, S. 137.该书由326个命题构成，下文中对该书的引用均围绕各命题展开，因此采用随文注的形式，表明命题号码，不另注。

在这里又被称为"上帝"或"绝对者":"这样一个绝对肯定其自身,因而也被其自身肯定者,只会是绝对者或上帝。"(命题7)我们不可设想绝对者的肯定活动本身还另有其他条件;我们甚至只能就从事肯定活动而言才能设想上帝存在("上帝仅仅就其是肯定者和被其自身肯定者而言才存在",命题18)。在这个意义上,我们只能说这肯定活动就是其自身的条件;该肯定活动为原初同一性提供了可能性,后者是世界的绝对条件,又叫"绝对同一性":"绝对同一性作为同一性,不能在任何意义上被消除。"(命题10)

有了这些预备性的认识,下面我们进入"肯定"模式的细节。在一般的意义上而言,绝对者与世界万物之间的纽结关系又被谢林称为"大全一体"(All-Eins, All-Einheit),而大全一体成立的关键就在于绝对者的自我肯定:"上帝凭借他的理念的自我肯定,直接就是绝对的大全,而绝对的大全又不是别的,只是上帝无限的自我肯定,也是上帝自身";"万物是一体,或者说大全直截了当是一";"一体是万物"。(命题24—26)在特殊的意义上或者在世界生成的意义上而言,整个世界是绝对者通过自我肯定而生成,进而又回归绝对者自身的演进过程。这个演进过程在每个具体层面(包括实在世界与观念世界各自的三个潜能阶次)都依照该层面特有的方式,采取了前述"肯定"模式,因而在每个层面都呈现为一个三元结构。下面简述该演进过程:(1)绝对者(上帝)在最原始而不可分割的无限肯定的意义上,超出三元结构之上,我们不能以三元结构设想这种最原始的肯定(命题43)。(2)(I)绝对者一旦设定自身为实在性或实在世界(或者说本质一旦生成形式),就既是无限地进行肯定者,也是无限地被其自身肯定者,也是这两者的无差别状态(命题44、45、48);与此相应,全部具体事物就其存在于上帝内部而言不具有自身的存在，只是被生的自然（Natura naturata），即被绝对者肯定的状态，但它们也反映出大全，因而也反映出创生的自然（Natura naturans），或上帝的无限肯定活动（命题42）。(II) 而大全依照其存在方式又分为实在的大全（实在要素占据主导地位）与观念的大全（观念要素占据主导地位），这两种大全只是在形式上有别，在本质上其实是同一个大全（命题47）。(III) 按照传统的观点，事物分成不同的层面，谢林称之为潜能阶次（Potenzen），但谢林认为潜能阶次的分别不是事物在其自身的规定或本质的规定，而是非本质（Nicht-Wesen）的规定（命题57）。相反，绝对者则超出一切潜能阶次之外，或者说直截了当地是无潜能的（命题59），而与绝对者相比而言，所有潜能阶次都是类同的，只具有量上的或程度上的区别，仅仅按照它们各自与绝对者的距离而获得其地位（命题59、60、61），这就产生了实在的大全与观念的大全各自内部的三个潜能阶次，以及每一个潜能阶次内部的三种形式（详见第四节）。——这些三元结构都在该结构的具体层面上，按照"源自绝对者的肯定-对该肯定活动的肯定-前两者的无差别状态"构造而成，比如实在世界的第一潜能阶次（物质）的三种形式中，绝对凝聚性是绝对者以物质形式对自身的肯定，相对凝聚性是对该肯定活动的肯定，或者说是对物质本身的肯定，使得物质具备了独立性，层面凝聚性就是前两种肯定的无差别状态。(3) 两种大全如果自顾自地①来看，各自最多只能呈现实在要素与观念要素的无差别状态；但如果

---

① 在谢林这里，事物"自顾自地"（für sich，或译"为其自身"）来看和"在其自身"（an sich）来看是不一样的。前者指局限于该事物内部（即罔顾该事物与绝对实体的关联）来看待该事物，后者指关联于绝对实体来看待事物（因为事物在其自身是扎根于绝对实体的）。——译者注

将两者作为同一种大全的两种形式来看，两者中的每一种就能通过理性化入另一方之中，或者说融汇为绝对同一性（命题50、52、53），这便是向绝对者的回归。

由此看来，谢林自然哲学是一种探讨自然事物独立性的来源与归宿的学问。它并非如康德那般立足于经验实在性，并以先验构造反过来巩固该立足点，亦非如黑格尔那般在越过原初同一性这一德国唯心论的新关隘之后，立足于人类的理解，通过突破理性自我封闭化的困局寻求人类教化与提升的出路，而是承接更古远的柏拉图主义传统，以世界"大全一体"这一终极根据（或本质）为立足点，在尊重并充分展开现代理性对世界的构造的同时，揭示这些构造自身加以忽视的神性根基，进而揭示理性构造的神性归宿。

这样一来，谢林自然哲学与同时代的另外两种最典型的自然哲学的差别也就一目了然了。(1) 相对于康德自然形而上学，它的优胜之处是能解释物质的特殊差别："依据康德的动力学，物质的一切变种的根据除了两种力量的算术比例，别无其他；通过这种比例，完全不同的各个密度等级才得到规定，而且从这种比例出发，没有任何别的特殊性形式能像凝聚性这样被洞察到。在导入这种动力学之后，前一章中的那种矛盾自然就是不可克服的，即凝聚性不是在经验的意义上通过某种物质的压力或撞击被理解，也还不是先天地（a priori）被理解的；而我并不为这里被设定的这种界限感到羞愧，因为康德在他的《自然科学的形而上学基础》中的许多地方都承认，他认为从他对自然科学的构造出发是完全不可能理解物质的特殊差别的。"[1]谢林看到，康德从经

---

[1] Schelling, *Ideen zu einer Philosophie der Natur als Einleitung in das Studium dieser Wissenschaft*, S. 253.

验意义上物质的压力或撞击出发,构想出引力与斥力这两种貌似原初的力量,以便用这两种力量反过来解释经验中的种种现象。这种做法的实质只不过是立足于经验实在性的人类预先投射某种模式到先天层面,继而以该投射物反过来巩固经验实在性,并没有真正从自然本身的神性根基出发来看待自然,因而既看不到自然的真正统一性,也无法真正理解自然事物的真正差别。而谢林自己在采取了"大全一体"的立足点后,考察的是既源自绝对者的自我肯定,又可以为人所理解的自然本身,自然事物的差别也基于这真正的自然而显现出来,而不再是人类经验自我确证的工具。(2)相对于黑格尔自然哲学从人类理解自然的最抽象层面(空间和时间)出发逐步走向自然界中最具理念特征的个体生命,谢林自然哲学的特殊之处是不从理性自我设限(构造物理学规律)进而寻求突破的历程看待自然,而是在世界发生史的背景下看待问题了。黑格尔固然也突破了主体性经验,达到了原初同一性的高度,但他毕竟"在理性言理性",他关注的是理性及其观照到的事情本身如何突破自身的粗浅层面,回归宇宙秩序,而不是世界发生史,与谢林的考察角度毕竟不同。

三、演进历史

了解思想宗旨之后,再来把握谢林各版本自然哲学的演进历史,就不那么困难了。谢林以自然哲学实施其早期拟定的哲学规划,在学界一举成名,这是众所周知的,但人们容易将自然哲学定格为他的前期思想,从而忽略自然哲学其实贯穿其一生思想这一事实。谢林传世的著作(含后人编辑的著作)中,以自然哲学为全部或主要内容的有(年份按初版计):《一种自然哲学的理念》(1797年)、《论世界灵魂》

(1798年)、《自然哲学体系初稿》(1799年)、《自然哲学体系初稿导论》(1799年)、《动力学反应过程的一般演绎》(1800年)、《论自然哲学的真实概念》(1801年)、《对我的哲学体系的阐述》(部分, 1801年)、《论自然哲学与一般意义上的哲学的关系》(1802年)、《布鲁诺》(1802年)、《对我的哲学体系的进一步阐述》(部分, 1802年)、《四种贵金属》(1802年)、《小短文》(1802年)、《全部哲学尤其是自然哲学的体系》(1804年)、《自然哲学与改善后的费希特哲学的真实关系阐释》(1806年)、《自然哲学导论箴言录》(1806年)、《自然哲学箴言录》(1806年)、《论造型艺术与自然的关系》(部分, 1807年)、《斯图加特讲授录》(第二部分, 1810年)、《论自然与精神世界的整体关联》(部分, 1816年)、《近代哲学史》("自然哲学"部分, 1833—1834年, 一说1827年)、《自然反应过程阐述》(约1843—1844年)。谢林自然哲学更多出现在他思想的初期，他的中后期思想更偏重于其他领域，这的确是不争的事实，但由于谢林向来并不仅仅将自然当作一般哲学原则加以应用的某个"部门"或"领域"，而是将自然当成存在本身或作为自然的存在，所以他中后期哲学思想的变化必然反映在自然哲学中。于是正如我们列举的著作表明的，1810年之后，伴随着世界时代思想、肯定哲学思想的形成，新版本的自然哲学依然如影随形。

德国知名的哲学史家沃尔夫冈·维兰德（Wolfgang Wieland）说过，谢林的自然哲学并没有什么"主要著作"（Hauptwerk），只有一系列著作，而且它们显得很杂乱，因为它们的逻辑顺序并不遵循它们面世的时间顺序。①但笔者以为，个别著作的偶然出现固然不可避免，但以前

---

① Cf. Wieland, "Die Anfänge der Philosophie Schellings und die Frage nach der Natur", S. 239.

述思想主旨来衡量，谢林自然哲学形成与演变有其整体脉络，并非毫无章法，其发展过程大致可以分为如下四个时期：

（1）初创期。《一种自然哲学的理念》作为谢林最早出版的自然哲学著作，并未全面展开自然哲学的内部构造，而主要致力于在学界挑明自然哲学的独立性和根本性地位，即奠定一种自然哲学的"理念"（前书）。这部书分为经验的部分（第一卷）和哲学的部分（第二卷）。经验的部分是从同时代自然科学家们的研究成果出发，向着哲学的层面做一接引工作，也就是对这些研究成果加以淬炼后，将其哲学意义抉发出来。而哲学的部分则正面阐述了作者反原子论的动力学物质观，即作者以吸引力与排斥力为物质真正本原与构形要素的立场。可见该书主要是一部打破成见的"否定性"著作，它的主要工作并不是全面亮出自己的哲学体系，与以费希特为代表的康德后学短兵相接，而是从一个并不起眼的角落入手，说服人们从哲学上反思、批判当时最新的自然科学成果，尤其是那些在自然科学界看似已得到公认的、不可移易的成果，比如原子论、元素学说等，从而促使人们意识到：我们生活中最司空见惯的物质现象其实并非源自人们出于流俗唯心论态度设定的任何"隐秘的质"①，而是先于意识的主观设定活动的某种原初同一性的自我呈现。这一点用谢林自己的说法来讲就是："这部著作并不是**从上方**（以各本原的提出）开始，而是**从下方**（以各种经验以及对此前的各种体系的检验）开始的。只有当我达到了我在我前方设定下来的目标，人们才

---

① 先于《精神现象学》（尤其是它的"知性"与"理性"两章）10年，谢林就挑明了近代自然科学中看似极为客观的种种质、元素其实是因应人的感觉与表象能力而进行的一种猜测，而非基于事情本身自我展示的历程进行的描述。

会允许我往回复述已走过的路途。"①

（2）充实期。耶拿时代是谢林自然哲学的多产期，产生了前述1798—1802年的11种自然哲学著作。与仅仅关注自然哲学理念的确立，使自然哲学初步获得本体论哲学地位，因而还相当具有"防守"色彩的《一种自然哲学的理念》不同，这些作品不仅开始将自然视为自主的总体，并初步确立自然哲学内部的基本构造模式（肯定性本原、否定性本原靠作为二者协同作用的"纽带"形成大自然的各层面），还从各方面入手详尽考察自然哲学的各种对象，因而可以视作《全部哲学尤其是自然哲学的体系》的预备。我们择取几种最典型著作略作介绍。

《论世界灵魂》更加强调从正面提出作者的一些自然哲学构想，借助德吕克（Jean-André de Luc）的流体理论与古代世界灵魂思想，使物质的基本力量（吸引力与排斥力）与精神的原初行动（无限制行动与限制性行动）相伴行，以此来解释事物。谢林在全书中贯彻始终的一对概念就是肯定性本原（das positive Princip）和否定性本原（das negative Princip）。肯定性本原总是从正面引导和规定事物的形式性本原，否定性本原则是从基底的角度维持事物的实在性，并为肯定性本原的作用提供原料的物质性本原。这两种本原协同作用，构成事物存在的根据，谢林以"纽带"（Band）这个形象的术语表示这个意思。这里的双重本原说中已经可以隐隐看出日后的"肯定"模式，可视为后者的雏形。该书的讨论对象也已相当广泛，涵括了物质、光、热、气体、电、地球两极性、磁、动植物生命、构形本能（Bildungstrieb）、敏感性等。但该书不足之处是还没有讲清楚绝对者与双重本原的复杂关系。

---

① Schelling, *Ideen zu einer Philosophie der Natur*, S. 56.

《自然哲学体系初稿》和《自然哲学体系初稿导论》完成了从在自然中寻求和突出绝对之一、绝对肯定性东西向作为有机主体的自然自行生成的转变，自然被界定为无限的自行生产行动，而自然中的各种产物则是通过阻抑此行动而产生的。尤其值得一提的是，前一部书开始将先前相对抽象地讨论的各要素勾连为一部完整而动态的自然史（Naturgeschichte），进而提升为一种自然体系（Natursystem），解释了有机自然、无机自然在历史维度的产生和在自然体系中的地位。正如谢林在这部著作的样书上写到的：自然哲学家探讨自然，犹如先验哲学家探讨自我。①另外，在这部书提出的动力学原子论②构想中，谢林提出了他始终坚持的一个基本观点：自然界的各种质的根据并不是物质，而是精神的纯粹行动，各种质和物质其实是纯粹行动的产物。而《自然哲学体系初稿导论》则使得实在世界的三个层面的构想成型，彼时他称之为对立的三次消除（对应于后来的三个潜能阶次），具体来说就是：重力为第一个层面，磁、电、化学反应过程为第二个层面，有机产物是第三个层面。谢林进而讨论自然哲学与先验哲学的关系：两种哲学在实质上是同一种，只不过是从对立的方向完成任务，即自然哲学从实在东西出发解释观念东西，而先验哲学则使实在东西从属于观念东西，从观念东西出发看实在东西。当然，两部书各有侧重点：如果说前一部书更强调产物，那么后一部书更强调生产性。

---

① Cf. Bonsiepen, *Die Begründung einer Naturphilosophie bei Kant, Schelling, Fries und Hegel*, S. 274.
② 这其实是谢林那时一个相当权宜的说法，它的重点不在"原子论"，而在"动力学"，谢林是要拿动力学解构传统原子论，这恐怕是他之前、之后的原子论者们都很难同意的。邦西彭认为，谢林版本的动力学原子论居于雷萨吉的原子论与康德的动力学之间，成为他的整个自然哲学的基础。Cf. ibid., S. 278, 284.

正如美国学者法特（Michael Vater）观察到的，从1800年的《动力学反应过程的一般演绎》开始，谢林不再满足于一个个地讨论自然界的局部现象，开始追求本体论上的一般性以及物理假设的还原。①该书重点讨论了磁、电、化学反应过程的关系，以及吸引力和排斥力的关系，即这两种基本力在同一个主体中，虽然在方向和质上都不相同（一肯定一否定），却从不分离。该书还对康德的物质构造提出了三个批判：（Ⅰ）它预设了它本应加以解释的东西，即物质；（Ⅱ）它援引扩张力的经验数据来支持吸引力，这既不能解释两种力相互限定的程度，又不能确定物体占据空间的程度；（Ⅲ）由于预设了物质，它不能假设各种基本力是成比例的。

《对我的哲学体系的阐述》是对将谢林自然哲学斥之为"早产"之物的埃申迈耶尔的回应，也是对费希特的回应。②该书对"物质何来"的问题的回答是，绝对同一性历经差别（主客分离等）之后恢复相对同一性，便产生了物质。而具有这种能力的绝对同一性便是存在、根据，物质、有机体、具形理智（人）分别是由这根据中产生的三种存在形式、实存者。此时谢林关于存在与存在形式、根据与实存者的讨论明显预示了"自由论文"中的类似论述。此外，谢林还尝试为歌德的颜色学辩护，认为光是单一而非复合的，并使用了"变形"（Metamorphose）一语。③

（3）成熟期。1804年作于维尔茨堡的《全部哲学尤其是自然哲学的体系》一书标志着谢林自然哲学迈入了成熟期，该书无论在构造模式还是在探讨对象上都达到了极其丰富与系统的状态，此后的诸多作品，

---

① Michael Vater, "Bringing Nature to Light: Schelling's *Naturphilosophie* in the Early System of Identity", in: *Analecta Hermeneutica* 2013 (5), pp. 1-15.
② Ibid.
③ 后来在《全部哲学尤其是自然哲学的体系》中，谢林似乎更倾向于牛顿的光理论，而非歌德的。Siehe ibid.

直到1807年的《论造型艺术与自然的关系》，基本上是对它的局部增益或具体阐发。因此我们将该书作为成熟期的典型，略作介绍。

《全部哲学尤其是自然哲学的体系》虽然并非全部是自然哲学，却以自然哲学为骨干，后者占据了它的"一般哲学"部分的全部和"特殊哲学"部分的大半；而对应于先前所谓"先验哲学"的"观念世界"则只占据全书篇幅的五分之一强，在内容上也仅属部门性应用性质。该书有两大特点：一是在"一般哲学"部分完整奠定了自然哲学的义理基础和构造模式（"肯定"模式），从而使谢林自然哲学与牛顿、康德、黑格尔的自然学说和自然哲学彻底区别开来，二是在哲学意义上对自然的生成与分层进行了最系统的论述。在前一方面，谢林采取的立足点不再是意识的反思（牛顿、康德），也不是人类理性的教化与事物本身的可理解性的同步进展（黑格尔），而是在绝对者向人类世界透显出来的这个大范围内，从绝对者的自我肯定活动出发解释世界与各层面同一性的生成，继而以被肯定者（物质等各层面）的自行肯定（或曰对前述肯定活动的肯定）与前述肯定活动的平衡（等同性、无差别状态）来解释世界上不同层面潜能阶次的出现。在后一方面，谢林在自然界内部划分了三个潜能阶次，每个潜能阶次上，本质在长度、宽度、深度三个维度上皆有呈现，每个维度上呈现出的形式又不仅仅就形式而言，还可以就实体而言来考察。而在潜能阶次上大三元结构与在维度上的小三元结构内部，前述"肯定"模式也分别在起作用。为直观起见，我们不妨借用法特所总结的图表，来呈现谢林所见自然的内部结构（表1）：[①]

[①] Michael Vater, "Bringing Nature to Light: Schelling's *Naturphilosophie* in the Early System of Identity", in: *Analecta Hermeneutica* 2013 (5), pp. 1-15. 个别地方有改动。

表1

潜能阶次	维度	形式	实体
第一潜能阶次（物质变形）	第一个维度	绝对的、主动的凝聚性	硫黄：金属、火
	第二个维度	相对的凝聚性	燃素：气
	第三个维度	层面的凝聚性	氢、氧：水
第二潜能阶次（动力学运动）	第一个维度	磁	声
	第二个维度	电	光
	第三个维度	化学反应过程	热
第三潜能阶次（有机自然）	第一个维度	再生	植物
	第二个维度	敏感性（Irritabilität）	原生动物
	第三个维度	敏觉性（Sensibilität）	动物

（4）深化期。伴随着"自由论文"的构思与写作，谢林的自然哲学思想也有所调整，出现了从《斯图加特讲授录》（第二部分）开始的后期四种自然哲学著作。这些著作中较具思想代表性的是《近代哲学史》（"自然哲学"部分）[①]和《自然反应过程阐述》。前一部作品基于"自由论文"以来关于绝对者与世界关系的新构想，判定前期自然哲学没有解释清楚原初的两种本原本身的来源，仅凭盲目必然性在推进。在目前的谢林看来，那不过是最初的偶然之事（das erste Zufällige）和原初的偶然（Urzufall），是自由的绝对主体的自身关注（Selbstanziehung）造成的。而这自我吸引的原因在于绝对主体的某种不可避免的意愿，其根据在于由此达成的提高和进步（此进步为必然）。该作品的另一个不可忽视的地方是，它将自然的构造方式从前期的三元结构变成了"主体–

[①] 谢林：《近代哲学史》，先刚译，北京：北京大学出版社，2016年，第117—150页。

客体"这一二元结构①，或者说变成了主体向客体过渡的"两步走"模式。然而德国学者安德里斯认为，这并不代表什么根本性的变化，新模式只是将旧模式中"阻碍"（Hemmung）或"过渡"（Übergang）的环节作为不言自明的东西略过罢了。②

《自然反应过程阐述》是目前发现的谢林存世作品中最后一部自然哲学著作。它融入肯定哲学的元素，并巩固了"主体－客体"构造模式。此时谢林追问"自然何以可能"时，关注的并非单纯的本质问题（Wesensfrage），而是肯定哲学意义上的实存问题（Existenzfrage），即"如是"（Dass）应当如何被澄清的问题；在最后这个版本的自然哲学中，不同于早期自然哲学从同一性到差别再到无差别状态的进展模式，每一个层面都将先行层面固定下来，但同时又使主体成了客体。③

余　论

谢林终生关心的总问题并不是潜能阶次的排列、理性的有限性或意志的原初性这些局部性问题，而是像柏拉图、亚里士多德、奥古斯丁、托马斯一样关注世界何来与何往这个终极问题。正如莱布尼茨提出"存在之问"，谢林看到："无物是依照在其自身而言的存在形成的"

---

① 谢林在"自然哲学"的后半部分亮明绝对主体即是上帝。见谢林：《近代哲学史》，第139—150页。
② Cf. Marcus Andries, *Schellings Entwicklungsbegriff. Wandlungen und Konstanten in seiner Naturphilosophie*, Dissertation, Universität Tübingen, 2010. S. 118.
③ Ibid., S. 138.

（Nichts ist dem Seyn an sich nach entstanden）（命题17），因为"哪里都只有一个存在，只有一个真正的本质、同一性或作为对该同一性的肯定的上帝"（命题11）。谢林作为一流大思想家的一个主要特征在于，他从不像那些二三流学者一样，满足于某个时代既有的思想境况，或者仅仅在柏拉图、亚里士多德这些思想巨擘铺设好的概念与思想架构上做一些修修补补的工作，而是如后者自己所做的那般，使所有核心问题都重新来过，并提出自己的答案。这就决定了他不可能以掌握前人精深的思想遗产或丰厚的文本洋洋自得，不可能直接在理念论、四因说、基督教创世论与意志学说的基础上开始工作，而是总将世界上的全部形式都感受为待决的问题，追问一切形式之所从来与之所当往，这是他在不同时期分别建立自然哲学、自由论、世界时代体系与肯定哲学的根本原因，也是他学问的一贯旨趣。谢林思想的上述本原性使得他感受到的问题总是源自西方文明本身的危机，他所指的出路也总是后人不可绕过的隘口。

研究谢林的自然哲学，同样应该首先看到其与中后期思想的根本关联，及其与西方文明及其当代形态的可对话之处，而不是通过抽象的思想分期，将其作为昙花一现的偶然形态。就前一方面关联而言，自然哲学虽然还没有将意志、世界的历史发生、理性的有限性等作为核心主题，但它不仅与中后期思想同为上述一贯旨趣的体现形式，而且在"肯定"模式、本质与形式的关系等诸多方面孕育了后期思想的种子。如果我们无视这方面关联，就容易夸大中后期思想的独特性，也容易夸大他不同时期的论敌对于他的思想形成的重要性，从而反过来将我们的研究视野仅仅局限在他的部分议题与他对部分论敌的批驳上，误认为那就是谢林思想的全部。

后一方面的对话也还在路上，甚至可以说还没有全面开启。强调自然事物的独立性（既包括个体事物的独立性，也包括以公理化演绎系统面貌出现的现代各门科学的总体独立性），是现代科学继承自文艺复兴"自然之书"科学构想的一贯路线，也是现代科学的内核。但在谢林那里，这种独立性只能代表对源自绝对者的肯定活动的再肯定，还远远没有涵括世界的全部面向，它不仅有具体所处层面的限制，更有超出于它之外的根源与归宿，这就注定了谢林眼中的世界有其永恒根源和层级划分，也注定了他那里的绝对者、同一性这些相当"古典"的理念不可能被演化论或某种技术进步降格为偶然之事。谢林虽然身处近代，他的一些观点或许在当代看来颇属荒诞①，但这不妨碍他洞察到现代科学的根本特质。正如前文所论，我们不能一上来就预设自然科学具有天然合法的裁判者地位，以当代自然科学的前沿或当代某种发达的技术来评断自然哲学，因为自然科学的成功属于自然科学的运行结果，而自然科学的运行并不能为其自身提供根据和方向。②

德裔美国哲学家霍斯勒（Vittorio Hösle）在他最近一次接受访谈时说到，当今哲学家中有自然科学教育背景的人倾向于自然主义，却不能正确评价心灵的特有生活和道德规范的本性，而有社会科学教育背景的人则倾向于社会建构主义，却不能使社会科学的真理资格为人所

---

① 如他在每个潜能阶次的三个维度、三种形式、三种实体乃至人的六种感官（通常的五官加热感）之间所做的对应，便极费解。
② 邦西彭曾比较系统地梳理了后世对谢林自然哲学的态度演变史，根据他的叙述，其实20世纪初以来直到当代，西方断断续续总有从正面研究谢林自然哲学及其与当代科学进展之间关系的呼声，只是这种呼声往往被更强大的偏见之潮淹没了。Cf. Bonsiepen, *Die Begründung einer Naturphilosophie bei Kant, Schelling, Fries und Hegel*, S. 13, 34-35.

理解。① 在这种"两军对垒"的尴尬局面下，现在是不是到了在哲学意义上再次破解自然之书的时候了？

（说明：本文经缩略修改后曾发表于《哲学研究》2021年第9期）

庄振华
2022年12月于西安

---

① Vittorio Hösle und Gregor Schäfer, "Objektiver Idealismus. Fragen an Vittorio Hösle". In: https://www.praefaktisch.de/interview/objektiver-idealismus-fragen-an-vittorio-hoesle/2023.5.1.

全部哲学尤其是自然哲学的体系

(依据手书遗稿整理)

1804

F. W. J. Schelling, *System der gesammten Philosophie und der Naturphilosophie insbesondere*, in ders., *Sämtliche Werke*, Band VI, S. 131-576. Stuttgart und Augsburg 1860.

内容概览 ①

I. 第一部分或曰一般的哲学

论一般最高认识…………137

1）绝对者或上帝的理念…………148

2）存在着的东西与绝对者的一般关系

 a）从上帝理念中推导出大全概念…………168

 b）事物与大全（=上帝）的关系

  α）区分理念（=事物的本质）与现象（=事物的非本质）…………179

  β）反思性概念（=具体事物的规定）的推导…………192

  γ）个别事物的实在东西=大全的反映…………197

3）特殊东西就种类而言（而非就一般的现象定在而言）如何从上帝理念中得出

 a）对这项任务的阐释…………199

 b）实在的大全和观念的大全的推导；它们的相互关系以及与绝

---

① 此内容概览由德文版《谢林全集》（以下简称为《全集》）编者所加，非谢林本人制作，与谢林自己在正文中制定的各级标题或有出入。各标题对应的页码为德文原书页码，见本书边码。——译者注

对大全的关系（潜能阶次=差别中的显现方式）…………201

II. 第二部分或曰特殊的部分

A）一般自然哲学，或曰大自然或实在的大全的构造

1) 初步界定。肯定者与被肯定者的关系=灵魂与身体的关系…………215

　　完全的实体（substantia completa）概念

2) 对作为一般事物的在其自身存在（特殊性）之形式的空间与时间的演绎…………219

　　a) 空间内部事物的生命

　　　α) 物质或实在的本原

　　　　aa) 物质的发生…………222

　　　　空间的各维度

　　　　bb) 作为一种现实（actu）无限者的物质的本质或自在体（经验的与现实的无限性）…………231

　　　　cc) 作为物质的两种属性的静止和运动。团块的概念（机械论）。团块的惰性。重力的概念…………241

　　　β) 作为观念性本原的光

　　光的本质…………261

　　　γ) 光与重力的统一（=大自然完备的概念）…………265

　　　δ) 大自然内部各潜能阶次的模式…………269

　　b) 时间内部事物的生命

　　　α) 事物内部时间与永恒的关系…………270

　　数的本源

β）时间的各维度…………275

B）特殊自然哲学，或曰大自然的个别潜能阶次的构造

自然哲学的十二个公理…………278

1）物质的第一潜能阶次或就其内部的运动（=特殊生命的形式）隶属于存在而言的物质

　a）解释作为一般自然规律的两极性规律，并解释作为大自然中各种差别的原型的维度三重性…………282

　b）凝聚性形式（=维度形式）的构造

　　α）在（作为形式的）差别中被考察的这些形式

　　　aa）绝对的凝聚性（僵硬性。凝聚性与重力。特殊重力）…………286

　　　bb）相对的凝聚性…………291

　　　cc）绝对凝聚性与相对凝聚性的无差别状态=第三个维度…………292

　凝聚线（凝聚线上两极的关系）的构造

　　β）作为实体或在无差别状态下被考察的的各种凝聚性形式=物质的各种质

　　　aa）一般原理，涉及物质的各种质（变形的规律）…………298

　　　bb）土地变形的各种产物

　　　　αα）通过绝对（能动）凝聚性被设定的变形的各种产物。四种元金属…………300

　　　　ββ）相对凝聚性在其中起支配作用的那种变形的各种产物。大自然的四种原始材料…………305

2）物质的第二潜能阶次或就其内部的运动形式是行动形式而言

的物质

  a）活生生的运动的基本规律（动力学运动的概念）…………319

  b）运动的个别形式的推导

   α）相对于物质或差别而言

    aa）磁…………322

    bb）电…………332

    cc）化学反应过程…………340

  燃烧反应过程=所有潜能阶次的消除

   β）相对于这些形式的自在体而言

    aa）声音…………354

    bb）光…………355

    cc）热…………364

  火=所有形式的化解者

  第一潜能阶次和第二潜能阶次的模式…………369

3）第三潜能阶次或有机自然

  a）有机组织的演绎，从它的本质和它的种种规定来看…………371

  b）有机组织的种种差别的推导

   α）植物王国，动物王国，纤毛虫世界…………392

   β）一般有机组织的各维度的推导

    aa）第一个维度（有机物中的磁）=再生…………397

    bb）第二个维度（电的环节）=敏感性…………398

    cc）第三个维度（有机物内部的化学反应过程）=敏觉性或感知性…………399

γ）有机组织各维度的证实

　　aa）再生环节

　　　αα）再生的概念……400

　　　ββ）个体内部的再生。再生的三个维度，即吸收、分泌、同化……403

　　　γγ）作为类的有机东西的再生

性别在大自然中的意义

大自然中性别的发展……406

　　bb）敏感性环节

　　　αα）敏感性的概念……418

　　　ββ）敏感性内部的三重维度（循环、呼吸、任意运动）……422

　　　γγ）敏感性动物……427

　　cc）敏觉性环节

　　　αα）敏觉性的内部含义与外部条件（大脑活动、清醒与睡眠）……430

　　　ββ）敏觉性的各种形式（对应于一般大自然的各种形式）……442

感觉的系统

[各种动物就（在它们内部相继出现的）各种感觉而言的次序]

动物本能=相对无潜能阶次者……457

天体的构造[世界构造学说]……471

人（以及人的有机组织）=绝对无潜能阶次者=理性……486

C）观念世界及其潜能阶次的构造
  1）第一潜能阶次=知识
    a）关于理性（哲学的无差别之点）的学说，或实在东西与观念东西的直接统一的证实…………495
    b）观念东西的各种形式，对应于实在东西的各种维度——自我意识、感情、直观…………499
    c）自我性的演绎
      α）先天（a priori）认识的原则…………509
      β）反思性知识体系（逻辑）的推导
        aa）概念的三个层面…………518
        bb）判断的划分…………525
        cc）推论的各种形式…………526
    d）绝对认识的演绎=第一潜能阶次的自在体…………532
  2）第二潜能阶次=行动
    a）关于自由、恶、罪等的学说…………537
    b）道德与宗教…………546
    永恒生命…………566
    c）作为行动者的绝对实体=第二潜能阶次的自在体…………568
  3）第三潜能阶次=艺术
    a）作为知识与行动之综合的艺术的构造…………569
    b）艺术作品的概念与艺术的材料…………570
    c）真与美一体的状态（诗和艺术与科学和哲学的关系）…………573
    绝对无潜能阶次者=国家（客观意义上）
              =哲学（主观意义上）…………574

I. 第一部分或曰一般哲学

将人推向哲学的最初动力,尽管在不同主体那里各不相同,在根本上却只在于**唯一的**预设,我们只消反思一下**知识本身**就不得不接受这个预设。赋予该预设**实在性**,探究它的全部内涵,并阐述它的所有面向的**道理**,真正说来这才是将人引向一切哲学的那种主观上的隐秘动力。谁的头脑中若是没有该预设活跃起来(不管是自动的还是被促动的),他便根本不会触及哲学的领域,也完全缺乏向该领域推进的动力。

我开门见山,先讲那个预设,并将其树立为我们研究的**第一个命题**。①

§1. **一切知识最初的预设是,认知者与被认知者是同一个东西。**

我先尝试阐释这个命题,然后证明它。

在最初对**知识本身**进行反思时,我们便认为要在知识中区分知识的主体(或者也被理解成作为行动的知识本身)和知识的客体(被认知者)。我特意强调那只是"我们**认为**要区分";原因在于,这里的

---

① 由此开始,本书由326个命题及其证明、附释等构成。每个命题依次编号,命题本身以黑体字突出。——译者注

关键恰恰是这种区分的实在性,而且或许不难发现,在知识中对某个主体与某个客体的这种区分恰恰是一切知识中的根本谬误。那么一旦做出那种区分,在反思的同一个低等层面上就又要尝试使主体与客体达到平衡;知识的**真理**就被设定为,比如说,知识与其客体**相一致**,或者说真理就被解释为知识中主观性与客观性的一致。人们说只有这样一种知识才真正是客体与之相符合的那种**知识**;而没有任何客观东西与之相符合的知识根本不是知识(Wissen),只是一种思维(Denken)。普通意识中已经做出了这类反思。很明显,在将真理解释成知识中主观性与客观性的某种一致的时候,主体和客体双方已经被预设为不同的了,因为只有不同的东西才能一致,而并无不同的东西则在其自身便是一体的。

现在我们的命题说的是上述情形的**反面**。我们说的是:无论何处都根本没有作为一个主体的主体,也没有作为一个客体的客体,反而只有同一个东西,那东西在那里既认知又被认知,因而在其自身而言也既非主观的,亦非客观的。

现在看来,"这是**一切**知识最初的预设,没有这个预设无论何处都根本无法设想什么知识",这个命题在此只能间接地通过表明下面这一点来证明,即在其他种种可能的预设的任何一种那里,都不可设想某种知识。——倘若我们实际上假定了:如果在那里进行认知的和被认知的是不同的东西,那么只有如下这些情形才是可能的。或者是认知者与被认知者彻底不同,而且双方之间根本没有关系。然而或者双方之间发生某种关系。如果双方之间根本没有关系,那么双方之间如何还能哪怕产生即便**普通的**反思也要求的**那种**一致,知识如何能成为一种知识,被认知者如何能称作一种被认知者?如果人们想说的是，双方是被既**处在**知识**外部**又处在被认知者外部的某种东西结合起来的，那么这种想法不过是为了说明问题编造出来的一个假定，其本身根本不算**知识**。原因在于，我如何能认知**处在知识外部**的东西？因而双方之间是有某种关系的。此时又可能发生两种情形。可能发生一种**单方面**关系，或者一种**交互**关系。如果是单方面关系，那么或者主体被客体规定，或者客体被主体规定。第一种假定，即**认知者被被认知者规定**，实际上是最惯常的表象方式，人们试图通过这种表象方式弄清楚主观性与客观性之间的一致。这里我权且只推出如下反驳，即如果知识是被认知者的某种作用，那么被认知者就不像它在其自身那般被认知，而是仅仅**通过它的作用**被认知。如果我们将这一点也撇开不管，也不想追问一下被认知者，即客体，是如何能产生某种**知识**，因而产生它的对立面的，那么进入上述关系中的就只是客体的纯粹作用，却不是**客体本身**；那么出现在主体内部，出现在有关客体的知识内部的，也就只是这作用，而不是对象本身了。一言以蔽之，在知识如此这般由被认知者造就的过程中，什么也得不到。

VI, 139

另一种可能的单方面关系，即客体被主体规定，所呈现的景象堪称荒谬。原因在于，情况或者是，客体**完全**由主体规定，且**根本不**独立于主体，那么正因此它就根本不是作为客体的客体了：它将只是主体，而且主体也不是什么主体了，因为主体只有与客体相对而言才是主体。又或者是，客体只是**在相对意义上**受主体规定。只不过那样的话，客体便仅就其受到主体规定的一面而言才是某种知识，但就其不受主体规定的一面而言却是某种**不被认知者**，是康德式的**物自体**，是不可表象者，但不可表象者本身只是某种思想物。——因而剩下的就只有交互作用了。这就是说，**被认知者**以及知识本身都必定是主体与客体的某种交互作用的产物；被认知者必定只有一部分属于客体对它的规定，另一部分则属于主体，知识同样如此。只不过有一点显而易见，即这种表象方式由于不过是前述两种方式的结合，也将那两种方式的困境都包揽到自身内了。这种表象方式包含了：1）主体通过客体而来的某种规定，当它将知识当作主、客体双方某种交互作用的产物时，2）客体通过主体而来的某种规定，当它将被认知者当作那样一种产物时。因而若是在**那种**关系本身中既不能设想主体通过客体而来的某种规定，也不能设想客体通过主体而来的某种规定，那么上述表象方式本身就不可设想了，这就是说，它同样完全是虚无。

现在看来，如果说最初对知识与被认知者的那种区分必然基于一些完全虚无的表象（在这些表象看来知识本身似乎是不可能的）之上，那么在任何知识中都做出了的那个最初的预设，即"那个区分本身是错误的"，就显而易见了，因为如果认知者和被认知者各不相同，知识本身将不可设想，甚至不可能。

凭此我们便永远离开了使主体与客体得以区分开来的那个反思的层面，而我们进一步的考察只能是对如下预设的发展和探究，即认知者和被认知者是同一个东西。

那区分本身已经是我们的主体性的一个产物，因而也是我们的有限性的一个产物。但该区分在我们进行哲学运思时恰恰必定会消失无踪。真正说来且在其自身而言，哪里都根本没有主体、自我，因而也根本没有客体、非我。我说"**我在认知**"或"**我是认知者**"，这就已经是前提有误（πρῶτον φεῦδος）了。要么**我并不认知任何东**

西，要么**我的**知识就其真正是**我的**知识而言，根本不是真知识。不是**我**在进行认知，而仅仅是**大全**在我内部进行认知，如果我称之为"我的"的知识是某种现实的、真正的知识。但**进行认知**的这个**一体**（*Eine*）也单独就是真正被**认知**的东西，而且它在这里既非某种差别，亦非某种一致，因为**认知者**与被认知的东西并无不同，而是同一个东西。

§2. 在此既进行认知又被认知的这个一体，现在在一切可能的知识状态和被认知状态中都必然是同一个一体，因而必然和到处都只是同一种知识和同一种被认知者。（第一个命题①曾是完全普遍的，它并不是针对这种或那种知识，而是无区别地针对一切知识提出那样的主张，即不可设想思考者与被思考者为**一**，认识者和被认识者为**一**。②）

因为在**一般**知识中，进行认知者与被认知者只是同**一**个东西，所以在每个特殊知识中，进行认知者与被认知者也是同一个东西。在每个特殊知识中，这个**一体**作为在一般意义上进行认知又被认知的**一体**又回来了，而且作为这个一体（它在一般意义上进行认知又被认知）而自相等同。但如果它自相等同，那么在任何知识中便既没有一个作为认知者的**认知者**，也没有一个作为被认知者的被认知者；因此同一个一体在一切知识中也必然只是**唯一的**知识和**唯一的**被认知者。由此便得出，

---

① 指前一小节（§1）的命题。——译者注
② 这里的关键在于，主客体的原初同一性是必不可少的预设，而不是反思活动遇到的认识对象。我们若是硬去"设想"同一个东西既在进行认知又被认知，反而会弄巧成拙。因为我们只要进行认识（包括上述"设想"），便已经以原初同一性为前提了。——译者注

§3. 最高的认识必然是那样的，在它当中主体与客体的等同性**本身被认识到**，或者说，由于这种等同性恰恰在于进行认识者与被认识者是同一个东西，那么**最高的认识必然是那样的认识，在它当中那种永恒的等同性认识到其自身**。——这个命题不言而喻，无需任何证明。

§4. **永恒的等同性在其中认识其自身的这种认识活动，便是理性**。原因在于，理性或者在哪里都不是认识，或者是对知识中的永恒者、不变者的认识。但现在看来，在知识中除了主体与客体的那种等同性本身之外再没有任何永恒者、不变者了；正如我们预先已经承认的，主体与客体可能发生变化，只有它们的等同性持久不变。因而理性在认识不变者、永恒者时，认识的只是这种永恒的等同性；而由于依照这种等同性本身的原则，被认识者必然也是认识者，所以理性不过就是这永恒等同性的自我认识活动。

我刚刚做的这个证明乃是基于下面这一点，即理性就是对不变者、永恒者的认识。如果说正像一般可预期的那样，这个主张不会有人自愿承认，那么它似乎只能通过理性与其他一切认识的对立而被证明。——比如知性所构想的普遍东西就总不过是某种相对普遍的东西，正如感性认识所了解的多样性只能与某种相对的统一性结合起来。但想象力只能从**感性世界**向总体性挺进。

我们还要在这里逗留一会儿，从事对整个哲学都极端重要的另一种考察。我们说了：理性便是那种永恒等同性的自我认识活动。那么凭着这个命题，将理性认识**主观化**的一切企图也都永久性地被打消了。

我说明一下这种主观化的意思。

我们曾主张：在一切知识和一切被认知状态中永恒不变的只有**一体**，亦即知识与被认知状态这**双方的等同性**本身。与此相反，主观性哲学除了如下问题，便什么也提不出来了：那么谁是主体与客体的那种**永恒**等同性的认识者？只消**在**你的认识活动**中**再反思一下你自身，你就会看到，认识到那种等同性的总不过是**你**，因而即便凭着这种认识，你也走不出你自身，根本不能认识真正**在其自身**的任何东西，即便那种等同性，也不过又是你的认识活动的一个产物，因而也只是**对你而言**的一个**思想物**罢了。①——谁若是持这种论调，那么毫无疑问的是，必定可以说他在哪里都没有提升到理性认识。在**理性**中一切主观性都终止了，而这正是我们通过我们的命题表达的意思。在理性中，那永恒的等同性本身同时既是认识者又是被认识者——并非**我**是认识这等同性的那个人，而是等同性认识其自身，而我只是等同性的工具。理性之为**理性**，恰恰不是因为在理性中主观东西是认识者，而是因为在理性中类同者认识类同者，且主观性与客观性的对立在其最高机关中达到平衡。——反之对于理性的前述主观化，毋宁可以采取如下方式来反驳。我会回答那个人说：“你说对**永恒统一体**的认识还是我的认识，并要求我，为了发现此事，只需对我自身进行反思。”只不过我还会继续说：“我请你反过来在你这方面做一番极其简单的思索：即便使你得以将那认识活动当作你的认识活动，因而当作某种主观性的**这种**反思，也不过是**你的**反思，因

VI, 143

---

① 参见前一卷中的《论自然哲学与一般意义上的哲学的关系》（*Ueber das Verhältniß der Naturphilosophie zur Philosophie überhaupt*），第110页。——原编者注

该文见《全集》第5卷第106—124页。根据原文翻译，参考了中译文，下同。中译文见谢林：《学术研究方法论》，先刚译，北京：北京大学出版社，2019年，第1—25页。——译者注

而这里是**一种**主观性消除了另一种。①因此你就必须承认,对绝对等同性的那种认识,撇开将绝对等同性当作绝对等同性的你那种反思不论,既不是你的,也不是任何人的认识活动,而恰恰是**绝对的**认识活动,即不带有任何进一步规定的认识活动。"倘若在我们的精神本身中没有那样一种认识,它完全不依赖于任何主观性,也不再是作为主体的主体的某种认识活动,而是那样一种东西的某种认识活动,后者单凭自身在一般意义上也能存在,单凭自身也能被认识,因而前述认识乃是对直截了当的**一体**的认识,那么我们事实上就必须放弃一切绝对哲学,我们就得永远带着我们的思维与知识,被封闭在主观性层面,我们也就必须将康德哲学以及费希特哲学看作唯一可能的哲学,也将它们直接当作我们的哲学了。

这里就显现出将我们的哲学与这两种体系划分开的那个边界了,依据这两种体系,无论在哪里都根本不可能有对**在其自身而言的**某东西的认识。然而我们又必须承认,如果哲学没有真正进展到**在其自身而言的某东西**,即永恒而不变的某东西,那么它在哪里都根本没有价值。只要一切认识都被视为某种主观认识,仿佛即便**它**也不属于世界似的,那就看不明白这样一种认识是何以可能的。**这样一来,** 费希特认为人类精神本身受困于其中的那种循环(这循环的关键在于,**自在体**、绝对者永远只**对于我**而言才存在)当然就无法化解了,费希特说:"原因在于,我的确是思考或直观它②的那个人,因而绝对者

---

① 参见《全集》第2卷第61页。——原编者注
中译文见谢林:《一种自然哲学的理念》,庄振华译,北京:北京大学出版社,2022年,第68—69页。——译者注
② 引文中的"它"均指自在体、绝对者。——译者注

总是只**在我的知识内部**存在,而不是独立于我的知识之外存在。但在自在体概念、绝对者概念中已经被设想的一点是,它**独立于我之外**、独立于我的知识之外存在。因而对它的某种认识是根本不可能的。"这个推论只犯了**一个**错误,那就是预设了认识自在体的那个人必然是我,预设了使得自在体被认识的是**我的**知识。在该推论的错误前提(πρῶτον ψεῦδος)更清楚地呈现出来的另一个地方,费希特这样说:"作为有限的本性,我们忍不住要从某个自在体出发,从某个独立于我们之外的东西出发,说明一切意识以及与其一道被设定的有限性,但即便那样的说明,也只能依照**我们的**有限本性的规律来进行,而一旦我们对此进行反思,那个独立的、在我们外部的东西便又化作主观性的某种产物了。"①即便这个推论也有**一个**缺陷,那就是固守如下反思,**即**驱使我们从有限者出发推论出作为现象之说明根据的自在体(因而不过是将自在体置于关系之中)的东西,恰恰只是我们的有限本性,而有限者当然是永远不能得到对自在体的某种认识的。

如果说从"凭借来自我们的有限本性的**那种**认识方式**根本**得**不出有关自在体的认识**"这一点能推出,**根本**就不可能有关于自在体的认识,那么我们本性的有限性必须首先作为根本无可逃脱的某种**真正的实在性**被固定下来,这就是说,理性本身必须被否定,因为在理性中一切有限性与一切主观性都归于消亡。

有一种窘境通常为人津津乐道,被用来反对认识自在体的可能

---

① 参见前文第127页。——原编者注

指与本书同样收于《全集》第6卷的《哲学初步》第127页,那里讨论了同一主题。文献信息如下:F. W. J. v. Schelling, *Propädemik der Philosophie*, in ders. *Sämtliche Werke*, Band VI, J. G. Cotta'scher Verlag, Stuttgart und Augsburg 1860。——译者注

性,那种窘境与这里类似:自在体**或者在我内部,或者在我外部**。如果**在我内部**,那么它只能在主观意义上被认识——那它就是**我的**认识的产物。如果**在我外部**,那么它在哪里都无法认识。即便这个推论也是从主观性与客观性的那种完全被固定的对立出发得出的。自在体正因为是自在体,才既不在我内部也不**在我外部**。这整个区分成立与否,取决于如下假定,即**我是**在一切认识活动中进行认识的那一位,而且根本没有自在体的**自我认识活动**这回事,亦即根本没有自我性本身与它的对立面一同消失于其中的那种**理性**。

我故意在此逗留更久,是因为对于理性的本质以及对于某种全方位绝对认识的可能性的本质的这种洞察,真正说来乃是哲学的**枢纽**,也是使哲学获得奠基的那个点。现在我再迈进一步。——我们主张:最高的认识是那种认识,在其中主体与客体的那种永恒等同性被认作一切知识的实体和一切被认知者本身的实体,或者说(凭借这种等同性)将其自身认作这种实体。我们还主张:这种自我认识活动=①理性。现在由此可得出进一步的推论。

§5. 理性和一切认识(就其是理性认识而言)的基本规律是同一律或命题A=A。原因在于,理性是那种永恒**等同性**的自我认识活动,否则就什么都不是。现在看来,这种自我认识活动却在命题A=A中表现出来,因而命题得证。②——这里只有我们的证明的小前提

---

① 谢林常在正文中使用数学符号,读者将其读作"等于"或"是"等即可。在后文中依照行文需要,我们也常将"="译作"等于"或"(就)是"。——译者注

② 本节命题之后的两句是对第一句的三段论式证明:大前提是"理性是永恒等同性的自我认识活动",小前提是"这种自我认识活动表现为A=A这一命题",结论是"理性的基本规律是A=A这一命题"。——译者注

需要说明如下。

一切知识都无非是一种肯定；但在任何一次肯定中，都有一个**肯定者**和一个被肯定者。知识中的肯定者是主观东西，被肯定者是客观东西。二者在知识中合一，而对它们的统一的绝对肯定本身则是最高的知识、最高的认识活动。这种绝对肯定现在在命题A=A中被表述出来；现在我们可以只从这个命题的形式方面或依照它的实在含义来理解它。**从形式**上看，在命题A=A中主语和谓语被绝对等同起来。然而现在主语与谓语的关系如何？谓语仅仅通过主语才被设定，因而主语=谓述者，比如命题"圆是圆形的"便是如此。仅就**圆**被设定了而言，我才设定"是圆形的"。但现在看来，在命题A=A中主语和谓语被设定为完全等同的，因而在该命题中被主张的是，肯定者与被肯定者永远是等同的，二者是同一个。因而命题A=A已经在其形式方面表现了肯定者与被肯定者、主观东西与客观东西的绝对等同性；因而它本身表现了理性认识的顶点，而理性认识不是别的，只是对那种等同性的肯定。

从下述考察可见，前述命题**实实在在**表现了理性认识。这就是说，在绝对意义上来看，命题A=A既没有说A在一般意义上存在着，也没有说A作为主语或作为谓语存在着。该命题没有说A在一般意义上存在着，原因在于它[可能是]①一种虚构的甚或不可能的（unmögliches）东西。（这里**诸位**已经注意到，在这个命题中什么对应主体，什么对应客体，这完全是偶然的。）但命题A=A也没有说，A作为主语或作为谓语存在着。原因在于，它所说的毋宁是反面，即A

---

① 方括号中文字未见于手稿。——原编者注

不是专门作为谓语，也不是专门作为主语存在着，它说的反而是，只有谓语和主语的**等同性**存在着。因而在这个命题中并未考虑一切东西，既没有考虑一般意义上的A的实在性，也没有塑造它作为主语和作为谓语的实在性；但在这个命题中剩下来不可能不考虑的和唯一实在的东西，乃是**等同性**或**绝对同一性**本身，因此这等同性或绝对同一性乃是这个命题中知识的真正**实体**。因此在这命题中说出的不是别的，只是肯定者与被肯定者、主体与客体的永恒且必然的等同性；因而在它当中说出的也只有那永恒等同性的**自我认识活动**，因而只有理性的最高认识。

推论：1) 只有依照同一律A=A被认识到的东西，才是如其在理性中那般被认识的。——因而并非依照这一规律，而是依照与其不同的某种规律被认识到的东西，就不是如其在理性中那般被认识的；而既然只有在理性中才有对自在体的某种认识，那么它也就不是如其**在自身**那般被认识的。

2) 由这个本原表明的还有主观东西与客观东西的那种**同一性**或**等同性在其自身**所具有的彻底而绝对的独立性。主语与谓语的**质**对于这种同一性而言完全是无所谓的，由此已经预先可以看出，永恒的统一性作为统一性如何永远不能被否定，而是保持为同一个（与此同时，主体与客体可能随意发生变化）。**等同性**并非通过主体与客体而持存，而是反过来，仅就等同性存在着而言，即**仅就双方**①**是同一个而言**，主体与客体也才存在着。

因而命题A=A是无条件的或绝对的认识的唯一本原。我用绝对

---

① 指主体与客体。——译者注

的认识指的不是作为主体的**主体**在其中成为认识者的那种认识,而是理性。但理性在该命题中仅仅将其自身展示为其所是,即展示为主体与客体的永恒等同性的自我认识活动。因而本节命题得证。现在我们要更进一步。

命题A=A**在一般意义上**说出了主体与客体的永恒、必然的等同性。但如果普遍的东西、万物的本质不成为主观东西与客观东西,不成为肯定者与被其自身肯定者,这种等同性是不能**在一般意义上**被说出的。因而对主体与客体的等同性的那种一般意义上的肯定**在间接意义上是**对下面这一点的肯定,即万物的本质成为肯定者与被其自身肯定者。(这里才有了实在的内容。)因此①,

§6. 只有当自在体、一切存在的本质本身凭借其本性而成为**肯定者与被其自身肯定者**,主体与客体的绝对等同性才能在一般意义**上得到肯定**。原因在于,主观东西与客观东西的关系(§5)有如肯定者与被肯定者的关系。主体与客体是一体的,这就是说:肯定者与被肯定者是一体的。但**在原初的**和绝对的意义上,双方只有通过下面这一点才成为一体的,即同一个东西是其自身的肯定者与被肯定者。因此只有当一切存在含有的**普遍东西**、事物本身的本质是**那样一个东西**,它是其自身的肯定者与被肯定者,主体与客体双方才能**在一般意义上**成为一体的,正如在A=A这个命题中表达的那样。

§7. 这样一个绝对肯定其自身,因而也被其自身肯定者,只会是**绝对者或上帝**。原因在于,依照普遍理念而言只有一个由其自身且

---

① 接下文。以下行文中常有以此类"残缺"表述接引下一节的情形,不另加注释说明。——译者注

通过其自身而存在的东西才是**绝对的**。但由其自身且通过其自身而存在意味着**通过它自己的肯定而存在**，因而意味着成为其自身的肯定者和被肯定者。这就如同反过来看，非绝对者一般而言是被另一个东西规定为定在的，它的肯定落于它自身外部。——一般而言所有特殊东西都不是其自身的原因，而是以另一个东西为其原因。一个事物的原因是这个事物的肯定者，而这个事物作为作用则是被肯定者。但在非绝对者中，这双方并非一体，而在绝对者中它们必然为一体。

　　上帝是对其自身的绝对肯定，这一点是上帝唯一真实的理念；这理念虽然可以在不同意义上表现出来，却必然是且总是同一个理念。——这样看来，如果说肯定者对应于主观东西，被肯定者对应于客观东西，进一步说，主观东西又对应于理念或概念，客观东西又对应于存在，那么上述这种统一性也如此这般被表现出来。绝对者是即便直接通过其理念也**存在**的东西，或者说**存在**（zu seyn）包含于其理念中的那种东西，因而绝对者的理念是对存在的直接肯定（既不单单是理念，也不单单是存在）。——同样的意思也可以这样来表述：对于绝对者而言，观念东西也直接是实在东西。即便在绝对者理念的**这个**表述中，对立也完全是从非绝对者出发才被证实的。①对非绝对者而言，**存在**永远不可能与单纯的概念被设定在一起。在这里必须总是附加上某种独立于概念、独立于思维之外的东西，这样对象才得以**存在**。当我设想任何一个对象（=A），此时我

---

① 意指这个表述中的"观念东西"与"实在东西"这两种说法的分疏也只是对于人而言才有意义，它对于绝对者本身而言没有意义。——译者注

只想到了A，我没有设想在此种性质上为非A的其他任何东西。但如果这个A是某个非绝对者，那么它是受到另一个东西规定的（另一个东西是它的规定者），因而我为了将A设定为实在的，就必须走出去，走向独立于我的思维（它只是关于A的某种思维）的某种东西，走向与A不同的某种东西，走向B；我还必须从B走向C，如此等等。反之，在绝对者那里，我并不超出概念的同一性之外，走向另一个东西，而是当我将A设想为概念时，我直接且必然也将同一个A设定为存在了；而这样一来，我们才明白理性规律A=A的完整的、实在的含义。——在普通的反思中，两种知识被区别开来：1）**有条件者**，在它那里肯定者与被肯定者并非**在其自身**合一的，而是不同的。康德所谓的**综合性**知识便属于此类。正是在这类知识中，为了将A设定为实在的，还必须在概念（=A）之上再补充另一个东西（=B），后者**不是**这个概念。2）**无条件者**。在普通知识中，这样一个无条件者仅仅以某个单纯主观东西的形态出现，或者正如康德称呼的，仅仅以**分析性**知识的形态出现。在这里，命题A=A仅仅**在形式上**被理解，亦即这样被理解：当我设想A，那么我设想A。在这里我自然也没有走出**我的思维**之外，反过来说，我也没有讲出任何**实在性**。因而在普通知识中，就有了那样的对立（正如康德也会制造的那样）：或者是我**知晓**某种现实的东西、某种客观的东西，我的知识是一种**实在的**知识，但那样的话我的知识也不过是有条件的、综合性的一类知识；或者是我虽然无条件地知晓什么，但那样的话我的知识根本不是客观的知识，而是一种纯主观的知识，我就走不出我自身之外了。立足于实在性上时我总是失去无条件性，正如立足于无条件性上时我总是失去实在性。——基于那样一个观点时，情况自然是如此，普通逻辑基于那个观点，**康德**及其全部哲学尤其基于那个观点；因而康德也仅仅在有条件的、综合性的知识中看到了实在性，而这种知识从**真正哲**学的更高观点来看恰恰是一种缺乏实在性的知识。在**理性**中，正如我们对理性的规定那样，我同时**在无条件的意义上**和**实在的意义上**进行认知；理性是那样一种知识，它**无需超出其自身之外**，无需**超出**这种理念的同一性**之外**，却还是**直接同时规定了对象**，这就是说，理性认识的**对象**本身是那样一种对象，它即便作为对象，也就是说即便照其实在性来看，也仅仅由同一律规定。但这样一种对象只是那样的，即便它的**存在**也直接从**理念**中得来，或者说它本身被它的**理念**肯定了。因此理性认识的**真正**对象仅仅是绝对者，因为只有对绝对者而言同一律才同时也是存在的规律①——这样一来，命题A=A的真正的、实在的含义才得到完备的规定。

附释。在命题A=A中，照其实在的含义来看，表现出了对绝对者的直接认识，或者换种说法：命题A=A中的**实在东西**是对上帝或绝对者本身的直接认识。

§8. 它是对上帝或绝对者的一种直接的认识。原因在于，在理性中，主体与客体的永恒等同性认识**其自身**，这就是说，理性是对该等同性的某种**直接的**认识，而且该等同性是在一般意义上被认识的。但现在看来，主体与客体的这种等同性，肯定者与被肯定者的这种一体存在（Einsseyn），恰恰是绝对者的本质、理念。因而如果说主体与客体的等同性本身就在理性中认识自身，那么绝对者的**理念**

---

① Gesetz des Seyns, 亦译 "存在律"，在字面上与 "同一律" 较对称，但因通常语言中无此说法，我们照字面意思译作 "存在的规律"。——译者注

也在理性本身中认识,亦即肯定自身。因此我们在理性中有了对上帝理念的一种绝对的肯定,亦即有了对该理念的一种直接的认识。

又及。上帝不像其他事物那般存在;仅就他肯定**其自身**而言,他才存在。但这种自我肯定或主体与客体的这种等同性又在理性中认识其自身,因此在理性中也有上帝理念的某种自我认识活动,亦即该理念的某种直接肯定。在理性中唯有上帝最初的自我肯定在不断重复。

系理。上帝或绝对者是认识的唯一直接的对象,其余一切认识都只是间接的。——独断论的观点和真正的哲学之间的对立,已经由下面这一点充分刻画出来,即独断论到处都只是对绝对者的一种间接的认识,真正的哲学却主张一种完全直接的认识。通过理性的本质直接肯定上帝的理念(**理性本身不是别的,只是上帝的理念**),这在过去是独断论的种种体系力所不逮的。

各种理念迄今为止的整个历程表明,这里从来不涉及**独断论**意义上的上帝。独断论是那样的体系,它是在有限世界与有限表象的种种概念被用于无限者、绝对者时产生的。①在独断论中绝对者任何时候都只是哲学最终才吐露的东西;在那里上帝只是最高者,但绝非绝对的**一**,在上帝外部还有世界持存;而从这个世界出发,在因果链条上推论的序列还在前进,这个序列最终引向作为最高原因和绝对原因的上帝。依照真正哲学的观点,上帝不是最高者,而是直截

VI, 152

---

① 参见《论哲学中的建构》,发表于《哲学批判期刊》第1卷,第29页。——谢林原注
见《全集》第5卷,第127页。——原编者注
中译文见谢林:《学术研究方法论》,先刚译,北京:北京大学出版社,2019年,第27页。——译者注

了当的**一**，不是某个序列的顶点或最后一项，而是中心。在他之外根本没有使他得以充当作用之原因的任何世界；原因在于，那样的话上帝就受到不同于同一律的另一个规律规定了；但正如我们在前文中已证明的，同一律是认识上帝的唯一原则。没有任何东西能**源出**于上帝，因为上帝就是一切，而且在他内部除了对他自身的永恒与无限的肯定之外，再没有其他关系了。

如果说某些人，比如埃申迈耶尔，最近将对上帝的**信仰**或**预感**提升于认识之上，那么这种做法唯一可设想的说明根据如下所示。理性是上帝理念的直接肯定。但理性不是主观东西、特殊东西；它是直截了当普遍的东西，这普遍东西征服了一切特殊性、一切主观性。但在某种井然有序的性情中，特殊性、主观性本身却可以纯化自身，以达到与**理性**的同一；而对神性东西的认识也就不再仅仅是对灵魂的**普遍东西**的认识，也是对它的特殊东西（如今它与普遍东西成为**一体**）的认识；而且**就**主体将自身婚配给普遍东西**而言**，主体是能够享用神性东西的。但由于主体不是凭借它**原初的本性**，而是仅仅凭借它与神性东西构形到一起或发生类同化的这种特殊方式，达到这种认识的，那么这种认识也不会以某种**一般性**认识的性质出现，而是更多地以某种个体性的，尽管并不因此而不复无条件的认识的性质出现；而在这种关联下它就称为**信仰**，正如它在单纯接近特殊东西与理性的那种统一的过程中可称为**预感**。因而即便埃申迈耶尔式的信仰也只不过是拯救主观性的一种尝试。①

---

① 参见《哲学与宗教》，第18页及其后几页。——谢林原注

中译文见谢林：《哲学与宗教》，先刚译，北京：北京大学出版社，2017年，第23页及其后几页。——译者注

但那种通常还以别的方式与对绝对者的某种直接认识形成对立的看法,即认为对于绝对者,只能主观上信以为真(主观上承认),或者换用人们喜欢的其他这类含糊不清的说法也一样,那种看法在这个问题上很可能完全一无所获。如果理性的认识是一种主观认识,那么它当然最多只是某种主观上的承认,某种主观上的信以为真。但将理性转化为某种主观东西,就等于否定了理性。

我们已将理性中对绝对者的认识规定为某种**完全直接的**认识。但由此还产生了其他许多必然性规定,如下所示。

1) 每一种直接的认识也都必然是一种完全**充分的**认识,适合于它的对象,洞穿了这对象。——原因在于,在直接的认识中,认识者与被认识者**合一**。因而被认识者就被认识者洞穿了。这里根本不存在认识者由被认识者**划界**的事情。被认识者与认识者自身只是同一个东西,这正如在对纯粹空间的直观中,并非仅仅是**我的**知识在为空间划界,**我的直观活动**同时也是被直观者,反过来说也一样,只不过那是从另一个方面来看罢了。

2) 因而如果说对绝对者的认识方式是一种绝对的认识方式,那么它也是一种**沉思性**认识方式。——每一种直接的认识一般而言都是直观,且就此而言一切沉思都是直观。但由于理性在这里是认识者,所以这种直观是一种理性直观,或者像通常也习惯于称呼的那样,是一种**理智直观**。对绝对者的认识是一种直接的、沉思性的、理智直观式的认识,这一点只不过是作为对上帝理念的直接肯定的理性所必然具备的本质产生的后果。因此反过来也可以说,从某种沉思性的、直接进行直观的理性认识的本质出发也能推出,这样一种认识的对象只能是绝对者,除此之外别无其他。——如果我们,比

VI, 154

如说,将理智直观与感性直观对立起来,将感性直观规定为总是受迫的和受缚的,在其中我们感到**不得不**如此的,那么与其相反,理智直观必然是一种**绝对自由的**直观(只不过不是在通常也可能主张的那个意义上,即理智直观是某种通过自由而**产生**的直观),而且这已经向我们表明,理智直观的对象一般说来根本不可能是受局限的、有限的对象:比如说,不仅仅绝非外感官的对象,反而是内感官的某种对象,正如费希特的理智直观那样,他这样说明他的理智直观,"当我设想一个外部对象时,思想与事情是不同的,但如果我设想我自身,那么主体与客体为**一体**,而且理智直观就存在于这种统一体中。"主体与客体的等同性并未被局限于有关我自身的意识上;它是**普遍**分布的。因而某种理智直观的对象既不可能是一个外部的、感性的客体,也不可能是经验意义上的自身(Selbst),抑或内感官的其他任何一个对象。原因在于,内感官的全部客体同样是受局限的和可变的,就像外感官对象一样。因而只有某种无限者、完全不受限者、由其自身肯定者,才可能是某种理智直观的对象。——如果说现在有人要求人们告知他理智直观是什么样的,那么这等于要求人们告知他理性是什么样的。他内心中理智直观的缺失不过证明了,他内心中理性还没有达到清楚的自我认识。理智直观不是什么特殊的东西,而恰恰是完全普遍的东西。

现在我再转向上文中的那个命题。

我说过,上述那种通过其自身而对自身进行**绝对肯定**的形式,即成为绝对者自身的**本质**的那种形式,**在理性中重复自身**,而且它就是我们在其中把握绝对者的那种光,是绝对者与认识之间真正而本己的中保。正如在感性之眼看来感性事物并不肯定**其自身**,而是被**光**肯定，反之光则肯定其自身，并展示出其自身以及昏暗之处，那么在精神世界中上帝的**理念**同样是对一切实在性的最初肯定；除了凭借他的理念且被这理念肯定而产生的实在性之外，根本没有什么别的实在性；但上帝的理念在自身外部没有得到任何肯定，它是其自身的肯定者与被肯定者。那绝对的光、上帝的理念仿佛打入理性之中，并在理性中作为对认识的某种永远的肯定而照亮前方。这肯定是我们灵魂的本质，凭借这种肯定我们发现**非存在永远不可能**，且永远不可认识，也不可理解；而看到无限性的深渊就眩晕的知性提出的那个终极问题，即"为什么并非一无所有，为什么一般而言有某东西存在？"，则永远被下述认识抑制，即**存在**是必然会有的，亦即通过在认识中对存在的上述绝对肯定而必然会有的。对上帝理念的绝对**断定**事实上无非是对虚无的绝对否定；而理性越是确切地永远否定虚无，且虚无什么也不是，理性便越是确切地肯定**大全**，**上帝**便越是永恒存在。

就此而言上帝**理念**存在着，那么除了这一点之外就没有任何认识了；根本不存在可以导向**该理念**的其他认识，反而只有当该理念绝对被肯定之后，每一种认识也才被肯定。原因在于，只有那时我们才认识到，**并非**什么都没有，而是必然且永远有大全存在。

* * *

哲学中第一位的东西是**绝对者的理念**。到此为止我们讨论的都是这个问题。现在我进一步推展我的阐述。起点是肯定者与被肯定者或主体与客体的绝对同一性，后文中我也直截了当称之为**绝对同**

一性，这部分是为了表述简洁起见，部分是因为恰恰只有**那种**等同性才能称为**绝对的**，因为它不能在任何东西中，也不能在任何意义上被否定；这个意思通过下述几个命题就显得更清楚了。

§9. **绝对同一性作为同一性，不能在任何意义上被消除**。或者说：它不能在任何东西中，也不能在任何意义上被否定。——这一点从§2中已经看清了；因为它是一切认识中的永远等同者，是持存着的不变的东西，而主语与谓语、主体与客体则可任意变幻。——因此我们预先就能看到，通过理性我们会**认识**的除了那种同一性关系之外，永远没有别的关系，而我们进一步构造的固定规范恰恰是：**将同一性永远作为同一性加以阐述**，而不是作为实在的东西加以认识，后一种做法必定会使同一性被设定为被消除的或被否定的东西。

§10. **存在着的一切就其存在着而言，都是绝对同一性**。原因在于，绝对同一性永远不被否定，且不在任何东西中被否定，因而对这同一性的否定就必然和永远是**不存在**的。因而存在着的一切就唯有这一切才真正**存在**着而言，都是绝对同一性。因而（附释）①倘若它们**不**是绝对同一性，**它们**便**不存在**，它们便只不过是**非存在者**（non-ens）。

结论。**存在着的一切就其存在着而言，皆为一体**：这就是说，在一般意义上**存在着**，因而也唯一能被认识的，是永远等同的同一性，是**一体**。——这不过是对前一个命题的颠倒。——因而（下面这一点又是刚才主张的那个命题的直接结果）**某种差别**在一般意义

---

① 意指本句为附释。——译者注

上由以被设定的那个东西（倘若真是这类东西），就不属于存在者之列，不属于真正的**存在**（esse），它毋宁属于事物的非存在（non-esse），而且仅仅是这些事物的一种规定，并非就这些事物存在（因为它们为**一体**）而言，而是就它们不存在而言。——此外，就绝对同一性是绝对性本身的直接表现而言（因为只有绝对者才通过肯定其自身的方式直接进行肯定，主体与客体的普遍、永恒又不变的等同性也是如此），因而也就**绝对同一性**是上帝的直接表现或事物那里含有的绝对性的直接表现而言，"存在着的一切就其存在着而言，皆为一体"①这个命题也可以表述为"**存在着的一切就其存在着而言，就是上帝**"。因而一切**存在**如果不是上帝的存在，就根本不是**存在**，而毋宁是对存在的否定，因而我们现在就确实可以这样说了。②

§11. 哪里都只有唯一的存在，只有唯一真正的本质、同一性或作为对该同一性的肯定的上帝。

证明。原因在于，下面这一点唯独属于上帝的本质，即成为对其自身的肯定。但这种**一般**等同性也只有通过下面这一点才被设定下来，即"成为肯定者和被其自身肯定者"乃是那个一体（Eines）的本质（§6）。

---

① 原文中缺了"一体"字样，此处谢林复述上文"结论"命题的脉络是很清晰的，故加以补全。——译者注
② 关于§9和§10，以及下文中的§17，可参见对同一性哲学的首次阐述中类似的命题。——谢林原注
见《全集》第4卷，第119页。——原编者注
中译文谢林：《对我的哲学体系的阐述》，王丁译，北京：北京大学出版社，2023年，第16-17页。——译者注

注释。因而并不存在各种不同的实体，只有**唯一的**实体；并不存在某种不同的存在，只有**唯一的**存在。

§12. 上帝是直截了当的一体，或者说：只有唯一的绝对者存在。原因在于，只有**唯一的**实体存在，它是上帝，是被其自身肯定者。因而反之亦然。

在某种间接的意义上说，上帝的统一性要这样来证明（正如斯宾诺莎也做过的那样）：就上帝而言，**存在**直接从理念中得出。但现在看来，任何东西的理念、概念自顾自地来看，都不包含某种**杂多性**（*Mehrheit*）。因此，比如说，从一个人的一般概念中就绝不能得出，此刻恰恰是这个总量的，而绝非另一个总量的人实存着。这方面规定是可以从，比如说，某种独立于理念之外的东西、他异者中推论出来的。因而如果有多个绝对者，那么这种杂多性的根据便落于绝对性理念外部，但这就与绝对者最初的那个概念相矛盾，即就绝对者而言，存在仅仅从理念中得出；因此多（*Vielheit*）的概念，即量的概念，在哪里都根本不允许用到绝对者身上（最后这句话是我们的命题的更一般的表述）；原因在于，多的概念越是不能用于上帝的理念，计量意义上的一（*Einheit*）的概念也越是不能用于上帝。说上帝是实体的**一体**（*Eins*），这不是在数字意义上而言的，而且实体的这个一不能被数量意义上的任何多消除。如果上帝仅仅在计量意义上存在，那么多便不是**由他的本性**否定，而仅仅是在偶然意义上由他否定的，那样上帝就是一个个体了，但他实际上既不是个体也不是类。说他不是个体，是因为否则在他之中存在便不完全符合概念，被规定者就不完全符合规定者了。说他不是**类**，是因为否则便必定有多个绝对者成为可能了；而如果绝对者还**是**一体，那么这种统一性的根据就不在他的本性或理念中，而是落于这本性或理念外部了，这却与绝对者本身的概念相矛盾。①

§13. 上帝是直截了当永恒的。——我将在哪里都与时间毫无关系的东西称为永恒的。因而，直截了当永恒的东西并不是在时间中根本没有开端，比如只可被设想为恒久以来一直实存着的东西，而不是有某个开端的东西。大部分人将上帝的永恒性表述为永恒性的某种**定在**，然后将这种定在设想为无限时间的某种定在。只不过上帝根本不可能与时间发生什么关系，因而不可能在时间中有开端或无开端。

证明。与时间有某种关系的每一种存在，都是**绵延**。但现在看来，一般绵延具有存在方面的某种规定，并非就它符合概念而言，而是就其不符合概念而言。（人们并不说概念绵延着，而说作为一般概念的某种否定的特殊存在绵延着。）但现在看来，在上帝内部没有任何存在是不受概念规定的或与理念有别的——之所以如此，是凭借肯定者与被肯定者的绝对同一性。因而**绵延**概念在哪里都根本用不到绝对者身上。但倘若果真如此，绝对者也就在哪里都与时间毫无关系，它直截了当是永恒的。**又及**。绵延＝非完备性。有限事物绵延着，因为它的特殊东西不符合于它的普遍东西。**倘若**它事实上总能达到这种复合，并真正成为它依照其概念所能是者，那么它就根本不在时间中了。但现在看来，对于绝对者而言存在绝对类同于概

---

① 此处可参见《神话哲学》（*Philosophie der Mythologie*）第366页。——原编者注
见《全集》第2系列第1卷第366页，那里讨论了上帝理念、上帝的一体性等问题。中译文见即将收于《谢林著作集》的《神话哲学之哲学导论》（*Philosophische Einleitung in die Philosophie der Mythologie*）。——译者注

念，因为被肯定者类同于肯定者，也是其自身。因而就此而言**时间**、**绵延**是一些完全不可运用于绝对者的概念。

附释。对于在**存在**方面永恒的东西，也只可能有永恒的认识——这种认识不是，比如说，对于一切时间有效，而是根本不对时间而言有效。（原因和作用根本不具有**永恒**真理，唯独A=A才具有。）因而理性是某种永恒的认识，正如哲学是一门**永恒**真理的科学（在"永恒真理"这个词被指明了的意义上）。

§14. 上帝不能被设想成在时间上已经先行和正先行于其他任何东西的。①——这是前一个命题的直接后果。

注释。不在时间上先行于**其他事物**的东西，却可以在**理念**上先行于它，这就如同，比如说，圆的理念虽然不在时间上，却在理念上先行于每一个具体的圆。反之，从某种事物在**本性**上或在**理念**上先于其他事物这一点并不能得出，它在时间上是先行的。——因此无限空间在理念上先于个别空间，而后者只有在无限空间中并通过无限空间才能被设想为同样多的一些否定形态，但无限空间绝不在**时间**上先行于它们。因此上帝在理念或本性上必然先行于所有别的事物，但他不可能在时间上先行于任何事物，如果不是本身已被设定于时间之中的话，而依照前述命题这样的设定是不可想象的。但他不仅不能被设想成在时间上已经先行和正先行于其他任何东西的，而且

§15. 在绝对者本身中根本没有先或后。原因在于，绝对者**完全**

---

① 这是顺应普通人在时间意义上思考问题这一习惯的方便说法，其实上帝是超时间的，参考下文"注释"与命题15不难明白这一点。这里的"先行"（vorangehen）也是逻辑意义上而言的。——译者注

是**一体**，它的存在绝非局部意义上的，以致它内部有某种事物能先行，其他事物随之出现。在它内部，没有任何规定序列，因为否则的话在它内部也就设定了被规定状态——感受。但绝对者必然是无感受的。在上帝内部没有任何东西是他可以倾向或奔向的东西，他反而是永远等同的宁静核心。

§16. 绝对者直截了当是无限的。——存在着双重的无限性：一种无限性，我们可以将其归之于我们不知其边界何在的那种东西，比如归于空间、时间等；或者那种东西是**凭借其原因**才成为无限的，比如有机自然中的各个类就其原因而言是无限的。①但除了这两种完全不同的无限性之外，还有另一种无限性，它归于某种东西是凭借这东西的定义，正如斯宾诺莎表述的那样，或者凭借这东西的理念。这样一种无限性就是上帝的无限性。原因在于，上帝是对作为无限实在性的其自身的绝对肯定。这种无限性是某种完全无时间也无空间的无限性，而不是某种**生成**的无限性，比如因果序列的无限性，而是凭借绝对断定而存在的某种无限性，某种现实的无限性。无论现在还是将来，我们都只会将绝对者的无限性理解成**对它的本性的无限实在性的**这种**绝对肯定**，别无他解；而绝对者的无限性作为最初的上帝理念的一个直接推论（最初的上帝理念正是对上帝自身的无限肯定的理念），根本不需要证明。但另外那种单纯欺骗性的无限性（它不是凭借某种绝对不可分割的断定，而是仅仅由于边界的缺乏或无限的附加才被设定的）由何而来，这一点在后文中才能谈及。

---

① 有机物自身就是自身运动的根本原因，在这根本原因上不受外物限定，在此意义上而言它是无限的。——译者注

VI, 161

§17. 无物是依照在其自身而言的存在形成的。——既然万物都**是**其所**能**是，既然并非永恒地、**无时间地存在着**的东西，即并非绝对同一性或上帝的东西，也并不且永远不**能**存在，那究竟如何会有某种东西真正或在其自身而言形成或已经形成？越能确定地像上帝那样凭借其单纯**理念**而成为对无限实在性的断定，这种实在性便越**是**确定的；而既然这种实在性是存在的，那么除了它之外就不可能有任何别的**实在性**了；但这种实在性只是**存在着**，它既非将来产生的，亦非过去形成的。

结论。无物在其自身来看是有限的。

注释。由此表明，从理性的观点来看，哪里都根本没有有限性；因此也不能追问**这种有限性**从上帝那里**发源**的情形，因为从上帝那里仅仅流射出无限者；那么此外，一些事物被视作有限的，这就意味着没有如其**在自身而言**那般看待它们。

§18. 上帝仅仅就其是其自身的肯定者和被肯定者而言才存在。（对绝对者而言本质与形式根本没有差别。）——原因在于，上帝仅仅在无条件的意义上存在，或者说他在哪里都不可能在有条件的意义上存在；但一种无条件的存在只是那样的存在，它就是对它自己的断定，它肯定其自身。因此上帝当其无条件存在时便是必然的，便必然是其自身的肯定者和被肯定者，而且他成为他这个**种类**的东西，这一点与他的本质（即与他的无条件性）是不可分的。这里根本不存在从本质向形式、从前向后的过渡，形式从本质得出所凭借的仅仅是同一律，这就是说，形式本身与本质是一体的。——这里也同样不必思考存在与形式的关系，那关系在具体事物那里才发生；原因在于，在这里形式总是存在的限定者，后者是普遍东西，反之前者则是特殊东西。但普遍东西与特殊东西在具体东西中必然是有差别的。后者(具体东西)之所以具体，乃是因为形式是对存在的否定，是对普遍东西的否定。因此当形式消失时，实体或存在却产生了。但这种差别对绝对者而言却是不可想象的；原因在于，那成为对其自身的肯定者和被肯定者的形式，在这里本身就是无条件者，因而不能对本质起限制作用。具体事物**具有**某种形式，但绝对者**本身**就是形式，而且在这方面，就无形式者被设定为类同于无限者而言，绝对者又是**无形式的**。

VI, 162

关于前述命题，更重要的，就结果而言也意义重大的一种反思是：上帝是其自身的肯定者和被肯定者；这意味着上帝的同一个本质既是肯定者，也是被肯定者，或者说，上帝是作为肯定者又作为被肯定者的**同一位上帝**。因此，作为肯定者的肯定者和作为被肯定者的被肯定者这**双方**并不**各别**属于**上帝**的本质，正如在命题A=A中，A并不作为主语或作为谓语各别属于同一性的本质，而毋宁反之，作为肯定者的肯定者和作为被肯定者的被肯定者这双方在其自身而言什么都不是，上帝的本质**属于它们**；[①]就**上帝**存在着而言，即就肯定其自身的那个**一体**存在着而言，它们才不存在。

附释。上帝乃是肯定者与被肯定者的那种在其自身而言同一的、等同的本质，**但**不能反过来说，**作为被肯定者的被肯定者**和**作为肯定者的肯定者**属于**上帝的本质**。

证明。原因在于，在其自身而言的确根本没有什么肯定者和被肯

---

① 这里的"属于"并非指实物意义上的归属，而是指"为其奠基"或"作为其条件"的意思。正如谢林紧接下来解释的那样，"上帝的本质属于它们"指的是，即便在其自身而言什么都不是的东西，它的"什么都不是"也要基于上帝的本质而言才有意义。——译者注

定者存在，在其自身而言反而只有上帝存在，而且只是因为有上帝存在，也才有一个肯定者和一个被肯定者存在。但即便如此，双方中的每一方都**不**是各别地和自顾自地存在的，而是只有**上帝**才作为肯定者和被肯定者存在，这就是说，双方仅就其是同一个东西，亦即是上帝而言，才会存在。

　　我们这里说的意思，亦即后文中还会越来越清楚的意思，目前暂已用于纠正有关绝对者理念的那些几近普遍流行的误解。人们关于这个理念的日常表象，以及人们在这门哲学的那些所谓的拥护者和反对者们撰写的书籍中同样能发现的表象，如下所示。首先，存在着某种主观东西和某种客观东西（=肯定者和被肯定者），双方都自顾自存在，相互对立。现在哲学的反思加入进来，并将这对立的双方**结合**为**一体**，然后将这个**一体**，即结合的**产物**，称为绝对者。**我首先要说的是**：既没有在其自身而言便主观的某种东西，也没有在其自身而言便客观的某种东西存在，而是只有**一体**（上帝）存在，它的直接的肯定便是理性本身，而且它就是认识的唯一的直接对象。在理智直观的这个唯一直接的对象中，根本不存在双重性，根本没有双重东西存在（根本没有主观东西，也根本没有客观东西），这对象反而是绝对单纯的。但恰恰凭借这种绝对**单纯性**，这对象才直接肯定**其自身**。即便通过这种自我肯定，也根本没有**如其本然的**肯定者和被肯定者①、作为主观东西的主观东西、作为客观东西的客观东西被设定，反而**只有作为同一个东西的上帝**被设定，这上帝既进行肯定又被肯定；但肯定者和被肯定者本身却并未被设定。现在看来，既

---

① 指相互分离的肯定者与被肯定者，下文中同此。——译者注

然依照我的阐述，从绝对者的自我肯定中永远没有**如其本然的**一个肯定者或一个被肯定者产生，反而即便在那自我肯定中也只有**上帝**存在，那么从肯定者与被肯定者、主观东西与客观东西的对立中不可能反过来产生出上帝，正如不可能从那里产生出对立的**弥合者**。那种情形极其荒谬，就仿佛我想说的是，通过将中点与圆周结合起来就产生了圆，或者它们的结合给我**提供**了作为产物的圆似的，因为真实情况其实是，圆的**理念**必然先行于这两者。

如果主观东西与客观东西的对立是起点，而绝对者不过是事后才通过对立的消除而被设定的产物，那么绝对者本身也不过就是一种否定罢了，即对那样一种差别的否定，人们不知道它从何而来，也不知道为什么它恰恰会在其否定中展示出绝对者来。那样的话，绝对者就根本不是**断定**，而只是某种否定性理念，是综合性思维（或者如一些人设想的那样，综合性想象力）的一个产物；它根本不是认识的直接对象，而是某种完全间接的对象，简言之不过是一个思想物而已。

VI, 164

我必须强调这些印象，这部分是因为，针对同一性体系尚可提出的一切异议其实都基于这种部分有意而为部分无意而为的扭曲之上；也是因为，意图的这种最初的颠倒又孕育了另一种颠倒，往后又不断重复。这样一来，比如说，虽然据说绝对者不过是主观东西与客观东西结合为一个存在的产物，可是据说主观东西与客观东西又是从这个一体中被推导出来的。

认识的直接对象也必然是一个绝对单纯的东西，因为只有这样一个东西方可直接认识。一个单纯东西越是单纯，就越是只能肯定其自身，而不被另一个东西肯定。然而如果我们说，上帝作为单纯东西肯定其自身,也被其自身肯定,那么我们由此无疑根本没有设定作为一个自顾自存在者的肯定者与被肯定者,而不过是设定了作为单纯东西、作为其自身的肯定者与被肯定者的上帝。——那么我们对于上帝本身有了何种理念?正是那个理念,即他**肯定**其自身并**被其自身肯定**;这就是说,正是那个理念,即他是肯定者与被肯定者的**统一体**。因而,"肯定者与被肯定者这双方都是上帝",这句话说出了这么丰富的意思:肯定者与被肯定者这双方中的任何一方自顾自地来看,都是肯定者与被肯定者的同一。那样根本就不存在纯粹肯定者了,因为上帝的肯定者本身就是上帝,即本身已经是肯定者与被肯定者的同一了;也根本不存在纯粹和单纯的被肯定者了,因为被肯定者本身又是上帝,即本身又是被肯定者与肯定者的同一。这里根本不可能有什么**分割**,以致(比如说)上帝的一部分是他的实在性的肯定者,另一部分是被肯定者;反而肯定者与被肯定者这双方中的任何一方都是**整个**绝对者。根本不可能有什么分割,因为上帝一般而言就是对其自身的肯定,所以他作为肯定者又只是被其自身肯定者(他自己将自己设定为肯定者),正如他作为被肯定者只是其自身的肯定者;这就是说,他作为一方和作为另一方时都是**整个**绝对者。在这里,一切无穷倒退都被阻断了。为了将事情讲清楚,我们通过A将上帝刻画成肯定自身者,通过B将他刻画成被肯定者。现在我要说的是:上帝作为其自身的**肯定者**,必然也已经是被其自身肯定者,这就是说,他不仅仅是A,他作为A存在时也已经是B了,或者更确切地说,他既非A亦非B,而是两者的不可分的同一性。作为**被其自身肯定者**,上帝必然也已经是肯定者了,这就是说,他并非单纯的B,而是作为B存在的同时也直接是A了;这就是说,他又既非自顾自的A,亦非自顾自的B，而是作为A且作为B存在的同时是完整的、不可分割的绝对性；而既然A和B只是同一个东西，所以他作为A且作为B存在的时候只是同一个东西，即A=A。①

又及：在命题A=A中，并不是非等同者与非等同者，而是同一个东西与其自身被等量齐观。因而作为主语的A已经是整体了，作为谓语的A同样是整体，被设定的不是某种单纯的同一性，而是**某种同一性的同一性**。正如在命题A=A中第一个A不仅仅是整体的一部分，而是整个不可分割的A本身，谓语A同样如此，那么作为肯定其自身者的绝对者也不仅仅是绝对者的一个部分，而是整个绝对者。被其自身肯定者同样如此。

我有意要在这个课题上逗留一会，并尝试在所有方向上扩展它，因为它后果最为重大，也必然将这一点上的误解延展到整个哲学上。因此我尝试通过取自几何学的一个例子阐明同一个问题，因为一般而言哲学运思（它无非就是冷静地沉思绝对者的本质及其种种后果）的进程最好是用几何学的进程来表示，正如反过来看，完善的哲学的科学进程对几何学的封闭记号法也有启发。全部几何学的开端是圆周线；欧几里得的第一个命题是，等边三角形只能通过圆周线构造出来，也只能通过圆周线且在圆周线中被理解。现在看来，圆周线的**理念**无疑是1）一种绝对单纯的线，尽管在对圆的这种不可分割的断定中，中点和圆周同时也已经直接被包含了。2）在圆周线中，中点是肯定者，或者说它表现为主观东西，圆周是被肯定者或

---

① 正如本书前面的论述所示，谢林用A=A表示绝对同一性，这里的A也不是前文中单纯作为肯定者的A，而且A=A也不能拆分开来看，只能作为整体来表示绝对同一性。——译者注

客观东西，中点是观念东西，圆周是实在东西。这一点我证明如下。全部实在性的肯定者是将全部实在性都包含且仿佛吸收进自身之中的那个东西。那么由于在几何学中，实在性表现为延展，所以**在圆周线中**肯定者就通过对一切延展的否定，即通过点被表现出来。现在如果说中点就是观念东西，那么圆周必然是中点的那种被转化为实在性的观念东西，或者被中点肯定者。现在我要问的是：

1）那么在圆中，a）中点、b）圆周就是某种自顾自的东西了？不可能。原因在于，并非空间中任意设定的每一个点都是中点。中点本身——以及在其作为中点的性质中——必然已经涉及了一条线的概念，那条线上的各点全都与中点等距，这就是说，中点涉及了圆周。因而仅就被肯定者同时也直接被设定而言，肯定者才被设定。圆周的情形同样如此。因而——这一点要好生留意——真正说来我既没有设定自顾自作为中点的中点，也没有设定自顾自作为圆周的圆周，而是**在每一方中**必然和总是已经设定了圆，即设定了那样一个绝对的统一体，它**在其自身而言**既非中点亦非圆周，而恰恰是圆。——我们现在想弄明白的是，中点和圆周如果不是在统一体中被看待，会成为什么。中点会成为单纯的点。我们有了一个肯定者，却没有一个被肯定者；圆周则成了直线；直线是从圆**松脱**的形态，它是**远离**核心的一切距离的永恒方向，是一切离心形态的永恒方向；这里我们有了一个被肯定者，却没了肯定者；我们具有的是在圆中原本为**一体**却落入其形式上的差别之中的东西，也就是说，我们将双方①设定为相对的否定，肯定者本身排斥被肯定者，被肯定者排斥肯定者。现在哲

---

① 指中点和圆周。——译者注

学中的情形同样如此。如果我们实实在在地将主观东西设定为主观东西，将客观东西设定为客观东西，那么在前一种情况下我们只有某种主观东西，而客观东西则被那主观东西否定了，在后一种情况下我们只有某种客观东西，而主观东西则被那客观东西否定了，这就是说，我们根本没有绝对者，一般而言我们只有一些否定形态。——现在我要问的是：2) **在圆内部**中点和圆周是表现得像这圆的一些部分，抑或二者中的每一个**自顾自地来看**，亦即就其一般**是**其所是而言，并非已经是整个圆了？这从我们刚刚发现的那一点就已经能看出来了，即作为中点的中点必然也包含了圆周，因而也包含了整个圆；圆周的情形同样如此。——更确切地说：仅从中点的观念性或它的肯定来看，中点就是整个圆；仅从圆周的实在性来看，圆周是整个圆。中点是作为对自身的肯定的圆，是**观念意义上的**圆周线，但已经是整个圆了。圆周是作为被肯定者的圆，但已经是整个圆了。(**观念意义上的**圆周线通过中点表现出来；因为中点除了是直径无穷小的一个圆周线，或者除了是圆周与中点在其中重合的一个圆之外，还能是什么？) 但如果说中点和圆周这双方中的每一方自顾自地来看都已经是**整个圆**了，那么我要问的是：3) 在双方中被直观到的是某种双重之物，还是某种绝对**单纯之物**，即圆的某种理念？此外还要问：人们是否能将**双方**在圆中的合一设想为那样一种合一，它有两个部分，那两个部分聚合起来才构成一个整体？因而，比如说，中点和圆周是否能被视为圆的**各要素**（既然它们中的每一个自顾自地来看毋宁已经是整个圆了）？**还有**：那么圆本身，比如说，作为产物，是否能被视为中点和圆周的综合，既然圆在这双方的每一方中都已经完整而不可分割地在场了？

将这一点用到前述情况上，我要问的是：是否1）凭借上帝的理念，肯定性东西与被肯定者成了某种**自顾自**的东西？不可能。一般而言它们只有凭借上帝理念才成其所是，正如中心与圆周只有凭借圆的**理念**才是其所是。但难道2）肯定者与被肯定者是上帝内部的一些部分，以致绝对者的一个部分是单纯肯定性的部分，另一部分是单纯被肯定的部分？不可能。情况反而是，正如在彼处双方中的每一方自顾自地来看已经是整个圆了，那么在此处双方中的每一方自顾自地来看也是整体了，亦即是不可分割的绝对性，或上帝本身了。3）在肯定者和被肯定者中的某种双重性、某种分化，最终而言难道不是在上帝本身中被看到的吗，被看到的难道不反而是可设想的最高统一体吗？——如果在上帝内部肯定性东西不同于被肯定者，那么在他内部就有了某种分化。可设想的最高**统一体**在上帝内部，是因为肯定自身的和被自身肯定的是**同一个东西**。

因而上帝理念便是，并非**各别地**成为肯定者或被肯定者，而是永远和必然成为二者的统一体。——这些命题的重要性在那样的时刻才通过种种结果完整显现出来，即随着肯定者与被肯定者的永恒统一一道，一切主观东西与客观东西、一切观念东西与实在东西的永恒统一也被设定下来了，因而恰恰凭此，作为主观东西的一切主观东西、作为客观东西的一切客观东西也就同时被否定了，而在一切**知识**中，正如在一切存在中，真正被认识到的便只有双方永恒而不可分割的统一体，即上帝。

§19. **上帝的自我肯定也可以被描述为某种自我认识活动**。原因在于，一切认识活动，一般而言一切知识，**只不过**是某种肯定活动。因而如果上帝是对其自身的绝对肯定，那么上帝也是对其自身的绝对认识——而上帝对其自身的这种认识也必然成为一切认识的本源，正如只有通过上帝的肯定，其余的一切肯定方才得到肯定。

附释。知识的肯定者是主观东西，被肯定者是客观东西或被认知者。

结论。因而由肯定者与被肯定者表现出来的同一个东西，对于知识中的主观东西与客观东西也是适用的；而既然它由肯定者与被肯定者关联到**上帝**，这就是说，既然它直截了当地**普遍**被表现出来（因为依照§6和§11，上帝是渗透一切存在与知识的普遍东西），那么由肯定者与被肯定者表现出来的同一个东西，也在知识中由主观东西和客观东西**普遍**表现出来。

§20. 上帝内部的一切认识都只能被设想为对被认识者的某种绝对肯定，这种肯定直接从上帝的理念得出来。原因在于，首先在上帝**外部**就不存在任何东西，因而上帝在其自身之外也不可能认识任何东西。但上帝对其自身的认识乃是对其自身的某种绝对肯定。照此说来，如果说认识便在于对被认识者的绝对肯定，那么在上帝内部就不可能设想任何认识。然而此外，除了从上帝得出的东西或在上帝内部直接凭借上帝的理念而存在的东西之外，就不可能有任何别的东西从上帝得出和在上帝内部存在；因而在上帝内部无非只有那样的认识，它是对被认识者的绝对肯定，且直接从上帝的理念得出。

阐释。当上帝肯定其自身时，他必然同时也肯定无限的实在性。现在由此得到肯定的一切，即上帝肯定其自身这一点，是直接从他的理念中得出的；而且在上帝内部，对于这一点的认识必然是与上帝对其自身的认识类同的。现在既然上帝对其自身的认识是对其自身的某种绝对断定，那么在上帝内部也就没有任何认识能凭借这样一种断定而成立。或者换种方式表达：上帝认识各种事物并非**因为它们存在**，而是相反，**各种事物存在是因为上帝认识它们**，这就是说，是因为它们直接随着上帝对其自身的认识一道同时被肯定了，或者说，是因为它们随着对上帝自身的绝对肯定一道同时被肯定了。——一切单纯有限的表象活动都或者是**实在的**，或者是单纯**观念的**。如果它是实在的，那么被认识者就显现为在先的东西（das prius），认识者就显现为在后的东西（das posterius）。如果它是观念的，那么哪里都根本没有**对象**与其相符。因而有限的表象活动**根本不**是对被认识者的绝对肯定；反之，绝对者的种种表现依其本性而言都是实在的，因为绝对性的本性固有的一点就是，在绝对性中没有任何肯定活动并非直接又是某种被肯定状态的。各种有限的本性表象种种事物，乃是因为那些事物存在。对于绝对者而言，各种事物存在，乃是因为它们通过绝对者的理念被肯定了；只不过这里不必设想，比如说，事物凭借那种肯定而产生或**形成**的某个过程。肯定者与被肯定者毋宁是**同样永恒的**，因为上帝的理念正是双方的这种同等状态，而不是这一方先于另一方或另一方先于这一方。由此便有了

　　附释1。自我认识活动根本不能设想为**行动**。原因在于，上帝的自我认识活动是对其自身的无限肯定。但这是他的理念的一个直接后果，或者说在他的理念内部肯定者与被肯定者已经绝对合一，而不是通过上帝的行动才合一的。**或者说**：对他自身的肯定活动不是一种行动，仿佛作为被肯定者的上帝是那行动的产物似的；原因在于，上帝在其自身而言无需行动，上帝依其理念而言就已经是肯定性东西和肯定者的永恒统一体了。因而他并未**成为**被肯定者，正如

他并未成为肯定者。但一个地方如果根本没有形成什么,也就根本没有行动。

附释2. 上帝的自我认识活动不可视为某种**自我差别化**。——如果人们希望从世界的实在性出发,推出这样一种自我差别化,那么依照这个预设,那本身仅仅是**被奠基者**或**后果**的东西,即世界,就又被弄成了根据,甚或被弄成上帝将其自身差别化时的规定根据。

人们将有关上帝的永恒自我认识活动(作为其存在形式)的理念,与有关上帝内部的某种自我差别化的这种表象混淆起来,这只不过证明前者并未得到理解。上帝的自我认识=自我肯定。现在看来(依照早前的证明),自我肯定不是某种差别化,自我认识也不是。上帝在肯定**其自身**时,并未设定一个肯定者和一个被肯定者是分离的、不同的,而是仅仅设定了作为肯定者和被肯定者的**其自身**。①

附释3. 上帝的自我认识活动也不能被视为某种**从其自身中走出的活动**。原因在于,只有当他在自身中使自身差别化时(而这是不可能的),这种活动才可能发生。——关于上帝的自我认识活动的所有这些错误的表象,都归结为同一个错误的预设,即通过那种自我认识,一个主观东西被设定为一个主观东西,一个客观东西被设定为一个客观东西。因此

§21. 通过上帝的自我认识活动,既没有一个主观东西被设定为**一个主观东西**,也没有一个客观东西被设定为**一个客观东西**。原因在于,如果我们说上帝作为直截了当单纯的东西,认识其自身,即肯

---

① 参见《哲学与宗教》,前引,第50页及其后几页。——原编者注
   中译文见谢林:《哲学与宗教》,第65页及其后几页。——译者注

定其自身,那么我们由此无疑根本没有设定自顾自地作为一个认识者的认识者,也根本没有设定自顾自地作为一个被认识者的被认识者,而是仅仅设定了作为认识者与被认识者、主观东西与客观东西的同等单纯本质的**上帝**。——换言之:倘若通过上帝的自我认识活动,有某个主观东西被设定为一个主观东西,也有某个客观东西被设定为一个客观东西,那么这双方必定被设定为相互有别的了。但现在看来,在上帝的自我认识活动中,双方毋宁被设定为并无差别的,因为上帝的自我认识活动是对上帝的断定,因而恰恰是对二者的无差别性的断定,而不是对它们的差别的断定。因此便有了本节命题。

结论1。因此那本质是就上帝而言的;而且由于对上帝而言行得通的东西也直截了当地普遍行得通,所以那本质在**普遍**和一般的意义上既不是作为主观东西的一个主观东西,也不是作为客观东西的一个客观东西,而只是双方的**统一体**——上帝;上帝正由于是双方的统一体,才认识其自身。

结论2。存在着的**一切**依照其真正本质或依照其在自身的存在(Seyn an sich)来看,是主观东西与客观东西、肯定者与被肯定者的绝对同一;作为主观东西的一个主观东西或作为客观东西的一个客观东西的存在,**仅仅是就事物并非在其自身或依其本质被看待,而是依其形式上的差别被看待而言的**。

§22. 理性与上帝的自我认识活动是同一个东西。原因在于,理性与上帝的自我肯定是同一个东西,但上帝的自我肯定在理性中重复自身,而理性正因此便直接是上帝的认识(依据§8)。

附释。即便对于理性而言,也既不存在作为主观东西的一个主观东西,也不存在作为客观东西的一个客观东西,而是只有统一体存在。

§23. **上帝根本无法肯定或认识其自身，如果不是同时又将自身作为肯定性东西与被肯定者的同一或作为主观东西与客观东西的同一而直接加以肯定的话**。原因在于，上帝是被其自身肯定者，但他也作为这个被其自身肯定者而再次得到其自身的肯定，这就是说，再次成为肯定性东西与被肯定者的统一。因而在上帝内部我们永远不会触及一个肯定者，也不会触及一个被肯定者，因为在一切方面上帝都只是对其自身的无限肯定。

附释。因此上帝在自我认识时从来都既不是纯粹主观东西，也不是纯粹客观东西，而是作为主观东西和作为客观东西的上帝，即主观东西和客观东西的绝对同一。——并非有个纯粹主观东西（它似乎仅仅是纯粹主观东西）与一个纯粹客观东西（它同样似乎仅仅是纯粹客观东西）形成对立，而是在上帝自我认识时，主观东西或认识者与客观东西或被认识者这双方中的每一方都为其自身而类同于上帝，因而每一方都类同于主观东西与客观东西的绝对同一。因而在上帝的自我认识活动以及自我肯定活动中被设定的不是某种单纯的同一，而是某种同一的同一（eine Identität der Identität）；主观东西与客观东西的等同性被设定为与自身相等同的，认识其自身，而且是其自身的主体与客体。

注释。现在看来，正如上帝如果不是作为认识者同样又被自身认识了，他是根本不能认识或肯定其自身的，反之亦然，那么通过上帝（他是理性的本质）理念的肯定，这种肯定的肯定也直接被设定了；那么下面这一点同样适用于随着上帝理念的那种直接的肯定一道被设定的任何其他认识，即随着那些认识一道，对上帝的认识也直接再次被设定了，如此等等。这里一切无穷倒退都终止了。一切**真正**

的知识，即一切理性知识，也都直接又是**对这种知识的**某种**知识**，而如果绝对者是一切真理的根据与本原，那么当我具有某种真正的知识时，我因此也便直接知道我具有这样一种知识**这一点**了；因此只有凭借上帝理念，一种绝对的认识才成为可能，即那样一种认识，它不需要其他任何知识，还在绝对的意义上且在无限次重复中肯定其自身。①

前述命题也能这样来证明：上帝认识**其自身**。但依据§7，上帝**自身**无非就是无限的肯定，因而也是对其自身的无限认识活动。因此，上帝认识其自身就意味着：上帝在无限的意义上**作为**认识其自身者且作为**被认识者**，认识其自身。因而他在同样无限、同样绝对的意义上既作为认识者又作为被认识者而存在。

结论。在上帝的自我认识中被设定为主观东西和客观东西的，是主观东西与客观东西的同一种同样绝对的同一性。（这个命题以肯定的方式说出了§21以否定的方式说出的东西，此外它也是前述命题的一个直接的结果。）

§24. 上帝凭借对他的理念的自我肯定，直接就是绝对的大全，而绝对的大全又不是别的，只是上帝无限的自我肯定，也（既然依据§7，上帝不是别的，正是他自身的这种无限肯定）**是上帝自身**。——**证明。第一部分**②：上帝直接就是绝对的大全，原因在于，从上帝的

---

① 参见《布鲁诺》，见《全集》第4卷，第290页。——原编者注

中译文见谢林：《布鲁诺》，庄振华译，北京：北京大学出版社，2020年，第99—100页。——译者注

② 此处重点号（中译文加粗）为译者所加。谢林在下文中将"第二部分"字样**加了重点号**（中译文加粗），为方便对照阅读，译者在此处冒昧**加上重点号**（中译文加粗）。——译者注

自我肯定中直接就得出**无限者**，因为上帝（§16）是对其自身的无限断定；而且无限者是在无限的意义上从那种自我肯定中得出的，因为在上帝中没有任何肯定本身不是直接又得到**肯定**的，反之亦然；这样一来，无限者源自无限者——渗透自身。（我要提醒读者注意先前已说明过的无限性概念。真正无限的是仅仅凭借某种**绝对**断定且没有任何限制便存在的东西。）现在从上帝的自我肯定中不仅在**一般意义**上得出了**无限**实在性，而且是在无限的意义上得出的，这正如一个有机身体不仅在一般意义上是有机的，而且在有机的意义上是有机的，以致有机物源自有机物，而且经过无穷追索后我们会发现，每一个部分又都是有机的，这就是说，又具有了整体的本性。现在看来，a）无限实在性**在其自身**已经=大全了。原因在于，无限实在性越是无限，在它外部越是**什么都没有**；但在其外部什么都没有的那个东西必然就是**大全**。但b）从上帝的自我肯定中不仅在一般意义上，也**在无限的意义上**得出无限实在性。换言之：凭借上帝的自我肯定而成为可能的**一切**，在现实中也都直接通过这种自我肯定而存在。一切可能性在其中成为现实的那个东西，必然是无物能抽身而出的东西；那个东西之所以是**大全**，不是因为在它外部**什么都没有**，而是因为一切可能的东西也只有在它内部才成为现实。因此上帝也是直接凭借他的自我肯定才成为绝对大全、宇宙的，不仅仅作为在其外部什么都没有的东西，也作为在其内部一切可能性才成为现实的东西。——**第二部分**：绝对大全是上帝无限的自我肯定，或者依据§7而言，是上帝本身。原因在于，从上帝中得出了在一般意义上从他之中得出的一切，这是凭借单纯的同一律，也就是说，这就使得那一切都与他自身相等同。但现在从上帝的自我肯定中，即（§7）从上帝本身中，直接就在无限的意义上得出了无限者或绝对大全。因而绝对大全是上帝无限的自我肯定，是上帝自身。

　　该命题的证明亦可如此这般进行：上帝肯定其自身，然而由于他是无限的，所以他也肯定了作为无限实在性的其自身，而且（由于他内部任何肯定活动又得到肯定，正如任何被肯定者又是进行肯定的）是在无限的意义上肯定的。但一种无限的、在无限意义上得到肯定的实在性就是绝对大全。因而上帝肯定的是作为绝对大全的其自身，而绝对大全因此就是被上帝肯定者。但由于在上帝内部没有任何被肯定者本身不是直接又进行肯定的，那么大全作为被肯定者也就直接是进行肯定者，亦即=上帝，因而上帝也=大全，而且在双方之间根本没有对立，只有绝对的同一。现在才明白了，在何种意义上万物是**一体**，一体也是万物。

　　§25. **万物是一体，或者说大全直截了当是一**。这并非仅仅在计量意义上而言的，因为计量方面的规定不能用于大全，正如它不能用于上帝。大全是一体的，这意味着：它是绝对**单纯**的。原因在于（否定性的证明），a）它不能通过**聚合**产生。因为聚合所源出者或者又=大全，但那样的话它就不能表现为部分了，或者不=大全，亦即对大全的否定。这样看来，那依其本性而言是绝对断定的大全，似乎必定是由对它自身的种种否定聚合而成的，这是荒谬的。（普通的表象认为宇宙当然不是以其他方式构成，只是聚合而成的，只是在它内部被**结合**为一个整体的各种有限事物的总括。依照真正的理念而言，大全是一个绝对不可分割的整体，它同样先于一切个别东西，正如无限空间先于各种个别空间。）但如果大全不是聚合而成的，那么它就直截了当是单纯的，直截了当是一体。——b) 肯定性的证明。因为大全由对上帝理念的种种不可分割的断定设定下来，而且本身只是对上帝理念的这种断定（正如已指明的那样），所以现在看来，这种断定必然是单纯的，大全也必然如此。——同样，由于存在着的一切都通过同一个不可分割的断定才存在，所以在真正的**大全**中没有任何东西是相互外在或依次产生的，在无限的意义上从上帝理念中得出的一切反而是凭借这种理念且在上帝的自我认识中存在的，因而在一般意义上和在其自身而言是一体——而不是杂多。

阐释。在显现着的大全中我们**区分**各种不同的事物、形式，而且我们甚至主张，无限者也是在**无限的意义**上从上帝中得出的。但在无限的意义上从上帝中得出的东西，以及由此能在现象中作为某种不同者呈现出来的东西，在对无限实在性的绝对断定中，即在上帝理念本身中，也是一体。并非有一种特殊的断定，在相对较远的现象中有机自然从它那里流溢而出，另外还有一种特殊的断定，无机自然从它那里流溢而出；反而只有一种不可分割的断定，通过那种断定大自然——因而它也作为**一**——被设定了。整个无限的实在性，在它被上帝理念肯定的种种无限的意义上，是**一种**实在性。因而大全不仅仅是独生的，也是**唯一**在其自身的，亦即对上帝的无限实在性的同一种不可分割的断定。反过来看①，

§26. 一体是万物。——原因在于，在绝对的和在其自身的意义上而言只有**一个东西**存在，那就是上帝，但这个东西不仅仅在一般的意义上肯定其自身是无限的，也在无限的意义上做此肯定，即肯定其自身是大全，而且这被肯定者与肯定者为一体。因而作为一体的

---

① 这里的"反过来看"要结合命题§25来看。——译者注

肯定者同时也直接作为万物存在，而当那一个东西被设定时，万物也被设定了。

因而哲学就是上帝的自我肯定的呈现，即呈现这自我肯定无限丰富的成果，因而也是将那一个东西作为大全来呈现。正因此，哲学反过来看也是对宇宙的呈现，即呈现它直接源于作为它的永恒统一体的上帝自我肯定之中的情形——因而也是呈现作为一个东西的大全；而且在大全性和一体性的**这种**同一中也包含了哲学与理性的全部认识。

§27. **上帝不是大全的原因，而是大全本身**。这里我以原因指的是一个与被其肯定者有别的肯定者。但现在大全作为被肯定者，与作为肯定者的上帝并无区别，因而上帝也不是它的原因，而是与它完全同一的。大全并不**成为**上帝，大全直接就与上帝共**在**。或者说，如果大全的实在性与上帝的实在性是同一种，那么难道，比如说，在他外部还有一个大全，为了说明那个大全就需要上帝内部的某种因果关系吗？还有，难道不是反过来，只有**唯一的大全**，而那种并非直接从上帝理念中得出的大全反而是一个非大全——一种彻底的非存在吗？

结论。**宇宙与上帝同样永恒**；原因在于，上帝仅仅通过对其自身的无限肯定而**存在**，这就是说，他仅仅作为大全而存在：但上帝本身是永恒的（§13），因而大全也必然是永恒的。

人们会说，所以这个体系就是**泛神论**了。假设它本身就是**你们那个**意义上的泛神论，那么它会是什么？[①]假设恰恰是这个体系，而

[①] 这里是模拟与前文中将谢林思想诬为"泛神论"的那些人的对话。——译者注

不是任何别的体系，是从理性得出的，难道我不是必须不顾你们的惊惧之情，在这种情势下依然宣称它是唯一真正的体系吗？哲学中最常见的论争在一些恐怖的形象下进行，人们从哲学史上取来那些形象，那些形象又像美杜莎①头顶密集的蛇头一样，敌视一切新的体系。但泛神论又被理解成什么呢？我看到的恰恰是那样一种观念，上帝的大全性被依照那观念来理解，仿佛万物，即一切**感性**事物总括起来看，便是上帝；但我们在任何地方谈的都不是这个意思，我们根本不想说万物就是上帝，我们主张的反而是，万物恰恰因为缺了上帝而仅仅是**感性的**。

§28. **一切存在的实体、本质正如大全一样，直截了当是不可分割的**。因为人们设定了一切存在的本质都可以被分割，所以分割而成的各部分或许会保留该本质的本性，或许不会保留。在前一种情形下，它们因而自动便会成为无限的和绝对的，这就是说，会有多个绝对者，而这是荒谬的。在另一种情形下，一切存在的实体、本质本身可能因为分割便停止存在，这同样是矛盾的。原因在于，存在着的个别东西可能停止存在，但**存在本身**却必然是永恒而不变的。因而一切存在的本质直截了当是不可分割的。——大全同样如此。原因在于，大全是作为对**其自身**的无限肯定的上帝，而非他外部的任何东西。因而倘若**作为大全**的大全可以分割，那么分割而成的各部分必定或者就是大全的否定形态，那样大全就可能是由对其自身的种种否定形态聚合而成，依照§25来看这是荒谬的。或者分割而成的各部分中的每一个又自顾自地是对其自身的无限肯定，这就是说，每一

VI, 178

---

① 古希腊神话中著名的蛇发女妖，见者皆化为石头。——译者注

个又自顾自地是大全，因而就**不**是大全的部分了。因此作为大全的大全也直截了当是不可分割的。

注释。因而无论什么可以被分割，绝对实体本身也永远不会被分割。比如说，被分割的东西（如果我们说物体无限可分），绝不是有形的**实体本身**，而毋宁是对实体本身的否定。但反思根本不了解**在其自身而言**的实体，而是仅见实体与种种偏向或规定（即与它的否定）一道被设定。**物质**在实体方面到处都是一个东西，而且它内部没有任何部分可区分开来，如果就此而言它还带着各种不同的偏向被设定的话。因而，比如说，水作为水是能够被分割的，正如它作为水可以产生和被消除，但它作为实体或在实体方面越是不产生和消失，它在实体方面就越是不能被分割。毋宁说，物质照**本质**来看的**绝对不可分割性**就是它照形式或偏向来看的无穷可分割性的根据。原因在于，物体在我看来可无穷分割，这一点乃是基于，物体无穷分割时它的实体、本质总还是同一个。假如我通过分割竟然能达到实体方面的某种差别，真正在质上达到某种对立，那么正因此分割才是必要的。因而物体的无穷可分割性毋宁是对它在实体方面的可分割性（仿佛由此可以推导出实体的可分割性似的）的否定。

附释。**存在着**的一切就其**存在着**而言，都不能被消除；因为存在着的一切就其存在着而言都是一个东西，亦即绝对同一性。但这个同一性既不可能全盘被消除，也不可能局部被消除。不能**全盘**被消除，是因为它（§9）在任何东西中且在任何意义上都不能被否定，而且它（§6）是上帝理念的绝对断定的直接后果。不能**局部**被消除，是因为它不受一切量支配；因而倘若它哪怕仅仅在整体的某个部分被否定，它也就全盘或绝对被否定了：可以这样说，在整体上或在局部将这同一性建立起来的做法也不再属于这里的考量之列。因而存在着的一切都不能被消除。

§29. 在大全中到处都根本不能设想任何本质上的或质上的差别。比如说，倘若主观东西和客观东西在**本质**、实体方面能有差别，那么质上的某种差别就被设定了。但主观东西和客观东西本身只是**同一个东西**，而且在其自身而言没有任何东西**存在**于双方的**无限**同一性外部，因而作为主观东西的主观东西、作为客观东西的客观东西也永远不可能进至无穷地被设定，在大全内部的一切就其存在着而言，本身反而必然是一切存在的普遍的、永远等同的、不可分割的本质。因此在大全内部根本不能设想本质方面的任何差别。

§30. 阐释。如果说虽然上帝的完全等同的本质被设定了，这就是说，肯定性东西与被肯定者的同一个无限统一体被设定了，但肯定活动或被肯定状态总有一方占优势，那么量上的或非本质的差别就被设定了。

注释。这种量上的差别似乎可以在无损于本质的同一个内在统一体的情况下进至无穷，因为从上帝的自我肯定中在无限的意义上得出了无限者，而且在上帝内部，他的肯定活动和他的被肯定状态本身又在无限的意义上被肯定了。这种差别仿佛叫作量上的，这恰恰是因为它并不能影响总是成为绝对性本身的同一个不可分割实体的那个本质，而仅仅规定了被设定状态的**种类**。

§31. 就如其本然的大全本身而言，量上的这种差别也是不可设想的。原因在于，凭借上帝对其自身的无限肯定，依照前文中的那些命题来看，根本没有任何东西**专门**被设定；并非作为被肯定者的被肯定者，但也并非肯定者本身，亦非前一个肯定者的肯定者，而是所

VI, 180

有这些全都凭借同一种不可分割的断定（作为上帝的同一种肯定）同时被设定，亦即只有**大全本身**被设定；并非上帝的无限肯定内部的这种或那种特殊的方式，而是具有无限多种方式的这种无限肯定本身，作为**统一体**，即作为绝对大全，被设定了。因而如果说量上的差别也是**在大全内部**或从那样一种立场出发来看才存在的（那种立场不是绝对断定本身的立场，而是被包含于大全**内部**的某种东西的立场），这就表明上帝的**同一个**本质虽然在任何时候和任何地方都被设定为**同一个**本质，但时而主要**在**被肯定状态的**形式下**，时而在肯定活动的形式下被设定；所以这还是就**大全本身而言的**（我请读者仔细留意这个表述），而就**大全本身**而言则不可能有任何量上的差别。①

附释。被设定为量上的差别的东西，对于**大全本身而言则仅仅被设定为**（相对）**被否定了的东西，被设定为非本质**。——凭借同一种肯定，仿佛凭借**一次**击打，大全与特殊东西被设定了。在上帝理念的无数种后果来看，大全=上帝，因而所有这些后果都是同时存在的，但恰恰由于它们同时存在，且仅仅通过不可分割的断定而存在，所以它们的特殊因素是在大全内部而言**存在**，也可以说那特殊因素**不存在**。它**存在**，是就它被上帝与大全的无限概念渗透而言；它**不存在**，是就它成为自顾自的某种东西而言。因此，被设定**为特殊东**西，被设定**为**量上的差别的一切**特殊东西**（因为没有任何特殊性是通过质上的差别成立的），即便直接作为特殊东西时也是相对于大全而被设定为相对的否定。**大全内部特殊东西的那种存在与相对的**

---

① 分号后这一句中，前后两处重点号位置的不同，标示出含义的不同：在有了大全的前提下，大全表现出的种种形式之间存在着量上的差别，但大全本身则无此差别。——译者注

非存在①恰恰就是全部有限性的萌芽。由此便有了下述各命题。尤其是——

阐释。倘若大全内部的种种特殊性作为**自顾自的**特殊性而存在，那么大全就只是它们的总括、复合（Compositum）。但那些特殊性并**不是**原初的，反而只是无限的肯定，而且是作为无限肯定的无限肯定。存在着的只有作为大全的大全。现在当大全存在时，在大全内部也有各种特殊的形式存在，但那些形式也**并不**存在，因为大全将它们仅仅设定为**化解于其自身中**的东西，因而不是依照它们的特殊实在性将它们设定下来了。恰恰由于大全先于一切特殊性，它才将它们仅仅设定为化解于自身之中的东西，而且恰恰因为它并未依照它们的特殊本性将它们设定下来，也可以说它**并没有**设定它们。由此就明白了，正如也可以就大全说的那样，不仅大全在包含了**一切**形式的同时本身并不**专门**具有其中任何形式的性质，它在包含**一切**形式的同时正因此**根本不包含任何**形式。它包含一切形式，但却是作为绝对的、不可分割的统一体，作为直截了当单纯的断定而包含的；它又不包含它们，这恰恰是因为它仅仅作为**统一体**，因而以绝对化解的方式包含它们。——以下从另一个方面来说。那么我们称为某种**特殊性**的东西究竟是什么？——它本身对于某种次级的反思而言才内在，**在其自身而言它什么都不是**，并不是实体，而只是形式，只是观念性规定。使得**植物**成为植物的东西并不是（比如说）实体，因为实体对于植物而言和对于大自然所有其他物种而言没什么两样；因而

---

① 正如上文所示，这里"存在"与"相对的非存在"是并列的，是对特殊东西的存在方式的两种不同的描述。——译者注

植物也不是实在的，在其自身而言它什么都不是，它只是概念，只是想象力的模式论。①现在看来，即便**这种**存在方式（倘若中间经过了极多的中项）也源自对上帝理念的**无限肯定**，而且**该方式**就**存在**于这些概念中，但它**并非**专门作为**这种方式**发源的。原因在于，凭借无限的肯定，也只有无限者在其绝对统一性中存在，亦即是大全。因此在**特殊东西**那方面，即便依照**种类**来看，大全内部也没有任何东西还在绝对者中；在大全内部，特殊东西就其被绝对者概念渗透而言，仅仅以无限者为生，也被化解到大全状态中了。这种化解是无限者与有限者的**真正同一**。有限者只在无限者中存在，但正因此它便停止作为有限者存在了。但如果针对那种恰恰以特殊性为实在东西的反思，无限者与有限者的同一性被宣示出来，那么反思很可能就会留意到，这里对立面被结合起来了，但却不会留意到，对立的双方恰恰由于结合起来了，也就抛弃了对立面仅仅在结合**之外**才具有，且使对立面得以成为对立面的那些特质。这样一来，如果有人要求反思将有限者、特殊东西再还给其所从出的大全，那么反思很可能会理解要求于它的**事情是什么**，却不理解要求于它的**方式是如何**；反思不理解的是，被归还者恰恰通过这种重新化解，失去了反思仅仅通过分离和在分离中才获得的东西。因此在反思看来，有限者与无限者的那种同一总不过是一种**综合**，而根本不是一方真正化解到另一方之中。

§32. 万物的发源就万物的存在而言是一种永恒的发源。原因

---

① 谢林说的是，万物在实在的或实体的意义上而言都属于大全，但就具体形式而言，它们的区别则出自观念性规定，不同植物之间、植物与其他物种之间的区别都是一种概念规定。——译者注

在于, 在上帝与大全之间, 因而也在上帝与各种事物之间, 就这些事物**存在**于大全内部而言, 从对它们的断定来看, 除了与A=A这种同一性的本原相符合的关系之外, 根本不可能有别的关系。原因在于, 一切都凭借单纯的同一律而源自上帝理念。但现在看来, 同一律包含某种永恒真理, 因而也是各种事物与上帝的关系; 而且由于各种事物只有**在**上帝**内部**且凭借上帝的无限肯定才能存在, 所以它们从上帝那里发源也就是某种永恒的发源。——因此对各种事物的考察如果着眼于它们的永恒发源, 或者就它们存在于上帝**内部**而言, 也便是唯一真正的考察。通过**存在**本身, 每一个事物便都直接与上帝关联起来了, 即便它从其非存在的一面来看或作为单纯的非存在(non-ens)而言, 任何时候都是由另一个事物规定为定在的或起作用的。

§33. **各种事物的本质性作为奠基于上帝永恒性之中的东西, 便是理念**。——在前一个命题中已经证明, 各种事物从存在或纯粹断定的方面来看, 与上帝有某种永恒的关系。在这里, 各种事物身上使其得以与上帝产生前述直接关系并立基于上帝永恒性之中的那种东西恰恰得到了进一步规定。——宇宙中没有任何事物具有某种**特殊的本质性**; 万物的本质、自在体毋宁只是大全本身, 而每一个事物就其存在于**大全内部**而言, 本身也不过就是**大全的呈现**罢了, 而正因此它便不是特殊的事物, 因为否则的话它就必定不能表现大全了。因而如果谈到各种事物的**本质性**, 那么这种说法指的不是**本质本身**内部的某种差别, 而只是与本质发生关联的那种东西的某种差别。仅就上述命题包含某种单纯的说明而言, 它其实无需任何证明, 而只需要阐释。因而我首先要说明的是, 我在此处和下文中以理念指的并不是**思维**的单纯样式(就思维的总体而言, 就像斯宾诺莎那里一般），而是（在原初含义方面）指各种事物内部的原始形态、本质，仿佛事物的心脏一般：事物身上既非单纯主观的东西（如概念、思维样式），亦非单纯客观的东西（如纯粹如其本然的事物），而是这两者的同一。

VI, 184

我曾主张，万物**内部**真正实在的只有普遍东西和特殊东西的**理念**或完满观念性，在这一点上我要援引§31的阐释，那里指出过，特殊东西或有限者仅就其完全化解到普遍东西之中而言，才可以说存在于**大全内部**；但这种化解到普遍东西、无限者之中的有限者正是理念，因而那与上帝直接相关的东西，在与上帝分离开来看时只有其理念还是**实在的**。我们曾主张，**理念**是特殊东西与其**普遍东西**的完备同一。但现在看来，一切事物的普遍东西皆为一体，即大全本身；因而似乎必须指出的是，一切特殊东西就它与其普遍东西绝对合一且化解到后者之中而言，恰恰因此便同样与大全合一，且化解到大全之中了。但事情也的确如此。我们从特殊东西与其普遍东西的对立出发，以便看清楚，特殊东西是如何被化解到普遍东西之中，但正因此也被化解到大全之中的。比如说，使这种特定的或特殊的植物成为特定植物、特殊植物的是什么。那无非是下面这一点，即植物并没有以完备表现的方式在自身中呈现出它的普遍概念，因为它仅仅部分地是它依其概念而言能是的东西。因而简单说来，是因为它是对它的普遍概念的否定。我们在万物中都只看到普遍东西、概念，但却是在经过否定的意义上看到的。比如说，特殊的植物不是别的，只是被直观到的植物概念，但那直观却带着否定。但此外我们还认识到作为一个**特殊东西**的普遍概念的**普遍概念**，但仅就这特殊东西被看作对普遍概念的否定而言，而非在普遍概念自身而言。比如说，植物概念是**植物**概念，仅就植物本身并不符合其概念，被肯定者并不像肯定者那样是大全而言。原因在于，人们设定特殊东西化解到它的那个与它完全类同的概念之中，因此这个概念也直接是大全概念，是无限的、永恒的形式。——以便看清楚，作为对其自身的无限生产与肯定，植物的本质东西是什么。植物的本质东西作为**大全本身**，在对自身的无限生产中被直观到，而大全由以无限地生产其自身的这个概念、这个本质，只有通过否定，即由于**并不被当作**大全的概念，**才成为**植物概念。因此植物本身根本不是肯定性东西，它在其自身而言什么也不是，它在其特殊性方面乃是通过对自在体、理念（理念是无限的概念，是大全本身的概念）的单纯否定而存在的。 VI, 185

现在看来，如果各种事物的本质性在奠基于上帝永恒性之中的情况下就是理念，那么哲学作为研究在其自身而言的事物的科学，必然是理念的科学，该科学本身完全仅仅在于普遍东西与特殊东西的同一。原因在于，理念就是特殊东西与其普遍东西的彻底同一。单纯的反思作为哲学的对立面，必然陷入普遍东西与特殊东西的对立之中。它将普遍东西与特殊东西仅仅认作两种相对而言的否定，将普遍东西认作对特殊东西的相对否定（就此而言特殊东西并无实在性），反过来将特殊东西认作对普遍东西的某种相对否定。因此，基于这种立场，普遍性概念就显得完全是空洞的；比如说，从实体概念中永远看不出任何**现实的**实体，为了设定实体本身，必须附加上某种完全独立于概念的东西。反之在大全中，种种普遍概念恰恰也是**实在东西**，因为它们在大全内部作为一些形式而存在着，而那些形式乃是由大全本身的整个本质接纳到自身中的；这样一来，本质和形式、普遍东西和特殊东西在这里完全是同一个东西。至于那些理念本身再度成为主观的还是客观的，这个问题根本没有意义；它不过是由那样一个人提出的，他完全陷入反思之中，将普遍东西仅仅认作思想物，认作抽象产物，反过来将特殊东西认作**实在东西**，却没有想到，即便特殊东西也同样只是通过抽象并离弃了本质才对他产生的，因而也像普遍东西一样是个思想物。通常意义上的逻辑恰恰是那样一门学说，在它的影响之下，纯粹普遍东西是在其与特殊东西的对立下，亦即在其空洞性下被看待的；那么对于这种空洞性，唯有一种同样空洞的特殊东西，即物理上特殊的东西，才能与之相抗衡。由此便有了对柏拉图的理念学说的误解；该学说被大部分哲学史作者一会设想成单纯逻辑抽象物，一会又设想成现实的、在物理意义上实存着的东西。

VI, 186　　康德的一项功绩是曾要求将"理念"这个词归还给**语言**，用来刻画比通过"概念"甚或"表象"这些词充分刻画的东西更高的某种东西。他先是再次提醒人们留意，**理念**意味着某种不仅不能从感官那里得来，反而甚至远远超出知性概念或范畴之上的东西，既然理念不是关于某种可能经验的概念，而是超出一切经验之外的概念。他引证道，依照柏拉图的看法，理念源自最高的理性，脱离最高理性后它们部分地属于人类理性；但人类理性在脱离其最初的状态后，如今只能费力凭借一些古老的、现已极为晦暗的理念进行回忆；而哲学便是在唤起这样的回忆。在哲学中，康德现在看到的当然无非就是人们必定可以谅解柏拉图的那些**神秘主义式**夸张；最后他的看法是，他在这个领域采用的那种高等语言，是能够做出某种较温和又切合事物本性的解释的；康德也深信，**我们现在能比柏拉图理解自己更好地理解他**，但康德在这里恰恰没有专门就此给出任何证明。现在康德并未赋予理念任何实在性,因为理念具有**伦理的本性**:一方面,在伦理理念中,这些理念超出一切经验之上的那种本性完全直接且势不可当地催逼而来,难以否认;另一方面,将理念限制于伦理事物上的这种做法与康德其余的学说又完全是切合的。原因在于,他在哪里都基于反思的观点上,而基于那样的观点必定会对理念生出那样的疑问,即它们是否不仅仅是一些思想物(比这更高的观点他是不知道的);而且仅仅因为这个疑问就伦理理念而言已经由于那些理念出现于灵魂中的方式(那是某种绝对强制的方式)而被挡回了,所以康德(他的哲学完全是由反思引领的)看到自己必须赋予那些理念绝对的实在性。但很明显,如果说伦理理念并不仅仅是思想物,而且作为**理念**(且正因为它们是理念)便具有了无条件的实在性,那么这一点必定普遍有效;同样明显的是,如果说**伦理**无论在哪里都只是理智世界的**一个**方面,不能被用来**在一般意义上**反对这些理念的**绝对**实在性,那样的话这些理念倒**有可能**仅仅是一些思想物了。原因在于,奋力将万物转化成其产物的那种自身性(Selbstheit)的这种空虚冲动,如果说可以在一般意义上且针对某一个理念被发动的话,必定也可以在普遍意义上且针对一切理念,并针对一般意义上的绝对者理念被发动了;而且将伦理理念与所谓理论理念当成单纯思想物的其实完全是同一种非理性(Unvernunft)。

VI, 187

附释。凭借使绝对者得以在自身内部以永恒的方式生养大全且本身成为大全的那种自我肯定,**特殊东西**在大全内部也被赋予某种**双重生命**,即绝对者内部的某种生命(这是理念的生命,而理念正因此也被描绘为有限者化解到无限者之中、特殊东西化解到大全之中），以及**在其自身内部的**某种生命（但该生命真正说来仅就特殊东西同时被化解到大全内部而言才归于特殊东西，该生命与上帝内部的生命相分离，不过是某种虚假的生命罢了）。只有绝对者才存在于绝对者内部；只有独立不倚者才担当大全。特殊东西在被化解到大全的无限存在中时，才因此得到了某种**绝对的生命**，它在其自身是绝对的；但仅就其存在于大全内部而言，它才能同时不是绝对的，也才能享用作为某种特殊生命的特殊生命；它即便在作为特殊东西时也只能度过大全的那种生命。在上帝的永恒肯定中，它在同一个行动中被创造又被消灭：作为绝对实在性被创造；而被消灭则是因为它根本不具有特别的、可与大全分离的、自顾自的生命，反而恰恰只在大全内部才具有生命（闪光——流射又收回）。因而各种事物在大全内部的这种生命，它们的这种**本质性**，在奠基于上帝永恒性中的情况下，就是**理念**，而且**它们在大全内部的存在就是依照理念而来的存在**。

§34. **特殊东西相对于大全而言的那种相对的非存在可以被刻画为与理念相对立的单纯现象。**

阐释。依照§29，所有特殊性，或者换个说法也一样，所有差别，都根本不可能是质上的特殊性、差别，因而只是某种量上的特殊性、差别。但依照§31，即便量上的特殊性、差别，对于大全而言也被否定了，这就是说，相对于大全而言它只是单纯的非存在。因而对大全的绝对设定活动也等于不设定量上的差异，即不设定作为特殊东西的特殊东西（这是一种相对的不设定，因为特殊东西并非在一切语境下都绝对被否定，而是仅仅在它的自顾自存在方面，在它**自己的**生命方面被否定，但不是在它位于大全内部的生命方面被否定)。此外依照§31的附释，被设定为量上的差别的一切，直接作为其自身来看都被设定为并非**在其自身**便实在的；原因在于，既然自在体只存在于大全内部，那么相对于大全而言被设定为非存在的东西也就没有**在其自身**被设定为实在的。但由于这样一来特殊东西本身仅仅**在其自身**不存在，即相对于大全而言**不存在**，那么对于大全而言的这种相对的非存在也可以被刻画为某种存在，这种存在只不过并非**真正的存在**，即只是现象。(请密切留意这一证明的过程。)触手可及的特殊东西仅仅被否认是**在其自身**存在着的某种东西，因而并未被否认是并不在其自身存在着的某种东西、只是现象的东西：因而它也**能**被刻画为这般的。但它是否也被否认是这般的，是**并不在其自身存在着的东西**，就此才要说如下几个命题。

§35. 大全与现象这双方都被设定得同样永恒，或者说：**大全有多永恒，现象也有多永恒，但却是作为现象**。(最后这个附加语①是为了否认双方具有同等的庄严。大全直截了当是永恒的，但现象仅仅就大全存在着而言才是永恒的，然而现象直接且永远与大全同时存在。) **证明**。原因在于，在大全的理念中，各种事物的存在与非存在是同样永恒的，各种事物的存在作为理念，非存在作为特殊事物的非存在而成为永恒的。但现在看来，这个非存在只是相对于大全而言的非存在；因而虽然它**在绝对的意义上**被看待时也便是绝对的非存在(absolutes Nichtseyn)，但如果它不在绝对的意义上被看待，它也是非绝对的非存在(nicht-absolutes Nichtseyn)，即仅仅相对的非存在；或者换种方式来表达，它相对于大全而言被否认是**绝对的**

---

① 指"但却是作为现象"一语。——译者注

存在；但它并不被否认是非绝对的存在，毋宁说正因为它由于大全而永远被否认是绝对的存在，它才被设定为非绝对的存在，即非真的存在，因而也才被设定为现象。

结论。理念与理念的现象被设定得**同样永恒**，或者说，理念被设定，它的现象也直接被设定，但仅仅作为现象被设定，这就是说，现象并非在没有理念的情况下存在，它仅就理念存在而言才存在，但它却是同样永恒的。理念从概念方面来看必然先于现象，从时间方面来看并不先于现象。

因此如果人们要求哲学**推导出现象**，那么倘若这是，比如说，要求将现象作为肯定性的实在性推导出来，哲学是不可能做到这一点的。但倘若要求的是将现象正好仅仅作为**现象**，而不是作为真正的实在性推导出来，那么这里当然也不可能发生任何**推导活动**；这恰恰是因为，现象作为现象，即作为非真实的存在，必然也是当它被否认是真正的或绝对的存在时，才被设定得同样永恒的。——现在我们首先要做的恰恰是进一步规定特殊性的这种相对而言的非存在，即进一步规定特殊性的这种作为非绝对性规定的存在（这种存在与特殊性的作为绝对规定的非存在是同一个东西）。

§36. 特殊东西对于大全而言的相对的非存在，在被理解为相对的非存在时，是具体的、现实的存在。这个命题似乎要那样来证明，即我们已表明，我们视为个别现实事物之规定，在反思中甚至视为该事物之**肯定性**规定的东西，真正说来只不过表现出该事物相对的非存在，也表明，我们因此即便在远离所有那些规定的特殊现实事物中，也认识到某种肯定性东西，真正说来毋宁认识到相对于大全而言的某种单纯的非存在，因而这种非存在、否定便是该事物真正的本质；只不过那样的话，我们就必须**预设**那些规定，或者必须从反思中取来那些规定了；但更有条理的做法是，从已经预设下来的有关**个别事物**本身（它的实体仅仅在于非存在）的概念中推导出这些规定，而非相反。由此便有了接下来的更简洁的证明。一种相对的非存在在自身中包含了某种同样相对的存在。**相对**于某种东西而言，比如这里**相对**于大全而言**绝对**非存在的东西，不可能在**不关联**于那种东西的情况下绝对非存在，因为否则的话它就在**关联**于那个东西的情况下绝对存在了。但在不关联于那个东西的情况下，它也可能并不绝对存在，因为在关联于另一个东西的情况下直截了当**不存在**的东西，就永远且在任何方面都不能绝对存在了。因而在不关联于那个东西的情况下，它既不可能绝对**存在**，也不可能绝对**不存在**，这就是说，它只能相对地存在和相对地不存在。因而相对的非存在在自身中包含了某种同样相对的**存在**，后者曾是最初的东西。因而只具有某种相对的存在的东西，便部分**存在**，部分**不存在**；因而它是实在性与否定的某种混合，它是某种**被限制者**、**某物**、**具体东西**、个别东西，或依照惯常的语言用法而言，是现实东西。但现在看来，**作为特殊东西**的特殊东西相对于理念而言乃是相对的非存在，因而依照刚刚做出的证明来看它部分是存在，部分是非存在，因而也是具体的或现实的存在。

结论。**特殊的现实事物是理念的现象**。原因在于，现象就是相对于理念或大全而言并不真正存在的东西（§34）。但现在看来，特殊的具体事物实际上不是别的，只是特殊东西相对于理念而言的相对的非存在，因而就是现象。

**§37. 理念是永恒的一：对理念表现为相对的非存在或表现为

被否定的形式的东西,即具体东西、现象,就必然不是一,而是多。 理念是1) 绝对的一,因为(这里仅选用最简短的证明) 它与大全没有差别,因而如大全一般绝对与其自身等同。但如果理念是绝对的一,那么它必然又是**万物**——它以自身的方式是**大全**。即便理念,在自顾自的意义上,也还是对无限实在性的绝对断定;即便理念也同样在自身内包含了一切差别,即包含了它自身的一切特殊后果,正如大全在自身内包含了上帝理念的一切特殊后果:这就是说,这些后果既**存在**于理念内部,又不存在于理念内部。说它们**存在**于理念内部,指的是它们作为化解到理念的无限性之中的东西,作为直截了当简单的、不可分割的断定而存在;而说它们**不存在**于理念内部,则是依照它们的特殊性来看的。如果说现在理念在自顾自的意义上又是**大全**,现象或具体东西在其——相对于理念的大全而言的——**非存在**方面来看则只是特殊东西,那么具体东西必然存在;这是因为具体东西不可能是大全,也不可能是一,因而是**多**,也是因为特殊东西作为化解到理念之中的东西是**无限的**,必然是无限的多,或者更准确地说,必然是不定的多。但反过来说,具体东西的多样性根本不是它的什么肯定性因素,而只是它相对于理念的大全而言的非存在的表现,或者说只是下面这一点的表现,即这东西在自身中并未呈现出理念的大全。——能成为**多**的一切,就其是如此这般而言,只是理念的个别形式,只是理念的变换着的、非真的**形态**,这形态在其自身而言根本不具有实在性。比如说,**个别的**人之所以是个别的人,并非凭借理念,而毋宁是由于他不是理念,他是对理念的否定。存在只可能是一,但非存在则是不定的多。人的理念在上帝内部与其结合起来的那种无限的实在性,个别的人总是只能部分地,即在带着否定的情况下表现出来。因而具体东西是多，这恰恰是由于它不是**真实的东西**。在每一个具体东西中**真实的东西**只有**唯一**的理念，但正因此具体东西在其自身来看便**什么都不是**。原因在于，倘若它并非什么都不是，它就会是一本身了。原因在于，理念不可能（比如说）被分割，以便产生出多来；它毋宁像大全那样是不可分割的。因而多除了某种否定性根据之外，根本不可能有根据，这就是说，具体事物的多样性只不过是它对于理念而言的相对的非存在的表现。具体事物并非**在其自身**便是杂多的，杂多只不过是**并不存在的东西**的规定。——因而这样一来，一切量概念的根源也同时被揭示出来了。

附释1。通过统一性以及多样性，没有属于事物本质的任何东西被表达出来。这两者都仅仅是从大全抽离的形式，即非存在的形式。当我在计量的意义上说某个事物是**一个**时，很明显我并未给它的本质添加任何东西，也没有就它的本质说出什么，统一性只是将一个事物与其他事物**分离**或**区隔**的一种方式或形式，因而在这里明显只具有否定性特征。

多样性同样也不给事物的本质添加任何东西，同样也只是那样一个东西发生分离的形式，那个东西**在其自身而言**，即依照理念而言，乃是一，但恰恰通过这种分离（比如当我计数的时候）而被设定为**并非理念**，因而是非存在的东西。

附释2。即便普遍东西与特殊东西的对立，当其相对于具体东西被做出时，也**不**包含**任何肯定性东西**，而是同样表现了某种**单纯的否定**。——在理念中，正如在上帝中，**本质**与**存在**合一。理念根本不具有与本质有别的存在，它的本质本身就是存在，存在并非后来得出的。但在**具体东西**中，存在并非从本质得出的（比如从某种实体的本质中永远不会得出一个具体的实体）。但是，存在并非从本质得出的，这话意味着：存在绝不是**在其自身**的存在，它是对本质的否定，对自在体的否定。但普遍东西与特殊东西的对立和本质与存在的差别同义。因此这种对立也仅仅表现出某种否定，即它说的是，存在并非**本质**本身，因而是对本质的否定。**因而**（这是由此得出的一个哲学原理）**人们对其能形成一个普遍概念的万物，正因此并非在其自身存在的**。因此人们对上帝、对大全是不可能形成任何普遍概念的，因为在这里存在就是本质本身。比如说，我可以对人形成一个普遍概念，这仅仅是就没有任何特殊东西是整个普遍东西而言的；但即便我当作概念来与特殊东西对置起来的这个普遍东西，也是相对的否定，即对特殊东西的相对否定。反之**理念**则是对特殊东西的**无限**断定，因此真正说来既非普遍东西，亦非特殊东西，而是绝对的同一性。因而这里留意到的所有概念，即具体东西的或至少相对于具体东西而言的种种规定，都根本不是肯定性规定，它们不给事物的本质添加任何东西，它们毋宁**消除**了本质；这正如**褫夺**或否定本身不给事物添加任何东西，而是在事物内部设定了某种**彻底缺失**（meram carentiam），即根本没有设定肯定性东西，因而在其自身也只是某种虚无。

§38. **在理念内部同一个东西是形式，也是实体，但在具体事物内部，形式必然与实体有别**。原因在于，依照实体而言或者凭借实体，没有作为个别事物的任何个别事物的存在是基于形式之上的。原因在于，在实体等同的情况下，个别事物只有如此才与其他事物区别开来。但在理念内部，**存在**并非某种与本质不同的东西，而是本质本身；原因在于，理念依照存在或依照**形式**而言与依照**本质**而言是同样无限的。因而在理念内部存在与本质双方根本没有差别；但在个别事物内部这双方必然有差别，因为在这里，形式或**存在**毋宁是对实体的否定，这就是说，这存在根本不是**真实**的存在。

附释。即便具体东西内部形式与实体的差别，或实体与偶性的对立（凭借这种对立，实体在偶性更替变化时才得以持存），在事物身上也只不过表现了对真实存在的某种否定，而根本没有表现出任何肯定性东西（这里形式对于存在而言并非本质性的，只是**偶性**）。

§39. 没有任何个别东西在自身中含有其定在的根据。原因在于，倘若如此，那么存在必定是从个别东西的理念或**本质**中得出的，即与**这本质**类同。但依照前文中的讨论，情况并非如此。原因在于，依照**本质**而言，万物都不过是一个东西，因此任何个别事物的本质（比如**人**的本质或理念）也都不可能含有它作为这个东西（比如作为**这个人**）而存在的根据；因而，作为这个东西，它并非通过自身而存在的。

VI, 194

附释。个别事物的这个规定立刻表明自身**为否定**，因而就此并没有任何东西特别需要说明的。

§40. 每一个存在都受到另一个存在的规定，后者同样又受到另一个存在的规定，如此等等以至无穷。原因在于，作为个别存在，它并不**受其自身**规定，因为它在其自身内并不具有它存在的根据。但它也不是被**上帝**规定为定在的；因为在上帝内部包含总体性的根据，以及存在就其存在于总体性内部而言的根据，但并不包含存在就其并不存在于总体内部而言的根据，即并不包含个别存在的根据。它也不是被理念规定为存在的；原因在于，即便作为绝对统一体的理念，也只包含作为总体性的其自身的根据（即便理念也仅仅作为

它那个类别的大全而存在）。因而既然个别存在既不能直接源自上帝也不能直接源自理念（因为上帝和理念都不可能是某种否定的原因），那么它只可能被既是理念的又是大全的**否定**的某种东西，即被**另**一个存在规定为定在；但出于同样的理由，这另一个存在必定又受另一个存在规定，如此等等以至无穷。

　　附释。对有限存在的最高否定被这个命题表达出来了，而且几乎无需证明的是，一个存在被另一个存在规定（后一个存在本身又在同样的意义上被规定）的现象，乃是对**真实的**存在的彻底否定。尽管在通常的考察方式下来看，那样的东西恰恰是**现实的**，它被**另一个**同类存在规定为定在和作用，且**就此而言**后者也是被规定的。在这里极力渴望达到事物现实性的恰恰是下面这一点，即某种不受事物概念支配的东西，或者说某种不被概念把握的东西，或者说另一个事物，添加进来了，由此那东西或事物也受到了规定；而仅就事情如此这般而言，事物才被认为具有了实在性。但这种考察方式根本不了解除了**个别事物的存在**之外的其他任何存在，而对于这些事物而言，这种考察方式才完全有理由使"**被其他的存在规定**"成为实在性的条件。这就是说，个别事物的实在性恰恰在于非实在性，而这种非实在性由任何东西都不如由前述规定表现得那么完备。我要说的是：完全在**因果律**形态下出现的那种规定，便是个别事物的否定、非存在的最高表现。原因在于，

　　1）事物与上帝及理念的直接关系被这种规定否定了。因为除了与上帝具有直接的关系之外，没有任何东西能与上帝具有其他关系；而且只要与上帝具有这种**直接**关系的东西，即凭借同一律而源自上帝的东西，真正是实在的，那么由此便已完全表现出了作为个别事

物的个别事物的非实在性。同样的情形对于理念也说得通。因而因果律远远没有说出事物的某种肯定性东西，它说出的毋宁是某种否定性东西，即没有任何有限东西本身能直接产生于绝对者或被归结为绝对者。

2) 通过这种规定，说出了对作为个别事物的个别事物的**在其自身**存在的某种绝对否定，即说出了对它的真实存在的某种绝对否定。因此即便在事物身上受到因果律规定的**东西**，也总是且必然是对它身上的实在性的否定，或者说是使它不存在，而非使它存在的东西，如此等等。——**仅仅**从实在性的这个背面来看，凭借虚无①，各种事物相互源出于对方。一个非东西（Nicht-Wesen）②在另一个中寻求它在自身并不具有的实在性，它在其中寻求实在性的那另一个，本身也根本不具有实在性，同样要再到另一个中去寻求实在性。因而事物相互之间通过原因和作用达成的这种无限的依附，本身也仿佛不过证明和表现了它们目前服从的是虚空，证明和表现了返回统一体之中的趋势而已，它是从那统一体中挣脱出来的，而在那统一体中万物都单独成为真理。而那种否定并非仅仅一般性地表现出来，而是作为一种**无限的否定**表现出来，由此便有了通常被加于因果律之后的那个附加语，即"如此等等以至无穷"；这个附加语所说的不是别的，只是个别有限者进至无穷也既不直接产生于绝对者，也不可能成为在其自身的某种东西。然而此外，

3) 这个规律③是对下述命题的某种间接肯定，即只有总体性存

---

① 意指事物相互凭借以发生的东西实为虚无。——译者注
② 谢林自造的术语，指个体事物。——译者注
③ 指因果律。——译者注

在，而不是总体性的一切则直接被设定为非存在。此外很明显的是，这个规律根本不适用于在其自身存在着的任何东西，而且它也仅仅规定了事物的非存在，而只要事物什么都不是，它们便没有**真正被规定**，即没有在实在性方面被规定。这样看来，一个物体当然可以成为另一个物体内部运动的**原因**，但只有作为**物体**，即作为非东西，前一个物体才成为原因或规定者，后一个物体才成为被规定者——但由此你们并未讲清楚问题的实质。因此，比如说，酸与碱混合后当然在碱内部催生某种发酵现象，而你们当然通过作为原因的那个操作来解释这个现象，但这仅仅对不充分的考察方式才有效，即仅仅对那些只在事物的非存在中认识它们的人才有效。

那么由此我们也就将个别事物或现象的全部规定从这样一个事物的预设概念，即从相对于大全而言的**非存在**概念中完备地推导出来了；因而既然事物恰恰只是这些规定的总和，我们也就作为个别事物的个别事物证明了一点，即它照其**真实的本质**来看不过是一种非存在，而且非存在实际上就是它真正的实体。——那么由此我们便离弃了个别存在的这些规定。下一个命题充当了向随后的考察的过渡。

§41. **具体事物本身，或者说凭着使它成为具体的那个东西，相对于大全而言只是非存在，但恰恰在这种非存在中也必然同时反照或反映出大全。**——该命题的第一部分是整个前文的后果。作为**具体**事物的具体事物只是非存在，这话不过意味着：它身上使它成为一个**具体东西**的因素只是单纯的非存在（单纯的无力），根本不是**实在东西**，根本不是在其自身存在的东西；正因此它也不是什么**在其自身具体的东西**。但现在看来，使特殊东西得以被设定在其特殊状态下，被设定为非存在的东西，就是上帝的**无限肯定**，而且是**在**其无限状态**下**的无限肯定，即对**作为**大全的大全的断定，因而也是大全本身。原因在于，依照§31来看，对大全的绝对设定活动恰恰直接就是对特殊东西本身的某种相对的非设定活动（Nichtsetzen），这就是说，对**大全**本身的设定活动和对作为非存在的特殊东西的设定活动是同一种设定活动，或者说是同一种不可分割的行动，是上帝理念的永恒创造活动；通过这种永恒创造活动，大全**存在**，特殊东西**不存在**；通过这种永恒创造活动，大全被设定为**大全**；也是通过这种永恒创造活动，特殊东西本身相对于大全而言被设定为**非实在的**。现在看来，由于通过对大全的绝对断定，即通过大全本身，特殊东西才被设定为单纯的非存在，所以这种非存在才**作为**非存在而存在；而正因为它是非存在**这一点**，它才是大全的**表现**，而它内部的大全才可被认识（不是直接地，而是间接地，即通过反映，通过反照）：这样才说出了**现象**的全部含义。

无限的肯定在收回来自上帝理念的一切特殊东西并将其化解到自身之中时，便像闪电一样，只留下特殊东西无灵魂的形态、阴影、纯粹虚无，但恰恰就在特殊东西的这种虚无中，大全才作为全能的、天生的、**永恒的**实体，**最强烈地**表现出来。

正如眼睛在反照中，即在镜子里瞥向其自身时才**设定**其自身，看到其自身（仅仅就此而言它才将**反射物**——镜子——作为根本不为其自身而存在的东西），也正如设定其自身、看到其自身的仿佛是眼睛的**一次**行动，而反射物并未看到什么，并未设定什么，那么当大全并未设定、看到特殊东西时，它设定或看到的就是**其自身**；双方都是大全内部的**一次**行动；对特殊东西的非设定活动是某种观看活动，是对其自身①的某种设定活动，而这便是对哲学的最高秘密的澄清，这就是说，永恒实体或上帝并不因为特殊东西或现象就有所**修正**，反而仅仅**看到其自身**，而且**其自身**作为**唯一的无限实体而存在**。——在感官之眼面前，反映者当然只是在相对意义上消失，这就是说，它还独立于眼睛而持存，即对于感觉而言持存；但在**大全**面前作为反映者消失的东西，也在绝对意义上消失，而上帝在反映者中只看到作为天生的、永恒的、无限的实体的其自身。古人已经说过：上帝整个是眼睛，这就是说，他整个是注视者，也整个是被注视者；他的注视也是他的存在，而他的存在也是他的注视；在他之外没有任何能被看见的东西，他自身反而就是唯一注视的和被注视的东西。——现在看来，也是凭借上帝在有限者内部的这种反照，我们才认为能将某种事物认作**实在的**（因为那个事物在其自身而言并非实在的）。倘若没有了神性的不断流射，在我们看来很具体的东西实际上也就显现为纯粹**虚无**了。因此我们的认识的直接对象总不过是肯定性东西，总不过是上帝；而在我们内部，对事物的认识正如它们在我们外部的存在一样，只是通过对认识的**褫夺**产生的。尽管如此，我们将事物身上真正说来不过是否定（Verneinung）的东西，认作某种肯定性东西，这不过就是我们在知识的一些个别层面也会遇到的同一种错觉，比如当我们将边界、寒冷、黑暗视为某种肯定性东西时就是如此。比如我们说我们**看见**了日轮上的黑斑；只不过真正说来，那些黑斑并不是被看见的东西，它们毋宁是没被看见的东西，因为它们是黑暗的；因此我们观察的直接对象总不过是阳光本身，而且只有间

---

① 指大全。——译者注

接地借助阳光，我们才认出那些黑暗的地方，不是将它们当作某种实在的东西，而是当作某种并不实在的东西。——因此我们的一切感性认识活动，作为某种感性认识活动，真正说来只是某种非认识活动（Nicht-Erkennen），不是某种知识，而是对知识的某种褫夺——这自然是与康德哲学学说极为不同的一个结论，依照该学说，只有对于感性东西才能形成认识，对于非感性东西是不能形成认识的。我们要反过来说：**一切感性**认识作为感性认识，都是对认识的某种**否定**，而且只有本质、自在体才是知识的肯定性对象，才是我们真正能知晓的东西。因此正如在前一个例子中，黑斑在我看来不能在光球①外部，只能在它内部显现，正如它永远只能通过光而被把握，在其自身而言却什么也不是，那么我们也只有在**上帝**内部，而不是在他**外部**才能真正认识事物；原因在于，仅就我们在上帝内部认识它们而言，它们才作为褫夺，即作为它们之所是，给我们留下印象。——因而正如**大全**在将种种特殊状态设定为无时，正因此才认识其自身，我们也是通过对事物的某种类似的设定活动——即把事物设定为褫夺——而在事物中认识作为唯一永恒实体的上帝的。

§42. 说明。全部事物，就其仅仅存在于上帝内部，根本不具有在其自身的存在，且在其非存在中只能反照出大全而言，就是被反映的或被摹写的世界（Natura naturata）②；但大全作为上帝的无限肯定，或作为一切存在者存在于其中的那个东西，是绝对的大全或创生的自然（Natura naturans）。

---

① 指作为光亮天球的太阳。——译者注
② 拉丁文，字面意思是"被生的自然"。——译者注

在此前的考察中，我们认识了特殊东西的本性与本源，直到某处为止，但也只是到此为止。我们将特殊东西最初的和永恒的本源关联到上帝理念上；由于上帝理念是无限的，所以无限者在无限的意义上出自该理念。但并非**作为**特殊后果的特殊后果得到了上帝理念的肯定。只有这些后果的**大全性**才类同于上帝理念，而且这大全性只有**作为**大全性，即就它同时也是不可分割的断定、绝对的统一体而言，才是如此。现象世界或被生的自然（Natura naturata）只是舞台，在这个舞台上，各种事物不是依照它们在上帝内部的存在，而是依照它们自己的生命显现的，但正因此便是在虚无性、褫夺、有限性的规律下显现的。因而凭此我们虽然认识到有限事物与绝对者的**一般**关系，却还没有认识到它们的特殊关系。我们知道，在有限性状态下显现的每一个特殊事物都是出自上帝的一个**特殊**后果，但这后果依照其自己的生命而言却只能在种种褫夺形态下显现：过去我们就是将个别事物的一切规定，比如杂多、生灭等，认作这样的褫夺形态了。但我们还不理解，为什么**这个**有限者（比如说）作为灵魂显现，或者为什么它作为身体显现，还有为什么它在那里（比如说）又作为植物、动物等等显现了。一言以蔽之，我们还不曾讨论：**特殊东西如何**不是依照现象的定在而言（因为我们在前一个研究中已经讲清了现象的定在），而是**依照概念**或种类而言**从上帝理念得出**；而这个迄今为止都被有意搁置的问题，我们现在又要拾起来了。最终我们必定回到如下命题上：无限者在无限的意义上从上帝理念中得出。原因在于，我们当前任务的解决必定不系于此处或其他任何地方。——难道从这个命题出发认识任何东西的做法，不又立即显得像是将某种不可能的事情强加于人吗？因为那无限多样的后果如何能被一一说尽，或者说实在性的那个根源的无数个出水口如何能被一一追踪？——如果那种**无限性**①不是也依照一条永恒规律从上帝理念中得出，而这条规律不是也正好在上帝理念本身中才能认识，那么这个问题当然就无法回答了。这样看来，用一个至少具有类比价值的例子来讲，即便一般的**数**理念也能产生无限丰富的成果；无限者事实上（在这个种类下②）在无限意义上从这理念得出。比如质数的序列就是无限的，但它绝不包含所有数。同样平方数和立方数的序列也是在某种特殊的意义上从数理念中得出的，而它们尽管无限，却并不包含所有数。数学家并不担心这些序列从将来着眼（a parte post）的完备性；而这种完备性其实是不可能的，哪怕数学家仅仅从过去着眼（a parte ante）来认识它们的无限性，即仅仅认识一下它们从数的理念中产生的方式，以及它们在自身中进展的规律。——或者举另一个例子：在两个非同心圆之间的空间。③凭着这样一个空间的**单纯**理念，就有无限的差别被肯定了；人们若是希望通过数来把握这无限的差别，将是徒劳的，因为理念的这种无限性与数之间根本不可能有什么比例关系；然而这里可以发现这些差别具有某种规律或某种一般形式，可以指明封闭空间的最大值和最小值，以及如下现象，即一个方向上距离不断减小的程度，与它在另一个方向上增大的程度成正比。——现在看来，那些后果本身的无限性越是能确定为理念规律（Ideegesetze）的某种后果，那么要理解这

VI, 201

---

① 指上文中的"无限多样""无数个"。——译者注
② 指在数的种类下。——译者注
③ 从后文来看，这里两个圆之间的空间是封闭的，即两个圆至少发生了部分的重叠。——译者注

种无限性，在这些规律之外就越是根本无需什么：那么理念的永恒规律也必定可以在上帝理念本身中被认识。依照上帝理念的单纯性来看，只可能产生一种后果，这种后果无穷分化，而且在这些分支的任何一个中**又**以无限者为后果，仿佛产生了无穷的分叉。接下来的几个命题致力于展开这个题材。

§43. **上帝作为对其自身的无限肯定，既不专门是肯定者，也不是被肯定者，甚至也不是这两者的无差别状态，但他在他的肯定——作为不可分割的断定——的无限性中包含了所有这些形式**。——该命题的第一部分真正说来不过是对§18的重述，那里指出过，不仅在肯定者本身和被肯定者本身之间根本不存在对立（因为这两者只是同一个，即上帝），而且上帝本身也并不专门是两者中的一个或另一个，甚至也不是两者的统一；他之所以不是两者的统一，原因在于即便这样的统一依照§23来看也只是通过上帝理念**得到肯定**的，因而**并不是上帝理念本身**。但尽管上帝绝不专门是这些形式中的任何一个，他还是包含了它们全部，或者说他就是**通过他的理念**对全部形式的不可分割的断定，正如无限的空间**在其自身而言根本不**专门**是**它的各维度中的**任何一个**，既非长度、宽度，亦非深度，但还是在自身之中包含了它们全部。因而那些形式是上帝理念的**直接**后果——而从这些后果中又必定得出无限多的后果。依照A=A这一规律，从上帝理念中只能直接得出**上帝本身**。现在看来从上帝理念中得出的是作为被其自身肯定者，作为在不可分的统一体中肯定其自身者的上帝。——但上帝又包含和囊括了作为被肯定者和肯定者的其自身，而且无限肯定的理念永远飘荡在这些形态的每一种特殊形式或方式之上。（因而这里我们似乎就有了产生于上帝理念的最初后果,我们出于阐述的需要,也为了了解充盈的大全性或无限肯定起见,是必须专门对其加以考察的。)

§44. 上帝设定其自身为实在性,因而作为被肯定者而在无限的意义上进行着肯定。——这个命题已经内蕴(Implicite)于§23之中,下文也包含了对它的证明。依照其理念来看,上帝向来不仅仅是肯定者或仅仅是被肯定者;因此既然他并非**被肯定的**①(因为是他在肯定其自身),那么他作为**被肯定者**的同时便在无限的意义上进行肯定。

附释:上帝就其作为被肯定者在无限的意义上进行肯定而言,便是**实在的大全**或实在意义上的大自然。——证明。被肯定状态这种形式是实在存在的形式,或者说被肯定状态和实在存在是同一个东西。但现在看来上帝作为被肯定者的同时便在无限的意义上进行肯定,即进行创造,因而作为实在的、被肯定的东西,他=大全=大自然,据此看来他便是实在形态下的大全本身,或就其正好仅仅被理解为实在的大全而言的**大自然**。

注释。我们在上文中(§42)已经区分了作为绝对断定、绝对创造活动的创生的自然(Natura naturans)或上帝,与被生的自然(Natura naturata),后者指的是绝对大全的单纯现象,是有限世界。现在看来,被总称为大自然的东西,即外部的、实在的宇宙便不像所谓的精神世界那般属于这个意义上的被生的自然(Natura naturata)了。但这里谈到的明显是那个意义上的大自然,在该意义上大自然是**实在的**、客观的大全;即便作为实在的大全,大自然复又是创生的自然(Natura naturans)与被生的自然(Natura naturata);

---

① 指单纯成为被肯定者而不进行肯定。——译者注

说它是创生的(naturans)，正如我们马上就会更精确地听到的，乃是就它是**上帝**，是就它与无限的肯定合一而言的；说它是被生的(naturata)，乃是从特殊的或特有的生命方面来看的。这里我们并未脱离上述区分，并且宣称过，上帝就其作为被肯定者在无限的意义上进行肯定而言，就在同样的意义上是实在的大全或**大自然**。每个人都会承认，他以大自然概念想到的不是别的，只是一种存在、一种实在东西，因而是一个被肯定者，但这个被肯定者并非僵死的存在，反而在这种存在①中同时在无限的意义上进行创生，是实在性的某种永恒诞生，正如显现出来的大自然呈现其自身那样。一个本身还在无限的意义上进行肯定的被肯定者的这种完全特有的理念，如今在这里被归结到上帝理念了。——为了说得更清楚，我还愿意这样来表述：上帝就其作为被肯定者在无限的意义上进行肯定而言，乃是显现着的、实在的大自然的**自在体**，或者被视为实在东西的创生的自然(Natura naturans)本身。

§45. 上帝也在永恒的意义上肯定他的肯定活动，因而也作为肯定者而在无限的意义上被肯定。——这个命题的证明不言而喻。这就是说，因为上帝是对其自身的**无限**断定，所以他如果不是又肯定了他的这种肯定活动，即如果不是作为**肯定者**在无限的意义上被肯定了，是根本不能肯定自身的。

附释：上帝就其作为肯定者在无限的意义上被肯定而言，是**观念意义上的**大全。原因在于（依照前一段）被肯定状态这种形式表现为实在的形式，因而肯定活动的形式就表现为观念的形式。但由

---

① 指前文中的"一种存在、一种实在东西"，而非僵死的存在。——译者注

于上帝作为肯定者，即作为观念性东西，在无限的意义上被肯定，所以他作为观念性东西也=大全，或者说他是**观念意义上的宇宙**（Natura naturans idealis）。

人人都会承认，比如说，**知识**无疑是观念世界的一种现象，并非某种**单纯**观念东西，某种单纯思维，而是作为某种观念东西的同时也是实在的，即作为肯定者的同时也被肯定。在同样的意义上，一切行动就其同样能被归入观念世界而言，就是一种肯定活动，但却是那样一种肯定活动，它**本身**作为观念性东西的同时也被肯定，或者说也是**实在的**。

§46. **在实在的大全内部被肯定的每一种方式，都有观念的大全内部进行肯定的一种类同的方式与之相应**。原因在于，实在的大全被设定，是由于上帝在无限的意义上肯定其自身；而观念的大全被设定，则是由于即便他的这种肯定活动也是被肯定的。在实在的大全内部被肯定的每一种特殊方式被设定，是由于上帝按照这种方式被其自身肯定。但在观念的大全内部同一种方式被设定，则是由于上帝又肯定了他的那种肯定活动的方式。因而便有了上述命题。

§47. **实在的和观念的大全只是同一个大全**。原因在于，在实在的大全内部被设定为实在的，同时又在这种实在状态中被设定为肯定者的东西，与在观念的大全内部被设定为观念的，同时又在这种观念状态中被设定为被肯定者的东西，乃是同一种东西。——或者简言之：实在的大全和观念的大全这两者都仅仅是同一个实体，即上帝，他作为被肯定者也在无限的意义上进行肯定，作为进行肯定者也在无限的意义上被肯定；而且在一方内部被设定的东西，并非仅仅在实体或本质上，也在形式或方式上，在另一方内部被设定。

并非实在的大全,也并非观念的大全,同样并非实在的方式,也并非观念的方式,专门受到上帝理念的肯定,受到肯定的只是绝对的大全——该大全既包含又不包含前两种大全。

附释: 同样的道理也适用于实在的和观念的大全中被肯定状态的每一种特殊方式,这就是说,两种特殊的方式只不过是同一种方式。

注释。这样一来,实在的和观念的大全以其全部方式,在上帝内部都被理解成同一个大全——被理解成上帝理念的**唯一**无限且永恒的肯定的后果。

§48.[①] **实在的以及观念的大全这两者中的每一个又是被肯定状态与肯定活动、主观东西与客观东西的无差别状态**。原因在于,在实在的大全中被肯定者被设定为进行肯定的,在观念的大全中进行肯定者则被设定为被肯定的。因而在这两者的每一个内部,两者完全的等同性又被设定了。被肯定的同一个东西也是进行肯定者,反之进行肯定的同一个东西也是被肯定者。

附释: 因而在宇宙内部到处都根本没有**纯粹**实在东西或纯粹**观念东西**,而实在东西以及观念东西的**本质**=无差别状态(依照§30而言是量上的差别)。

§49. 实在的大全本身以及观念的大全本身都只是上帝的无限肯定的特殊后果,因而如其本然地只能通过有限的事物显现出来。原因在于,在绝对的意义上来看,从上帝理念中并未得出实在的大全本身或观念的大全本身,而是得出了作为不可分割的断定的**绝对**

---

① 原文为"§47",显为笔误,这里依照上下文序号订正。——译者注

大全。因而这两种大全中的每一种都仅仅表现为上帝理念的**特殊后果**，即表现为那样的后果，它仅就绝对大全存在而言才**存在**，在与绝对大全分离的情况下**不存在**。但现在由于仅仅是特殊后果的东西只有作为特殊后果，或者从自己的生命来看，仅仅在有限的意义上，即仅仅通过有限的特殊事物，才能显现出来，所以实在的大全本身与观念的大全本身也都只能通过特殊事物显现出来。

附释：同样的道理适用于作为**特殊**后果而被包含于实在的或观念的大全内部的万物。原因在于，并非特殊的后果，而是作为**大全**的实在的**大全**得到绝对大全的肯定，正如绝对大全也得到上帝理念的肯定，不是从**特殊**后果方面来看，而只是作为大全被肯定。——因而仅仅作为特殊后果被包含在实在的大全本身之中的东西，比如又从实在的大全而来的肯定者、被肯定者，甚或单纯的无差别状态，只能通过这些特殊的有限事物显现出来。

（重述①：上帝或大全曾对我们呈现为上帝理念的两个直接后果，就大全作为被肯定者在无限的意义上进行肯定而言（②在这里同一性的呈现者[Exponent]是被肯定状态或实在状态）。因而上帝理念（但这理念仅在其自身内具有实在性）的这个最初的后果就是**实在的大全**。但在同样永恒的意义上，上帝的肯定活动又被肯定了，而大全就其在肯定自身时也在无限的意义上被肯定而言，也是上帝理念的同样永恒的后果（在这里同一性的呈现者是与被肯定状态相对立的**肯定活动**，因而是观念性的同一性）。因而与最初的后果同样

---

① 原文中这个括号囊括了这一自然段与下一自然段。——译者注
② 谢林原文即为圆括号中嵌套圆括号的形式，读者须留意，本段和下一段被共同置于最外围的圆括号中了。——译者注

永恒的这另一个后果=观念的大全。

但是：并非实在的大全和观念的大全本身，只有绝对的大全才直接被上帝理念**肯定**。因而实在的大全和观念的大全并非**在其自身**存在，而是仅就它们存在于绝对的大全内部而言（仅在间接的意义上）才存在。但即便实在的大全和观念的大全，也还在其自身中以化解了的方式包含了无限肯定的种种特殊后果。原因在于，上帝在无限的意义上肯定其自身，因而他在实在的大全和观念的大全中，正如在绝对的大全中那样，肯定自身；而且他在实在的宇宙和观念的宇宙的任何方式下又正如在实在的大全和观念的大全本身中那样，即在无限的意义上，肯定自身。但现在依照§31来看，凭借上帝对其自身的无限肯定，并没有任何东西**专门**被设定，并非这个或那个特殊的后果被肯定，而是只有大全本身在无限多的这类后果中，且作为对这些后果的不可分割的断定而被肯定。因此实在的大全本身，观念的大全，以及被包含于实在的大全或观念的大全内部的特殊后果，从其特殊性方面来看，都不能通过别的东西，只能通过有限的事物显现出来。原因在于，一切并非**在其自身**存在，而仅仅就其存在于大全内部而言存在的东西，从特殊生命方面来看都只能在**有限**的意义上，即只能通过具体事物显现出来。现在我们就是从这一点出发，进一步追索两种大全的种种衍生后果中包含的无限肯定。）

§50. 实在的大全和观念的大全在理性中融汇为绝对同一性（在理性中它们处在绝对同一性中）。原因在于，理性的本质（§6—§8）本身就是对上帝理念的绝对肯定，此外无他。但现在看来（§24）对上帝理念的绝对肯定就是大全——不是实在的大全或观念的大全，而是直截了当的大全，即作为实在的大全与观念的大全的绝对同一性的大全。因此理性也是实在的大全和观念的大全的绝对同一性，或者说两种大全同样被包含于理性中，正如它们被包含于直截了当的大全中，即被包含于绝对同一性中一样。

§51. 理性作为理性，绝非无限肯定的任何特殊后果，而是源自上帝的一切特殊后果的绝对同一性，正如绝对大全本身就是这种绝对同一性。——这一点从前一个命题中不言自明。

附释1。因而理性**在**大全**内部**就是大全本身，或者说理性在大全内部是那样一个东西，凭借那个东西，上帝在他的理念的一切后果的大全性与一体性中认出**其自身**。（因此如果我们将上帝规定为**原型**，那么理性就是与原型类同的东西，那东西真正说来是映像中的原型要素。）——倘若作为同一性的绝对同一性本身并未落入模仿而成的世界，那么对于原型和真实宇宙的某种认识是不可能的。理性仿佛是安息于大全上的上帝面貌；就理性处于模仿而成的世界内部而言，它是神性的**反映**，然而它又类同于神性本质，因为它并非作为一种特殊后果，而是作为源自上帝的一切特殊后果的绝对同一性而被包含在模仿而成的大全本身中。

注释。此外，我在这里理解的理性绝不是仅仅表现于人中，同时又达到其自我认识的理性，而是普遍扩展又成为万物的真正本质、实体，并居于整个宇宙之中的理性。由于一般而言在大全性（而且是作为大全性的大全性）之外任何事物都不具有实在性，这样看来在理性之外任何事物都不具有实在性，所以即便在特殊事物上，比如在特殊的广延事物上，并非特殊的形式——比如并非某个特殊的维度，而恰恰是特殊维度构成的总体性，即理性在该事物上的表现——才构成真正实在的东西。

附释2。由于大全直截了当来看是上帝理念的直接后果，而且实在东西和观念东西只有通过大全的中介才存在，那么理性也就是上帝理念的间接后果，而且实在的大全和观念的大全只有通过理性的中介才存在。

§52. 实在的大全和观念的大全这两者中的每一方在其绝对状态下都化解到另一方之中，由此也就化解到绝对的同一性之中了。原因在于，实在的大全的基础是，被肯定者在无限的意义上进行肯定，即它的基础是，被肯定者在绝对的意义上与进行肯定者成为一体。观念的大全的基础是，进行肯定者在无限的意义上被肯定，即它的基础是，进行肯定者与被肯定者完全类同。如果我们以A表示进行肯定者，以B表示被肯定者，那么实在的大全的基础就是B成为类同于A的，观念的大全的基础就是A成为类同于B的。但如果B完全类同于A，那么B=A就化解到A=A之中了。同样，如果A完全类同于B，那么被设定的不再是A=B，而是A=A了；因而两者都化解到绝对同一性之中，正因此也就相互化解到对方之中了。

附释1。两者只有通过它们的要素①的非同一性，才能被区分为实在的和观念的——在其自身而言则是合一的。

附释2。它们相互化解到对方之中的那个点乃是使双方得以存在于绝对者*之中*的那个点。

§53. 在自顾自来看的实在的大全内部，同样在自顾自来看的

---

① 从上下文来看，这里的"两者"指实在的大全和观念的大全，"要素"指进行肯定者和被肯定者。——译者注

观念的大全内部，能被呈现的不是绝对的同一性，而只是两种要素（A和B）的**无差别状态**。不是绝对的同一性。原因在于，否则它们①就相互化解到对方之中了（§49），但那样的话**实在的**大全就不再作为实在的大全而存在了。但为了证明只有无差别状态被呈现，首先必须讲清的是，绝对的同一性和无差别状态如何区别开来。——绝对的同一性是**本质**方面的类同性，或者说是本质性的、质上的统一性。无差别状态只是量上的统一性、量上的平衡。比如无限的空间是三个维度（长度、宽度、深度）的绝对同一，而不是它们的无差别状态。反之，比如说，立方体或球体也呈现了三个维度的某种等同性，但不是作为绝对同一性，而仅仅是在平衡状态下或作为无差别状态呈现出来的。如果预设了这一点，那么**证明**（即证明在自顾自来看的实在的大全和观念的大全内部被呈现的只有两个要素的无差别状态）便如下：依据§48的附释，在宇宙内部既没有一个纯粹实在的东西，也没有一个纯粹观念的东西；实在东西自身以及观念东西**自身**的本质毋宁（§48）总是实在东西与观念东西的无差别状态——只不过在前者那里是凭借被肯定状态或实在东西这一规定，在后者这里则是凭借进行肯定者或观念性这一规定。——这一点依照我们在§30中就量上的差别给出的说明，换句话说就是：在实在东西和观念东西之间只存在量上的差别。因此在作为实在的大全的实在的大全内部，同样在作为观念的大全的观念的大全内部，也就只可能有两者在量上的等同性，即两者的无差别状态；而反过来说，如果类同性不仅仅是量上的，也是质上的，那么作为实在东西的实在东西、作为

---

① 指实在的大全和观念的大全。——译者注

观念东西的观念东西就消失了——化解到绝对同一性之中了。

§54. 通过有限事物的特殊性，作为实在的大全的实在的大全、作为观念的大全的观念的大全得以显现；这种特殊性只能或者基于一个要素对另一个要素相互占上风的状态，或者基于两个要素的平衡状态。原因在于，在实在的大全这一理念的作用下，便没有任何东西能免于如下规定，即被肯定者本身同时也在进行肯定。因而在这里可能产生的一切差别仅仅在于，被肯定者与进行肯定者达到了彻底的平衡，处在无差别状态，或者被肯定者对进行肯定者取得了优势，反之亦可。现在看来，因为这是在实在的大全内部仅有的一些作为可能性而存在着的差别，所以既然依照§49，实在的大全本身只能通过有限的事物显现，那么这些事物的特殊性也仅仅基于两种要素的无差别状态，或者基于一种要素对另一种要素取得的优势。

§55. 使实在的大全和观念的大全本身得以显现的种种差别，可以通过单一要素的各潜能阶次表现出来，这些差别在实在的大全内部通过观念要素的各潜能阶次，在观念的大全内部通过实在要素的各潜能阶次而得到理解；这个命题仅仅涉及阐述的方法，因而也不再需要任何证明，只需——

阐释。实在的大全的表达式是B=A。因为当被肯定状态对于进行肯定者取得了相对优势，而后者只是一个对被肯定者进行肯定者时，实在的大全是A^1；当进行肯定者取得了优势，而第一潜能阶次上进行肯定者本身又被肯定时，实在的大全是A^2（在第二潜能阶次上的A）；当双方，被肯定者的肯定者或A^1，以及肯定者的肯定者或A^2，相互渗透和强化时，就产生了A^3或无差别状态，在那种状态下A和B这两个要素就还原为量上的平衡状态。——观念的大全的种种差别的情形同样如此，只不过在观念的大全中各潜能阶次是冲着B被设定的，因为在这里会形成的局面是A=B，而不是B=A。

§56. **潜能阶次的三元结构是作为实在的大全的实在的大全必有的显现方式，同样也是作为观念的大全的观念的大全必有的显现方式**。原因在于，该结构只能（§49）通过**有限**事物显现出来，这些事物的种种差别（依照§54、§55）只能通过三个潜能阶次被表现出来，其中一个表示被肯定状态取得优势，另一个表示肯定活动取得优势，第三个则表示这两者的无差别状态。

注释。因而上帝理念的直接后果的真正**模式**如下：作为原型的上帝是绝对的同一性，其中包含了实在的大全和观念的大全。实在的大全和观念的大全本身的直接后果便是进行肯定者与被肯定者的无差别状态，因此这种无差别状态有着双重表现，一个是在实在东西内部的表现，另一个是在观念东西内部的表现（因为绝对的同一性既不属于实在东西，也不属于观念东西）。那么在接下来的后果中便从无差别状态中得出了对于被肯定者或实在东西取得相对优势的进行肯定者或观念东西，以及对于进行肯定者或观念东西取得相对优势的被肯定者或实在东西——这两者都在同样的意义上从实在东西与观念东西内部的无差别状态中得出。但现在看来这同一个模式可以无限重复。但我们这里的任务并不是阐述实际的重复过程，我们的任务只不过是发现这模式本身，或认识无限者据以在无限的意义上产生于上帝的那个规律。

VI, 211

§57. **潜能阶次并非在其自身而言的事物的规定或本质的规定，而毋宁是非本质**（*Nicht-Wesen*）**的规定**。——证明。原因在于，依照§54和§56，潜能阶次只是使得实在的大全与观念的大全得以显现的种种**有限**事物的特殊性。但属于各种事物内部的有限性与特殊性的一切，都不是它们的存在的规定，而是它们的非存在（Nichtseyn）的规定，或者说凭借这一切，它们不是**本质**，而是**非本质**。因而也便有了上述命题。

§58. 即便被生的自然（*Natura naturata*，包括实在的事物以及观念的事物）**的一切差别，也都只是量上的差别，只是潜能阶次的区别，而不是本质的区别**。——这个命题从前一节得出。然而要以如下方式证明。在大全内部，凭借上帝理念只可能有同一个东西被设定。万物依照本质而言都是一体（§10）。潜能阶次的区别是那样一种区别，它不是相对于事物本身，即不是相对于物自体，而仅仅是相对于其他因素和相对于整体而做出的。因此在其自身而言每一个特殊东西都是进行肯定者与被肯定者的同一；但特殊性或潜能阶次在特殊东西身上只能相对地加以规定，因而并不属于在其自身而言的事物本身，因而也不属于事物的本质。一切差别便都只是量上的差别。①

§59. 绝对者处在一切潜能阶次之外，或者说它直截了当地是无潜能阶次的。——这是前面几个命题的直接后果。然而这个后果意义重大（埃申迈耶尔的误解）。②

---

① 为了显明某个潜能阶次的特殊状态的单纯相对性，由此为了显明该特殊状态的非在其自身存在（nicht-an-sich-Seyn），我通常还利用同一路径上的例子，在那条路径上A和B两个要素不可分割地结合在一起，然而却被设定为在两个对立方向上相互取得优势的。——谢林原注

② 这里可参见后来的《自然哲学导论箴言》（*Aphorismen zur Einleitung in die Naturphilosophie*），命题216。——原编者注

中译文见谢林：《哲学与宗教》，第241页。——译者注

§60. 所有潜能阶次就绝对者而言都是类同的,这就是说,没有任何潜能阶次是从其他潜能阶次得出的,它们全都依照同一个规律从绝对同一性得出。原因在于,绝对同一性也是绝对大全性。但在大全性内部,所有形式并非**相继而起**,或者一个出自另一个,而是依照理念在同样的绝对性内部被设定了。

§61. 每一个事物自顾自地具有的实在性等级,都与它接近于绝对同一性的程度成正比(或者说基于该程度)。我将实在性不是理解为相对的、与观念性对立的实在性,而是理解为**绝对的**实在性,即在"大全即为绝对实在性"这个意义上真正的实体性或实在性。——原因在于,绝对同一性是直截了当实在的东西,在它之外没有任何东西是实在的。因而一个特殊东西在多大程度上接近绝对同一性,它便已经在多大程度上在它的特殊性本身中表现出某种更高程度的实在性,同时并没有因此便停止成为有限的。

阐释。刚才提出的这个命题与前一个命题没有任何矛盾;人们可能认为,比如说,矛盾在于我们在前一个命题中已将特殊性本身规定为纯粹的非存在,在这里却又谈起了特殊东西的实在性等级。前者,即特殊东西的非存在,是相对于大全而言才持存的,被设定为非存在的东西恰恰能够凭着或高或低的某种实在性等级而被设定为非存在。

这就是说,我将一个事物或大或小的完备性仅仅理解成它所具有的或多或少的肯定性东西,正如我将非完备性理解成该事物包含的褫夺所具有的÷或−[①]特性。**因而一个事物在特殊性方面越接近于**

[①] 谢林以分别表示除法与减法的除号与减号表示褫夺所具有的负面特征。——译者注

大全，它便越完备，绝对者由于将该事物的特殊性形式设定为相对于绝对者自身而言的非存在，在该事物中也便越能看出**其自身**；因而该事物本身在其非存在中就越是大全的某种完备反照了；大全在该事物身上也就越不被否认，因为该事物被设定为大全的反映，因为它自顾自地在其特殊性方面已经越发接近大全；因而它也就越不从属于有限性。——但现在还可以问一个问题：一个事物内部向着同一性的接近，或者它内部断定的成分的增加，根据何在？既然绝对同一性包含了所有潜能阶次，而其本身又不必专门成为这些潜能阶次中的某一种，那么在特殊事物中最接近于该同一性的那个事物，在其自身中也最具有包含了其他各种潜能阶次的那种肯定性东西。——因而较高的潜能阶次作为包含了下属潜能阶次的潜能阶次，在特殊性方面必然已经表现了某种更高等级的实在性或断定。比如A^1（它仅仅是肯定被肯定者的某个东西，且仅仅与单纯的被肯定状态相关联）就必然是比A^2更低等级的**断定**，而即便A^2中的**那个**进行肯定者也包含了A^1。但更高等级的断定蕴含于A^1中了，因为通过后者，A^1和A^2本身才又得到肯定，因为后者由此并不仅仅包含对被肯定者进行肯定的东西，也将这个对被肯定者进行肯定的东西作为被肯定者包含在内，因而也就越发接近无限肯定的充实状态了。

附释1。因而一个事物含有的否定（Negation）的等级也就与远离绝对同一性的程度成正比，或者说与该事物由于它的特殊东西而与绝对同一性远离的程度成正比，如果该事物还是臣属于有限性的话。

附释2。特殊东西在多大程度上接近无潜能阶次者（Potenzlosen），与大全类同，那么虚无在它内部也在多大程度上消失，或者说褫夺现象也在多大程度上减弱了。

一般哲学现在就随着这些命题结束了。凭着它们,全部理性科学或全部真实形而上学的一般基础被呈现出来,而我们的构造目前也超出这一点之上,进入特殊层面,即进入自然哲学的层面。

II. 第二部分或曰特殊的部分

A）一般自然哲学，或曰大自然或实在的大全的构造

现在当我们在此首先过渡到大自然或实在的大全的构造，我们必须复述一些命题，这些命题虽然在一般哲学内部已得其所，但对于自然哲学的奠基尤为必要。

§62. **在宇宙内部没有任何东西仅仅被肯定，而不在被肯定时也进行肯定。**——在前文中，这个命题已经在各种不同的表述形式下被提出和被证明了。这里我们只不过是将它从那个最普遍的真理中推导出来，即宇宙内部的一切都是上帝的无限实体的表现，但这实体在被肯定时也直接进行肯定，因为它只肯定其自身。因此在宇宙内部也就没有任何东西不同样是对其自身的断定了，——没有任何东西不是实在-观念的（real-ideal）。（与通常将客观存在或实在存在想象成某种单纯存在的做法形成对照的是，这里指出了，在宇宙内部没有任何东西是单纯的存在、纯粹实在的东西，宇宙中的一切即便在不同的意义上或不同的程度上，也都表现了绝对同一性。）

附释。无限实体在实在的意义上来看，或者（§44附释）换言之，永恒的大自然，在被肯定时也在无限的意义上进行肯定，而且这

两方面在它内部绝对合一或绝对同一了。

§63. **无限的实在实体内部的各种特殊事物，只能通过进行肯定者与被肯定者的相对差别而与该实体区别开来，并彼此区别开来**。这个命题是§53的直接后果，那里证明了，使实在的大全得以显现为实在之物的那些特殊的有限事物，只有通过进行肯定者与被肯定者的种种相对差别，才能成为不同的东西。但各种事物身上的特殊性并不是什么本质规定，那无关乎本质的东西反而仅仅基于比较、对立之上。因此不应将特殊事物身上的这种特殊性设想为它的无限性的某种**消除**，而毋宁应将其设想为与它陌异的东西，设想为它身上单纯的**虚无**。每一个事物照其本质来看或者在其自身来看都毋宁是一个**现实**（*actu*）无限者（一个相对于其自身而言的总体性），有限性归之于它，并非在它自身而言，而只是相对而言或与其他事物比较而言的。原因在于，它的有限性基于它内部肯定性东西[①]与被肯定者的特定比例，但这个特定比例照其规定性来看，本身仅仅在对立或比较中才能被认识；这一点通过一条**线**的例子来看就很清楚了，线的**本质**或理念在于将A与B[②]设定为一体的，而且通过这一点，线自然也就包含了这种比例关系的所有差别或所有可能种类，同时这些差别或种类又不必是这条线上某个点或某个部分**在其自身而言**的规定，也不必在关系之外，既然每一个点一旦被观察和被划出，所表现的就是超出A或B之外的意思，或者双方的无差别状态。

附释：那些特殊的、被包含于实在的无限实体之中的事物中

---

① 这里"肯定性东西"原文为Affirmirmativen，显为Affirmativen之笔误。——译者注
② 指线的两个端点。——译者注

的每一个，在其自身而言（并非在关联中被考察）都是一个**现实（actu）无限者或一个相对于其自身而言的总体**。原因在于，它身上的特殊性（进行肯定者与被肯定者的特定比例关系）并非本质的某种规定或它身上的无限者，而是根本不属于本质本身的某种东西。

§64. **进行肯定者就其在直接的意义上只是特殊东西的肯定者而言，乃是灵魂；反之被肯定者就其在直接的意义上只是被前者肯定者而言，乃是事物的身体**。①——真正说来这个命题根本无需证明，因为我们在后文中仅仅在感官规定的意义上使用"灵魂"和"身体"这两个词。然而借着"灵魂"与"身体"这两个名称，后文就足以表明此前被我们选用的"进行肯定者"与"被肯定者"这两个名称的同一性了。——灵魂与身体的关系=观念东西与实在东西的关系，但后一种关系恰恰就是进行肯定者与被肯定者的关系。——一切认识活动也都是某种肯定活动，反之亦然。现在灵魂是身体的认识者，即身体的肯定者，而身体是被认识者，即被肯定者。一个事物的概念不是别的，只是对这个事物的断定或肯定，该事物本身作为这个概念的客体，就是被这个概念肯定者。正如肯定者与被肯定者一样，在每一种可能的关联下灵魂与身体便依此呈现。**方式还更专门一些**。进行肯定者仅就其是被肯定者的直接断定或直接概念而言，才是灵魂，因而仅仅在与该灵魂的关联下便已表现出一个进行肯定者与一个被肯定者的关联。反之被肯定者仅仅在与进行肯定者发生直接关

---

① "事物的身体"（der Leib des Dings）这一译名在中文里虽然显得比较怪异（因为"身体"一般只用来述说人或动物），却符合谢林以其与"事物的灵魂"对举之意。谢林选用"Leib"，而不是选用涵括广义形体的"Körper"，是为了引导读者以人或其他动物的身体与灵魂的关系拟想一般事物的形体与形式的关系。——译者注

联的情况下，或者仅就其是直接被后者肯定者而言，才是**身体**。

§65. **宇宙中万物都赋有灵魂**，或者说：宇宙中没有任何东西只是身体，而不在作为身体的同时直接也是灵魂。这是紧接着§62以及它之前的那个命题而来的后果。

附释：（即便在实在的大全内部）**事物的真实本质**既不是灵魂也不是身体，而是两者的同一性要素。

§66. **进行肯定者就其仅仅是作为这个被肯定者的这个被肯定者的直接肯定者而言，乃是有限的**，反过来就是说，**被肯定者仅就其是这个进行肯定者的直接客体而言，才是有限的**。——原因在于，一般而言进行肯定者在与被它肯定者的直接关联下，才是进行肯定者或灵魂，因而它也只有在与作为一个有限的被肯定者的那个被肯定者的直接关联下，才能作为进行肯定者而成为有限的。反之亦然。

附释。因而两者中没有任何一方在其自身便是有限的，而是仅仅在关系中或仅仅在交互关联中才是有限的。这是直接的后果。

§67. **只有通过进行肯定者与某个被肯定者（灵魂与某个身体）的这种结合，双方才一同构成了一个完满的实体（substantia completa），一个单子（Monas），一个自顾自的世界**。——原因在于，凭借这种不可化解的结合，进行肯定者在直接的意义上，仅仅在被它肯定者中，仿佛在一个特殊的世界中——在一个**自顾自的总体**中——直观到自身，而被肯定者则通过与进行肯定者的直接关联而被设定，或者被设定为进行肯定者的直接客体，或者与其自身的同一性。

阐释。倘若某种东西作为某种单纯被肯定**状态**从上帝理念中得出了（如果一般说来这样一种东西还是可以设想的），它不仅表示最小程度的实在性，还是纯粹的虚无（*Nihilum*），即单纯的**受动**、纯粹的可规定性。反之倘若进行肯定者自顾自地来看，且与一个被肯定者分离开来，就是单纯的行动、纯粹的隐德莱希（Entelechie），正如古人称呼的那样。只有通过隐德莱希（Entelechie）与被肯定者的结合，隐德莱希才成为单子（Monas）、自顾自的世界、完满的实体（substantia completa）。——各种事物具有的被肯定状态自顾自地来看是它们单纯的**有限性**；它是从前的哲学家们所见的原始质料（materia prima）或原始被动能力（prima potentia passiva），后两者根本没有自顾自的实在性，只有通过与隐德莱希（Entelechie）的结合才获得实在性。

§68. 处在无限的实在实体内部的各种特殊事物具有双重的生命：在实体内部的一种生命和在其自身中的一种生命或一种特殊生命（后者规定了这些事物的易逝性）。——这个命题只是先前已在普遍意义上被证明的观点的运用。——各种特殊事物在无限的实在实体内部有某种生命，因为通过与万物的本质同时被设定（尽管被当作微不足道）的关系，该实体包含了万物的**本质**、理念（idea）——某种生命在自身内（就此而言生命在其自身而言只不过是虚假生命罢了）。由此得出一些相互对立者：

§69. 与大全内部的生命相对立，特殊生命只能显现为向着差别——不含有同一性——的无限衰变，显现为无限的非同一性、纯粹的广延。——原因在于，内部的同一性被各种断定的相互关系消除了。但这关系却是进行确认者、肯定性东西。因此事物的那种与无限实体内部的生命形成对立的特殊生命，即与作为同一性的无限肯定相分离的事物被肯定状态，也就只能显现为无限差别，显现为同一性的彻底剥夺，因而仅仅显现为某种无力的衰变，显现为**纯粹的广延**。

为了向已经熟知自然哲学的那些人**阐明**这一点，这里我愿意做出如下评论。——纯粹的广延或空间乃是事物在绝对者内部的存在的反面（per oppositum）显现或**映照**；而且就此而言空间必须被拿来与我在别处所谓的**观念性**统一体等量齐观①，我用后者指的恰恰是特殊东西在大全内部的存在，或者它向大全内部的回返。但就此而言空间或纯粹广延仅仅不过就是事物在大全内部的生命的**反面**（per oppositum）映照罢了；或者说得更清楚些，就空间内部被看到的真正说来并非事物**在大全本身内部的**生命，而是与该生命形成对立且就其相对于该生命的**虚无性**来看的事物**特殊**生命而言，空间又能被视为**实在的统一体**，即被视为那样的生命形式，该形式具有处在彻底瓦解状态的自身性并与对这自身性的断定相分离。

§70. 与事物的特殊生命或事物在其自身中的生命相对立，大全显得是在这些事物的虚无性中直观着大全自己的无限生命，或者说：与事物的特殊生命相对立，大全只能显现为它的无限概念（它的无限肯定）**在事物的特殊性中的构形，但在事物内部也在消除无限性**；但这种消除本身只能显现为事物为**时间**所规定。——这就是说，如果事物的特殊生命作为某种特殊东西而存在，而且在与大全相对立的情况下是单纯的瓦解状态、虚无性、纯粹无力状态，那么反过来看，在大全与特殊事物的反向关联下，这些事物的特殊生命虽然

---

① 这里"等量齐观"是反面对照的意思，并非指直接等同。——译者注

显现为**实在的**,但也仅就这生命效劳于整体的无限概念且仿佛被后者征服,作为特殊东西被**消灭**了而言,才如此显现。**时间**就是对作为一个特殊生命的特殊生命的这种消灭;因为这生命只在时间中**形成**,它并不**在其自身而言**存在,而是仅就大全的无限概念构形到它之中而言,且就它被该概念设定而言存在,此外无他。因而真正说来它的形成与存在只是通过大全的无限概念而不断消亡和被消灭,正如各个点的个别性在线中就被线的无限概念征服了,而且没有任何点自顾自地存在,反而只在整体中存在(如果离开占据的点来看,那就什么都不是)。因而在从特殊生命方面来看的各种事物的形成与消亡时,即在事物的时间性存在中,大全仅仅看到了它自己的无限生命,因此时间本身就不是别的,只是**显得与事物的特殊生命相对立的大全**,或者说:时间是否定着特殊东西(无限性①)的、在特殊东西及其否定中直观着其自身的统一体,而在过去这一点是需要证明的。

即便关联到空间和时间的对立上,在广延或空间中被直观到的也是特殊东西相对于大全而言的虚无性,即特殊东西就大全并未构形到它之中而言的**虚无性**;在时间中被直观到的,是在特殊东西自顾自而言的虚无性中,以及在大全性的无限概念向特殊东西的特殊性中构形(由此这种特殊性获得了某种短暂的生命)时,表现出来的大全的万能。

§71. **空间是事物的虚无性的单纯形式,就事物与绝对同一性、与无限断定相分离而言,或者说它是事物那与进行肯定者相区别的**

---

① 指特殊东西是无限杂多的。——译者注

单纯被肯定状态的形式。原因在于，依照§69，空间是事物自己那与大全内的生命形成对立的生命的单纯形式。但现在看来，大全乃是对事物的无限断定——因而空间也是事物那与其断定或与进行肯定者相分离的虚无性的单纯形式（因而也是与事物的肯定者相分离的单纯被肯定状态的形式）。

§72. 反之时间是事物的被赋灵状态（*Beseeltseyn*）**的形式**。

证明。原因在于，事物的肯定者是绝对统一体。因此同一性在多大程度上被构形到每一个事物之中，后者便在多大程度上是**进行肯定的**，而且由于依照§64，进行肯定者＝灵魂，它也就在多大程度上**被赋灵**。但现在看来，同一性这样构形到特殊性中，即大全性的无限**概念**这样构形到特殊性中，就是**时间**；因此时间也是事物的被赋灵状态的形式。

附释：因此事物的肯定者一般而言就是作为该事物的差别的直接概念或直接本质的同一性。

§73. 如果事物的身体不是在作为被肯定者存在时又包含了进行肯定者，便不是实在的。原因在于，依照§69，各种事物的被肯定状态，即它们单纯的特殊性，在与作为它们的断定的大全分离的情况下，就是纯粹的衰变、纯粹的无力，这正如依照§67的阐释而言，单纯的被肯定状态在与它的肯定者相分离的情况下，就是纯粹受动、纯粹可规定性、纯粹可渗透性，因而就是纯粹的虚无。因此作为被肯定者的被肯定者、事物的身体如果不是在作为被肯定者存在时又包含了进行肯定者，便不是实在的。

又及。单纯被肯定状态本身的显现形式是空间。现在如果**空间内部的**被肯定者并不显现为单纯的、无力的虚无，并不显现为纯粹的空间，那么它作为被肯定者存在时必定又包含了进行肯定者，只不过不言而喻的是，这里进行肯定者本身也在被肯定状态的形式下显现，即显现为A1。

§74. **有形事物内部的肯定性东西，作为从属于有形事物的东西，是广延事物内部的第一个维度。**

证明。原因在于，一个事物的肯定者是直接与事物的差别相关联的绝对统一体，或作为该事物的概念、作为构形到该事物之中的绝对统一体（依照§72附释）而存在。但现在看来（§70和§72），无限概念（即大全性的无限肯定），以及（由于大全性的肯定就在于绝对同一性）**绝对同一性**本身，向一个事物的特殊因素中的构形，就规定了事物那里的时间。但在这里，时间应当显现为从属于被肯定者的，即（由于依照§71，空间是与被其肯定者相分离的进行肯定者的形式[①]）时间应当显现为从属于空间的或表现于空间内部的。但时间在空间内部的表现或空间内部与时间相应的东西是第一个维度（随后我会立即给出这个命题的证明），而且这样一来，被肯定者内部的肯定性东西，就其本身是被肯定的而言，也便是广延事物内部的**第一个维度**。

刚才进行的证明首先取决于下述命题是否为真，即在空间内部得以延展的时间=第一个维度=线。因此为了指出这一点，我们这里必须澄清**线**的概念。

线是被构形到空间当中的、在空间中仿佛熄灭了的时间，这

[①] 此处疑有笔误。依照§71的论述，空间是与进行肯定者相分离的被肯定状态的形式。——译者注

一点仿佛要从下面这种相互一致中得以显明。——时间是同一性构形到差别之中，由此差别失去了自己的生命，并服从于整体，但这正是线内部的情形，在那里虽说有某种差别、某种相互外在（Außereinander）被设定了，但在这种差别中又有某种支配性的、渗透着该差别的、否定着个别性的同一性。此外，时间是同一性或肯定构形到被肯定者之中，却没有一次达到总体性（因为时间是同一性构形到差别之中，就这种构形仅仅显现于个别东西上而言）。但这同样是线内部的情形，因此线依其本性而言是不可终止的，如同时间。此外人们还可以举出的一点是，在线上正如在时间中一样，只有**唯一**的维度在起支配作用。

然而下文对于线和时间的本质还有更确切的说明。

广延是被肯定者与其肯定者的**差别**，在该差别中被肯定者在其自身中衰变为非同一性；被肯定者与其肯定者的完全分离，因而还有被肯定者彻底的虚无性，就在纯粹空间中被直观到了。现在看来，**纯粹**作为空间的空间即便在几何学家看来也根本不是实在东西，在他看来仅就空间带有进行肯定者而言，空间才变得实在。进行肯定者在与被肯定者彻底分离时，在几何学家看来就是点；点与无限的空间，无限的强度与无限的延展性，乃是反思必然迷失于其中的两个对立面——在无限实体中双方就合一了。在后者那里点与无限空间、最小者与最大者、同一性与总体性并无区别，中点圆周重合，万物都既是中点又是圆周。正如点与无限广延（同一性与总体性）在无限的实在实体中合一，它们在特殊的实在事物中至少在相对意义上合一了。点或单纯的进行肯定者与广延或单纯的被肯定者综合，产生了**线**；线是将**其自身**设定为**被肯定者**的、将其自身构形到差别之中的

VI, 224

点，因而在一般意义上是将其自身构形到差别之中的同一性，这种同一性在活泼泼地被直观**为**进行肯定者时＝时间（正如在前面的某个命题中已经证明的），正如刚才证明的，它在表现于被肯定者或存在中时＝线。

附释。特殊的实在事物的被赋灵状态在该事物身上通过第一个维度表现出来（因而被赋灵的程度也＝该维度表现于该事物身上的程度）。原因在于，依照§72，时间就是事物被赋灵状态的形式。但在特殊事物身上时间是通过第一个维度表现出来的，正如它是恰恰如此这般得到证明的一般，故有上述结论。

§75. 有形事物内部的纯粹被肯定者或（依照§73）被肯定者那里的单纯空间通过纯粹的差别、纯粹的衰变、没有相互构形的单纯相互外在——通过面表现出来。——这个命题不言自明。因而正如时间在广延事物内部＝线，空间在广延事物内部＝面，即第二个维度。

§76. 实在东西或被肯定者内部的无差别状态是物质。

阐释。实在性＝无差别状态，这一点已经从§48中得出了；那里指出，**在**实在东西和观念东西**内部**，真正实在的东西总又是无差别状态。

证明。这个命题可以在不同意义上从前一个命题中推导出来：a）单纯被肯定者或特殊性在与进行肯定者分离的情况下是纯粹的衰变、单纯的受动、纯粹的可规定性、纯粹的可渗透性。但被肯定者在这里不是与它的断定、与进行肯定者（统一体）绝对分离开被设定的，而毋宁与进行肯定者具有相对的同一，正如§70那里被证明的那样。现在看来，被肯定者与进行肯定者具有多大程度的相对同一，被肯定者那里纯粹的受动、纯粹的虚无性和可渗透性就在多大程度上被否定（因为进行肯定者将被肯定者设定为相对于进行肯定者自身而言的实在性，设定为它在其中直观到其自身的那个世界）。因此，无差别状态，或被肯定者与进行肯定者**在被肯定者内部**具有的相对同一性，本身就是**不可渗透性**，或者说被肯定者内部的实在东西是那样一个东西，它虽然在其自身而言、与进行肯定者相分离而言是纯粹的可渗透性，但在像这里一样被设定到相对的同一之中或被设定到与进行肯定者的无差别状态中的情况下却是某种被弄得不可渗透的可渗透之物，即某种肯定着其自身的东西、可规定的东西。但这种不可渗透的特征恰恰是物质的特征。因而实在东西或被肯定者与进行肯定者**在被肯定者内部**的无差别状态=物质。b) 其他种类的证明。自顾自来看的单纯被肯定状态仿佛纯粹是衰变到差别之中，仿佛是单纯且无力的延展；但现在看来（出于假定[ex hypothesi]），被肯定者在这里与进行肯定者综合起来了，后者在与被肯定者分离时仅仅与对一切延展的否定相同———是单纯的点，而且是被设定为某种双重之物的综合。一旦差别被综合进来，被构形到同一性中去，广延就被构形到点中——表现彻底被构形到同一性之中的差别的，便是**圆周线**。(**单纯的**面，第二个维度，是与进行肯定者、点没有关联的；有了这种关联，圆周线就被设定了。) 因而我们可以将综合的这一面描绘成被肯定者奔向点的趋势，那个点在这里表现为中点，因而表现为被肯定者的浓缩或收缩。凭借这种趋势（如果这种趋势不受限制），被肯定者就会被还原为单纯的点，它的所有延展就会被否定。但同一个综合的另一面是，差别中有同一性被构形进来，广延中有点被构形进来了：这种综合的表现就是膨胀。凭借这种趋势（如

VI, 225

果这种趋势不受限制),被肯定者就会衰变为无限的延展性;因而差别构形到同一性之中和同一性构形到差别之中这两个方面若是**自顾自地来看**就设定了实在性的完全缺乏。但现在看来,实体在各种事物中既没有单纯产生点(无限的强度),也没有产生无限的广延或延展性:双方在实体中是绝对合一的(这就是说,实体在作为**同一性**、作为点存在的时候也直接是总体性、无限延展性,反之亦然)。现在正如点和无限广延在无限实体本身的生产活动中是绝对合一的,双方在特殊的实在事物内部至少是相对合一或处在相对无差别状态的:由此而来的产物就是无限膨胀与无限收缩的某种中间状态。现在看来,正如无限膨胀是无限的相互外在、绝对的可渗透性本身,点作为对所有被肯定者的否定也是对所有可渗透的东西的否定,因而是绝对的不可渗透性本身。——被肯定者含有的可渗透的东西与点的绝对不可渗透性综合起来,便设定了某种**不可渗透的东西**,即那样一种东西,它在其自身中虽然具有可渗透的材料,却通过与它的断定相结合而不可渗透——一言以蔽之,那是**物质**。

附释。因此事物的一般形体就是物质。原因在于,正如从我们的命题的证明可见的,被肯定者的实在东西=物质。但现在被肯定者表现为形体,因而物质就充当了事物的一般形体。

注释1。吸引力和排斥力(依照康德的看法,物质产生于它们的冲突)本身是一些单纯的形式性要素,而且作为**实在的**要素只能从被肯定者与进行肯定者的综合出发被理解。这就是说,物质内部进行排斥的东西是同一性向差别中的构形,它内部进行吸引的东西是差别向同一性中的构形。但**力**的概念本身只是一个反思性概念,即从被抽离于无限实体之外来看的各种事物中取来的一个概念。原因在于，各种事物中唯一实在的东西就是无限实体的本质，但这本质不能被描绘成力，像某些人把绝对者描绘为宇宙原力（Urkraft）时认为可以阐明或美化自然哲学那样。在力这个概念中包含着行动时的某种单纯努力（conatus或nisus）。但无限实体作为存在乃是**纯粹的**行动、纯粹的永恒生产活动。因而对于各种事物，只有在撇开它们的本质不论，或者并非在真正意义上考察的情况下，才能将力归于它们。

注释 2。由于使用**各潜能阶次**，我们进行的物质构造整个显得意味深长。——正如前文中已经在一般意义上证明的那样，潜能阶次的三元结构乃是实在的大全和观念的大全的一般显现方式。即便在物质内部（正如我们马上还会公开证明的那样），绝对同一性也依次出现在三个潜能阶次中，那么这三个潜能阶次就在空间或有形事物内部作为三个**维度**呈现出来。由于第一个维度真正说来是与被肯定者直接产生关联的进行肯定者，或者说是被肯定者的直接概念，那么这个维度就相当于A^1。它是被赋灵状态的维度，是事物存在于其自身内的状态的维度；它是时间在事物身上的体现，但时间则是特殊性具有的被赋灵状态的形式。第二个维度如果不是自顾自地来看（那样的话它就只是向面中的衰变了），而是被视为无差别状态的属性，或被视为隶属于无差别状态，就是第二潜能阶次；因为在第一潜能阶次上进行肯定者（它就此而言是一个**被肯定者**）本身在这里又被结合于它的肯定者之上，被与同一性综合起来了。因而第二个维度上进行肯定者=A^2，因为在它内部，第一潜能阶次上进行肯定者、线，又被设定为被肯定者，而且仅仅就此而言才被设定成**衰变了的**，被设定成弯折为角或——在彻底构形进去的情况下——弯曲为圆形的。最后，第三潜能阶次（前两个潜能阶次同样都受到它的肯定）=第三个维度=立方体。这就是说，物质的三个维度能被设定于其下的最原初形式，乃是**这些维度完全的、量上的等同性**，而这正是**立方体**，即一切有形事物的基本形式。因此立方体在其所有规定中都遵循**三这个数**；比如三重维度的界限有多大，立方体就允许自身有多少个面，即有**六个面**——立方体在上方和下方、前方和后方、左方和右方受到规定；6这个双数便是规定它的面的数，如此等等。

因而被肯定者内部各维度的平衡就自动产生了立方形东西或有形事物。

§77. 无限的实在实体在特殊的实在事物内部直接产生了绝对同一性，但这绝对同一性由于种种特殊性之间原初的关联性，便在分离的三个维度上出现。——该命题的第一部分不言而喻。原因在于，无限的实体是不可分割的意义上的统一体、无限性和无差别状态。除此之外事物身上的东西，并非事物身上的被产生者，而是缺乏、褫夺，是事物身上的**非造物**（res increata）、非实在东西。但现在看来，前面的整个构造都是对下面这一点的证明：当无限实体在特殊事物中，即在关联性中造就绝对同一性，即造就真实的实体时，在特殊事物中只能在**无差别状态**的形式下，因而也只能在三个潜能阶次或三个维度的形式下显现。这就是说，只有在无限实体中，被肯定者和进行肯定者才在**无限**的意义上合一并处在绝对同一性中。在特殊东西内部，正因为这东西是特殊的，被肯定者和进行肯定者就只能在有限的意义上合一，因而并不处在绝对同一性中。因而它们便分离地在三个潜能阶次或三个维度的形式下出现了。但是，绝对同一性在这里展现为各维度，仿佛被打碎成各维度了，**这一点**的根据并不在于无限实体本身,而在于特殊事物的褫夺。——质言之:无限实体在永恒的意义上仅仅产生绝对**正题**,正如它自身只是绝对正题。但绝对正题在特殊性上映照出来,而这特殊性的存在并不类同于它自己的本质,而是受到关联的限制,或者说**就此而言**受到这关联的限制。绝对同一性的那个落于特殊性的存在内部的直接摹本是无差别状态;在那种状态下两个对立面,一方面是事物的特殊生命,另一方面是处于无限性中的统一体以及该事物处于同一性中的生命,发生相互渗透,在交叉的时候(因为交叉只是相对的渗透,而不是绝对的同一性)又使自身浑浊不清,为上述生命带来掩盖真实的实在性的那种看不透的假象或偶像,后者我们称为物质。代替正题而产生的是合题,而在绝对者内部或在其自身而言的第一位的东西,即同一性,在摹本中就成了第三位的东西;这是一切反映的普遍规律。

  由于一切都取决于现象与绝对同一性的**这种**关系正好被领会了,当此之时,谁若是不理解这种关系,往往在哲学中什么都不能理解,那么我在这里还希望通过一个例子澄清一下这种关系。——因而我们在一切感性直观中、在一切感性存在中直观①到的并不是一个单纯的东西,而是一种双重形象。真正说来我们直观到的并不是自顾自的**特殊东西**;因为自顾自的特殊东西什么都不是,因而也并不**可见**。我们看见的总只是普遍东西、一、无限实体。因而当我们直观一个特殊的有形事物时,我们直观到的并不是一个特殊实体,而只是在特殊东西**内部**、在那种自顾自地说来并不可见的东西(因为

---

① 原文如此,两处"直观"存在着语义重复,但一个是名词,一个是动词。——译者注

它什么也不是）内部的实体。无限实体将其本质，即绝对同一性，照进这种虚无、这种非存在（μὴ ὄν）中，但由于虚无没有能力接受上帝（impotentia recipiendi Deum），绝对同一性在它内部就只能以无差别状态的形式或综合的形式显现出来。因而上帝是通过**照射**各维度来为虚无赋灵的，但这些维度，因而也包括实在的物质，却是一个中间产物，是从无限实体的绝对同一性和具有特殊性的无能（Unvermögen）这两者产生的一种东西。因而我们在这里看见的不是**一个东西**，而是一个双重性东西，即无限实体+具有特殊性的虚无：那么我们看见的是一个双重形象，因而是一个真实的光谱，是某种在其自身而言像彩虹或棱镜中的太阳光谱（spectrum solare）那样不具有实在性的东西（这光谱同样是一个双重形象）。如果我们通过棱镜在一片黑背景上看到一个耀斑，那么我在两者的边界上就会看到各种颜色显现。这种显现固有的要素包括：a）黑背景，这背景在自顾自的意义上根本不可见；即便我说看见了它时，那也只是相对于耀斑而言的；它在自顾自的意义上其实什么也不是。b）耀斑，比如日轮：只有日轮才真正是可见的东西。那么通过棱镜的折射，耀斑就被引到或被拉到黑背景上；现在发生了什么？现在在我看见了黑背景，那个背景在自顾自的意义上原本是不为我所见的，因为我在它那里看到的是被拉到那里的耀斑。但我同时看到了**光亮**，然而我并非**纯粹**看见它，因为我看见它的同时也看见了黑暗，因而我实际上看见的是一个**双重形象**，我看见的是光亮+黑暗、肯定性东西+虚无，因而绝没有在纯粹自顾自的意义上看见这双方中任何一方；因而我看见的是一个**有颜色的中间状态**，这颜色具有光亮的肯定性东西，以及黑暗的褫夺性东西。现在看来，正如颜色不过是被褫夺、黑暗缓冲过的光，我们在整个感性世界上实际上仅仅瞥见了神圣实体的那种被特殊东西的褫夺或虚无缓冲过的光，因而既没有纯粹瞥见特殊东西（因为它什么也不是），也没有纯粹瞥见无限者或上帝（因为它是一切）。

对具体东西和物质的混杂本性的专门阐释就到此为止。

§78. 空间根本不是独立于特殊事物之外的东西。——这个命题不过是从正面说出了在§71中已经从反面说出的东西。空间表现的不是别的，只是特殊事物相对于大全而言的无能或不足；它只是一个事物从总体性中抽离出来的一种样式。——正如事物本身是从大全抽离所得的东西（因为只有在与大全分离的情况下才有个别的现实事物），空间本身又是个别事物的一个**抽象物**（只不过这个词在这里不是在那样的意义上使用的，仿佛空间是个抽象概念似的，那不符合实际），以致特殊的现实事物被消除之后剩下的并不是一个空间，仿佛（比如说）这些事物被消除之后剩下的是一个数字似的——对这个命题的错误认识在哲学中造成了许多难以化解的难题。——空间只是事物的相对性规定；没有任何东西是仅仅**自顾自地**或在其自身而言便在空间内部被观察的，而是仅仅与其他事物相比较而被观察，这恰恰是想象力喜欢的**那种**观察方式。但空间除了只是一种关系之外，还一定会表现出事物身上的**褫夺**，即表现出这些事物**什么都不**是——独立于大全之外；只不过**想象力**现在并不将这些事物设定在与大全的直接关系中（那样它们就会消失），而是设定在与其他事物的直接关系中，而其他那些事物除了映照在别的事物中之外仿佛就没有任何实在性了，因此依照空间来规定事物，与依照因果律来规定事物的理由完全是相同的；原因在于，即便在这里，

VI, 231

一个名词也要到另一个中寻求其实在性，而后者同样根本没有实在性，还要到另一个中去寻求，正如我们马上就会更确切地了解的那样。因而空间也可以被定义成纯粹的褫夺，被定义成特殊事物相对于大全而言的纯粹虚无。在各种事物中虚无便与实在性结合起来，因而混合起来，而撇开那些事物被直观到的这种虚无便叫作**纯粹**空间，这空间正因为其内部的虚无是纯粹的，才能再充当几何学中理性构造的基础，关于这一点后文会加以详述。

§79. 物质本身和物质的每一个部分在其自身而言都是一个现实（*actu*）无限者或一个就其自身而言的总体性。在§60附释中已给出的一般性证明，在这里又因应当前的情形重现了。在排除掉物质仅在现象中和相对于其他事物而言才发生的种种褫夺后，物质中的实在东西或物质的自在体就是无限实体的本质。现在看来，这本质仅就如下情形而言才能在无限实体内部被否定，即物质具有的有限性成为一种真实的、与本质相对立的潜能阶次。只不过事物身上的有限者是单纯的褫夺、单纯的缺乏，而不是任何肯定性东西——因而也根本不是对事物具有的无限者的消除。现在由于无限实体的本质是对无限实在性的断定，因而是现实（*actu*）无限的，所以物质本身和物质的每一个部分在其自身或依照本质来看也必定是现实（*actu*）无限的，也是就其自身而言的一个总体性。

阐释。因而这里在任何地方，即便在物质内部，都没有一个肯定性的无限实体概念。原因在于，显现为边界的东西仅仅是无力、缺乏、虚空，而根本不是什么肯定性东西。因而如果我们将一个事物规定为有限的，并非就我们在无限实体内部理解它而言，而是就我们将它抽离于无限实体之外并与其他事物对照理解而言，所以即便在宇宙内部和在物质内部也没有任何东西是徒劳的、空洞的、贫瘠的或僵死的，物质本身及其每一个部分天生就有宇宙，或者说物质本身和每一个部分都是一个自己的世界，都是小宇宙，在其中宏观世界被全盘摹写和仿制了。

§80. 经验的无限性是真实的或现实的无限性的假象，也是想象力的一个单纯产物。原因在于，想象力是那样一种观察方式，在那种方式下不存在的东西被视作某种存在的东西。因此我们只需解释或说明经验的无限性的基础是什么，就可以发现它是想象力的产物，是真实的无限性的单纯假象。——现实的无限性是凭借**绝对的断定**或肯定而被设定的。因此绝对的大全是一个现实（actu）无限者，因为它凭借上帝理念的绝对断定而存在。但真正看来或在其自身看来，在宇宙内部存在着的万物也同样是宇宙、现实的无限性，因为万物都是凭借某种绝对断定、理念而存在的。现在看来，仅仅通过有限者与有限者的相加而被设定的那种无限性乃是经验性的；即便这种相加被设想为时间中的某种形成或空间中的某种添加，也是如此。因而依据这一说明，经验性的无限性是那样产生的，即在其自身而言什么都不是的东西（单纯抽象物）被设定为**实在的**，或者在其自身而言有限的东西被设定为无限的。——或者换言之：经验性的无限性是想象力的一种模式，由此从大全那里被抽离的东西在与大全分离的这种状态下仍然被设定为实在的。由于它在其从大全那里抽离开来的这种状态下也是虚无的，所以某种实在性会通过**关联**被赋予它——不是通过在真正绝对的意义上重新接纳到大全（永恒）中、接纳到实体中去（因为在后者那里它会消失），而是通过关联，通过某种相对的同一性被赋予的；那不是与大全的同一性（这是不可能的,因为大全与有限者没有任何关系),因而又是与别的某个与大全相分离的东西的同一性;在另一个东西那里,同样的理由①还存在,这就使得本应得到解决的矛盾仅仅被推延到无限远处罢了(因为真正说来那矛盾是不可化解的),那么由此便产生了关于一个无限空间、一种无限时间等想象的存在体(entia imaginaria)。因而真实的无限性是完全独立于空间和时间之外的。——在通过补缀产生的每一个可能的序列中,比如在无限广延中(它是通过将物体叠加到物体上、将形态叠加到形态上而虚构出来的),或者在通过将1无穷相加到自身之上而产生(但从不**存在**)的那个序列中——在每一个这样的序列中,无限性都基于无穷补缀这一单纯外在事态之上,因而毋宁说基于对真实无限性的无穷否定,而非基于对该无限性的断定之上。该序列的每一个环节都是一个有限的环节,但该序列本身正因此也同样是进至无穷地有限的;因为空间的每一个点,比如太阳系中每一个可能的核心天体(我愿在它这里逗留),都通过它的空间性存在表现出某种关联,表现出它自顾自意义上的虚无性:现在它又被结合到大全上了,但又仅仅是通过另一个有限者之类的东西,通过一个无穷序列被结合的,那个序列本身不是别的,只是一个完全没有得到解决的矛盾的表现。——那些只了解经验性无限者的人,也就将现实无限者(actu infinitum)与这里混淆起来了,并陷入重重矛盾之中,因为他们想以经验性无限者的概念规定现实无限者。(依照我们的学说,物质及其每一个部分都是一个现实无限者[actu infinitum]。)比如他们说:如果物质是某种现实无限

---

① 指矛盾的理由。——译者注

者（actu infinitum），那就必须假定一个无穷数，或者一个最大数，而这又是矛盾的，因为在每一个可能的数之上都能设想无限多的更大的数。因此他们便假定，物质有某些终极成分，因而是**有限的**。只不过这些终极成分与其他一些类似的论证说明不了什么；正如斯宾诺莎非常漂亮地证明的，由此也表明，数学家们对该问题并不关心，然而他们却接着去规定现实（actu）无限者，如果他们发现有必要，且了解到有大量事物超过了**所有**数，因而不能通过一个无穷数来规定，而且根本就不能通过数来规定。那些人将经验性的无限性与真实的无限性混淆起来，因而在后者那里仅仅看到数目方面的某种无限性，那样的无限性自然并不存在，因为后者毋宁是一种根本不能通过数来规定且超过了数的一切规定的无限性。整个大自然给出了这类无限性的大量例子。比如动物的有机组织就是这样一种现实的无限性，后者通过一种绝对的断定成为其所是。有机组织在现实无限的意义上（actu in infinitum）不仅可以分割，实际上也被分割了；每一种物质也都是如此，但这种情形在每一种物质那里并非自动就像在有机组织那里一般显眼。——但几何学给出了远为合适的一些例子，在这些例子当中，我在这里只想举出斯宾诺莎使用过，而且仿佛当作他的整个哲学和考察世界的整个方式的某种形象而置于他的首部作品之前的那个例子。如果两个圆中一个包围另一个，然而两者的中点不同，那么被圈在两个圆之间的空间里可能发生的种种不均等现象，或者说在这个空间中被推来搡去的物质将要经受的种种变体，便是无穷的，而且不可用任何数来规定。因而这样勾画出的形状是对任何数都不能规定的一种无限性的绝对断定——而且这种无限性是一种直截了当当前存在的、在有界限的东西本身中呈现出来的无限性。斯宾诺莎说了，数学家们不是从一大堆**被给定的**部分中推出无限性（那样就是经验性的无限性了），而是从下面这一点推出的，即大自然、事情的理念根本不会在不造成明显矛盾的情况下容忍计数。数学家们不是从空间的大小、空间的广延出发展示空间内部的无限差别的——因为大小、广延毋宁是有规定的和受局限的（顺便说一下，这就证明这种被动的受局限状态并不排斥真实的无限性）；这种直观的特质恰恰在于，这里无限性本身在场了，而且想象力在某种经验性无限性的形态下延展到某种无穷空间中去的东西，被从它的无穷性中取回，并向着某种绝对统觉被呈现为绝对的同时（Zumal）。这里无限性并不在于大小（大小一般说来是一个单纯相对的概念，因而对于真实的无限性根本不敷用），因为在前述情况下，广延的大小完全是无所谓的；我可以截取该空间或大或小的一部分，然而最小的空间包含于自身中的种种差别也会超出一切数，也不会被任何数说尽。在这里，部分完全具有整体的本性；每一个部分自顾自地来看又是绝对的断定，又是一种无限性。正因此，人们也可以说，封闭在两个非同心圆之间的空间并非无限可分的，亦非实际上被无限分割了，尽管无限性在这里并非基于聚合，而是基于某种直截了当单纯的无限断定。各种差异的无限性在这里也不像在其他一些情况下那样从下面这一点推出，即我们不能规定最大值和最小值，正如（比如说）在数列中不能指定任何数，在它之上不能设想某个更大的数，也不能指定任何数，在它之下不能设想某个更小的数（在普通观念看来，数列是无限的，乃是因为它实际上从来不是无限的，每一个可能的数都还要在上方和下方通过另一个数而得到理解——但在前述例子中最大值和最小值却是被给定的）；因而对于这空间内部种种非等同状态的无限性的推论,就不是由于不可能指定最大值或最小值而得出,而仅仅是从下面这一点得出的,即被封闭于两个圆之间的一个空间的本性、理念,根本不接受诸如最大值、最小值之类的东西。因而在这里,我们在有局限的空间内部,在直接的直观中得到了作为绝对的断定、封闭的在场的某种现实(actu)无限者。

现在如果我们将这里所得的成果转用到大全理念上,那么正如凭着关于封闭在两个非同心圆之间的某个空间的单纯理念,不管它的量有多大(因为那个封闭空间和两个圆本身可以随意采取某种大小,而在理念上不会带来什么损失,由此人们看到,无限性是某种完全不同于大小的东西)——因而正如凭着单纯的理念,就有无限多的差别被设定;所以凭着单纯的上帝理念,无需别的任何东西,就有无限的实在性被设定了,因为上帝理念恰恰**是**对实在性进行的某种无-限断定的理念。同样如果专门考虑每一个理念,那么在它被设定为理念时,无限的实在性就直接被设定了。现在看来,这样一种无限性也是归于物质的本质的那种无限性。

§81. **物质和空间的无穷可分割性不是实体本身的某种可分割性,而是非实体之物的可分割性**。原因在于,被分割的东西总只是**特殊东西**,或作为差别的量上的差别。更准确地说:分割本身只是特殊东西从无限断定中抽离的一种样式。——比如,从本质方面来看,物质就是断定和实在性;但如果我将它分割,那么我设定的是只有**凭借**该断定才存在,同时又从该断定抽离开来的东西;因此我也并没有分割那断定,即并没有分割实体本身(因为分割就是**分离**),而恰恰只分割了从该断定、实体分离或抽离开,并作为一个被抽离东西而存在的东西，就此而言这东西并不是实体。如果我也将一个物体拆散，那么实体很明显是没有受到影响的，受到影响的只有物体。这也是（比如说）一种金属、水或气的情形，但不是实体的情形。

§82. **物质的实体不是聚合而成的，正如它不可分割**。原因在于，正如前文中已经提醒过的，实体包含各种特殊性，不是将它们作为一些部分，而是在绝对同一性中包含的，正如前文中引证的空间的情形那般。因而物质的可分割性不是实体的**可分割性**，物质的聚合状态也不是实体的聚合状态。

我在物质内部设定的每一个部分，都只是通过从绝对断定那里抽离才被设定的；但绝对断定不可能源自仅仅在撇开该断定的情况下被设定的东西；就本性或理念而言，绝对断定毋宁先于这东西。

注释。当然只有当人们将有广延的实体设想为聚合而成的之后，才会产生针对该实体的无限性的那些无法消除的难题，只不过这些难题不再具有人们在同样意义上针对一条线的可能性提出的那些异议（只有当人们预设了这线是由一些点聚合而成的之后，才会提出这些异议）的价值。原因在于，倘若情况如此，那么在预设了无限可分性的情况下，就根本无法理解，人们如何能从一个点A向另一个点B画一条线，因为既然线是聚合而成的，同时又无限可分，那么在A和B之间，以及那线上每两个可能的点之间，就都必然有无限多个别的点，这些点的聚合将需要无限的时间，而这是不可能的。由反思针对最清楚的事情（凭着使人们得以看清 $2 \times 2 = 4$ 的那般明证性，它们被人看清）提出的所有这些难题，具有一个共同的本源。它们的根源全都在于，人们希望在仅仅通过实体、通过整体才具有实在性的东西（比如一条线上的各个点）抽离于该整体之外的情况下，仍然将它设定为实在的;那么既然每个整体照其本性而言都是对无限者的断定,由此产生的必然是一种经验性的无限性,即一种无限的有限性。

通过前文的论述,我认为现在已经充分阐述了实在实体的无限性,而且那是独立于一切广延、大小等等之外的无限性,也阐明了下面这一点,即实体的无限性既没有被各种事物的规定影响,也没有被那些规定消除。——主张广延性事物的实体为有限的那些人提出的理由是,物质是可分割的,也是(如他们所认为的)由分割出来的那些部分聚合而成的。只不过我已指出,这些想法全都用不到实体上,实体既不是可分割的,也不是由分割出来的那些部分聚合而成的。

§83. **宇宙既不是在空间内部有限延展的,也不是在空间内部无限延展的**。原因在于,空间只不过是将个别事物看作个别事物的一种观察方式,但不是观察宇宙的方式。宇宙在空间内部的延展不是有限的,那是由于它**自己**的无限性;它在空间内部的延展也不是**无限**的,那是由于空间在本性上是有限的,也是由于空间本身永远不可能是无限的(因为空间的确只是纯粹的有限性本身)。这就是说,正如依照上文中举的例子,存在着一些超出了一切**数**的事物,世界或宇宙也超出了**一切**空间。正如存在着那样一些事物,一个有限的数与一个无限的数同样都不适合于计量它,或者说它的无限性既不能通过一个有限的数,也不能通过一个无限的数(即便存在着这样的数)表现出来,那么宇宙的无限性就既不能通过一个有限的空间,也不能通过一个无限的空间表现出来;宇宙并不**在**空间**之中**,既不在一个有界限的空间之中,也不在一个无界限的空间之中,而是超出了**一切**空间。

关于无限性的最深刻表象，最终是要探寻它的**大小**的。原因在于，既然一切大小都不过是相对的，那么大全根本没有大小，根本没有量；另外，既然空间或广延到处都仅仅表示特殊存在的无力性，那么通过想象力将空间延展至无穷，真正说来只不过是那种无力状态的某种无穷扩展，想从这里产生真实的无限性就像想由一堆纯粹的零聚合产生出一个数来一样荒谬。——正如已指出过的，空间在被设想为无限延展性时，只是单纯的、已被剥夺其断定的那种被肯定状态（即衰变）的形式。因此空间是一种不具备同一性的总体性，正如时间是一种不具备总体性的同一性，但正因为一切真实的总体性都是同一性，这里也不可能有任何总体性。正如想象力将与宇宙的某种比例关系赋予空间，它也希望同时将空间设定为同一性；但由于这是不可能的，那么它便陷入有限性与无穷性、局限性与无局限性之间摇摆不定的某种境地。倘若世界在**空间**方面是无限的，那么它就永远不可能成为某种同一性，因此也永远不可能成为某种整体。因此如果想象力对同一性进行反思，它就会在空间中将宇宙设定为**有限的**：现在它虽然具有同一性，却失去了总体性。当想象力发觉这一点，它就会将宇宙延展至无边无际，只不过现在它虽然有了总体性，却没了同一性；而这样一来，想象力就会在一个方面与另一个方面之间不断被推来搡去。——这一探讨表明，由于一切大小和广延一般而言都基于统一性与大全性的分离，宇宙本身和实体就根本**不**可能有**任何**大小，也不会受到大小的影响。原因在于，正如多次提醒过的，就实体而言，由于它在不分离的意义上是统一性和大全性，**最大者**与最小者无别，这就是说，最大者根本没有大小。宇宙中万物都是中点，但正因为万物都是中点本身，这中点也就直接是圆周，但正因此，真正说来也就既没有中点，也没有圆周，而是只有某种永恒而无限的实体。

附释：正如空间本身根本不是宇宙的规定，仅仅对于空间而言才可能的其他任何规定也必须被否定。——真实的宇宙，创生性的、生产性的大全，并不是物质（因为依照前文，即便物质也只是事物在关联中的显现），它没有任何形状，没有任何**维度**（因为维度不过是绝对同一性在特殊事物上的显现）；而它没有任何维度，并非像点没有任何维度那样是由于缺乏总体性，而毋宁是由于它是绝对的总体性，并非像无限的空间没有任何维度那样是由于各维度在它内部无法区分，抑或由于缺乏边界，而毋宁是由于它是绝对的同一性。

现在我继续前行，在此扼要重述一下前文。

对宇宙的一切认识基于那样的公理，即宇宙中没有任何被肯定的东西不是本身也在进行肯定的，反之亦然。对于无限的实在实体，前文宣称过，它在无限的意义上是被肯定的，也是在进行肯定的——但对于特殊事物则宣称，它们可以通过被肯定者与进行肯定者不同的比例关系而与那实体区别开来，也相互区别开来，但这比例关系本身只是在相对的意义上或在比较的意义上才有所不同。然后我们将进行肯定者与被肯定者的关系规定为灵魂与身体的关系，因此还宣称宇宙中的万物都被赋灵了，并宣称每个事物都只是通过灵魂与身体的这种结合才在宇宙中具有某种真实的实在性。但现在看来，由于**在**无限的实在实体**内部**每个特殊事物都是灵魂与身体，那么通过这个一般性研究似乎又必定可以查明，事物的身体以及灵魂的一般显现方式是什么。这就是说，身体和灵魂在永恒的意义上且直接通过无限实体本身就合一了（它们中的每一个自顾自地来看都是该实体的表现),尽管双方只有结合起来才呈现一个完备的实体(一个自顾自的世界)。然后通过最后进行的那个构造,出现了作为事物的身体要素之一般表现的**物质**。于是我们指出了物质真实的,独立于大小、广延等的现实的无限性,这种无限性必定归于物质,如果说它们在本质上真正要表现无限实体的话。最后我们以对宇宙的那种绝对的,完全无法为空间、大小、广延所触及的无限性的证明,作为这项研究的结尾。如果说我们在前文中规定了事物在身体方面的一般显现方式,那么我们现在要考察事物的另一个方面,即必须规定事物在灵魂方面的显现方式了。早前的一个命题呈现出该研究的主导性原则:灵魂与身体是同一个事物,只不过是从不同方面来观察的罢了;因而在灵魂中被设定的是与在身体中被设定的相同的东西,反之亦然;原因在于,事物在其质的方面而言是同一个实体,该实体可以在完全相同的意义上分别被视作身体和灵魂。

§84. 根据那样一个规律(§62),即宇宙内部没有任何东西是只被肯定而不直接作为其自身也在进行肯定的,那么物质必定也在进行肯定的或能动的意义上,是它在被肯定的或受动的意义上所是的同一个东西。——这个命题自动就从上文规定的那个原则中得出了。

§85. **在物质内部客观地或以被肯定的方式存在着的同一个东西,在运动中主观地或以肯定性的方式存在着。**——原因在于,前文中所见的物质,也作为身体表现出被肯定者和进行肯定者构形为一体的情形,但却是以受动的方式表现的。但现在看来,物质也应当作为主体或以进行肯定的方式,是它作为身体、以被肯定的方式所是的同一个东西。

现在看来,由于依照§71来看,被肯定状态的一般形式=空间,事物身上赋灵者（进行肯定者）的表现却是时间（§73），所以前面那个要求也可以这样来表述：正如物质以被肯定的方式，在身体方面将空间与时间等同起来，它也在灵魂方面，以进行肯定的或能动的方式将空间与时间等同起来，或构形为一体。但现在看来，空间与时间的这样一种能动的一体构形（Ineinsbildung）就是**运动**。因而在物质内部客观地或以被肯定的方式存在着的同一个东西，在运动中主观地或以肯定性的方式存在着。

附释1。由此才形成完备的物质概念，因此我们在后文中也不会像此前一般将物质理解成单纯的**身体**，而是理解成灵魂与身体或与那样一个东西的同一性，运动与静止两者同为那个东西的**属性**。

附释2。静止和运动只能以无限实体为中介，因而两者是物质的同样原初的属性。原因在于，没有任何一方能产生另一方，静止不能产生运动，运动也不能产生静止。现在既然二者相互独立，却又是同一个东西的规定，那么它们只能以无限实体为中介，并成为一体，正如进行肯定者与被肯定者也只能通过无限实体而成为一体。

附释3。空间作为事物的单纯抽象物，是**静止本身**的纯粹虚无（纯粹的断定本身是不能运动的）；它是那样的东西，万物的运动都发生在它内部，它本身却不被推动；它是抽离于静止者之外来看的静止。在同样的意义上说，时间作为各种特殊事物的抽象物，乃是没有了被驱动者的单纯运动。但**实在的静止**以及**实在的运动**却仅仅通过空间与时间构形为一体而被设定。

在物质身上了解受动者**与**能动者之后，如今我们才能通过与对方的对立来规定某一方。基于此，便有了接下来的几个命题。

§86. 说明。我们将抽离于灵魂或进行推动的本原之外来设想

的物质称作团块。

（因而团块似乎要与进行推动的本原相结合才构成物质。）

§87. 物质作为单纯团块可能具有的一切变种或规定都只是些被动的规定，即那样一些规定，在它们内部没有设想任何肯定性东西，而只设想了单纯的褫夺。——这是前一个命题的必然后果，由此团块就被规定为物质身上单纯受动的因素。

注释。这些无关乎本质的单纯被动的规定，就是（比如说）位置、大小、形状等的差别。

附释1。我要说的是，从这些特质的虚无性，或者从团块的这些特质根本不包含本质性这一点就得出，物质在被看作团块的情况下是某种单纯被动的东西。——**阐释**。团块是物质内部单纯的不可渗透因素的东西。现在人们可能会说，然而要达到单纯的不可渗透性，就已经需要某种主动因素了，正如我们在前文中也指出过的那样。只不过这里要留意的是，不可渗透性本身又是某种被动的特质，即仅就某种物质被设想为对另一种物质有所行动而言才表现出来的某种特质。凭借不可渗透性，是不会有任何物质**运动**的；物质的产生并不依赖于，比如说，渗透另一个物质，它反而等着另一个物质。因而存在于不可渗透性中的主动因素本身被设定为单纯被动的；这正如我们在前文中也指出过的，物质在被看作团块的情况下固然是被肯定者与进行肯定者构形为一体，但双方仅仅被设定为**被肯定的**，即仅仅被设定为受动的。（不要与弹性相混淆。）

附释2。因为即便运动也不是纯粹的行动，即便在运动中也与被肯定者有某种关联；所以就运动内部看不到别的，只能看到刚才列出的那些规定，比如地点、大小和形状的区别而言，同样也适用于运动的一点是,就此而言在运动内部看不到别的,只能看到某种单纯被动的东西。

附释3。那些被动性差别的复合体(Complexus),以及单纯由这复合体中得出的东西,一言以蔽之可称为**机械论**。因此倘若物质不过就是它凭借团块或它内部的被动因素而成为的东西(但它实际上从来和根本都不仅仅是这东西),那么能从物质中被推导出来也不是别的任何东西,只是机械论。另外,由于一切机械论都基于对单纯被动的,也只具有一些被动特质的那种物质的单纯片面的观察之上,这就表明了为什么机械论根本没有切中哲学的事情(因为哲学仅仅在被肯定者与进行肯定者的同一性中看待物质),因而为什么它定居于一门特有的科学内,即定居于数学内(数学恰恰将自身限制在大小、形状等单纯被动的特质之上,而且仅仅由于它将这些特质纯而不杂地与实在东西结合起来进行考察,才又是合理的)。——反之,物理学家恰恰希望从这些单纯被动的规定,从大小、形状、各部分的位置等出发来理解宇宙和大自然的秩序,那样他似乎会扼杀大自然,扼杀无限的生命本身,如果他竟成功地做到了不可能的事情(这事情不可能,这是很容易发现的)。

§88. 物质在被看作团块的情况下不是对运动的某种否定,而是对运动的某种彻底褫夺。——原因在于,倘若它是对运动的否定,那么它必定表现出与该运动相对立的某种行动。但它自顾自地来看只是被动的、无能的,因而也就根本不是对运动的否定,而是对运动的某种彻底褫夺。

附释。由此就表明了,通常所谓的**团块的惰性**是什么东西。——这就是说,惰性a)不可与**静止**相混淆。原因在于,如果说我们前面在

§85的第一个附释中将运动和静止规定为物质的两个**属性**了,那么很明显,静止不是在它可以被看作**物质**的属性,即被看作整个实体的属性的意义上,归于团块的。这就是说,静止不是作为运动的对立面(作为一种对立的属性),而是**在绝对的意义上**归于团块的,而且如果静止是无能,那么这种无能(因而也包括静止)就是在绝对的意义上,即既相对于静止又相对于运动而言,归于团块的:作为团块的**团块静止着**,这不是**对立**于运动而言的,它静止着(亦即是被动的),这一点在静止和在运动中都有效。它同样也不可能凭借其自身的力量就从运动过渡到静止,或者减小它已达到的速度(因为这一点似乎已经在发生了),正如它不可能从静止过渡到运动,或增加它已达到的速度。b)惰性同样也不能被描述为向着静止的一种真正**主动的**趋势,像一些人出于误解所做的那样,即仿佛团块运用了一种现实的能动性或力量,来维持它的状态和抵制运动似的。通过这样一种力量,惰性毋宁已经被消除了。——因而除了上文中给出的规定之外,再也没有任何别的规定了,那规定就是,作为团块的物质是能动性或运动的彻底**褫夺**,因而正如莱布尼茨也十分正确地注意到的,我们在这里也在物质的惰性上获得了一个原初的非完备性的例子,即受造物内部的一种原初褫夺的例子。

作为团块的团块到处都根本没有归向运动或静止的趋势,就这双方是肯定性规定(只不过相互对立罢了)而言。照其本性看来,它毋宁有一种归向虚无——或者归向非存在——的趋势,并在静止以及运动中维持这种趋势。它可能静止或被推动,所以它之所以存在,总是由于不同于它自身的另一个东西的概念赋灵了;它只是推动性本原的工具,因而对于该本原而言乃是虚无。乍看之下,这样一种纯粹被动的趋势可能显得极为矛盾；然而天才的开普勒在选用**惰性力**（vis inertiae）这个此后广受误解，或者毋宁说根本没有被理解的名称表示上述意思时，并不惧怕上述趋势的概念；然而即便在我们前面的构造中，也包含了对这一做法的辩护。作为单纯不可渗透者、单纯团块的物质，乃是某种自我肯定的虚无。因而团块内部的某个进行肯定者就此而言能显现为一个肯定性东西，但也是一个进行肯定者在物质内部单纯肯定着**虚无**，因而那是一种趋势，但绝非**肯定性的**、冲着某种肯定性东西而来的趋势，而是一种直接冲着褫夺而来的趋势，即一种被动性趋势。——在其自身且为其自身来看，团块到处都根本没有肯定性特征；它是一种被肯定的虚无，不管它静止着，还是自行运动着；要克服团块内部的虚无的这种被肯定状态，因而要使团块脱离静止，进入运动，或脱离运动，进入静止，这就需要一个外部规定，而且需要的总是那样一种规定，它的力量与团块成比例。要是没有这种被动性趋势，就看不到，比如说，为什么即便最小的力量也不能使无论质量多大的一个物体运动起来，或者反之，为什么任何力量，包括最小的力量，也同样不足以维持无论质量多大的一个物体的运动。这就是说，我们不能通过一个微小力量而将具有巨大质量的一个物体保持不动的现象视为对运动的某种彻底否定，而只能将其视为一种无限缓慢的运动。外来的规定或推动力现在自顾自地来看只可能是断定的原因，即运动的原因，却不是对运动进行限定的原因，或运动的缓慢性的原因。因而这种缓慢性只可能在于被驱动者内部，而且既然被驱动者依其本性而言根本不是行动，而毋宁是受动，那么我们在这里就得到了某种**先于一切行动的褫夺**、某种不为任何行动所设定的限定、某种天然的非完备性的例子，

VI, 246

犹如物质的某种原罪的例子。①

§89. 与时间相反，团块的特殊生命只能显现为某种彻底无关紧要的、臣服于团块的生命。

阐释。 在§70中曾得到证明的是，时间不是别的，只是大全在事物特殊生命上的启示，或大全在与特殊生命相对立的情况下的显现。这就是说，在大全与特殊事物的关联中，后者的生命显现为实在的，但仅就该生命服务于整体的无限概念而言，或就该概念构形到该生命中而言。但现在看来，依照一事物实在性或完善性的不同等级，正如我们在§61中已规定的，整体的无限概念构形到一个事物中较多，构形到另一个事物中较少。情况越是如此②，该事物越是将无限概念纳入其自身，它便越是必然也将时间纳入自身，因而越是不臣服于时间，那么在其时间性中，即在它与一切有限者都分享的普遍虚无性中，才越是具有独立的实在性。因而时间是事物对其特殊生命而言的赋灵状态的形式。但现在看来，由于（§86）团块是抽离于灵魂或推动性本原的物质，那么对于作为团块的团块，无限概念也并不能真正构形进来。一切有限的事物也都只是无限概念构形入特殊性之中的汇通点（根本不是实在东西，只是汇流点），但它们在这种汇通中越将无限概念纳入自身，它们自顾自地来看便越**实在**；但**团块**在哪里都只能成为汇通点，因为在它内部还是不存在肯定它的特殊存在的东西——而这便是前文提出的那个命题的意义，即团块对于时间只能显现为一个单纯的无关紧要者；而这里的说明同时包含

---

① 参见**后来**对理性哲学的阐述，《谢林全集》第2部分第1卷，第426页。——原编者注
中译文见谢林：《神话哲学之哲学导论》（即出），先刚译，边码第426页。——译者注
② 指整体的概念构形到一个事物中越多。——译者注

了对该命题的证明。——我们现在只需证明，作为团块的物质实际上**只是**无限概念的汇通点。这一点直接因下面这一点而得以显明，即物质在时间中的生命就是运动，但团块自顾自地来看是对运动的彻底褫夺，而且与一切运动都只有被动的关系。因而团块的运动（凭此它在自身中获得某种生命）根本不算是将无限概念接纳到自身中了，因为如果那样，它就被设置为主动的了；团块仅仅表现为臣服于概念或肯定性东西的，仅仅表现为被推动的，而非表现为驱动性的；团块的整个存在都被概念或支配它的时间**制服**了，这就是说，这存在作为某种**特有的**存在完全被消除了——被消灭了。团块通过其自身，不仅没能削弱其运动，也没能改变这运动的方向，正如点在线中失去了它自己的生命一样，而且点原本在其自身且为其自身而言乃是一切方向的无差别状态，如同圆的中点一般，现在却只能在**唯一的**方向上得到实在性了。

VI, 248

不言而喻，我们在这里的阐述中并没有描绘别的什么，只描绘了所谓**被传播的**运动。在任何这类运动中，团块都被设定为自顾自僵死的，单纯臣服于无限概念的，因而相对于无限概念而言微不足道的。在任何运动中都有一个肯定性本原，该本原依照其本性而言乃是无限的。只不过物质或者在其自身中具有这种肯定性本原，或者不具有；在后一种情况下，像同一性在线中穿过各个点，但现在又弃之如死物一般，单纯穿过特殊东西的，也并非直接就是**这个**特殊东西的概念或灵魂，而是一切特殊东西的概念。因而所谓运动的传播所表现的并不是别的什么，只是下面这一点，即作为同一性的驱动性本原，将对于其自身而言的特殊东西或差别设定为**虚无**，而且不是**专门**将作为**这个**特殊东西的这个特殊东西，而是仅仅将作为某个序列一环的这个特殊东西赋灵了,而这个序列如同时间本身一样无穷(因为时间是无总体性的同一性,正如空间是无同一性的总体性),即进至无穷地有限。

依照这些探讨,我们现在可以更确切地讲出上述命题的意义了。

附释1。**团块只在被传播的运动中被赋灵**,或者说团块的特殊生命只能在被传播的运动中,即在那样一种运动中表现出来,在该运动中它同时也相对于驱动者而被设定为微不足道的。——同一个命题经过颠倒后也可以这样来表述:

附释2。被传播的运动或通过撞击团块而产生的运动,对于团块而言远非什么肯定性东西,它毋宁只表现出团块的特殊生命或团块在其自身中的生命的彻底虚无性。——这些全都会通过下文中的反思而越来越清楚。

在§68中我们指出过,**特殊**事物在无限的实在实体内部具有某种双重化生命,即实体内部的生命和**在其自身而言的生命**。现在看来,这种在其自身而言的生命永远不能归于自顾自的团块本身,它永远不能将时间(作为特殊生命的表现或作为赋灵状态的形式)纳入自身,而是永远仅仅**臣服**于时间。对时间的这种臣服在机械运动中表现出来,在那里特殊东西永远不作为独立环节,而是作为单纯的汇通点出现。如果说现在依照前文的论述,**团块**本身内部不被认为有任何生命,那么一种生命只有在实体内部才能归于团块,但该生命照团块的特殊性来看又是一种非生命(Nichtleben)。

我还要说明的是:由于对物质的单纯机械的观察方式根本不了解自顾自的物质除了通过撞击而来的生命之外还有别的什么**生命**或

赋灵状态，那么这也表明，这种方式在物质那里根本观察不到其他东西，只观察到单纯被动性东西和虚无性东西。那么依据前文中针对仅仅与被动性东西相关的运动，因而针对通过撞击而来的运动的那个注释①，到处都没有别的任何差别被认识到，只有被动性差别，即只有哪里都不涉及任何肯定性东西的那种差别（如大小、形状等）被认识到。

§90. **作为团块的物质根本没有自顾自的特有生命，只在无限实体中才有某种生命，而这生命则是它身上唯一实在的东西**。——由于作为团块的物质没有任何特有的生命（§86及其后几节），所以物质就其一般是实在的而言，只有在无限实体内部才有某种生命，而这甚至可能就是物质身上唯一实在的东西。

§91. **作为团块的物质只能以无限的实在实体为其根据**。——原因在于：a) 该物质不是在其自身中，因而只在无限实体内部才获得对它的生命的肯定。b) 但该物质与无限实体的关系不是绝对同一，因为它毋宁是无限实体的某种抽象物或某种差别。那么一般而言它似乎与无限实体只有差别的关系，而既然它只有通过无限实体且在无限实体内部才有某种生命，因而便以无限实体为其根据。（顺便说一句，这种关系是非真实存在的普遍表现形式。）

§92. **无限的实在实体或绝对同一性，就其自身表现为特殊事物的实在性根据而言，乃是重力**。**证明**。为其自身且**在其自身而言**根本不具有实在性，反而仅就其存在**于另一个东西内部**方才具有实在性的东西，即便具有它实际具有的那些实在性，也得归功于它在其

---

① 指上文中§89"附释2"。——译者注

内部方才具有实在性的那另一个东西。原因在于，倘若情况并非如此，那么人们就必须假定，它具有的实在性努力变作或成为非实在性，而这是荒谬的。原因在于，实在性不可能变为非实在性，正如A不可能变为非A。在当前的情况下，问题仅仅涉及团块或物质身上仅仅在无限实体内部才具有实在性（而且在无限实体内部才持存，独立于仅仅通过具体化、通过汇流而被设定的东西之外）的那个东西。鉴于此，物质也只能努力在无限实体内部存在，而不是**自顾自地**存在，这种努力甚至还会单独成为物质的**存在**与**实在性本身**，而且与这实在性完全等同。但现在看来，团块作为无限实体的差别，与无限实体根本没有什么**直接**关系，只有某种间接关系。（中间这个句子像前文中那样得到证明，即**没有任何个别事物能与绝对者产生某种直接关系**；因为在上帝内部，同样在无限实体内部，在直接的意义上只有总体性的根据，以及通过这种总体性而来的特殊东西的根据。）现在看来，在前述情况下，团块与无限实体根本没有直接关系（因为直接关系在被差别化了的世界内部被消除了），因此它与无限实体似乎只有某种间接的关系，即通过那种东西的中介，这东西同样处在空间中和无限实体之显现中，因而是物质。但由于团块仅仅依照实体而言才与其他物质**本身**具有这样的关系，所以它并不是与作为**物质**的物质具有这种关系，而是仅就物质同样是**实体**而言，就该关系真正说来只是与无限实体的某种关系而言。因而团块凭借它的实在性本身，而且就它是实在性而言，就会努力通过其他物质，因而也与其他物质一道（就该物质是实体而言），与无限实体成为一体；而它的这种努力就会与它内部的实在性成为同一个东西，即与该实在性完全类同。但现在看来，物质的这种与其他物质成为一体的倾向，而且是一种追求同一性（这种同一性类同于实在性或团块）的倾向——这种倾向不过就是重力。因此**前面那种**与无限实体的关系也就在大自然中通过重力表现出来了（这样一来无限实体就成了各种特殊的广延性事物的实在性根据）；因此重力的本质也就是绝对同一性本身，就重力显现为实在性根据而言。

§93. 团块凭借重力而产生的运动根本不是单纯被传播的运动。——原因在于，一种被传播的运动是那样的，依照§89，团块被该运动设定为自顾自地来看什么都不是的东西。但重力的运动毋宁是那样的，凭借它团块成为实在的，它甚至还与团块的实在性本身相类同。因此重力的运动也根本不可能是单纯被传播的运动。由此已经可以得出如下否定性命题：

结论。**重力根本不可能基于某个团块与另一个团块的片面因果关系之上**。——一种片面的因果关系，比如说，在牛顿关于某种**牵引力**的观念中被规定下来，凭借这种力，一个物体就在万有引力中将另一个物体吸引过来。即使有人主张，比如说，一切吸引都是交互性的，物体B在被A吸引时也反过来吸引A，这里的因果关系也是片面的。原因在于，在这种观念看来，B对于A的万有引力不过就是一种被吸引状态，或者说在那种万有引力中B仅仅是被吸引的东西，因而这是一种完全片面的关系。① 由此已经显明了，万有引力在哪里都不

---

① 谢林这里说的是，即便引力是双重的（A对于B的和B对于A的），但单就每一重引力来看，它只是一种片面的因果关系。这里谢林与牛顿引力学说的关键区别在于，牛顿只是外在地看待物质与物质之间的吸引，而谢林则将力"内化"了，他认为吸引力和排斥力内在地规定了物质的存在，或者说物质的存在本身就是吸引力与排斥力的某种内在平衡，而不是物质已经存在之后再去吸引或排斥其他物质。——译者注

可能基于吸引之上,而对于这样一种吸引力的假定本身完全是非哲学的。同样的意思以肯定性的方式①来说就是:

§94. 一个团块对于另一个团块的万有引力的根据既**不在于**前者也**不在于**后者,也不在一般意义上**在于**各团块的某种相互作用,而**仅仅在于绝对同一性**。——原因在于,没有任何事物就其**实在性**而言(这完全不同于就关联而言)与另一个物体有直接关系,而只与无限实体有直接关系。②因此团块就其实在性而言也不可能直接具有与另一个团块本身相结合的倾向,反过来说后一个团块也不可能具有与前一个团块相结合的力量,只有绝对同一性才将两者结合起来,而且仅就两个团块都存在于该绝对同一性内而言,它们也才相互结合起来。因而一个团块对另一个的全部万有引力都仅仅通过绝对同一性,而不是通过这些团块相互之间的或一个对另一个的某种作用,而得到传递的。因此普遍的重力乃是一切有形事物之间的前定和谐的真正体系。这就是说,存在着各种事物成为一体和相互作用的双重方式。然而唯一真实的方式乃是基于实体的同一性之上的方式;其余的所有方式都不过是假象,在其余的每一种作用下,各种事物也直接被设定和显现为虚无的了。就无限实体是一个东西而言,所有事物真正说来都不过是**一体**,而正如在绝对的意义上看,所有特殊事物都仅仅存在于**上帝**内部,那么所有有形事物也只能存在于无限的实在实体内部,后者的全在(Allgegenwart)恰恰在重力中表现出来。

---

① 与上一段末尾的"否定性命题"相对照。——译者注
② 关于具体事物与无限实体是否具有直接关系,这里的论述与§92的论述表面看似矛盾,但实际上是在不同层面上展开的,并不矛盾。——译者注

§95. 每一个事物都直接被绝对的一、无限实体吸引,而且仅仅通过这种方式才被万物吸引;而反过来说,当一个事物被万物吸引时,它还是只被一(即无限实体)吸引。——原因在于,没有任何事物必然作为他者存在于另一个事物中,然而事物却必然存在于无限实体中。因而它在直接的意义上只被无限实体吸引,只有在间接的意义上,即在现象方面,才被其他事物吸引;的确,当它对其他事物显得有重量时,它却不是对作为这个其他事物的这个其他事物,而是仅仅对实体才显得有重量,而这个其他事物则是实体的表现。

进一步的阐释。大自然中的每一个本质在直接的意义上确实是通过下面这一点才**存在**的,即它通过它的实在性本身而**存在**于作为它的中点的无限实体内部,而且在其自身中具有这个中点。因而这绝非偶然的、从外部添加到它之上的事情,因而也不是在它身上**造成**的事情;这毋宁就是它的实在性本身。但现在看来,由于实体是**一个东西**,是整全的、不可分割的,而且由于实体同样也是每一个事物的本质(就该事物具有实在性而言),那么每一个本质的中点都间接地在其他每一个本质中;这是事物伟大的链接(Verkettung)、内在的永恒亲缘关系与和谐。因而,比如说,石头直接被地心吸引,这只不过是现象的偶然;因为真正说来,它对地球的万有引力不是别的,只是它所具有的如下必然性的表现,即必然存在于实体内部,因而照实体而言与万物成为一体。

真正说来,一个物体作为物体从来不对另一个物体显得有重量,因而说吸引力是物体的普遍**特质**也是荒谬的,因为这样的引力就使得物体在实体中的根据成了具有量的差别的某种特质了。牛顿很可能意识到了,他的万有引力(如果他想宣称它是说明根据的话)

可能只是提出了一种隐秘的质(qualitas occulta);他总是又回到那一点上,即他以此只想刻画**现象**(仿佛引力也不过就是对该现象的正确刻画而已);的确,他甚至觉得(他并不希望自相矛盾),重力或许是由某种物质的撞击造成的,凭着这种想法,他才脱离了斯库拉巨岩,又落入了卡律布狄斯大旋涡。①在近代,虽然**康德**尝试在那些已指责莱布尼茨思想为糟糕虚构物的哲学家面前提高牛顿的这种引力的声誉。也就是如早先已提出过的那样,康德从吸引力与排斥力的冲突出发构造物质。但这里要考察的有两点:1)力量概念是一个完全有限的概念,而且仅属于考察事物的那种抽象的或机械的方式,在那种方式下,能动的本原被视作与受动的本原相分离的;2)这里看不出,吸引力(如果说它与此相关的话)如何限制某种特定的排斥力,才能使它填充空间,以及这种吸引力除了具有这种不及物的作用之外,如何还能具有某种及物的作用,即对其他物质的作用;这样看来,这里给出的辩护还没有达到应当辩护的程度。——对于那些要求针对康德而进一步阐明重力对于所有吸引力的独立性的人,我向他们推荐巴德尔②论毕达哥拉斯正方形或四个世界地带的那部优秀的著作③,巴德尔最早致力于恢复重力原本的名誉。

  与牛顿吸引力学说牢不可分且必然存在于该学说中的另一种幻

---

① 斯库拉巨岩(Scylla)和卡律布狄斯大旋涡(Charybdis)为意大利墨西拿海域两大险象,喻指才脱离一个险境,又落入另一个险境。——译者注
② 巴德尔(Franz von Baader,亦名Benedict Franz Xaver,或Franz Benedikt von Baader,1765—1841),德国医生、采矿工程师和哲学家,他熟知波墨著作,也读过谢林著作,他的自然哲学颇有神秘主义色彩。——译者注
③ 该书名为《大自然中的毕达哥拉斯正方形或四个世界地带》(*Über das pythagoreische Quadrat in der Natur, oder die vier Weltgegenden*)。——译者注

想，乃是**超距作用**(actio in distans)，康德同样致力于使之哲学化。即便这个概念，也只是独立于实体之外考察事物的那种方式的后果罢了。实体是全在的(allgegenwärtig)，在宇宙内部没有任何虚空，而事物的一切真正的行动与存在都被普遍实体中介了。因而也根本不存在超距作用(actio in distans)，因为不是物体从遥远的地方将物体吸引到自身上来，而是普遍的无限实体将它们结合起来；它们既不远也不近，而是**全部和每一个**都在同样的意义上存在。实体是那作为一而成为大全和作为大全而成为一的东西。它是总体性中的同一性和同一性中的总体性。——前面那个概念①，以及对于重力的错误表象，已经被我们于§83的命题中所证明的东西驳斥了。这就是说，在真实的宇宙中，点并不与无限的空间，空间也不与点相区别。**万物都是中点**。这就是重力规律的伟大意义。对于无限实体而言，根本不存在近与远。原因在于，在宇宙中最大的东西与最小的东西无别，因为在空间内部根本没有什么大小。但牛顿将宇宙内部仅仅通过无限实体的中介而发生的一切，即在真正神性的意义上发生的一切，以及机械的知性不能以机械的方式理解的东西，全都称作超距作用(actio in distans)。

§96. 重力在物质中直接的映像或刻印物是无差别状态或团块；但重力本身却是神性本原，这一点虽然不是在绝对的意义上看到的，却是就该本原显现为实在性根据而言的。——证明。那个事物，因而还包括各种事物中的同一个东西，便具有了绝对同一性或最临近的实体(依据§61)，因而是绝对同一性或最临近的实体的直

————

① 指超距作用。——译者注

接表现，这景象最大程度包含了他异性因素。①但现在看来，在物质内部，从形体方面来看，无差别状态便是第三潜能阶次（依据§76的阐释），因而就是事物身上包含了其他潜能阶次的东西，因而该无差别状态也是**重力**的直接刻印物。但重力本身作为相对于团块而言的绝对同一性，不可能专门只具有任何特殊的潜能阶次或维度；它毋宁是**无潜能阶次的**，因而是神性本原——但它不是直截了当看到的神性本原，而是就其对于物质、团块的无差别状态或映像性因素表现为实在性根据而言的神性本原，这就是说，重力一般而言就是就其显现为实在性根据而言的神性本原。

注释。这样一来我们就有了重力的一个一般定义，通过该定义，重力不再单纯被局限于我们迄今为止考察它的那个区域，而是在一般意义上成为**神性的**或绝对的同一性，就重力无论在哪个事物上或在哪个潜能阶次上都显现为实在性根据而言。

§97. 重力是团块在无限实体内部的生命和它唯一实在的生命。——第一点②通过前文得到了证明。另一点是那样得出的，即由于每个事物都有双重生命，即实体中的生命和其自身中的生命（后者是**作为团块**的团块的生命，即**物质**的生命，是抽离于灵魂之外来看的，是被否定的），所以在生命之外，团块唯有在重力中还能通过撞击产生运动，但重力远非团块的某种真实的**生命**，毋宁只是对团块的彻底征服和消灭。

附释。由此便显明，将重力也归结为通过撞击而来的运动是多

---

① 可结合下文中关于重力作为无差别状态包含了另两个潜能阶次的说法来理解。——译者注
② 指"重力是团块在无限实体内部的生命"，下文中"另一点"指"重力是团块唯一实在的生命"。——译者注

么荒谬。——自从人们了解重力以来，也尝试过在机械的或一般经验的意义上澄清重力。但重力的本原正因为只有呈现为**重力**时才表现为现实性的**根据**，其本身就不能被呈现为某种**现实性**了，哪怕就像，比如说，光、凝聚性或大自然的其他行动能以某种经验的方式呈现那样。因而重力的根据便是大自然本身玄妙难测的奥秘，是永远不能呈现于**光天化日**的东西；这是因为，其他万物**通过那东西**才得以诞生，白日之光才被瞥见，那东西是深奥难测的黑暗，是万物的天命；或者也可以说，这是因为在它之中各种事物像是在其根据中那般存在（事物在那根据中孕育，又由其中生出）；那东西是事物的母性本原。

§98. **重力独立于事物的所有量，以及事物在质上的所有区别**。——这一点如下这般直接从事物的理念得出，即该理念是绝对同一性本身，被直观为事物的根据，但重力根本不受量上的或质上的区别影响。

注释。这个命题同样与每一种使重力依赖于量或使之可受量规定的做法相冲突。——a) 人们可能会提出，然而重力还是表现得与团块的量成比例的，比如当一个物体B越是被另一个物体A吸引时，后者在团块方面越大。只不过尽管如此，重力本身还是与量没有任何关联，因为重力出自事物和宇宙本身的本质，因而到处都不可能与量有什么关联，正如（比如说）得自于圆的本质的任何一种特质一样。使一个物体受制于另一个物体的那个较大的万有引力，与后一个物体团块的增大成比例，这绝不涉及重力的增大（因为即便对于最小的团块，别的每一个团块也会凭借普遍同一性而受到吸引），而只涉及一个个万有引力的总和的增大（但由此那永远等同的重力本身却没有遭受任何变化）；这正如两个发生万有引力的物体，其中一个在团块方面比另一个大，那么一个的重力并不真的比另一个大，因为众所周知，当其他所有阻抗（较大物体更容易克服它）都被去除时，两个物体在同样的距离外会在相同时间内到达它们运动所向的中点。因而重力本身是完全独立于大小的某种东西。——b）人们可能会提出，然而依照牛顿的看法，重力与距离的平方成反比地减小和增大。对此我只回答，我并不否认这一点，而且牛顿所以为的重力的减小，其实完全不是那么回事，这一点后文中会详谈。

通过到此为止的讨论，现在关于重力有如下几点得到了证明：a）由于物质照其**一个**方面来看只被视作团块，被视作填充空间的，只在实体内部才有某种生命，那么后者，即实体，就表现为物质的实在性根据了。b）作为实在性根据的实体的这种显现＝重力，而借助重力，团块就努力直接与无限实体合一，而且由于无限实体在同等意义上存在于每一个事物内部，由于在宇宙内部**万物**都是中点，团块依照实体而言也努力与其他每一个事物合一，实际上也合一了。c）因而团块的重力不是别的，只是团块具有的那样一种必然性，即必然要存在于对该团块而言是实体的**东西**内部；因此一个物体向着对它而言是实体的那个东西的运动，向着它的核心的运动，就不是某种被传递的运动（在那种运动中事物似乎被设定为在其自身而言什么都不是），因为前一种运动毋宁是使它得以存在的那种运动，而且这运动并非该事物的存在的某种规定，而毋宁就是该事物的**存在**本身。d）此外，由于根据同样的理由，重力并不基于某种片面的因果关系，因而（比如说）基于一个物体对另一个物体施加的某种吸引力，在重力中不仅两个事物**交互**成为一体，而且这种合为一体的现象的根据并不在于事物的某种相互作用,而仅仅在于绝对同一性。这是从下面这一点得出来的,即依照实在性而言,没有任何事物与另一个事物能处在"**被造就**"这一关系中。原因在于,依照实在性而言,万物都是自相类同的;但被造就者恰恰通过它仅仅**得自于造就者**的东西才与造就者不同,也通过它**并不得自于造就者**的东西才与造就者类同;现在由于**实在性**与重力是类同的,因而也是万物共有的东西,那就不可能有任何事物的重力是被另一个事物造就的——因而重力一般而言根本不基于什么片面的因果关系,而只能从那样一种绝对同一性出发得到理解,在该绝对同一性(作为万物的本质)中,各种事物也必然在它们内部合一。

这样一来,我们似乎就通过重力讲出了团块在无限实体内部的生命,也似乎规定了团块身上唯一实在的东西。但团块本身的确只是物质的某种抽象物,而且就此而言我们通过此前的全部论述,也只从物质的两个方面中的一个方面出发来考察它了。现在我们同样将另一个方面纳入考量,为的是由此完成我们的构造。

§99. **作为实体的物质**,或者就其不仅仅是团块,而是在其自身中容纳了生命而言的物质,**具有双重的生命——这就是说,除了在实体内部的存在之外,还有在其自身的某种存在**。——这一点已经从§68中得出了,在那里这个命题是**普遍**针对处在无限的实在实体内部的万物得到证明的;还可以说,这一点首先是如此这般得出的,即仅就我们从团块方面考察物质,因而抽离了物质的另一个方面而言,才将物质的生命规定为实体内部的生命。

§100. 重力是大自然或无限的实在实体的一个必然的且永恒的**属性**。——因为我将那样的东西称为属性,它是理性在实体那里认作构造特殊事物**本质**的东西,而这东西正因为是特殊事物的本质,其本身便不可能是什么特殊东西或有限者,而是以表现于自身内部的方式包含了实体本身的那种无限又永恒的本质性。①这样一来,比如说,重力只是那种东西,它是理性在大自然或无限的实在实体那里认作构成特殊事物本质的东西,就这些事物得到肯定而言。因而理性并不把重力认作某种自身便有限的东西,而是由于重力对各种事物都表现得漠不相关,对万物都表现得**同等无二**,便将重力认作那样的东西,它包含了表现出来的大自然的无限本质性本身,因而是大自然的一个必然且无限的属性。——这一点同样要如下这般来阐述。与无限的实在实体内部的特殊事物相应的东西,本身不可能又是某种有限者,而只可能是一个无限者。②现在看来,同样与事物的某个必然的方面(比如事物具有的那种必然性,即必然存在于无限实体内部,凭此也存在于与万物的统一体中)相应,因而在无限实体内部与事物的这个**方面**相应的东西,虽然不可能是在绝对意义上被看待的无限实体(因为后者是整个事物的本质),却也不是什么有限者,因而从某个方面来看只不过是无限实体的某种属性,但这属性却在自身内表现出实体的整个无限本质性,而且本身就是无限的。但现在看来,与使事物得以存在于无限实体**内部**的那种必然性相应的东西,便是重力了;因此重力根本不是**特殊东西**,它虽然是大自然的某种属性,却是一种无限的属性,该属性对于各种事物(就它们存在于实体**内部**而言)而言表现为**本质**,表现**为绝对同一性**。因

---

① 该思想可参照斯宾诺莎"实体—属性—样式"学说来理解。——译者注
② 这是类比于前文关于属性并非有限者的论述来讨论重力,因而才有"同样需要如下这般来阐述"一说。——译者注

此重力也可能被规定为实在实体的整个未分割的无限性,就重力从**那样**一个方面被考察而言,即它**在自身内**包含了万物,万物都存在于作为它们的本质的它之中——万物通过它而被肯定。

§101. **重力只是大自然的一个属性。**——原因在于,重力乃是关联于各种事物而被考察的那个无限实体的本质,就这些事物不存在于其自身内部,而仅仅存在于无限实体**内部**而言。但现在看来,一般意义上而言的各种事物,以及专门意义上而言的物质,都具有(§99)双重的生命——这就是说,除了在实体内部的存在之外,还有在其自身的某种存在。那么既然重力仅仅就其关联于各种事物在大全内部的生命,而非关联于这些事物自己的生命而言,才是无限实体的本质,重力就只是大自然的**一个**属性,尽管是与大自然同等永恒与必然的属性。

§102. **重力是无限实体,就它是被肯定者、被谓述者而言**(或者说它是无限实体,尽管在无限的意义上以被肯定的方式被考察)。——**但大自然的与重力相反的属性却是那样的东西,凭借那个东西大自然在无限的意义上成为肯定性的,或者说凭借那个东西大自然又肯定了它**(在第一潜能阶次上)**的肯定活动。**——第一个命题从§101中得出。原因在于,通过重力,事物仅仅具有无限实体内部的某种存在。但那仅仅存在于另一方中,也只能通过另一方而被理解的东西,单纯只是**被肯定的**。现在由于重力是**本质**,即事物中的无限者(就这些事物单纯只是**被肯定的**而言),所以重力本身是**无限者**(就该无限者是单纯**被肯定的**无限者而言,虽然这里在无限的意义上被肯定的东西,是在有限的意义上被肯定者的本质)。这就表明,这种被肯定的或客观的状态只是相对的,而无限实体即便在被肯定时也总是**进行肯定的**(在成为断定时又被其自身肯定)。——第二个命题除了通过前文中已经展开的那个一般原型而得到澄清之外,通过对立面也自然清楚了。

§103. 大自然的与重力相对立的属性是光明(作为大自然的普遍实体)。——这个命题可以在多重意义上证明。首先仅从最一般的概念来证明。——重力表现为实在性的根据,就此而言它本身就是大自然内部的**实在东西**。原因在于,如果说它也是进行肯定的(即是实在性的根据),那么它本身还是在实在的或被肯定的意义上成为如此这般的。因此与它相对立的属性本身必然表现为**观念东西**,或者说在与重力相对立的属性下看到的大自然,必定不是在被肯定的意义上,而是在肯定性的或观念性的意义上进行肯定的。但两个属性现在被设定为同一个东西的属性,换言之:在另一方中被设定的东西,在这一方中也必须被设定,只不过在一方中是在观念的意义上,而在另一方中是在实在的意义上被设定的,反之亦然。但现在看来,重力的直接刻印物,即直接凭借重力被设定的东西,那就是空间填充者(das Raum Erfüllende)或物质,从单纯客观的或实在的方面来看,乃是作为团块的物质。因而被设定为与重力相对立的东西,在观念东西中或在观念的意义上就是团块在实在东西中所是的同一个东西。因而那东西虽然一定不会填充空间(因为这样做的是实在东西),却是进行肯定的东西,是并未实际进行填充的空间填充者的**概念**,这就是说,它必定仅仅**描画**空间。这样一个仅仅描画空间而不同时填充空间本身的东西,在一般意义上说(in abstracto)就是运动。但这里谈的并不是**个别**运动,而是**一切**运动中的无限者,是事物的一切在其自身存在(in-sich-selbst-Seyn)的**本质**。因而正如运动与团块形成对立，一切**运动**的本质（在该本质自身中不再有任何个别的运动，反而该本质的本性自身就是运动）便与一切团块的**本质**（在该本质自身中不再有任何有形事物）形成对立。但这样一种其**本性**自身就是运动的东西（因而没有任何被驱动者与它并行或处在它外部，反而静止就处**在**运动**内部**），或者其**本质**自身就是运动（即在并不实际填充空间的情况下对空间进行的观念性描画）的东西，只可能是光明，因此是大自然的与重力相对立的那个属性或**大自然自身**（就大自然同样是运动的本质或无限者而言，正如重力是团块的本质或无限者）；因而在与重力对立的属性下来看的大自然自身便只可能是光。——我们已将**重力**规定为无限的实在实体，这是就重力在客观的意义上进行肯定而言。客观的肯定活动的直接刻印物就是团块或**空间填充者**。大自然的与重力相对立的属性曾被规定为大自然自身，就大自然又肯定了它的那种客观的肯定活动而言，这就是说，就在大自然内部**被肯定者**又是进行肯定者而言。现在看来，大自然在这个属性下来看又在多大程度上肯定了在客观意义上进行肯定者，它就在多大程度上又包含了进行肯定者的产物，但却是在**观念的**意义上包含的，即自身就是那产物具有的观念东西。但现在看来，在客观意义上进行肯定者的产物却=空间的填充。因而大自然在与重力相对立的那个属性下来看，即该属性自身，就是空间的填充本身具有的观念东西，而且那种填充不是填充某个特殊的空间，而是填充所有空间。因此该属性虽然通过运动而在所有方向和维度上描画空间，但并不带有一个**被驱动者**（因为在个别运动中被驱动者或被肯定者在这里被消除了）；因而它通过运动描画空间，却不带有被驱动者（因而在运动中不具有静止）；因而它描画空间，却没有在实在的意义上填充空间（正如个别运动所做的那样，那时通过该运动，空间逐渐在被推动物体途经的所有点上被充实）。通过运动对空间的这样一种描画活动（没有被驱动者，因而也没有同时或相继而起的空间填充），就只是光明，正如从那描画本身中显明的那样。原因在于，光仅仅描画空间的各维度，却不相继或同时填充这空间。——在个别的各种运动中，我们瞥见的不再是大自然的一切运动或一切自内存在（in-sich-selbst-Seyn）的纯粹**本质**或**自在体**，而是运动与团块或被驱动者相结合。反之，光同时是驱动者与被驱动者，而且由于它只有在作为驱动者的同时才被推动，所以它虽然能描画空间，但并不填充空间。——在另一个意义上。

后面这一点我们这样来证明。我们比较一下 a) 光与运动，就后者与某种不同于它的被驱动者或与某个团块相结合而言。在这种情况下团块无疑显现为本质性东西，运动却显现为某种非本质性东西，显现为偶性，显现为无形态（Gestalt）的单纯抽象形式（Form）。与此相比，光本身就是本质性的，它并不仅仅是**形式**，并不仅仅是偶性，而是实体，因而是实在的，但它作为实体存在的同时也直接是运动。在团块那里显现为单纯偶性的东西，在这里同时也是实体自身，光是那样一个被驱动者，它同时也是驱动者自身；因此光是真实的**本质**，是事物的一切运动、一切自内存在（in-sich-selbst-Seyn）的实体。我们若是比较一下 b) 光与团块，那么虽然光描画团块所填充的空间，光却并不填充空间，这就是说，它仅仅在观念的或肯定性的意义上，是团块在实在的或被肯定的意义上所是的东西。因而光不是物质，不是被填充的空间，甚至不是填充空间的行动，而是一切空间填充现象的单纯概念、单纯观念东西、无限模式论。——这里我们当然不必转向经验物理学家们①，他们是主张光具有物质性的。要反驳这些人，根本不需要哲学；通过一些单纯经验性的理由，就足以驳倒他们了，而且很明显，使得他们撇开光显然不可能是物质性的这一点而依然逗留在这一想法②周围不愿离去的，只不过是他们无能于形成另一个光的概念。同样驱使一些经验论者主张光的非物质性的，很可能是在主张光为物质的那种观点那里无法化解的一些困难。只不过这个概念首先还是一个单纯否定性的概念，它对光的本质毫无规定。通常这种非物质性也只是那样被理解的，比如就像人们宣称声响的非物质性时那样，即被理解成光只是某种物质的运动，而非本身就是物质——这是欧拉③的假设，依据该假设，光存在于以太的摆动中。只不过除了该假设与牛顿的假设都共同面临许多困难之外，它自身还有许多它所特有且无法化解的困难。这样看来它恰恰**只是**假设，这就是说，这种观念被假定，为的就是能由此讲清楚那些现象；只不过在这条路上永远达不到真理，而且如果我们不是在其自身或通过某种一般的宇宙观点来理解光，在将光当作个别性或单从光的种种作用出发的情况下我们永远不会真正理解光。

光的真实**本质**只能如下这般来规定，即光在**肯定的**意义上在观念东西中是物质在实在东西中所是的同一个东西。大自然中某种**完全观念性的**本原的定在，它在**作为观念东西存在**时还是**实在的**，正如它在作为实在东西存在时那般实在，这是一种完全特有的、唯独

---

① 这里可能指牛顿等人。——译者注
② 指主张光是物质性的。——译者注
③ 欧拉（Leonhard Euler，拉丁文写作Leonhardus Eulerus，1707—1783），瑞士数学家与物理学家。——译者注

思辨可以穿透的关系。将万物都分为思维性东西和广延性东西，又将物质与精神看成两个绝对对立的东西，这种反思也必定通过这种分离将大自然交付给彻底的死亡；因此那种完全基于反思概念之上的经验—机械论物理学，首先必定会扼杀大自然的那个精神，即光，为的是在大自然中满眼只见**团块**。反之谁若是理解了光，便已由此认识到，观念东西、精神性东西并不与大自然相对立，而是已被包含于大自然中了。原因在于，将来会在大自然的边界上作为思想与意识爆发出来的东西，对于大自然而言已经构形到光内部了。——此外

§104. **光是大自然中与事物自己的生命相应的属性**。原因在于，它是（§104）与重力相对立的属性。但现在看来，重力是事物的本质，就重力**并不在事物自身中**，而是实体而言。因而光是大自然中与事物自己的生命相应的属性。现在不难发现，由此便可开展出重力与光之间的一系列对立了。但首先我们必须先考察统一性。因而，

§105. **在大自然内部或在无限的实在实体内部，在绝对意义上来看，光和重力是一体的**。原因在于，它们是大自然或无限实体的属性，因而依照我们对属性的说明，它们与无限实体本身合一，因而只不过是在某种特定意义上看到的无限实体，因而它们相互也是一体的。

注释。由此我们才有了大自然或实在实体的完备概念。依照一个无限实体的本质，该实体不仅在无限的意义上肯定其自身，还肯定它的这种肯定活动，而且两者在它内部是一体的。前者，即无限实体无限的自我肯定（通过这自我肯定，无限实体将其统一性化解到无限性中），乃是重力；后者或对这肯定活动的肯定活动（通过后一种肯定活动，无限实体又将无限性化解到统一性中），乃是光。——

这里值得注意的是，**作为**重力的重力，以及**作为**光的光，都只是无限实体的那两个属性的现象表现（Erscheinungsausdrücke），但我们在光中和在重力中要指明的乃是无限实体本身的本质，而且这里探讨的，以及我们真正寻求认识的，当然并不是就现象而言的重力，也不是就现象而言的光，而恰恰是两者的**本质**。①

作为单纯客观意义上对事物进行肯定者的大自然，或作为重力的大自然，只是事物的实在性的**根据**。现在由于这些事物在实在性方面全都是自相等同的，或者说由于使事物相互区别的并不是作为实在性的实在性，所以大自然就其只是实在性的根据或重力而言，便根本不包含差别的根据；它是永恒的暗夜，是永恒宁静与遮蔽的一个深渊，在那深渊中事物没有自己的生命。但无限实体就其再肯定其肯定活动而言，凭此便不仅仅是实在性的根据，也是实在性的**原因**。这个意义上的大自然在光中显现。光是对万物的特殊生命的永恒肯定；它是大自然永恒的**言**（Wort），因而大自然也在光和重力中作为永恒实体本身显现，后者在永恒的意义上将事物从自身中投射出来，又在同样永恒的意义上将它们收回到自身内。正如相对于事物而言，重力刻画了无限大自然的吸气，光则刻画了大自然的呼气。

就重力充当了实在性的**根据**，在这根据中特殊事物才得以产生，从这根据中才出现它们自己的生命而言，因而就重力一般而言乃是事物接受性本原和母性本原而言，光乃是大自然中万物的父性本原。在孕育着光的情况下，重力生出了事物的特殊形式，并放任这些事物从它多产的母腹中生出，形成自己的生命。此外，就重力无差别

---

① 这里区分了作为无限实体的属性的重力和光，以及作为现象的重力和光。——译者注

地成为万物的纯粹同一性而言，它在自顾自存在的情况下是贫乏而缺少形式的，但光则富于形式；而且由于依照柏拉图的神话，从贫乏和富足中产生了爱，从爱中产生了世界，那么重力就表现为贫乏，光则表现为富足。

我们还希望尝试用一些一般性术语来表达光与重力的这种对立。

§106. 重力是作为（就事物而言的）向心力量的永恒大自然，光是作为（就事物而言的）离心力量的永恒大自然。——原因在于，凭借重力，万物自相等同，自成一体，且在自身内具有同一性。重力作为无限性内部的统一体，支撑万物，并将万物吸引到作为母性基础的自身这里来，万物只有通过光才能脱离这基础。反之，光是使事物得以从作为核心的重力中产生出来的那个原因。倘若只有重力存在，那么各种事物的特殊性就会冰消瓦解，剩下的只有无限性。只有通过光，形式的特殊性才被设定下来。

注释。相对于现象而言显得完全偶然，因而只能从事情的理念出发理解的一点是，在这里我们曾发现了向心运动与离心运动的重合。我们还不了解世界构造的秩序；然而我目前想提醒读者留意的是，这里我们已经看到了下面这些现象的根由，即大全的那样一些以其他实体为核心的实体[①]，也恰恰是其他那些实体的光源，因而（比如说）光内部的离心运动，也恰恰是与一个系统内部所有向心运动都指向的**那个**感性摹本（比如太阳）相结合的——这是重力与光在无限实体内部成为一体，也成为具有同样本性的同类属性的一个显而易见的例子，因为只有从这个根据出发来看，它们也才在那些在

---

① 这里谈论的主要是各天体之间的关系，下文中的"系统"亦指天体系统。——译者注

其自身直接带有无限实体印记的更卓越的造物①中显现为一体。

§107. 重力是事物（注意一定要与本质性区别开来）**的有限性、非自顾自存在**（nicht-für-sich-Seyn）**的本原，反之光则是事物的自内存在**（in-sich-selbst-Seyn）**的本原**。原因在于，重力是无限性中的统一体。没有任何特殊东西、具体东西（concretum）凭借这种统一体而存在，只有现实的无限性凭借它存在。此外，重力还是那样的本原，事物凭借它而存在于无限实体内部，因此它是事物的非自顾自存在（nicht-für-sich-Seyn）的本原。那么反面的情形也必然适用于作为大自然的对立属性的光，这就是说，光是事物的自内存在（in-sich-selbst-Seyn）的本原，是事物的赋灵的本原；顺便提一下，这个意思在第101个命题中已被主张和证明过了，只不过换了一种言说方式。

附释。因此一般而言光也能被视为外显者（Exponentiirende）或进行潜能阶次化的东西，重力能被视为事物的根源。

阐释。相对于事物而言，重力是绝对同一性或无潜能阶次的理性本身，但却是处在十足的客观性中的理性。因而如果说它一方面是事物的一切持存的根据，那么它另一方面也是事物的有限性的根据；它是地下的神，是冥界的朱庇特，他自顾自地与光的王国相分离，设定了事物的作为单纯阴影——和偶像——的种种特殊性。现在光与作为暗夜本原的重力相对抗，也成了那样一个王国的原因，该王国脱离重力的权力范围，由形式与特殊生命构成。作为大自然的整个仅仅在客观意义上被直观的本质，重力也带着所有自行构形

---

① 比如生物。——译者注

进来的理念，但沉没到实在东西中了，仿佛迷失到有限性中了。光是各种沉睡着的理念的唤醒者；它们应声而起，并在物质中形成与它们相应的、合乎它们的特殊性的种种形式，并脱离了虚无。因而正如重力致力于磨灭一切潜能阶次，即磨灭一切特殊性，也永远将所有东西都还原到它们的定在的根源上去，所以光反过来就是进行潜能阶次化的东西，是在一般意义上赋灵的东西，它不是作为特殊事物的特殊事物的概念，而是万物的概念与无穷可能性。光是大自然的某种**观看**，并且在观看的时候**创造**了无穷多的东西。

§108. 大自然中没有任何东西仅仅是光所独有或仅仅是重力所独有的。原因在于，绝对的大自然是双方①的绝对同一性，因而特殊实体只有通过双方相对的同一性才能与无限的实在实体区别开来，正如特殊事物相互之间只能通过它们内部光与重力不同的比例关系而区别开来。

附释。各种特殊事物仅仅通过它们内部光与重力的不同比例关系而相互区别。——这是从万物自始便立即建立起来的，即一般的赋灵状态得出的。重力赋予事物身体，正如光赋予它们灵魂。大自然万物内部的**实在东西**恰恰只是光与重力的这种同一性本身，即实体。一切差别都基于潜能阶次。

§109. 大自然内部各潜能阶次，或就其在各种事物身上呈现出来而言的各潜能阶次，**只可能基于光与重力在量上的比例关系**。或者换句话说：**有限性**事物的特殊性（通过这种特殊性，无限的实在实体，即光与重力的绝对同一性，便显现出来），只能或者基于

---

① 指光与重力。——译者注

一个要素对另一个要素①交替占据上风,或者基于二者的无差别状态。——这一点从前文中得出,参见§54。

§110. 第一潜能阶次被那样一些事物表现出来,就那些事物身上特殊生命形式或运动从属于存在或静止而言。另一个潜能阶次被那样一些事物表现出来,就那些事物身上存在显得从属于特殊生命形式或运动而言。最后,第三潜能阶次被那样一些事物表现出来,就既非存在从属于运动,亦非运动从属于存在,反而双方都被设定为实体的属性而言(统一性和无限性在彻底的平衡中持存)。对这些潜能阶次的阐释属于特殊自然哲学的任务。

由于我们现在才真正过渡到对事物自己生命的考察(由于这生命只有在对大全的反照中才是可能的,依据§70,该生命呈现为时间中的某种生命),所以这里我们还得提出涉及事物在时间中的生命的一些一般原理,正如我们在前文中在一般性地考察事物在空间中的生命那样。因此我首先提出如下阐释。

§111. 在无限的实在实体内部事物自己的生命就是绵延。这个命题不言而喻,正如那个命题一样,即我们只能以永恒来规定与事物生命相对立的实体生命,也就是将后者规定为对实在性的无限断定。

§112. 即便就时间而言,每一个事物在无限的实在实体内部来看,在其自身来看,都是一个现实($actu$)无限的或永恒的事物。原因在于,一切特殊事物的自在体都是无限实体,这无限实体作为对实在性的绝对且不可分割的断定,都是现实($actu$)无限的和永恒的。

---

① 两个要素指光与重力。——译者注

如果没有无限实体,事物便什么都不是;因而我如果将实体抽离于事物之外,那么事物便什么都不剩下,但如果我考察实体,即考察事物中真实的自在体,那么在事物中也就只有永恒了,因为实体与永恒是一体的,或者说实体只能被设想为永恒的。因而每一个特殊事物**在其自身**来看,即真正来看,相对于时间而言也并非有限的,而是现实(actu)无限的。

如果我们想在这里运用迄今尚未推导出来的过去、当前、未来这些概念,那么我们便可以在本质方面如此这般说清这个关于每一事物永恒性的命题:实体是永恒的,即在实体内部根本没有过去、现在和未来的分别,而只有绝对的同一性。因而就实体存在于事物内部而言,永恒也存在于事物内部,这就是说,过去、当前和未来在事物内部合一;只有当我们考察事物时,就实体不存在于事物内部而言,即仅就我们在撇开实体不论或抽离于实体之外的情况下考察事物而言,该事物才是过去和当前的差别,即才是非永恒的。——一切特殊性都在某种**永恒**的意义上,而不是在时间性的意义上,从无限实体流出,因而这些特殊性的时间性规定只有当我们从无限实体或从总体性分离开来看问题时,才是可能的。它们仅仅**存在**于总体性中(即存在于无限性中,就无限性被接纳到统一性中,因而与后者一同在场而言),但总体性是永恒的,而在这个意义上各种事物也是永恒的,正如这些事物与总体性相分离而被设定为自顾自时不是永恒的。并非作为特殊东西的特殊东西,而是只有作为**大全**的大全,才直接通过上帝理念而存在,而特殊东西也只有通过大全才存在。因而特殊东西在多大程度上被观察到其存在于大全中的情形,它自身便在多大程度上被观察到在其永恒本源中的情形(secundum modum, quo a rebus aeternis fluit)①；如果不是在大全中（与大全一道），而是**自顾自地**被设定下来，那么它就需要经过一个无穷的序列，才有望被接纳到大全中去，这就产生了时间在经验上的无限性，现在我们要进一步探讨这种无限性。

顺便说一下，现实的无限性，以及这种无限性与经验的无限性的区别，在§80中已得到阐明了。如果说宇宙不是别的，只是现实的无限性，这种无限性直接出自上帝理念，而且是该理念自身，那么这种无限性或永恒性也根本不可能消散于无；而且正如真实的无限性中的任何一个部分又涉及同样的现实无限性，**在**宇宙**内部**或在通过大全而从上帝理念中得出的东西中，也根本没有本身不是无限而永恒的。反之如果那仅仅**在**大全**内部**且通过大全才具有实在性的东西与总体性分离，因而并非在其自身而言被考察，那么它也必然被当作有限的，也被当作**臣服**于时间的。

因而时间是事物的那样一种规定，它仅当事物的那种由大全设定的存在被抽离于大全之外，被视作自顾自持存的东西的绵延时，才会产生。

同样的意思也可以如下这般阐述。

从其理念也直接得出了存在的那个一，就是上帝或大全，因为对于大全而言，不存在完全是不可能的。但存在于大全内部的一切都只是一个被大全肯定者，而对于这个被肯定者而言，实在性并非直接出自它的理念，而是仅仅出自**大全**的理念。在大全的这个理念中，它现在同样是在某种永恒而无时间的意义上被理解的。——但

---

① 拉丁文，字面意思是"依照其源自永恒事物的方式"。——译者注

如果我不是着眼于它在大全中的存在，或者不是着眼于它源出于永恒性的方式来考察它，而是在自顾自的意义上将它视为某种独立的实在性，视为某种独立的被肯定者，因而单纯只就**它**的本质性、**它**的概念来考察它，那么我就认识到，它的定在并非出自它的概念，因而我也认识到，我既可以将它设想为实存着的，也可以将它设想为并非实存着的——我将它认作**偶然的**，因为它依照大全内部的存在而言毕竟还是必然的；①我可以随意将它的实存规定为**更大的**或**更小的**（这种情形在大全或实体那里是不可能的，因为实体通过绝对单纯的断定而存在，具有某种完全不可分割的存在，而那种存在是不能用任何大小来规定的）；此外，我还可以随意**分割**这样一个从大全分离开被考察的东西，这个单纯相对于**它**的概念，而非相对于大全概念而言的东西——那么通过这种分割，正好产生了**时间**。因而——

§113. **时间与对事物的抽象考察不无关联，或者说时间是抽离于永恒或大全之外设想事物的某种单纯样式**。对该命题的证明就在整个前文中。现在看来，正如事物在时间意义上被考察时，本身只是大全的一些抽象物，所谓的纯粹时间或**作为**时间的时间又是事物的抽象物，因而时间在哪里都根本不是真实东西、实在东西。

借此机会，我现在还想彻底考察一下数的本源。

附释。**事物被意识到，这个行动作为抽离于大全之外的、自顾自持存着的行动，乃是数的运用**。——当我将数运用到事物上时，我a) 不仅在一般意义上将这些事物设定为一些个别性状态，设定为抽

---

① 意指它依照大全内部的存在而言虽是必然的，但人们未必总是依照该存在看待它。——译者注

离于大全之外的一些有限性状态，b）同时也通过这种运用，在它们的那种抽象状态下，将它们设定为实在的。——因而数仿佛是一种完全主观的反思模式，这种模式从未在**事物**内部设定某种客观东西，而是对抽离于大全之外这种行动的单纯重复，或对该行动的反复肯定。由此便自然明白了，一个无穷**数**的概念必然是一个矛盾的概念；但同时也明白了，这个矛盾并不适用于**真实的**无限者（infinitum actu），因为无穷数的概念恰恰只是在撇开真实无限者不顾的情况下才产生的，而现实的无限性并不是那样一种无限性，只有一个无穷数与之相符，而是哪里都没有任何数与之相符，它超出一切数之上。

我们也能通过另一个思想序列，如下这般阐释数的本源。

一切数都基于如下这一点，即为众多事物所共有的东西被想象力强调突出，这就是说，一切数首先都基于一般性概念的形成。比如说，如果有6个不同的物体，其中有2个立方体、2个圆柱体和2个其他球体，那么在我强调突出它们共同的形体（正如人们所说，它们被纳入一个一般性概念之下，该概念在我看来充当了我在作为差别的这些物体中加以重复的那个同一性）之前，我是不能将这6个物体聚拢起来计数的；那么问题在于，计数活动究竟是什么样的重复活动。因而在这里，总是且必然有普遍东西与特殊东西的某种差别被设定了，这种差别并不存在于大全内部，以致这种差别恰恰只设定了从大全的某种抽离。在大全内部绝没有**单纯普遍东西**；普遍东西就其被**接纳到上帝概念中而言，毋宁也直接是特殊东西**（实存着的东西），因为从上帝理念中也直接得出了实在性、实存。因而在大全内部，普遍东西和特殊东西总是一体的。如果我将这一体的东西设定为不同的两造，那么我凭此便已设定了并未被纳入或被化解到上帝理念之中的概念或普遍东西，因为否则的话我就会一同设定特殊东西、实在性了；因而我将普遍东西设定为一个独立的东西，并将特殊东西关联到作为**它的**概念的它的概念上，而不是关联到大全的概念上；因而我也直接认识了它的实存的偶然性，这就是说，我认识到它的存在并非出自它的概念（认识到概念只是与它有某种关系），并正好**在数中**重复了这种不具备**同一性**的单纯概念关系。——那么正如没有任何东西在其自身而言受到数的规定，而是仅仅在与他者的关系中来看时才如此，也没有任何东西在其自身而言存在于时间中，而是仅仅在与他者的关系中来看或被与他者相**比较**时才如此，这就只是想象力的事情了。原因在于，在其自身而言，万物都直接出自大全，并通过大全而出自上帝理念（在永恒的意义上，万物也是依照相对的生命而存在于大全之中的）；因而万物在其自身而言正如大全那般，并非时间性的。

  正如反思鉴于事物是可分的，也是从各部分聚合而成的，便主张事物的有限性（即便在实体方面也是如此），那么在同样的意义上，从事物的有限绵延中便可推论出它们的非永恒性。只不过正如空间中的大小并不影响真实的无限性，事物真实的永恒性也不可能受它们的绵延的大小影响。它们真实的永恒性基于：a) 它们仅仅通过宇宙而**存在**，因而与宇宙一同存在（即便在关系方面也是如此）；b) 在每一个事物中自顾自地来看，都有某种总体性被直观到，因而有某种现实的永恒性被直观到，该事物的一生都不过是通过抽象而被设定的现象，然而如果对该事物的不可分割的肯定或断定并不作为整体而先行于各部分，那么它的这一生根本不可能流逝，因而本身不可能是**现实的**,因为如果这一生的绵延是由各瞬间聚合而成的,那么时间的哪怕最小的部分也不可被设想为流逝着的。随着对万物中永恒性的这种承认,哲学家还消除了现象世界与在其自身而言的各事物①之间的最终分化。他认识到,并非存在着**两个**世界,而是只有**唯一**的真实世界,该世界并不**外在于**或**超越于**现象世界,而是本身就在现象世界内部。原因在于,现象世界在广延和绵延方面表现出的有限性,与该世界真实的无限性和永恒性根本无关;现象世界如果在广延上是无穷的或绵延一段无穷的时间,就还不是永恒的;那么在事物的无限性和它们在现象中的存在的有限性之间,就根本没有真实的对立,而且那无限性不被这有限性限制或消除,因为那无限性与这有限性之间不是对立的关系,而是像虚无与实在性之间的那种关系。

现在我们还要通过下述几个命题简要规定时间内部三个维度与时间的关系,以及这三个维度的相互关系。

§114. 时间的第一个维度是未来。阐释。事物就其并非事实上且一次性全盘成为它依照概念所能是的东西而言,便存在于时间中,这就是说,它们存在于时间中,是由于概念与存在的差别。但概念是进行肯定者,正如存在是被肯定者;未来是由于进行肯定者与被它肯定者的差别而被专门设定的;原因在于,我说某个东西是未来的,是因为这个东西的概念和可能性固然是有了,而它的存在和现实性却尚付阙如。——还可以换种方式如下这般阐述。

正如空间是特殊事物在同一性方面被褫夺,因而就事物被视为

---

① 指传统上所谓的"理念世界"。——译者注

在无限性（缺乏统一性）中自顾自持存着的东西而言，空间仅仅是考察事物的一种方式，**时间**则是特殊事物在总体性方面被褫夺。但现在看来，在设定某种未来的活动中，总体性恰恰被否定了；因此事先就需要说的一点是，真正说来未来就是时间中的时间，正如线是空间中的时间。——但未来的**本质**，或通过对立面（per oppositum）而在这假象中得以反映出来的东西，便是得到成全的被肯定状态，是时间永远缺失而空间却具有的那种总体性。

§115. **时间的第二个维度是过去**。阐释。说到过去，我们想到的是当前的萌芽、现实存在者的萌芽，即当前这个现实的可能性；但过去作为不同的东西，作为与当前这个现实分离的东西，作为非存在的（nicht-seyend）东西，是另一处的另一个东西。因而正如当前对于未来而言是单纯进行肯定而不被肯定的，它对于过去而言只是单纯被肯定而不进行肯定的东西。

另一种阐释方式。我们说过，事物有个未来，这一点是非总体性的表现，是对总体性的褫夺。反之，过去则是对同一性的否定。通过过去，我和那原本与我一体的东西之间，比如与逝者之间的整体关联被消除了，通过时间，过去以与我有别的面貌出现，因为在大全内部万物反而不可分离地活着并成为一体。因此时间方面的消逝也显现为向同一性的某种回归，被肯定者又来到它的肯定者这里，人被召集到他的父辈这里，作用与起作用者等量齐观。——但过去的**本质**，或通过对立面（per oppositum）而在这假象中得以反映出来的东西，就是万物在大全内部的一体存在（Einsseyn）了；但过去在大全内部显现为某种回归**状态**，这一点却只是一般而言伴随事物终身的某种假象的后果（只是事物自身生命的后果）。

§116. **时间的第三个维度是当前**或单纯相对的无差别之点,通过该点,进行肯定者与被它肯定者发生了整体关联,被它肯定者也与它发生了整体关联。——这不言而喻。因而时间中的当前便是空间中的深度。当前**本身**还是永恒的最直接映像。它并不像永恒是绝对正题,而只是合题。但正如事物内部的无限实体在直接的意义上仅仅造成同一性,也正如同一性只在特殊性具有的那种虚无上才碎裂为三个维度,每一个事物内部的大全在直接的意义上也仅仅产生无限的、永恒的、无时间的当前,该当前不仅仅是中点,还是真实的同一性——只不过同样是在特殊性具有的那种虚无上才如此。

§117. **如果空间与时间相比较,那么空间中的时间=第一个维度**①**,空间中的空间=第二个维度。未来又表现为时间中的时间,过去则表现为时间中的空间**。——通过前述阐释,这个命题自不待言。只是关于最后一点,即过去=时间中的空间,我只想提醒读者留意:空间正如过去,通过对立面(per oppositum)而反映出事物在大全内部的同一性(§69),过去正如空间,是一个封闭的图景,在那图景中所有差别都敉平了。由此还进一步得出:

附释。时间的支配性维度是第一个维度,空间的支配性维度是其他维度,或者说在时间中所有维度服从于第一个维度,在空间中所有维度服从于其他维度。

---

① 这里"第一个维度"和下文"第二个维度"均指空间的维度。——译者注

B）特殊自然哲学，或曰大自然的个别潜能阶次的构造

现在，在转而考察大自然的个别潜能阶次之前，我要再次强调一些基本原理，我想称之为自然哲学的公理，尽管它们在一般哲学中固然已得到证明，也由我们证明过了。也就是说，大略综观一下这些命题（下文中其他所有命题都基于它们之上）是有益的。

自然哲学的最高原理或公理

I. 整个大自然应被视作无限实体本身；这里该实体仅仅在相对的意义上以实在东西的面貌出现，但在其自身看来却是肯定着其自身的整个实体。（这就是说，只有相对于——比如说——知识而言，它才被设定为实在的、客观的；但在其自身上或在其自身内部看来，它却是实在东西与观念东西、主观东西与客观东西的整个绝对同一性。）

II. 从其面貌来看，大自然在每个事物内部都显现为无意识地进行创造的，而且更多是作为理念的器官或映像，而不是理念本身；但在其自身看来，它却是创造性的和生产性的理念本身。（**阐释**。那个将自身呈现给单纯直观的大自然概念是，大自然是无限的、尽管也无意识的技艺，是神性智慧的某个形象，其自身并不知晓自己所为何事，却还是在自身内塑造着永恒理性的种种可理解的形式。这种完全特有的关系，本身便在不具备哲学素养的观察者那里激发起对于大自然的真正本质的一种预感，即大自然并非以神性的方式被产生的，而是本身就是**神性的**，并非各种理念从事物外部的某个理

性那里进入事物中，而是事物就是这些理念本身。很明显，在大自然中思想与行动、计划与执行、艺术家与其作品不是分离的，而是一体的。居于大自然之内的这种技艺，是那种不将大自然理解为创造性东西、理解为神性东西的人永远不会理解的，而神性东西在这里仅仅显现在其永恒肯定具有的彻底的客观性中。那种只顾进行反思的人根本想不到什么**客观的**理性，想不到那种本身居然完全客观且实在的理念；对于这样的人而言，一切理性都是某种主观东西，一切观念东西同样如此，而理念本身在他们看来只具有某种主观性含义，因此它们只知道有两个世界，其中一个由石头和瓦砾构成，另一个由对那些石头的直观活动及相关想法构成。）

III. 应当如同看待一般的各种事物与绝对者的关系那样，看待大自然中的各种事物与大自然的关系；或者说大自然与自然事物之间的关系如同绝对同一性与一般事物之间的关系。

IV. 在每个事物内部都要考察：a) 大自然的本质或无限性，b) 形式或特殊性，而这形式或特殊性**是**实体，于是或者与那本质类同，或者不类同，那样的话就在与该本质有别的形态下显现了。

V. 各种事物显现的面貌是，它们沉陷于实在性或映像状态中，但它们真实的本质却是由第二个公理规定的（本质受理念规定）。

VI. 就各种事物并未在其自身中接纳绝对同一性，以至于其本身就是实体而言，绝对同一性显现为它们的根据、必然性或它们服从的天命。

VII. 大自然中没有任何事物在实体方面对另一个事物起作用，或经受某种作用，每一个事物作为一个小型的世界反而通过绝对同一性而与其他每一个事物协调起来。

VIII. 各种事物并非仅仅在外部结合,还在内部结合。(**阐释**。就各种事物仅仅具有重力且通过重力成为一体而言,它们在无限实体内部也只具有某种外在生命;它们只有通过如下方式才获得某种内在生命,即它们将[作为统一体的]实体接纳到其自身内,也就是说通过自己的生命进行这种接纳。原因在于,那样的话,各种事物的普遍生命同时就是它们的**特殊**生命,它们也是通过这种特殊生命与其他事物内在地结合起来的。对于事物的这种内在的结合,我们没有其他名称,只有同感与反感的结合、爱与恨的结合,像古人称呼的那样,抑或更一般又更清楚地说,**感知**的结合。比如动物就有各种感知,这是不容否认的;它们对将来的事情,比如天气变化,有某种预感,具有真实的预知和预见,因而凭此它们除了展示出外在生命,还展示出某种内在生命,通过该内在生命它们与其他事物结合起来,处在整体关联之中。但即便所谓的无机物,也不能说没有这种内在结合,因而也不能说没有感知,尽管它们可能只具有像动物甚或人在沉睡状态下具有的那类最迟钝的感知。因此莱布尼茨不无道理地将无机物质的状态称为物质的沉睡状态。因而如果撇开早已展开的一些一般性观点中蕴含的那些理由,即事物就是创生性理念本身,整个是灵魂,也整个是身体[从该理由得出,物质必然具有感知],我们在没有见到物质分有这种普遍的内在生命的情况下,是不能真正理解一大堆像重力那样与量无关,而与事物的质有关的现象,以及化学现象、电现象和磁现象这类特殊状态的。[1]事物的内在生命

---

[1] 此处可参见《神话哲学》第582页。——原编者注
《神话哲学》一书的版本信息参见译者为本书第158页(德文版页码,见本书边码)所加的脚注。——译者注

相对于外在生命的增长,与它们的特殊生命构形到核心中或与该核心相类同的程度成正比;因此便有了人,他完全立于核心之中,具有与万物最彻底、最内在的统一性,而该统一性在他内部便成为知识与认识活动。

IX. 在大自然内部总有肯定性东西与被肯定者、肯定性东西与否定性东西、运动与静止的某种守恒的比例关系存在。(原因在于,该比例关系不可从外部被改变,因为没有任何东西存在于大自然外部,但在大自然内部,该比例关系虽然可以相对于个别事物被改变,但永远不能相对于大自然本身或相对于整体被改变。)

X. 在个别东西更替之际,整体总是保持等同。(由于事物在实体方面是等同的,个别东西的一切更替只与下面这一点相关,即个别东西中的肯定性东西与被肯定者、静止与运动的比例关系发生了改变。)

XI. 部分与整体相类同;不仅在实体方面如此,在变种方面也是如此。——在实体方面如此,是因为实体必然是无限的,因而实体在所有部分中都是类同的。但在变种方面也如此,是因为既然部分仅仅存在于整体中,且不断被整体规定,那么该部分在其自身必定带有其在整体内部由其他所有部分赋予的种种规定,这就是说,它必定与整体相一致,且在任何时候也都通过它在其自身的变种而表现整体。

XII. 存在于大自然内部的一切,其本身都从属于无限实体的存在与理念。——原因在于,宇宙中没有任何特殊东西通过其自身而存在,反而仅仅凭借无限实体的理念才存在;只有对于无限实体而言,"它存在着"这一点才属于它的本性。现在既然万物都是由于无限

VI, 282 实体存在着才存在，因而一切存在都只是无限实体的存在，那么存在着的一切，比如物质的每一个部分，必定也都属于无限实体的存在，因为它原本在哪里都不可能存在。

自然哲学的所有本质性主张都归结为这十二个原理，接下来我阐述这些主张，然后就提出下文中的看法。

§118. 无限的实在实体在本质或理念方面包含所有特殊形式于自身中，然而正因此它本身是无差别的。——它在本质方面包含所有特殊形式于自身中，这就是说，所有特殊形式的概念都与无限实体的概念结合在一起，原因在于，仅仅由于存在属于无限实体的概念，这些特殊形式才**现实**存在。无限的实在实体，或者换言之，作为无限实体的物质，在作为光与重力的绝对同一性时本身却是无差别的；原因在于，正因为物质仅仅是本质，仅仅是对那些特殊形式的断定，而且处在那些形式的大全性中，所以在物质本身中没有任何差别，只有纯粹的同一性。——这个命题只是对前文中已阐明的意思的更具体运用。

§119. 形式的特殊性仅仅基于被肯定者与进行肯定者的各种不同的比例关系之上，不仅在整体上如此，在个别东西上也是如此。——在一般意义上而言，这个命题在§63中同样已经被证明了，也参见§54。原因在于，如果说实在实体或就实体方面而言的物质是被肯定者和进行肯定者的无限而绝对的同一性，那么各种事物与它相区别，以及这些事物相互区别，便只凭借被肯定者与进行肯定者的各种不同的比例关系；而且这不仅造成了潜能阶次与整体的区别，即便在同一个潜能阶次内部，各种事物也仅凭被肯定者与肯定者的各种不同的比例关系才与这个潜能阶次相区别。

这里我要提醒的是，将来我们会通过**极点**(*Pol*)来刻画肯定性东西对于被肯定者的某种相对优势，或者反之（就该优势必然在另一种要素的某种相对优势中有其对立面而言①），或者说会将两个相对而言的种种差别的比例关系刻画为**各极点**②的某种比例关系，因为它们只有各自关联于对方才能成为那样的东西。我指的是某种相对的优势，就这种优势**必然**与另一要素的某种相对优势相对立而言。原因在于，既然依照大自然中的第九个公理，肯定性东西与被肯定者之间总保持着类同的比例关系，那么一方对另一方的比例关系在这方面是不可能被提高的，如果对方对这一方的比例关系在另一方面不同时被提高的话。③原因在于，倘若情况并非如此，那么大自然中进行肯定者与被肯定者的比例关系在整体上而言就是一个可变的比例关系，而这是不可能的。

　　§120. 物质内部有限现象的一般规律是两极性的规律，或同一性中的双重性的规律。——原因在于，如果形式的一切特殊性和可区别性都基于物质内部肯定性东西与否定性东西的单纯**相对性的**一体存在，那么它也必然基于两者的相对差别：相对的统一也必然是相对的差别。但任何差别都**只是**相对的，这就是说，任何差别都仅仅对于表现出A与B的某种相反的比例关系的另一种相应的差别而言，才是可能的；这种现象依照的是那样的宇宙秩序，即宇宙内部肯

---

① 意指肯定性东西与被肯定者这双方（这里称作"要素"）中某一方在某种特性上占据相对优势，那么另一方必定在相反特性上占据相对优势。——译者注
② 原文(Polen)中虽无具体数字，但实际上谢林自然哲学往往只涉及两极，如地球、磁场、电的两极等。——译者注
③ 原文如此，意指比例的两端各自仅仅相对于对方而存在，因而若要保持比例关系不变，一端的变化必然与另一端的变化同步发生。——译者注

定东西与否定性东西、运动与静止都只能相对而言,但不能在绝对意义上被增益。但现在看来,依照前一个命题中已预先做过的说明,这种相对的差别恰恰=两极的某种比例关系。因而两极性规律是一个绝对普遍的自然规律,即一切有限现象的一个绝对普遍规律。

但现在看来,两极性也=同一性内部的双重性。说到双重性,是由于一会儿是Å+B被设定,一会儿又是A+B̊被设定;说到同一性,是由于双方内部的实在东西总还是一体的,因而是由于这些差别只是同一个实体的显现方式。

附释。现在看来,所有进一步的差别都只是由双方相对而言的一体存在和相对而言的差别存在(Different-Seyn)的不同方式规定的。——那么我们由此便发现了大自然内部一切差别的一般原型,然后需要规定的便只有相对而言的一体存在的这些不同**方**式。

§121. 肯定性东西与否定性东西(进行肯定者与被肯定者)**的一切仅仅相对而言的统一的原型在我们看来是由维度的三重性呈现的。**(我要援引早前对这些维度的构造。)这样一来,几何比例就被引入大自然内部,或得以显明,正如大自然在其种种差别中铸就了几何学的种种形式。倘若普遍两极性的规律便是使我们得以在大自然的现象与运动的规律方面尽可能深入探究的东西,那么各维度的规律便是使我们得以在存在方面尽可能深入探究的东西,这规律的确以完全独一无二的方式,打开了真实的自然科学的远景,这就是说,该自然科学必须完全以数学的方式阐明大自然的所有形式,也就是将大自然的所有形式都阐述为一些永恒的几何原型的塑形。古人(即毕达哥拉斯派)的那些论说绝非空谈,他们将大自然的各元素与五个规则性几何形体等同起来,比如气=八面体,土=立方体,火=棱锥体。①倘若情况如此，倘若是几何学的种种形式塑造了大自然的种种差别，那么那些规律也是几何学的，比如土与火的比例关系=立方体与棱锥体的比例关系，如此等等。

迄今为止人们在自然科学中对各维度不屑一顾，这并不奇怪。然而就在几年前，人们还认为不可能理解为什么一般而言空间与物质是依照三个维度延展的，尽管人们真真切切看到，三元结构的这个必然的原型本身就在具备知性的有机组织②之中，甚至每一个三段论都有三个维度。同样不被重视的还有一堆现象对于各维度的明显依赖，这依赖使得现象依照这些维度的比例关系，一会儿显现得多，一会儿显现得少。康德从两种力量（即吸引力和排斥力）的冲突出发说明物质，却**只**赋予这些力量算术比例；从算术比例出发，正如他很好地看到了的，能产生的无非只是空间填充或特殊密度在**等级**上的种种区别，因此他也声明，对物质的特殊差别或地地道道的质的差别的一切构造都是一项完全不可完成的任务。倘若人们在物质的种种形式中才认出几何学的这个一般原型，并在开普勒和古人已经踏上，但很可惜自那以后又被抛弃了的那条路上继续前行，也就是将几何学的种种形式视为原型，而物质的种种必然形式据说就是这些原型的一些摹本——那时人们才能自夸认识了真实的自然科学。作为哲学的自然哲学只用刻画出一切自然科学的这个基础，它就在对于几何学和数学本身的高级观点中；而这个刻画工作是通过前文中最后提出的这个命题进行的。

---

① 亦称"角锥体"。——译者注
② 指人类。——译者注

§122. 物质内部在一般意义上与各维度相应的是凝聚性（或者说：在纯粹作为空间的那个空间内部通过各维度表现出来的东西，在物质内部是凝聚性），**因而维度有多少种形式，凝聚性正好也有多少种形式**。一般而言，凝聚性与维度的这种同一性——或凝聚性成为维度在物质内部的实在表现这一点——是那样得到证明的，即物质内部的凝聚性是使物质得以挣脱与其他事物的同一性，并**自相同一**的东西。但现在看来，对于空间而言的维度，即作为空间的那个空间内部的各维度，正如物质在作为绝对同一性的实体内部的各种差别。只有凭借作为特殊维度的那个特殊维度的出现，与无穷空间相隔绝的东西、自相等同的东西、差别东西、形状也才被设定。——依照三个维度的原型，现在凝聚性也便有了三重形式。那便是：与并不回到其自身之内的线相应的形式；当线分裂为角，而且宽度（而非长度）被划定界限时的形式；以及当凝聚性回到其自身之内（这种状态由流动性最好地刻画出来）时的形式。上述刻画的原因在于，即便流动的东西也有凝聚性，只不过那是一种回到其自身之内的凝聚性。

附释。因此凝聚性也是物质内部所有差别的直接形式，或者说它是那样的一般形式，通过该形式，特殊事物得以挣脱与其他事物的同一性，并自相等同。

§123. 进行肯定者与被肯定者的那种与第一个维度相应的综合，乃是绝对的凝聚性，该凝聚性在物质内部的表现是**僵硬性**。原因在于，既然进行肯定者与被肯定者之间的综合应当是一种单纯相对的，因而绝非绝对的同一性（绝对的同一性在空间内部将显现为一方向另一方的绝对过渡，正如单纯相对的同一性在空间内部将显现为某种分离状态），那么那种相对的综合就只能通过三个点表现出来；这三个点中一个表现出进行肯定者的优势地位，另一个表现出被肯定者的优势地位，而第三个则表现出相对的无差别状态，而且这三个点本身必定又是一体的（否则就根本没有相对的同一性了），在被整体概念渗透时就失去它们的个别性，这意味着它们必定构成**线**。但当两个点由第三个聚合起来时，就有了**凝聚性**，而且是在线的方向上或在**长度**上的凝聚性。但现在看来，在长度上的凝聚性恰恰是我们所谓的绝对的凝聚性，因而也就有了上述命题。——现在看来，一般而言并不返回到自身之内的一切都叫作**僵硬的**。因此线是大自然内部僵硬性的原型，正如凝聚性的第一个维度或第一种形式的表现必然也是僵硬性。

注释。在§74的阐释中我们将线解释为肯定其自身的点，或者解释为将其自身构形到差别之中的同一性。因此我们也可以将线或在一般意义上与第一个维度相应的凝聚性形式描绘成肯定性东西、某事物的概念向被肯定者中的构形——但这种构形只能显现为相对的构形，就点A（它在另一个点B内部成为客体）与点B并不绝对成为一体，并回流到后者中而言，因而也就主观东西与客观东西、进行肯定者与被肯定者仅仅保持在相对的同一性中（这相对的同一性恰恰表现为僵硬的线）而言。——如果A绝对过渡为B，那么正因此，主体-客体化（Subjekt-Objektivirung）或自我肯定就被消除了，因而作为自身性的表现的**僵硬性**就被否定了；被肯定者向同一性中的挥发、化解便被设定了。由此我们便能得出，**只有在A向B之中发生某个特定等级的构形的情况下**，即只有在双方具备某个特定等级的同一性的情况下，凝聚性和僵硬性才持续存在，但如果越过了这个点，物质就必然地且与A向B过渡的程度成正比地被化解或被挥发。上述**等级**本身取决于，如果会产生僵硬性，双方必然显得相互外在，而且作为正相对立的东西而显得仅仅相对结合在一起。

§124. 自内存在（*in-sich-selbst-Seyn*）**的那种与重力中的生命相对立的形式一般而言就是凝聚性，然而又尤其是绝对的凝聚性**。原因在于，凝聚性作为维度的一般对应者（§122），也是差别化的一般形式，以及从同一性，因而也从重力（重力正是同一性）中分离的一般形式。每一个事物都是通过凝聚性而削夺自身的重力的，它肯定了作为其自身的那个其自身，或者说它将同一性、普遍东西、肯定性东西设定为其自身的直接概念。——但**在**凝聚性**内部**，绝对凝聚性又尤其是在最大程度上与重力对立的形式（但正因此，这形式本身又在最大程度上是重力），这一点由下文得以显明。绝对的凝聚性与第一个维度相应，正如第一个维度与时间相应，而且是事物那里的时间的表现。因此绝对的凝聚性也是作为特殊事物的那个特殊事物的**被赋灵状态**的形式，即某种**离心力**形式，正如重力是向心力形式：因此绝对的凝聚性就是物质的自内存在（in-sich-selbst-Seyn）的那种尤其与重力相对立的形式。

注释。我们也可以说，直线中的凝聚性是事物的自我性的表现——是与总体性相分离、与重力（相互的万有引力）相脱离的普遍行动。

§125. 凭借重力而在事物内部绝对成为一体的东西（现实的无限性），**通过凝聚性而被差别化，并在相对的意义上成为一体**。原因在于，一般而言重力对物质表现得就像是绝对无差别的同一性；因此在凝聚性内部作为可区别的东西出现的+与−①，在重力内部就只能绝对成为一体；因而凝聚性也在这种关联下表现出与重力或与绝对同一性的差别。

注释。由此可以推导出：因此即便作为重力的重力也能从某种双重性中，即从+与−中被构造出来。只不过这至少不能那样去理解，仿佛重力是凝聚性的+与−的综合似的，或者仿佛这两个要素作为条件而先于重力似的。重力毋宁是双方的绝对同一性，而这双方又只能从它当中，而不是它能从它们当中产生。——作为**重力**的重力也绝不会由于凝聚性而瓦解。原因在于，作为重力的重力不包含任何差别，因而对于凝聚性而言也就永远保持不变。随着凝聚性一道，特殊的重力固然也同时被设定了。但正如先前已指出的，特殊的重力绝非重力本身的差别，重力毋宁对所有特殊差别表现得漠不相关。

§126. 在一个事物中，重力越与凝聚性等量齐观和成为一体，它的实在性的等级就越高。原因在于，依照§61，一个事物的实在性等级是由它接近于绝对同一性的程度决定的。但现在看来，直截了当绝对的同一性或直截了当来看的大自然乃是光与重力的某种同一，因为**后者**②只是作为实在性根据的大自然，光只是事物自己生命的无限概念，是普遍外显的东西和赋灵的东西。因此一个事物越是在自身内部将作为自己生命的形式的凝聚性（它与光相应）与作为实体内部存在的形式的重力等量齐观，它在潜能阶次上就越接近于绝对同一性，因而它的实在性的等级就越高。——从这个观点出发也

---

① 即正与负，下同。——译者注
② 指重力。——译者注

就表明，重力和凝聚性并非**必然**正好成反比例，以致凝聚性提高时特殊重力减小，双方反而也能在同一个事物中结合起来。——那么这里我们首先也能澄清**特殊重力**概念了，这个概念是个单纯的对比性概念，而且只是将物质规定为**可分割的大小**了，但不是重力本身的一种规定。——通过凝聚性，在其自身而言同一的团块被差别化了，而既然重力促成浓缩，凝聚性则毋宁促成膨胀、延展，而且是离心的。因而凝聚性越胜过重力，团块就越是必然被延展；这就是说，它与空间的比例就越是减小，在同样大小的空间内的团块就越少，这就是说，**重物**就越少。因而这里改变的不是重力，而只是重物。因而重力作为事物在量方面的绝对同一性，正因此本身不受量方面的任何差别影响，正如光作为事物在质方面的绝对同一性，不受质方面的任何差别影响。重力对所有种类的物质保持同样的关系，因而万物在绝对的意义上看是**同样重的**。但由于团块通过凝聚性而得到延展，所以下面这一点取决于凝聚性与重力的比例，即在同样的广延中被设定的**重物**是多还是少，或者说被设定的质量是多还是少；只不过这一点正如整个事情一般，都不能在原子论的意义上来理解，即仿佛特殊重力取决于物体内部结合起来的物质各个部分或原子的总量似的，因为那样就必须主张一切物质都是在有限意义上可分割的了。延展的那种增加或减少①毋宁完全是动力学上的，这就使得（我要说的是）在特殊意义上最轻的物质（按照原子论的观念，比起最重的物质内部，比如比起金属内部，在最轻的物质内部同样大的空间中最微末成分的总和必定要少得多）以和最重的物质同样的

---

① 原文为"+或−"，为使行文顺畅，采用今译。——译者注

连续性填充了空间。同样也不能说，在绝对意义上来看时金属要比（比如说）空气更重：在绝对意义上来看时双方同样重；只有作为定量来看，或者在抽离于同一性之外来看时，一方才比另一方有更多**重物**，或者说这一方有更多那样的东西，它**是**重的且属于重力，多过属于**自身**的、相对于**自身**的、作为**它**的实在东西而被设定下来的东西。

因而特殊重力概念又是一个单纯对比性概念，它对事物的本质或实体根本无所规定。重力甚至不是这个特殊东西带有的**重物**，或它的概念，它是万物的同一性，这同一性可谓是不为任何差别而折腰。但说到特殊重力，那就已经说到一个**事物**的重力了，这就是说，谈的不是绝对重力或在其自身而言的重力。但复又很明显的是，特殊重力也是直接与凝聚性一道被设定的。原因在于，凝聚性是使一个事物得以与其他事物相分离的东西，因而也是使该事物内部质量与广延的比例得以被规定，也就是使该事物填充空间的程度、它的密度，因而它的特殊重力的等级得以被规定的东西。因此正如凝聚性不能在没有特殊重力的情况下被设想，特殊重力也不能在没有凝聚性的情况下被设想。

§127. 凝聚性的模式同时也是一切两极结构的模式。原因在于，依照对§120的说明，两极结构是通过那种方式被设定的，即A与B的某种相对的同一性（在其中A或B占优势）有某种类似的同一性与之对抗（在后者中B或A是占优势的）[①]。但现在看来（§123），这

[①] A与B在两种同一性中的顺序相反，这意味着如果在前一种同一性中A占优势，那么在后一种同一性中，它的对立面B占优势，反之亦然。——译者注

种双重性恰恰也是一切凝聚性的条件,它的模式是线,在这条线冲着一个空间的方向上,肯定或断定相对而言占优势,在它冲着另一个空间的方向上,被肯定者相对而言占优势。

阐释。对凝聚线(Cohäsionslinie)的更精确考察。①

从凝聚性中必然且一般能看出的一点是,它基于三个点的相对统一,其中一个点本身是在另一个点中成为客观的,因而是主观的,另一个点则是这个点本身在其中成为客观东西的那个点,而第三个点则是同时既将前两个点分开(因为它们不应当相互淹没,否则就根本不存在差别化了)又将它们结合起来的点。现在看来,凝聚性的这个形式本身又独立于一切量之外,即在最长的和最短的线中都必然存在着同一种三元结构。我能随意将这条线延长或缩短,这样整体而言总是只有三个点。但正因此,对整体有效的东西对部分也有效,即便无穷分割也是如此。如果我打碎一个磁体(磁体最纯粹地具有这个模式),那么每一个部分,哪怕最小的部分,便又是一个磁体,这就是说,它又具有两极和一个无差别之点。但凝聚性的这个模式同时也是大自然中一切量上的差别的模式。原因在于,正如在均匀紧绷的凝聚线上只有同一个等同的东西,即永远只有A与B的同一性被设定,只不过一方是A占优势,另一方是B占优势,在宇宙中也是如此。(一个磁体没有任何一极是纯粹的南极或纯粹的北极,而总是兼具这两极。)此外,正如凝聚线内部单个的点的规定总是完全相对的,那么在某一种关联下表现A多一点的同一个点,在另一种关联下

---

① 指下一段。——译者注

就表现B多一点①，甚至还表现出+和-的某种无差别状态，所以在宇宙中一切差别都只是相对的，没有任何东西在其自身是受到这种相对的东西规定的。毋宁说正如在凝聚线内部每一个点又是整条线，那么宇宙中的每一个部分本身又是宇宙，而且具有在其自身而言的宇宙的全部规定；只是与其他点相较而言，即不在其自身而言，在它内部才有肯定性东西的某种+或-被发现，这种现象就该点自身而言是不会发生的。这样看来，宇宙中的差别是与同一性同在的，同时也不损害或消除同一性；那么正如我们早前也已使用过这样一条线的几个例子，以便讲清宇宙中的差别的那种比例关系，因此这里就没有必要在此久留了。

§128. **与第二个维度相应的凝聚性形式是相对的凝聚性**。在这里，+与-（肯定性东西与被肯定者）的关系是，后者相对占优势。依照§75，这种优势显现为面或宽度对于立方体体积的优势，显现为线瓦解成差别。

§129. **第三个维度只可能对应于两种凝聚性形式的无差别状态，这种无差别状态在最完备形态下呈现为流体**。只要那两种凝聚性形式还没有达到完全的平衡，因而还只是相对无差别的，就总会有其中的一方或另一方占优势。然而一旦它们相互磨灭，那么由于长度和宽度只可能消失于深度中，就必然有流体被产生出来；因为长度和宽度在同样的意义上被流体否定了，只有在纯粹的球形中，流体才有产生第三个维度的倾向，而球形似乎是流体不可自拔地要采取的形状。这样看来，流动性固然也是凝聚性的一种形式，但这是一

VI, 292

---

① 这两处的"多一点"在原文中都是"+"，为文字顺畅起见改为今译。——译者注

种彻底回到自身的形式。

注释。水呈现为对全部特质的这种纯粹被动的褫夺（至于为什么是被动的，后文中会显明），呈现为原初的流体。

附释1。与通过主动的和相对的凝聚性被设定下来的那些形式或差别所构成的王国形成对立的，是流体的王国。——两者绝不能看作合一的，而是要看作两个不同的世界。因而在物质内部一般说来有两个世界，一个是自身性、形式、差别的王国，还有一个是自身性的褫夺甚或否定的世界；这两个世界可以被设想为相互争执的。——如果说，正如从前文中自然可以推断出来的，物质的所有差别本身又能被还原为一条凝聚线，以至于它的种种差别又仅仅=同一条凝聚线内部各个点的差别，那么这个命题仅仅适用于在其中有着现实差别的物质，却不适用于那样的物质，它与其他物质的差别仅仅在于它是对所有差别的某种褫夺。毋宁说正如前述第一个序列（这个序列向我们呈现的是凝聚性的种种演变形态，而且通过不断扩张而从最大的收缩进展到最大的差别）是对种种差别的断定，反之这另一个世界（流体的世界）则是褫夺，或者说在与前一个序列的争执中成为对所有差别的否定，这否定在下文中会自证其重要。

附释2。在三种凝聚性形式中，第一种又是实在的形式，通过这种形式事物仅仅与其自身相类同，另一个作为对立的形式，是观念的形式，通过这种形式事物也依照其特殊性或形式而（在其他事物中）存在。——此外，由于一个事物通过与实体相分离，同时也使自身与万物的无限概念（即光）相区别，所以在三种凝聚性形式中，第一种形式（通过它，一个事物完全在自身中持存）就与作为有限事物的**无限**概念的光最为对立，但另一种形式则不那么与光相对立，因为通过该形式，事物即便依照其特殊性而言，同时也存在于其他事物中。

现在看来，这里也该更精确地规定凝聚线内部**两极的关系**以及关系的名称了，这件事情越发重要了，因为依照§122来看凝聚性的模式就是一般两极性的普遍模式。——现在看来，如果说问题是**那样的**，即两种本原中的哪一种（无论它是不是肯定性本原或进行肯定的本原）在绝对意义上来看是肯定性的还是否定性的，那么这个问题就不言自明了，因为毫无疑问的是，进行肯定的东西也是肯定性的，因而对立中的另一方就是否定性的。但如果问到双方的相互关系必须如何被规定，那么在这里，下文所述便进入考量之列。物质或团块在其自身而言是一体的，到处都自相等同的。将一般团块或隶属重力者的某个部分设定下来的东西，作为一个**事物**、一个特殊东西的团块（而且由此那东西还与团块的总体性分离开了），恰恰是肯定性东西，该肯定性东西将团块①的那个部分作为在其中得以构形的身体，据为己有；就此而言，肯定性东西表现得像是特殊化的本原，是在特殊意义上**进行生产**的东西，就此而言团块作为万物共有的东西、同一性东西以及一般性东西与之形成对立，以致在上述关联下肯定性东西作为总体性的否定者来看，似乎也可以被设定为否定性东西，那么作为一般性东西，因而作为肯定性东西的团块就与该否定性东西形成对立，尽管只是在**这种**关联下。然而很明显，只要人们对希望用+或-称呼什么达成了一致，那么在其他场合如何标记

---

① 指一般团块，而非已成形的特殊东西的团块。下文中多处"团块"同此。——译者注

都是无所谓的;①更有甚者,如果谈论的是某个正极或负极,那么无论如何以此刻画的都只是那样一个要素在占优势,人们将+或-赋予它,说这个要素是A或B都是可以的。但更重要的是要说明,一个或另一个要素的优势本身是依照什么被规定的。如果我们设想一条线ABC(图1)②,在这条线上C表示无差别之点,A和B表示两极,

图1

那么整条线一般而言就是某个事物自我肯定的形式。这种自我肯定的顶点必然在C中,因而依照§123的注释,这里必定会成为普遍东西构形入特殊东西之中的那样一个等级,在那个等级上僵硬性在最彻底的意义上持存。在这个点之外且相对于这个点而言,可能会发生的只有这种构形的,因而也包括从A到B的过渡的增加或减少。③——自我肯定要求的是B的某种程度的差别化、客观化。这种

---

① 指+与-两个符号都只有相对于对方而言才有意义,或者说相对于我们的规定与共识才有意义,那么只要我们对某符号指称某一类现象(另一个符号也便相应地指相反的另一类现象)达成了一致,它们具体何所指就是无所谓的,比如我们完全可以将现今用+指称的所有现象全部用-来指称。——译者注
② 谢林称呼一条线的方式与当今几何学的方式有所不同,当今几何学只以两个端点指称,而谢林在两个端点之后还附加一个表示无差别之点的C(见图1-2-1)。读者不要误认为C是线AB的中点(或许正是出于这样的考虑,谢林在图中并未将C置于A与B的正中间,而是放在正中间偏左的地方,这一点可参见下文边码第297页)。——译者注
③ "增加"与"减少"在原文中分别是,为使译文顺畅上口,未保留数学符号,采用今译。后文中我们依照不同语境,有时保留"+""-"的写法,有时译作"增加""减少",有时译作"多""少",不另说明。——译者注

差别化只有在C中才达到。因而这种自我肯定或凝聚性从A到C是在不断增加，从C到A却是在减少。这就是说，在A中出现的是最低程度的差别化；在这里**被肯定者**还迷失于进行肯定者内部，在C点才发育成熟的生命在这里还像是被锁闭在一个调色板中似的。只有逐渐从A走向C，肯定性东西才能在被肯定者中成功客观化，并与被肯定者进入那样一种关系或平衡状态之中，在其中彻底的自我直观或自我肯定成为可能。因而肯定性东西在从A到C的整个长度中居于支配地位，以至于当我们依照A的优势地位来规定某一极的肯定性时，A就是正极。肯定性东西依其本性而言乃是同一性；该东西由那样的点来代表，该点是被肯定者单纯的无限可能性，还不具备现实的被肯定状态。因而从C到A就出现了追求同一性、收缩或点的持续不断的趋势，而在A中，物质真的似乎就被还原为点了（比如在那里金刚石就落入整个地球的凝聚线中了）——正如反过来看，从A到C发生某种持续不断的膨胀，该膨胀在C中终于达到产生最彻底自我肯定、最大僵硬性的那个程度。因而在整条线ACB上，AC这一侧是包含支配性的、**主动性**的凝聚性的那一侧。——然而随着肯定性东西居支配地位这一现象一道，必然还有最高的**特殊化**（*Besonderung*）被设定，而且就人们将重力或团块视为普遍东西，却将肯定视为普遍东西的否定者而言，这里的负极就不是A这一极，而是B这一极。在A这里，以及在整条线AC上，还没有C中那种活生生的僵硬性，因而毋宁只有僵死的僵硬性，后者我以硬度来刻画。——现在我们来考察这条凝聚线的另一侧，如果说在A中被肯定者还迷失于进行肯定者内部，因而被设定下来的是随后从A到C延展为线的那个点，那么我要说的是，在从C开始进展到B的过程

VI, 295

中，进行肯定者越来越迷失于被肯定者之中，即同一性越来越迷失于差别之中。如果说过去在彼处有收缩的趋势，那么在此处必然有膨胀的趋势，如果说彼处谈论的是点（空间的否定）上的事情，那么此处谈论的是总体性或无限空间的事情；而即便物质在其挥发为气体的最后一瞬间也是与无限空间无别且真正合为一体的。因而即便我们称作**相对**凝聚性（即线向面的瓦解）的东西，也落入这个方向了，然而该凝聚性总是隶属于第一个维度的。在此空间胜过了时间——然而物质即便在这条线最外端的点中也还是差别、极；的确，物质越接近两端，它的差别便越增加。因此，所有差别的绝对褫夺，即水，就不可能一同存在于这条凝聚线中；它毋宁与点C相对抗（该点是相对的无差别之点，且通过其朝着各对立方向的收缩与舒张而成为物质的所有差别的设定者），它作为绝对的无差别之点与该点相对抗，因而在哪里都没有落入这条线之中。如果我们由于点A那里被肯定者曾迷失于进行肯定者之中，便将A点称为正极，那么点B则反过来是A的对立极，因为这里被肯定者是主角。但如果我们将+号加于B上，那么前一个点就成了B的对立极，B点就成了正极。即便现在，我也还保留后一个名称，正如我在我此前的著作中选用的那样。这就是说，既然真正说来在整条线ACB上发生的都是从A向B的不断延展，那么就此而言我也会用+极刻画发生在B中的延展的增加，反之用-极刻画A中的最小值；只不过在这样刻画时人们万不可忘记，+和-在这里表示的不是各特殊要素本身的本性，而总不过是一方对另一方的相对优势，因而正极在这里并不是肯定性本原占据的某种优势，而是（如果我们将+或-加于B上）刻画了B或被肯定状态、延展的某种增加，反之亦然。

接下来还有几点反思，这些反思是从刚才对凝聚线的构造中得出的。

a）由于在从C向B进展的过程中物质接近于其膨胀状态，在从C向A进展的过程中它便接近于其收缩状态，所以点C也就并未落在空间上的或**数学的**中点上：正如它在动力学的意义上自然是中点。如果我们将肯定性东西与被肯定者的关系设想为在整体上而言总是且必然是类同的东西，那么肯定性东西在AC中的增长便必定有被肯定者在AB中同等的增长与之相对抗；就此而言双方在动力学的意义上是相等的，但在CA中是收缩的趋势，在CB中则是膨胀的趋势；因而在前者那里质量与广延的比例较小，在后者这里则较大；因而如果在AC中和在CB中的质量同样大，那么C离A必然比B离A更近。因而一般说来：凝聚线的无差别之点从不严格居于数学中点上，而是较接近于B的对立极。这一点不仅在每一个磁体中得到证实（在那里无差别之点总是较接近于北极，即正好接近于B的对立极），**斯蒂芬斯**①也极有可能早已基于经验的理由发现了，即便地球的物理赤道②也较接近于北极，而不是南极。

b）我要提醒的是，即便在主动的凝聚性与相对的凝聚性之间也存在的那种单纯量上的差别。原因在于，相对的凝聚性是通过肯定性东西向被肯定东西中的构形的某种单纯增加，而从主动的凝聚性中得出的，这就使得每一条凝聚线在自身中复又包含主动的凝聚性

---

① 斯蒂芬斯（Henrich Steffens，亦写作Henrik Steffens或Heinrich Steffens，1773—1845），挪威－德国哲学家、自然科学家、大学教师与诗人，《地球内部自然史论文集》（*Beiträge zur inneren Naturgeschichte der Erde*）是其于1801年出版的著作。——译者注
② 当时的地理学概念，可能与黄道相对而言。——译者注

和相对的凝聚性,以及二者的无差别状态。(在前文中那条线内部,AC=主动的或绝对的凝聚性,CB=相对的凝聚性,C=无差别状态。)在一条极其贫乏的凝聚线上的现象中,这一点当然呈现不出来,尽管(比如说)在磁体的凝聚线上,一面必然表现出主动的凝聚性的某种+(这是北极),另一面必然表现出相对的凝聚性的某种−或+,这在整个地球的凝聚线上是极为明显的。原因在于,地球的北极很明显具有更高的主动凝聚性,因此地球在这里显得密实、紧致,团块也显得拥挤。相反,南极仿佛多多少少化解了主动凝聚性,坚实的陆地仿佛瓦解为岛屿,因而绝对的凝聚性仿佛瓦解为相对的凝聚性了。所以太阳系的一面明显更多表现出主动的凝聚性,另一面则表现出相对的凝聚性的出现,以及向卫星的瓦解。现在我们来更进一步讨论。

§130. **物质的所有现实差别都与凝聚线中的差别类同**。——整个的前文包含了这个命题的证明。不言而喻且被人留意到了的一点是,所有差别的褫夺在这里并未进入考量,或者说不能一道被纳入上述命题之下,因为那毋宁是所有差别的共同对立面。

附释:因此物质的差别绝非绝对的差别或在本质方面发生的差别,而只是相对的差别;因为凝聚线上的差别只是一种相对的差别,既然不言而喻且可以证明的是,每一个点的本性(比如它是肯定性的、否定性的抑或无差别的)由以得到说明的每一个可能的潜能阶次都只是在比较的意义上,而不是在其自身而言归于该点。

§131. **使各种物质得以相互区别的所有质,都是由它们与各维度的特殊比例关系规定的**。原因在于,依照§129,物质的所有差别都=凝聚线上的差别。但现在看来,依照同一处的几点阐释,整条凝聚线上的差别在于,一端尤其表现了绝对的凝聚性,另一端尤其表现了相对的凝聚性。但这两种凝聚性对应于前两个维度。但就第三种凝聚性不仅仅是这两种凝聚性的相对无差别状态,而是这两种凝聚性相互化解,因而是绝对无差别状态而言,通过绝对无差别状态被设定下来的绝非任何质,而毋宁是无质的东西。由此得出:一种物质是否具有可区别的质,这无论如何都取决于与各维度的比例关系;在第一种情况下,它们的质或者由与第一个维度的比例关系,或者由与第二个维度的比例关系规定,但在另一种情况下,它们在质上的缺陷和它们与第三个维度的比例关系关联在一起。

§132. **所有物质在其自身而言是同一个东西**。(这是在肯定的意义上说出了§130附释中仅仅在否定的意义上说出的东西。)原因在于,它们的差别仅仅基于它们被设定于其下的那个呈现者,即仅仅基于凝聚线上肯定性东西与被肯定者的多或少,但即便这种多或少也基于单纯的比较,每一种物质在为其自身且超出所有比较的意义上,即在真正的意义上来看,都是肯定性东西与进行肯定者的无差别状态,既然如此,真正说来就根本不存在差别,所有物质在其自身而言反而是同一个东西——因而这里也只存在彻底的同一性。

§133. **每一种具有特定差别的物质,都必然有另一种具有对立差别的物质与之对立**。原因在于,两极性的规律是物质的一个普遍规律(依据§120)。此外,倘若通过A+B组合的每一个特定的差别(假如,比如说,A占优势),不是直接有某个对立的差别(因而该差别中B占优势)被设定,那么A或B在大自然中就在绝对意义上被增加或被减少了,而这是不可能的(公理IX)。

附释1。但现在既然每一种物质都与另外的每一种物质①有某种比例关系，即前者对于后者而言或者代表了A的某种增加，或者代表了B的某种增加，那么**所有物质**一般而言在自身内部都按照两极性的方式排列。

附释2。既然在这个意义上每一种物质都有另一种物质与之对立，都直接或通过第三种物质再与这另一种物质结合，进入差别的消除状态②，正如+与-结合起来总是产生0，此外既然物质的所有差别都是**同时**存在的，那就表明，**在整体上**即在无限实体本身中存在着的，如何是所有差别的真正消除，同时却没有因此而消除就各个事物而言的所有差别。

附释3。既然物质的所有变体形式都根本无关乎实体，在万物中实体毋宁都是相同的，只有现象的呈现者或只有潜能阶次才有所不同，那么所有物质的现实的变体形式都必须被刻画为单纯的**变形**（*Metamorphose*），即刻画为实体的同一性在其中得以维持的那种变换。

下文包含这种变形的若干一般规律，这些规律是从前文中得出的。

§134. **在一个事物内部所有潜能阶次或维度越是同时既相对结合，又相对不可分离地存在，该事物的实在性等级便越高；反之在它内部各维度越是零零散散各别出现，它的实在性等级便越低**。原因在于，关于第一种情况，那么一个事物在它**那**比例关系上越接近于

---

① 这里"每一种物质"与"另外的每一种物质"的关系不是某种物质与它之外的任意一种物质的关系，而是同一个两极格局下两两相对的物质的关系。——译者注
② "消除状态"原文为"0"，为使中译文通顺上口，采取今译。——译者注

所有维度在其中一体无别的那个绝对同一性，它的实在性等级也便越高（§61）。在相反的情况下则反之。

注释。既然在重力中所有维度都是在同样的尺度和目标中被设定的，那么随同重心的第一种差别化一道被设定的必然有所有维度的某种争执。因此我们在物质内部也将发现各维度不是纯粹分离的，而更多是处在某种相对的混杂状态中，而且发生争执的各维度在同一个事物中越是相互交叉，在我们看来物质就显得越具体。

§135. **在一个事物内部所有维度越是相对结合，该事物在自身中便越将差别或生命与重力结合在一起，反之亦然**。原因在于，重力是所有维度的同一。

附释。因而我们在这里也被带回到我们先前已经在另一处语境下提出过的那个命题上，即一个事物越是将自内存在（in-sich-selbst-Seyn）的形式或凝聚性与重力结合起来，它的实在性等级便越高。

现在我们还需要在变形的产物上证实这些原理，就它们在感性方面已为我们所知，因而在**地球变形**的产物上已为我们所知而言。但我们的任务也仅仅在于单纯的证实，即仅仅在于指明每一种构造的相应的具体表现。因而：

1）整个变形或整条凝聚线的对立的两极可以被规定为延展的最小值与最大值。（这一点从前文中不难明白。）在最小值中被肯定者迷失于肯定性东西中，在最大值中则反之，肯定性东西迷失于被肯定者中。

2）延展的最小值是点。在点和无穷空间的无穷延展之间的一些必要形式，是线、面和圆或层面。

VI, 301

3) 关于点可能有双重看法，即一种否定性的看法和一种肯定性的看法。在否定的意义上看，它不过是对一切广延的否定。但在肯定的意义上看，它却是层面的对立面；它是圆周与圆心重合的圆。因而在第一个意义上的点是僵死的点，在第二个意义上的点是活生生的点。因而处于前文指明的那种进展中的点必然与层面①有某种关联，正如线必然与面有某种关联。原因在于，正如面只不过是裂解的线，层面也只不过是延展的点。

4) 凝聚线的两端又表现为肯定性东西与进行肯定者。②原因在于，能动的或绝对的凝聚性=肯定性的凝聚性，相对的凝聚性=被肯定的凝聚性。——点是肯定性的圆，圆是被肯定的点。同样，线是面的肯定性东西，面是被线肯定的东西。因而点和线属于前一端（AC），面和圆属于另一端。

5) 因此点、线、面和圆乃是凝聚性能在其中表现出来的四种一般形式，而由于最实在的事物是在自身内部将重力与凝聚性最紧密结合起来（结合为一种双重生命）的东西，那么通过**重力**与**点**、**线**、**面**、**圆**的综合，最实在或最独立的物体便被设定了。

6) 与恰当的重力结合起来的凝聚性表现出来就是**金属性**。因而前述四种形体就呈现出元金属（Urmetalle）③，这些元金属中的每一个都在其层面上表现出重力与凝聚性的某种综合，因而每一个

---

① 这里的层面（Sphäre）是一个颇有古风的概念，它不是无边无际的面（Fläche），而是有一定领域、范围的圆面。在本书中它有时甚至指立体性的球体。——译者注
② 原文如此。从下文论述来看，此处"进行肯定者"（Affirmirendes）疑为"被肯定者"（Affirmirte）之误。——译者注
③ "元金属"（Urmetall）是当时的一种概念，指铂、金、银、汞这些贵金属，这个概念不同于"原金属"（后者相对于合金而言，指纯净的单一金属）。——译者注

又在其层面上刻画了重力与凝聚性的绝对无差别之点。——现在看来，在地球上真的有对应于这四种元金属或贵金属的表现形式：

a）在凝聚性的那样一个层面上，即当肯定性东西达到了相对的最大值，或者说当凝聚性趋向于成为点时，凝聚性与重力的无差别之点就通过**铂**表现出来。铂并不仅仅是在特殊意义上最重的金属，也是除铁之外最具有凝聚性的、最坚硬的金属。凝聚性趋向于成为点，是那样表现出来的，即铂只在**冲心錾**①中才折断，而冲心錾本身不过就是无凝聚性金属——汞——在其中发生融化的那种相应的**僵硬液滴形状**。因而对于凝聚线的这个层面而言，铂又成了无差别之点。（凝聚性的这种在差别中与重力一道趋向于成为点的形式，通过**金刚石**表现出来。不仅这种石头的适当的硬度，甚至它容易受磁影响这种完全特定的性质，都显示出它处在凝聚线的肯定性一端上。）

b）在凝聚性趋向于成为线的那个层面上，凝聚性与重力的无差别之点通过**银**表现出来。——在铂之后，银是唯一将可观的特殊重力与适当的主动凝聚性结合起来的金属。它对应于线，正如铂对应于点。——现在这里出现了作为收缩与膨胀、点与线的综合的相对无差别之点——出现于**铁**中。

c）在被肯定者达到相对的最大值的那个凝聚性层面上，或者说在凝聚性趋向于成为膨胀的那个层面上，凝聚性与重力的无差别之点通过**金**表现出来。——在金中尤其显示出相对的凝聚性，这一点通过它异乎寻常的可延展性和可接受最大程度的平面扩展的能力显

---

① Körner，一种技术工具，亦译"冲子""冲心凿"。——译者注

示出来。因此金的凝聚性对应的形式是**面**。

d）在凝聚性返回其自身中或第三个维度居于支配性地位的那个凝聚性层面上，**汞**作为重力与凝聚性的无差别之点呈现出来。汞将可观的特殊重力与液态流体结合起来。它相应的形式是圆或层面。

e）在层面（三个维度在层面内部以完全类同的划界方式出现）之外，现在还剩下的就唯有无限空间本身了，这些维度在该空间内部以完全不划界的方式出现。与该空间相应的必然是金属最大程度的挥发，在它那里各种金属只不过还在一般意义上填充空间，同时却没有出现某个特定的维度，哪怕是第三个尚被支配的维度——正如在液态流体中那样。物质的这种状态便是气态；因为物质在这里甚至一次也没有再表现出向着球形转变的趋势。因而正如在变形的一端，物质似乎努力要完全回到同一性之中，即回到点之中，在这里它迷失于无限的延展中，与无限空间结合起来了，它作为气体与该空间完全不可分了。在变形中，物质通过在挥发性金属内部不断膨胀而接近这一端。在我们当今的化学中，这个产物本身被称为氮。该气体依照金属的所有可能的特征而存在，而且不是别的，只是某种化解为气状的金属，正如汞是一种可滴的流体金属。（因而一般说来变形经过了那样一些层次，它们符合如下这些形式的进展序列：线、面、圆和无限空间。——正如一方面收缩的最大值通过金刚石，即最纯净的炭，呈现出来，另一方面膨胀的最大值通过所谓的氮呈现出来，而氮显得挣脱了地球。正如收缩在凝聚性中与土地同在，如同动物，膨胀则如同植物。①）

---

① 指植物努力挣脱土地的束缚。——译者注

f) 联系到§134，还能对四种元金属做出第六个评论。那里曾主张："一个事物越是显示出所有维度的相对结合，它也会越将无差别状态的差别结合起来，即显得越实在。"这一点要在贵金属上得到证实。僵死的点在某种单纯否定的意义上包含了所有维度，这就是说，那些维度全都被该点否定了（因此金刚石的特殊重力与凝聚性相比较小）。作为无限断定的活生生的点在肯定的意义上包含了所有维度；与点相应的金属凭着可观的凝聚性，具有最大的特殊重力。——所以相对的凝聚性或面也就包含了线和第一个维度；第三种形式，即无差别状态这种形式，则包含了两种形式，因而后两种形式在铂之后是在特殊意义上最重的形式。最不包含其他维度，最排斥其他维度的维度，是第一个维度；因此即便银也算是贵金属中在特殊意义上最轻的金属。除了作为土地的直接产物的那两种核心金属之外，现在凝聚性与重力的两种统一体由于其他金属的作用而渐行渐远，因而真正说来它们只是半金属（Halbmetalle）。

§136. 变形就其通过主动凝聚性被设定下来而言，必然从通过点（作为对所有维度的断定）和线达到的对所有维度的相对否定①，进展到膨胀与收缩、点与线的相对平衡；从那里再通过第二个维度（作为线上的差别）和第三个维度或层面凝聚性形式进展到广延的相对最大值中所有维度的消除，或者说进展到无限空间的对应物。——因而整体便凭着种种相应的产物如下这般呈现出来：

与作为所有维度的相对否定的点对应的是土地本原。

---

① 这里对所有维度的断定和相对否定并非绝对对立，点既是对所有维度的断定，也是对它们的相对否定。——译者注

与作为肯定性东西的点对应的是铂。

与线对应的是银。

与点和线的综合对应的是铁。

与面或第二个维度对应的是金。

与深度或第三个维度对应的是汞。

与无限空间对应的是气体（氮）。

§137. 现在看来，刚才描述的**整个序列在整体上又服从于主动的凝聚性**。这一点从上文来看不言而喻。原因在于，这个序列呈现的不是别的，只是肯定性东西向被肯定者中、普遍东西向特殊东西中不间断的构形，而这便是作为所有绝对凝聚性之基础的那个统一体。

因而这整个序列的特征也还是金属性的特征，是在自身中存在（in-sich-Seyn）的特征，而且自身性的这种特征即便在该序列的两端上也并未失落。

附释。因而就相对的凝聚性或无差别状态在这个序列中出现而言，这些形式在整体上却还总是服从于主动的凝聚性。——此外，这个序列的两端还相互表现为两极，而且是同一条凝聚线的两个端点。

§138. 完全基于绝对的凝聚性之上，且在细部与整体上均针对连续性、针对类同者在类同者中的延续而发生的**这整个演进序列，必然有另一个演进序列与之对立，后者是针对连续性的否定而发生的，而且对应于相对的凝聚性**。原因在于，既然依据前一个命题，在上文描述的整个变形中真正说来只有主动的凝聚性居于支配地位，那么**整体上而言必然又有相对的**凝聚性作为对该主动凝聚性的否定，与之对立；或者说既然物质在主动的凝聚性中是单纯离心的，那么必然有一个向心的方向与这个离心的方向对立。在主动凝聚性那里发生的是失散,是相互独立性,在相对凝聚性这里发生的则是**建立**,而建立总是与第二个维度相应。——现在看来,正如主动凝聚性是所有差别的设定者,相对凝聚性必然是所有差别的否定者(只不过这种情形仅仅发生于这些差别的绝对无差别状态中)。

附释1。因而在大自然中也存在着两种同样原初的、对立且争执着的行动,一种是对物质的自内存在(in-sich-selbst-Seyn)的断定,另一种则致力于否定所有在其自身存在。

附释2。正如前面第一个序列是通过产物来刻画的,后面第二个序列也是如此。

§139. 在这第二个序列中,由于该序列冲着所有差别的否定或褫夺而发生,所以除了下面这种差别之外,再也不可能有其他差别了,这种差别就是,**所有自身性的褫夺或者更多地在肯定性的意义上,或者更多地在受动的意义上被设定**。——原因在于,在对一切自身性的彻底否定中,除了已指明的这种区别之外当然再没有其他任何区别了。原因在于,正如在前述肯定性序列中有一极表现得更具有肯定性,另一极表现得更加被肯定,在**这里**的序列中必定也是如此。只不过由于在这里没有任何**断定**被设定,只有否定被设定,在彼处进行肯定的东西,在此处必定显得进行否定,而在彼处被肯定的东西,在此处则必定显得被否定。

附释1。第二个序列的两极性,或者说(由于第一种两极性在整体上来看是主动凝聚性的两极性)第一个维度上的两极性,一般说来是通过两个产物来刻画的,其中之一表现出对一切自身性和凝聚性的最高的被动性消除,另一个却是一种敌视所有自身性和凝聚性，并消耗着它们的本原。

附释2。由于依照§129注释，对一切差别的彻底褫夺是**水**，因而两个已指明的本原的无差别状态就是水本身了，或者说前述两种产物就仅仅标志着水本身的两个对立状态了。这就是说，在水内部**主动地**被设定的对所有特殊性的彻底褫夺成了进行消耗的本原；同一种褫夺被动地被设定时必定通过在变形的某个特定层面上最高等级的非凝聚状态表现出来。（有两种产物归于此处，我们的化学将这两种产物称为氧和氢。氢是整个地球上在特殊意义上最轻的、无凝聚性的实体，在这种实体内部物质仿佛自行发亮，与光的关系最密切；氧是大自然中普遍起消耗作用的本原，是其他万物都得凭着它才燃烧的东西，因而也是与变形的所有维度和形式都对立的东西。）

在我进一步追索这种两极性之前，我想先说一点一般性的话。

§140. 物质在完全服从于某个特定潜能阶次时显得是单纯的，显现为元素。每一种物质都仅仅通过它的呈现者或潜能阶次才与其他所有物质区别开来（§130、§133）。物质越发实在或具体，这些不同的潜能阶次便越发在相对意义上结合起来。比如说，在主动的凝聚性的最高等级上，肯定性东西和被肯定者这两个对立的潜能阶次完全处在平衡状态；反之，物质越接近其极端，这些潜能阶次便越是截然有别地出现，而我们现在就是在同样的关系格局下说，物质显现为单纯的。——要证明这一点，我事先要说明的是：我称为单纯的是实体与质在其中合而为一的那种东西。这就是说，质由于基于形式，在具体事物中便显现为实体的单纯偶性，并显得可以与实体相分离。（正如我们在下文中会发现的，基于此便有了物体的一切所谓的可分解性。)因而现在当质与实体融合无间,以致两者不可能再进一步分离,物质必然显现为单纯的。但现在看来,恰恰只有当物质完全服从于某个特定潜能阶次时,才会发生这种情况。比如说,如果某种物质的质由肯定性东西与被肯定者的相对结合来规定,那么物质在被差别化时,就能在两种对立形式下(即在+和−下)显现,这就是说,实体在这里就可以与质相分离,质就显现为偶性了。反之如果物质仅仅或首先被设定增减所属的那个潜能阶次,那么该物质似乎就不可被进一步差别化了,因为它已经达到了差别的最大值;因此它将显现为单纯的,显现为元素。(由此已经可以看出元素、材料等概念完全是相对的了。)进而便有了下文所述的东西,而且上面这一点也可以如下这般来表述:

附释1。大自然不存在在实体方面各不相同的原始材料或元素;毋宁说在所有元素中只有**一个**实体(物质),但该实体却被设定在不同的呈现者(Exponenten)之下(因而根本不存在化学意义上的材料[①])。

附释2。因为这些呈现者是物质的赋灵者和能动本原,所以材料的本性可以这样来刻画:就物质显得与为其赋灵的本原完全一体而言,材料是物质。或者说材料的概念是:完全成为物质,因而完全成为能动的,因而也成为精神性的。因此就各呈现者是物质的赋灵者而言,它们本身也可以被视为事物的一般**心灵**,但这些心灵从不显得独立于物质之外,而且在各原始材料中完全是有身体的。(即便在这

---

① 指化学上以各元素为终极要素的做法,参见下文"附释2"中的论述。谢林认为化学上所认定的各元素其实是更深刻的同一种根据——物质——的不同表现形式,该终极物质还不具备质上的种种差别,所有元素的终极物质都是同一个。——译者注

里，通常的表象也是那样的，即各元素被认为先于整体，但不是整体先于各元素。化学尤其是从它称为材料的那样一些抽象物开始的，并使地球的其他物体由这些抽象物聚合而成。只不过即便在这种关联之下，大自然中也没有任何物体真正是聚合而成的，毋宁说**物质作为同一性或依照实体而言**以更潜在的方式或就可能性而言将所有那些呈现者都包含在内了；若是没有光的敦促，那些呈现者似乎要永远昏睡了。)① 现在看来，在与物质本身生成自己特有的生命**同等**的程度上，在实体内部曾经**合一**的那些潜能阶次发生差别化，并各别产生出来。因而当它们通过**实在**本原（而即便主动的凝聚性也的确只是**实在**本原，只不过它又成了重力，而重力现在是以其他形式在起作用）的力量，还被迫聚集在一起时，物质显得还更具体、更无差别；在与重力通过持续不断的差别化而被克服同等的程度上，各个潜能阶次为其自身而产生出来，而在凝聚性序列的各端点上，物质必然显得尤其只归服于**一个潜能阶次**，比如肯定性潜能阶次或被肯定的潜能阶次，因此也不再能够被进一步差别化，因而是单纯的。

§141. 在大自然中只能设想四种元素或原始材料。——原因在于，依据前文中的构造，只有两个原初的物质演化序列存在。第一个通过主动的凝聚性被设定，且只有两个边界点，在一个方向上的边界点是肯定性东西的相对最大值，因而在那里物质完全在这个呈现者下显现，在另一个方向上的边界点是被肯定者的相对最大值，因而在那里这个潜能阶次在物质中居于支配地位。现在既然材料或元素只在差别化达到最大值的地方出现，那么通过物质的第一种演

---

① 原文中括号只见起首，不见括回，译者试着在这里括回，但依然存疑。——译者注

化，也只有两种元素或本原被设定下来；第一种本原对其自身完全是肯定性的，因而也最在其自身之中。该本原将显现为最僵硬和最具凝聚性的物体的灵魂；我们称之为土地本原，即所有物质内部真正**属地的**本原，即便最古远的化学家，也已将该本原称作神圣实体的最高褫夺——称作神圣实体的炭了。这些本原中的另一个刻画出同一性构形到差别中的最高等级，因而也刻画出被肯定状态的相对最大值。正如我们早前发现的，既然在这个本原中又化解和接纳了所有维度，因而该本原在映像中最类似于原型，所以我们想称之为**映像性**本原。它一定会在自身中铸造出一切形式中最庄严和最漂亮的形式，并最灵巧地将各种理念的种子接纳到自身中。——因而物质在由主动凝聚性规定的变形过程中失落于两极之中，其中一极的特征是肯定性东西的支配，另一极的特征是被肯定者的支配。就在这两个点上达到了差别化的最大值而言，实体显得与它的质是一体的，反之亦然；因而实体可被视为单纯的，或被视为材料。在与这个序列对立的层面上又存在着两极。对一切自身性的褫夺将或者更具肯定性，或者更加被肯定，或者被设定为无差别的，以致对这些规定中的每一个都无所谓。在这三种不同的形式下，总有同一个东西被设定，即水。——因而这里的物质同样只在两个不同的潜能阶次下显现，且就此而言显现为**材料**，同时却只是**一个**实体，正如在肯定性序列中那样。由此那个命题便得到了证明，即在大自然中只可能有**四种**元素，如果说原始材料只被理解成物质的某个极端，在那里物质尤其在某一个或另一个呈现者下被设定。如果我们将这些呈现者称为物质能动且有效的本原，那么在它们所有的变化形态中也就只有四个本原在起作用，从这些本原的相互争执中产生了物质的所有特殊形态，这四个本原就是1）自身性的灵魂，2）非自身性，3）映像性东西，4）大自然消耗一切的火灵（Feuerseele）。

这里为了讲清问题起见，我们还想就**这四个本原的相互关系**做一些评论。——关于消耗性的本原人们可以说，它不属于任何特殊的潜能阶次，而毋宁与所有潜能阶次相对立。因而在大自然中该本原表现为**神性的**、消解万物的本原。但在其作为材料的物质性现象中，它并非纯粹的本原、纯粹的行动，它毋宁是沉陷到物质中的，并支配着物质，使得物质似乎具有了仅仅归于在其自身且为其自身的本原的那种特质或作用方式。现在看来，这个本原必然最与自身性相对立；因而也**最**会将它那摧毁性力量对准僵硬性居于支配性地位的那个层面，并且或者彻底消解土地本原的产物（正如恰恰在这个层面的最坚硬物体金刚石身上发生的那样，金刚石通过燃烧彻底消失于雾气中），或者迫使该层面的僵硬性消解为相对的凝聚性，因而在一般意义上减少该层面的实在性，这种情形在大自然的一般燃烧过程中或多或少会发生。（这里我要补充说明的是，我不仅将消耗性本原理解成，比如说，真正的气态氧，还理解成水本身。原因在于，水也是**消耗性的**；比如说，它直接侵蚀金属，并将其溶解，为此它只需外来的限定，而无需，比如说，被限制在大气的氧中，而且仿佛需要消耗其他东西似的。①）因而如果消耗性本原与自身性本原相敌对，那么反之，最大限度消除一切凝聚性的，而且我们为了在一般意义上进行刻画而希望称之为燃素（因为该本原是最可燃的）的那种本原，虽然会被对立本原消耗，但通过与后一种本原相结合而在其

---

① 指水侵蚀金属不像燃烧那样需要消耗一定量的氧气。——译者注

实在性上远非被减少，反而会得到更多实在性，而且在抛弃它的特殊性之后（因为它总归表现了某种特定的潜能阶次，是膨胀的）回到它的本源之中，回到无潜能阶次的水中，而水正如品达①所说，是万物中最高贵的。——但真正映像性的本原也会与消耗性的本原相对立，只不过由于它在映像性要素或实在东西中便是消耗性本原仿佛在原型要素中所是的同一个东西，那么它作为最独立的本原，恰恰显得不可再消解了，而且在与那由于融入了消耗性本原而损失了实在性的土地本原形成对立的情况下，毋宁会有所斩获，正如它通过这样的融合②从气态凝结为液态东西或者转变为更具体的东西。——现在我们依照前文的论述，可以将我们在§138中还说得不太确切的东西，彻彻底底确切地论说如下。

§142. 在物质及其变形过程中有两种相互对立的两极性为了产物而陷入争执。第一种两极性是长度，另一种是宽度，前者是主动的凝聚性，后者是相对的凝聚性。——这就是说，在§138中已经得到证明的是，第一个演进序列（肯定性的）有一个否定它的演进序列与之形成对立。但在那以后，我们在§139，也在§140的种种阐释中，已经在后一个演进序列中同样证实了某种两极性。因此在物质内部就整体和就细部而言（这一点从来都是不言自明的）并非只有一个东西，而是有双重的两极性，这种双重的两极性在自身内部也产生了某种对立；一种两极性对应于长度或第一个维度，因而也对应于主动的凝聚性，另一种两极性对应于第二个维度，因而也对应于相对的

---

① 品达（Pindar，希腊文作Πίνδαρος，拉丁文作Pindarus，生于公元前522或前518年，卒于公元前446年之前），希腊新抒情诗人的典范。——译者注
② 指通过与消耗性本原的结合。——译者注

凝聚性。

附释：两种两极性的端点规定了四个世界地带。（它们的名称自然是无所谓的，然而就地球而言很明显的是，长度上的两极性是南方与北方构成的，而东方与西方构成的则是宽度上的两极性。）两种两极性的这种对立是一个普遍的自然规律，当这条规律被认识到之后，从它出发便可以看明白，那些最伟大的、先前也最不被理解的现象其实是必然的后果。该规律必然会极大地影响整个地球的构造、它的历史与结构形态，以及整个自然天文学；而且人们越是尝试依照该规律认识大自然，这种影响将会被证明越大。既然重力的方向显得是往下的，因而光的方向显得是往上的，那么即便特殊事物六个方向上的整个立方形规定，便都有了；其中两个方向（上与下）是由光与重力，两个方向是由长度上的两极性，两个方向是由宽度上的两极性规定的，而这两种两极性中，长度上的两极性又更近似于重力，宽度上的两极性更近似于光。

注释。部分是为了弄清这一点，部分还为了给更进一步的考察创造条件，**诸位不妨设想凝聚线ACB**（它表示长度上的两极性的方向）（图2），

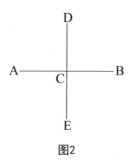

图2

它在C点上被另一条线（我们想用DCE表示它）垂直穿过,后者表示宽度上的两极性,后一种两极性致力于消除和消解前一种两极性,或者一般说来是前一种两极性的否定者。现在看来点C是两条线的交点。就该点是线ACB的无差别之点而言,属于该点的是铁。但水也属于该点,然而仅仅就此而言,该点也才位于线DCE上。因而对于作为主动的或差别化的凝聚性之代表的铁,也就有作为另一个无差别之点,即作为经过否定的差别的无差别之点（Indifferenzpunkt der negirten Differenz）的水与之形成对立。——现在如果我们在线ACB内部考察AC这一侧,那么从A到C时还是肯定性本原居于支配地位；从A点出发,物质逐渐膨胀为线,正如线与点的综合落于C中。因而这里物质是朝着僵硬性或第一个维度这个纯粹的方向进展的。支配这个层面的本原乃是土地本原或碳,是规定一切金属性的东西。在僵硬性达到最大值的C点中,**相对的**凝聚性或宽度上的两极性开始在其自身活动起来；如果这种凝聚性获胜,那么变形会向线DCE的方向（该方向代表各种宽度）偏离。只不过正如§139附释1中指明的,相对的凝聚性、宽度上的两极性在这里总还是隶属于主动的凝聚性。因而线AC,以及与它一道的肯定性变形,便在方向B上进展；反之,宽度上的两极性同样在线DCE中造就了一个自己的世界。在线CB（主动的凝聚线的另一侧）中,该凝聚线从不在其纯粹的分离状态下显现,而总是同时与第一个维度结合或综合起来显现,即仅仅在第三个维度上显现,而第三个维度实际上即便在这里也还是在**金属形式**下被生产。（顺便说一下：人们依照某种极为普通的偏见,将流动性设想为膨胀,但在流动性或第三个维度的产物中发生的毋宁总是收缩,这就证明这里也一同涉及了第一个维度,而不仅仅是只倾向于膨胀、倾向于空间的第二个维度在起支配作用。冰变得流动起来时就收缩,反之亦然。)因而当变形在线CB中推进时,第一个维度的规定总还是与第二个维度同在;因此人们可以说,第三个维度在线CB上正如第二个维度在偏离线CE上那样起支配作用。现在看来,正如在AC这一侧**碳**曾成为支配者,那么已经被CB这一侧的那些产物(比如金、汞等)照透的东西,便是氮或映像性本原,该本原在这条线的边界处进入彻底无维度状态时接纳所有维度到自身中。但就该本原仍然是穿透整条线CB而演进的东西,且已经洞穿了这条线的所有产物而言,因而就氮是这整条线的本质而言,人们可以设定氮(在绝对的意义上来看,因为它以气态出现也不过是它的定在的**一种**形式而已)=第三个维度。现在倘若我们考察另一条线DCE,那么正如我们已经知道的,落于点C中的是作为对一切质的褫夺的水(在绝对意义上被生产出来的第三个维度的真正呈现者)——不是作为一切主动凝聚性的,因而还有一切差别的相对**无差别之点**,而是作为它们的**零点**。水能经受的变形没别的,只有针对所有差别的否定而发生的那种变形:因而正如我们所知,它虽然也向两个对立的方向上发生潜能阶次化,但在其中一个方向上仅仅作为被彻底否定了一切凝聚性的东西——因而在这一侧最纯粹地产生了第二个维度,该维度在其绝对状态下恰恰是一切凝聚性的消解,是纯粹的膨胀。因而落于此处的就是燃素,或者近代化学称之为氢的东西,因而是我们可以将其与第二个维度(它完全与第一个维度相分离)等量齐观的东西。(只不过氢中的根本倾向总还是冲着连续性的。)正如水在这一侧膨胀,它会在另一侧收缩;它同样变得**具有自身性**,但既然它仅仅作为对一切差别的褫夺才变得如此,所以这种自身性只有在与一切差别对立，因而也与一切凝聚性对立的情况下才呈现出来；就此而言它在否定性东西中同样会以无维度的方式显现出来，正如金属性在其为焕发的状态下在氮中同样会以无维度的方式显现出来，只不过那是在肯定性的意义上显现的。因而落于线DCE上而冲着点E的是燃素或氢，以及第二个序列上与燃素或氢相对应的那些产物（硫）；冲着点D的是消耗性的本原或氧，以及土地上与消耗性的本原或氧相对应的那些产物。

因此现在如果我们再次总结整个构造，线AC将呈现出第一个维度和碳的彻底支配；从线ACB偏离的线CE将呈现出第二个维度在与第一个维度分离的状态下的彻底支配，也呈现出水；线ACB的另一侧，即CB，将呈现出第三个维度的支配（就该维度是前两个维度的**无差别状态**而言），正如最后偏离线DCE的另一侧，即DC，将呈现出对一切维度的彻底否定，因而呈现出消耗性的本原或氧一样。

那么据此我们也就可以依照各维度的模式规定四种原初本原（Urprincipien）的关系了。

相应于第一个维度者，即一切金属性的**规定者**，是土地本原或碳。

相应于与第一个维度彻底分离的第二个维度者，即一切非凝聚状态中的**被规定者**，是燃素或氢。

相应于作为前两个维度的无差别状态的第三个维度者，或一切金属性中的**被规定者**，是映像性本原或氮（作为整个CB一侧的本质）。

最后，为所有维度所共有的（作为无差别状态的）对立因素、无维度因素，是消耗性的本原或氧。

这种对于其他一切物质而言无维度的要素或与一切维度对立的要素却必定落于宽度上的两极性的方向上，这一点可如下这般来索解，即恰恰第一个维度是一切差别的设定者，因而一切差别的否定者就不可能落于该维度的方向上了。反之，同样必然的一点是，线ACB作为一切维度的设定者，最终同样在观念东西向实在东西中最大程度构形的过程中焕发开来（只不过处在**肯定性的**无维度状态），以致氮（在线CB的种种产物中它曾是第三个维度的本质）在其于点B中最大程度焕发开来时成了肯定性意义上的无维度东西，因而也成了氧的正面对立者（positiv Entgegengesetzten）。——氮与氧的这种比例关系在此前最神秘难解的一些现象与局面中已经有所表现，它只有从刚刚展开的那个观点出发才能得到理解，就此而言也重新证实了该观点。——这里我仅仅列举下文中的现象。毫无疑问，氮是所有碱的支配性本原。但这样的话，碱度，即碱的毁坏力，如果不是与火的力量，因而也与氧的力量完全类似的某种力量，又是什么？依照通常的表象如何能理解，两个最为对立的、在结合起来时又全无区别的产物，即酸与碱，恰恰产生同样的作用？单是这种现象就已证明氮与火类似，而且它在肯定性东西中正是氧在否定性东西中所是的东西。此前人们试图透彻理解金属如何能被溶解于酸中，但并未尝试理解金属如何也能通过碱而被溶解，甚至还被抽离于酸之外。——通过最高程度的氧化，金属石灰变得透明；碱与硅土结合（后者与碱熔合后会玻化，最后甚至还能溶解于水）会产生同样的效果。这里我只想提一下磷在氮气中发亮与燃烧这些一直都没有得到解释的现象，因为我认为前文已足以证明我的那个主张，即甚至还有一些经验上的理由迫使人们看到，氮在肯定性东西中就是氧在否定性东西中所是的那个东西。这个本原的神圣性，它的本质的不可侵犯性（凭借这种不可侵犯性，该本原成为映像性东西内部真正具有映像性的因素），尤其在动物本性（这种本性才真正展现了洞穿物质内部的神性东西）中得以显明。

此外如果我们在内部比较水的三种形式，就会认识到，即便水处在液态，那也只是水的**一种**形式，因而水的真正本质是无从辨识的。氧在否定性东西中或相对于水而言，又是第一个维度，在这个维度上水正因此显现为最利己的和消耗性的。同样在这种关联下，氢是第二个维度，正如液态的水是第三个维度。

到此为止我们在一般意义上考察了物质，就物质内部特殊生命的形式或存在的运动从属于静止而言；这就是说，依照§110中的阐释，我们仅仅在一般意义上考察了物质的第一潜能阶次。在这里运动的各种形式显现为存在或**静止**的形式。现在我们过渡到对同一些形式的考察，就它们并非静止或存在的形式，而是行动的形式而言，因而是就团块毋宁成为它们的偶性而言。——在这个关联下我提出下文中的说法。

§143. 在物质内部，存在或静止的每一种形式都必然有行动或运动的某种类同的形式与之相应。——原因在于，依照§108，特殊事物在无限实在实体内部同样也臣属于重力与光。但现在看来，迄今为止被推导出来的，作为存在形式的事物特殊生命的各种形式，也不过是重力的形式罢了，尽管光在物质上的表现还是服从于重力的，并非**作为**与光相符的形式而存在（仅就它们作为运动的形式而言才是如此），因为光是一切运动的本质和灵魂；因而前述被推导出的各种形式同样必然也会显现为运动或行动的形式,正如必然显现为存在的形式那般。

在另一个意义上,这一点可以直接从各潜能阶次的概念中,以及§109就大自然的各潜能阶次已证明的东西中得出。最便捷地,可以从如下一般性原理中得出,即在大自然中没有任何东西是在进行肯定,而不会正因此成为肯定性东西的;没有任何客观的东西不是同样具有主观性的。因为现在看来,特殊生命的那些形式在作为静止的形式时仅仅被肯定,所以它们必定也是肯定性的,即依照先前提出的运动概念而被设定为运动的形式了。

§144. 在大自然的第一潜能阶次上特殊生命的形式仅仅显现为物质的偶性,因而显现为可变的和易逝的,反之在第二潜能阶次上形式必定显现为普遍东西,而物质则显现为偶性或可变的东西。

这一点也可以从§110中对各潜能阶次的构思中得出。

阐释。即便在物质中实体与形式或**潜能阶次**成为一体(正如在所谓质素①中的情形那样)时,物质在此也总是被视为实体,形式则被视为偶性。比如氧与氢的实体就是同一个东西;因而它们并非在实体方面有别的,而且由于它们仅仅通过潜能阶次相区别,所以潜能阶次本身就是偶然的,或者显得是偶然的。现在看来在第二潜能阶次上物质应当反过来显现为驱动性本原的偶性,以致它贯穿了该

---

① 这里"质素"原文为Stoffen,谢林是依从当时元素说尚不精确的状况而言的。当时人们常有"某某素"之说,比如热素、光素等,指的是能引起热、光等现象的基本元素,下文中的"氧"(Sauerstoff,直译为"酸素")、氢(Wasserstoff,直译为"水素")便表现了这种命名方式。为避免引起混乱,我们按照现今的元素名称翻译,并不采取字面直译,所以读者从中文字面上已看不出这层关联了。——译者注

本原所要求的所有变迁与变化，因而显现为不断在更替的东西，显现为总是在变化的东西。因而在一般意义上，过去第一潜能阶次是物质持存的潜能阶次，现在第二潜能阶次则是物质不断更替与变迁的潜能阶次。在与第三潜能阶次的更高级关联中，这种对立尤为重要；在第三潜能阶次上，该对立得到平衡。——正如在自顾自的第一潜能阶次上，运动的形式只能显得臣属于实体，那么在自顾自的第二潜能阶次上，物质反而显得完全投身于运动之中；在第三潜能阶次上，双方显得是真实的实体的同样固定不移的属性，物质是驱动性本原的工具，但却是那样，即**通过该运动物质本身也不断被再生产**，因而运动也同样是物质的工具，而不是那样，即在这种同一性之外或者是运动泯灭于物质中，或者是物质失落于运动中。（这种情形当然也只有就大自然**仅仅**在单个潜能阶次上，而不是在总体上得到把握而言，才说得通，因为在宏大有机组织或在大全有机组织中存在着细部中的同一些规律，而且依照进行肯定的东西与被肯定者比例关系守恒的规律［公理IX］，正如即便在这里也出现的情形一样，被再生产的总是整体的同一个形态。）

现在我们同样将特殊生命的那些形式理解为行动形式，正如理解为存在形式：但首先要将一切活生生的运动（即源出于某个内在的运动本原的那些运动）的基本规律建立起来。

§145.**一个物体相对于其自身或相对于其他物体的每一种活生生的运动的基本规律是，异极相吸，同极相斥**。这个规律符合我们在§120中表述为第一潜能阶次的一般规律的东西。也就是说，正如物质的一切有限**存在**的规律是两极性或同一性中的双重性，大自然中一切运动的规律便是双重性中的同一性这一规律，或者说那个规律,即对立者是类同的,类同者却是对立的。该规律的证明如下。依据公理VII,大自然中没有任何事物在实体方面作用于另一个事物,而事物的一切相互作用,因而也包括运动内部的相互作用,都经过了普遍同一性(即绝对实体)的中介;该实体即便在更高潜能阶次上也是又作为存在与运动的根据,然后作为重力出现,而且只有在**其他**形式下,在被迫起作用的情况下,才引入事物相互之间的万有引力反应过程(通过这种反应过程,该实体努力将通过变形而被从它那里剥离的那些事物再次合为一体,即便在特殊生命方面也是如此,但正因此又力图改变和消灭那些事物)。现在看来,由于物质内部除了依照两极性规律产生的那个差别之外,不可能有别的任何差别,使得A与B在量上的每一个可能的差别都有另一个差别与之对立,因而使得一种物质内部某个要素的任何增加都有该物质外部的另一个①物质中的对立要素的某种增加(因而这种增加是前一个要素的减少)与之相应,因而同一性只有通过对立者的结合,通过上述增加和减少的结合才能被建立起来,所以所有运动的必然规律便是**对立者相吸,类同者相斥**。原因在于,对立者能相互补充,以致虽然没有任何一方自顾自呈现出总体性或同一性,双方结合后却能呈现出来(只不过该总体性或同一性,比如说,对某个第三方可能又表现为差别)。类同者却不能相互补充,因为在一方中有的东西,在另一方中也有,而在一方中没有的东西,在另一方中也没有。——那么这就是大自然普遍且必然的规律了,该规律维持着它的生命和运动的永恒更替游戏。如果没有了差别,大自然就成了失落于其自身中及其静止中的某

---

① 此处"另一个"的原文为einem andern,应为einer andern之误。——译者注

种[①]同一性。只有差别才使大自然行动起来；它行动是为了静止，也为了重回同一性。

说明。就运动基于刚才提出的这个规律而言，我们将称之为**动力学**运动。根据在于，该运动不像重力那般基于实体，而是基于事物的质或特殊性，并被该质或特殊性中介了。

附释。通过**这种**运动，各种事物也内在地结合起来，或者说依照公理VIII，这种运动表现出它们的内在生命的整体关联；那个公理中指出，各种事物的内在结合基于如下这一点，即实体或普遍生命同时也是这些事物的特殊生命。但依据前面的说明，在**这种**运动中情况正是如此。原因在于，像在第一潜能阶次上显现的那种重力，与各种事物的差别没有任何关系，它无法容忍特殊性，而且对特殊性完全淡漠处之。在当前的潜能阶次上（在这里重力也一同被提升了，因为重力是大自然普遍的同一性，因而在任何事物中都不能被消除，也不能被任何事物消除），这种普遍的同一性是**运动**的灵魂，就该同一性被事物的特殊存在中介了而言；而且既然事物特殊的生命恰恰在这种运动中才表现得最多，那么在这里事物的普遍生命同时也就是它们的特殊生命，这就是说，它们内在地相互结合起来，而且它们除了在重力中的外部生命之外，明显还有一种内部生命，凭借该内部生命它们不仅在实体上，也在种种质上相互合为一体。——这一点现在使得我们也能比以往更确切地刻画第二潜能阶次与第一潜能阶次的一般关系。

§146. 物质的第一潜能阶次或物质的变形又表现为（在整体

---

① 此处"某种"的原文为ein，应为eine之误。——译者注

上）**离心的统一体，第二潜能阶次或动力学运动在整体上则表现为向心的统一体**。——原因在于，通过变形，各种事物出离中心，进入某种有区别的生命。第一潜能阶次的规律是两极性或从同一性向双重性的过渡，但通过**动力学**运动这些事物（正如从§145中指出的该运动的规律得出的那样）努力回到同一性中，该运动的规律是反两极性（Antipolarität），或者说是从双重性向同一性的过渡，因而这个潜能阶次是**向心的**。

注释。由此也便显明了§144中主张过的那一点，即在第一潜能阶次上特殊生命的种种形式仅仅显现为实体的偶性（因为它们作为特殊存在的形式设定了与实体的差别，因而也只能表现为偶性），但在第二潜能阶次上则反之，物质毋宁显现为形式的表现（因为在这里形式显现为运动，而运动努力回到同一性中，那么特殊生命并非与实体有别，而是与实体同一。因此物质在这里毋宁显现为偶性，也显现为可向无限者内部转化的东西）。

因而在构造的整个过程中我们会采用一个业经证明的命题，**即大自然所有的动力学运动都源自同一性，但正因此它们也需要差别作为它们的条件**（条件要与原因善加区别）。——现在要讨论运动的各个形式了，在此首先要提醒的是，由于它们的原型与存在的各种形式的原型相同，在它们内部努力返回同一性之中的那种活动当然也会发生某种分层，因为一般而言这个层面只是在整体上被刻画为向心运动。

现在转而推导各个形式。

§147. **作为运动形式的磁与作为自内存在**（*in-sich-selbst-Seyn*）**的形式的绝对凝聚性相应**。或者说，绝对凝聚性本身在能动的、活生生的意义上来看就是磁。——依照人们在这个还是那个规定中寻求这种行动形式的标记，这个命题可以在不同的意义上得到证明。我要指出若干证明形式。我们在前面§123中指明，所有凝聚性的一般形式就是三个点，其中有两个点，即A和B，表现为对立之点（即由于A在B中使自身成了客体，而且如果说会形成某种真实的主体-客体性的话，A、B双方是不可相互过渡的；但双方同样不可相互分离；因此它们必定通过某个第三方才会合起来，该第三方就此而言对双方表现得不偏不倚，而且是它们相对的平衡之点）。但现在每个人都会承认，即便磁体的行动也 a) 基于两点或两极的差别之上，那么由于在大自然中没有其他差别，只可能有肯定性东西和被肯定者的差别，而且即便后一种差别也只有在量上才是可能的，所以上述两点或两极相互之间必定表现得像肯定性东西与被肯定者一样；b) 但即便在磁中也呈现出一个点，这个点似乎对两极不偏不倚。原因在于，依照刚才（在§145中）提出的规律，两极中的每一极都必定努力与它的对立极结合起来，却避开它的同极，因而每一极都会，比如说，在另一个磁体中制造出两极的区别来；但第三个点却不会制造这样的区别，而是对每一极都表现得漠不关心。但即便这个规定也是从主动凝聚性的最初构造中得出的，因而就此而言，在作为存在形式的主动凝聚性和作为行动形式的磁之间的同一性，便对于本质上与两点中任何一点相关联的所有点而言都被证明了（因为即便对于磁而言，正如对于最长的和最短的凝聚线一样，恰恰只有那三个点是本质性的——此外无他）。

其他证明形式。主动的凝聚性是事物的第一个维度，且对应于线。现在依照§74来看，线不是别的，只是一个肯定性东西与一个被肯定者的综合，然而还**缺乏总体性**。这就是说，肯定性东西，即事物天生的概念，依照其本性而言是无限的，但天生具有该概念的有限者，却必然而且进至无穷地是有限的（至少当双方仅仅在第一个维度的形式下综合起来的情形中是如此）——因而**有限者**或实在东西并不合乎**概念**，被肯定者并不合乎肯定性东西，那么总体性的这种缺失就会显现为一种欲求，即要与其他事物合为一体，通过它们延续并在可能的情况下补全自身：因而要在同样的凝聚性形式和两极性形式下设定其他事物与自身同在。但从单纯的凝聚性概念来看可被视作必然的这种行动，恰恰通过该凝聚性而在磁中得以实现，——因为一个事物被另一个事物磁化，除了意味着在同样的两极性形式下后者设定前者与自身同在，且真正与自身结合之外，还有什么别的意思呢？然而一旦这种**寻求补全的欲求**被视作主动凝聚性的某种必然的后果，它与磁的同一性便得以显明，如果人们联想到§145中一切动力学行动的规律。原因在于，依照该规律，那种寻求补全的冲动作为绝对凝聚性的必然后果，是在那个意义上表现出来的，即凝聚线的每一极都寻求与它的对立的另一极，甚或在自身外设定那另一极，以便通过后者达到同一性，满足它对总体性的需求。但磁体的一切行动的众所周知的规定恰恰在于，每一极都寻求与它对立的另一极，而如果寻求不到，便在自身外设定和造就它，以便与其相结合并成为一体。因此磁体的行动本身或一般意义上的磁不是别的，只是这种**结合**，物体的整体关联与僵硬性规定了这种结合，这种结合活泼泼地、能动地被看到了。——当人们想到引证磁体行动中可见的磁与最具凝聚性的金属（即铁）之间的重合现象，或者还想到引证主动的凝聚性规定长度上的两极性，因而就地球而言还规定南北极（长度上的两极性正好也是磁中起支配作用的两极性）的现象时，这便是一种经验的证明了。

§148. **磁正如绝对的凝聚性本身一样，是长度的某种功能**。这一点直接可以得出。至于进一步的阐释，我要提醒读者注意讨论动力学反应过程的文章①，那里搜集了与此有关的种种事实，尽管还可以增加许多其他事实。

附释。因而**僵硬性**也是一切磁现象的条件。——原因在于，既然依照规律（§145），对立的两极努力相合，那么它们在不因僵硬性而受阻的情况下，就真的努力相合，但却处于那样的结合状态下，该状态产生0，由此磁体的所有行动都终止了。因而僵硬性，或者不可能回到其自身之中这种特性，就是磁**现象**的条件，正如反过来说磁本身就是一切僵硬状态内部的设定者或能动东西。

注释。同一个磁体的对立两极如同两个不同的磁体那般强烈地努力相合。这由如下现象显明，即当它碰到某种使磁得以延续的活跃物质时，通过该物质一极便努力与另一极凝聚起来，而且仿佛从该物质中自行搭建起一座桥来，这便是（比如说）铁屑与某个磁极构成的那些众所周知的形状的根据了。

§149. **磁根本不是某种特殊本原的作用，而是一般物质的普遍范畴**。原因在于，它在大自然中正如僵硬性一般必然，而且正如僵硬性基于某种普遍本原，且从某种一般物质的普遍构造条件出发才能被看到，磁也同样如此。——自从磁体的种种特质得到赏识以来，人

---

① 第4卷，第1页及其后几页。——原编者注
　　F. W. J. Schelling, *Allgemeine Deduktion des dynamischen Processes*, in ders., *Sämtliche Werke*, Band IV, S. 1-78. Stuttgart und Augsburg 1859. ——译者注

们也试图在理论上理解它们。这种在最大僵硬性**内部**突破而出的生命，关于单纯吸引、排斥而不含有进一步现象的这套宁静却又最重要的语言，对地球本身的深度和最内在生命的那种暗示，对于机械的自然观而言都曾同样是极为费解之事。既然人们将自顾自意义上的物质假定为僵死的，因而认为所有运动只能从外部到它这里来，那么即便上述种种现象的根据，当然也必须在那样一种物质内部寻找，对于该物质不可捉摸与不可呈现的特点，人们便拿它精细微妙的本性来开脱，而且发现该物质自由穿透如此坚硬的金属，也穿透地上全部物体，现在当然是很让人难堪的。关于仅在月光下才隐约可见的女妖们如何兴风作浪，或者关于空中数千个精灵如何穿透一个小针眼的故事，可想而知是针对物理学家们有关磁的种种机械说明有感而发的。即便这样一种物质像机械物理学家假定的那样，足以澄清磁体指向地球两极、朝向深处进发的趋势，以及每一极热烈抓住与它对立的另一极并握紧不放的现象，此外还足以澄清明显的周期现象、日夜和磁针具有的大小年，这样一种物质本身的存在本身毕竟只是单纯的偶然，以致该物质被设定了，上述种种现象固然也发生了，该物质的被设定本身却完全不可理解。——从物质的**中点**爆发出它全部的生命；这生命不是由外而内灌注到它内部的，物质本身就包含了恰恰在磁中才得以展开的东西的胚芽。磁是普遍的赋灵行为或被视**为**行为、行动的个体化。它像物体的第一个维度和僵硬性那般必然奠基于大自然内部。因而真正说来它是物质的一个普遍范畴。

附释1。磁是所有坚硬物体的普遍规定；因而它**普遍**存在于肯定性演进的或金属性的整个层面上。在它似乎消失的地方，它只是就现象而言消失了，而即便就现象而言，自从自然哲学首先宣告磁的这种普遍性以来，它在这方面实际上也经受住了考验。**库仑**①证明，没有任何坚硬物体，包括为有机体的变形所渗透的坚硬物体，在适当的实验装置下能逃脱磁的作用。那些依然相信磁只在局部起作用的物理学家澄清这一现象的种种死板的尝试，自然是自相矛盾。——因而我们在后文中将磁视作那样一种形式，它如重力一般在类型上是普遍的，视作一种固有的、源自事物本身内部的行动，以致如果我们（比如说）在有机物中发现与磁类似的东西，这东西无需由外而内进入有机物，而是从有机物内部产生的。

附释2。磁必须被视作大自然的那样一种行动，它引领一切塑形，引领类同者通过类同者进行的一切传播。引领一切塑形，是由于一切形态都出自线，且最终失落于流体中。大自然的每一种形态都是一个已得到化解的难题的表现，都是对立的两极努力聚合的表现，这两极恰恰通过该形态结合起来，正如在刚才举出的例子中铁屑有规则的排位只不过是一极与另一极结合的表现。因而从形态的同一性出发可以最牢靠地推论出质的同一性，至少远比通过那样一些实验来得牢靠，在那里物质首先被改变，因而一个新的产物被设定，如同在化学中那般。每一种形态都是一种达到宁静状态、满足状态的、自成一体的存在的表现。

关于磁在变形的特定环节的果断出现，这里还要做一评论。磁的显现的极致必定与僵硬性和主动凝聚性的极致合为一体。由此便有了铁。那时它**在整体上**必定又更多出现于凝聚线具有肯定性的一

---

① 库仑（Charles-Augustin de Coulomb, 1736—1806），法国物理学家，静力学与静磁学的奠基人。——译者注

侧，因为这一侧也是起支配作用的主动凝聚性。由此便有了最纯净的金刚石、普通木炭本身、铂，甚至银（银的树突状分枝早已暗示了这一点）具有的磁，尤其是在凝聚性上接近于铁的所有金属的磁，即钴、镍等（这些金属表现得像铁的"卫星"）的磁。但即便在凝聚线的被延展的一侧，磁也没有完全消失；即便流体金属进入僵硬状态后，也表现出磁，正如它在流体状态下依然包含两极，只不过这两极相互回流到对方中，至少是以更潜在方式存在的。

§150. 通过磁，时间或多或少被构形到每一个事物之中，以致每一个事物在其内部都具有时间。原因在于，磁=第一个维度，正如依照§74而言第一个维度=时间。因此凭着作为事物的个体性赋灵者的磁，时间也被并入事物中了。正如磁针对它在外部无论肯定还是排斥的其他事物都有某种感受和认知，它也有它的日子、年份，有某种周期性的，因而属于它自己的时间。

§151. **磁体的运动不是别的，只是某种更高的、被差别中介过的万有引力反应过程**。原因在于，依照§145中给出的种种阐释，该反应过程便是依照那里所提出的规律而发生的每一种运动。但现在看来，磁体的所有运动都合乎该规律，即每一极都努力与它的对立极合为一体，或者将这对立极设定到自身之外，再由此而自行回到同一性之中。因此既然磁体一切运动的中介者是**同一性**，这些运动的条件却是差别，那么这样的运动便是某种更高的、被差别中介过的万有引力反应过程。（既然所有磁现象就其还能被改变而言，都回到§145中的唯一规律上来，那么我们就不再逗留于此。）

§152. 没有任何物体能带上磁性，如果在其凝聚性方面不同时在相对意义上被提高或被降低，或者说如果不发生相对意义上的收缩和膨胀。原因在于，所有主动的凝聚性都恰恰基于双方的综合。在每一条凝聚线上，都有一个点上肯定性东西较多，有另一个点上被肯定者较多，还有第三个点漠无差别。但依据§129的种种阐释，前两个点表现得就像收缩与膨胀。故而有上述命题。

注释。**两极的规定**。如果我们关注各要素的质，以便据此称呼两极，那么凝聚性较强的一极（因而是北极）就必须被称为正极，凝聚性较弱的一极（因而是南极）则必须被称为负极。但如果我们以+和−仅仅表达一个要素对于另一个要素的某种相对优势，而无论是哪一个要素，并将+与−关联于作为**实在东西**的B，那么较为收缩的那一极就必须称作负极，因而膨胀的那一极就必须称作正极。我也会将**这种称**呼保留给磁的相关现象，因而就此而言也将肯定性东西理解成膨胀的增加（南极），将否定性东西理解成膨胀的减少（北极）。

§153. 磁是物质的延展性规定。原因在于，依据§149的附释2，它是类同者在类同者内部的连续性形式。

针对从两个对立的一般要素出发构造物质的做法，人们提出如下异议，即由此物质在延展上的大小并不能得到理解，人们在这方面的判断固然是完全正确的；只是过去在与量不可能有任何关联的东西中寻求量的规定的做法是很愚蠢的。尤其是针对康德的构造，人们提出了如此这般的驳议。假设物质是吸引力与排斥力的某种综合，由于这两种力是对立的，而且双方在产物中交互削弱，那么它们的每一种关系便都必须被视为某种相除的关系。因而假使吸引力=A，排斥力=B，那么公式A:B就会成为它们在物质内部的综合关系的一般表达式。人们如此这般进一步推论道，现在假如情况如此，那么对于一个具有双倍延展或大小的物体，比如对于2磅重的铅，也就必须施加双倍的吸引力和排斥力,对于一个具有三倍延展或大小的物体,也就必须施加三倍的吸引力和排斥力,这一点就必须通过公式2A:2B或3A:3B来表达了。只不过2A:2B所说出的总不过就像单纯的A:B那么多,因而从这些力的比例关系中,或者在一般意义上说,从对立的各要素的比例关系中永远根本不可能构造出物质的量。——这个论证完全正确,只不过它的预设是荒谬的,即量的一般规定可以被加到这两个要素中的一个上,因为正如人们此外还能设想的,这些要素必然超越所有的量。即便在康德的构造中,公式A:B似乎也永远不会表达两个要素的绝对大小,而是仅仅表达它们相互关联时具有的相对大小。因而公式2A:2B,以及在为A或B设定的数值相等的情况下每一个可能的公式,所说的将无非是,两个要素的比例是恒等的;这正如公式3A:2B所说的将是,A的大小与B的大小的比例=3:2,B的大小与A的大小的比例=2:3。但现在由于在每一种物质内部,两个要素的相对比例还都如其所愿①,该比例在物质的最大部分和最小部分中都会保持等同(那么物质的无限可分割性的确正好基于这一点,一切分割都正好基于各部分与整体的无限同质性),所以**延展上的大小**就不可能基于那个比例,而只能基于那比例的重复,因而也基于那比例的相加。但那种重复或相加正好=磁。因而磁是物质延展的一般规定,而如果撇开凝聚性不论,就不能设想任何相加;物质在其自身且为其自身而言直截了当是一体的:在物质内部,如果抽离于磁之外来看,就永远不会有被表现于公式A:B中的那种双重性。原因在于,两个要素的关系绝不像康德希望的那

---

① 谢林的形象化说法,指该比例不受外力影响。——译者注

样，是某种交互**限制**或相除的关系——在物质内部一般而言只有一个东西，即A，或普遍东西，但这普遍东西在这里又是B，即特殊东西。因而物质的表达式就是A=B，而这个公式**为其自身而言**所说的绝不是，这里有两个要素A和B，它们就像一杆天平两端的砝码一样维持着平衡，该公式说的是，A完全是B，B完全是A。物质的所有区别在质上仅仅基于B（即特殊东西）=A的程度，反之亦然①，但这一点不能再用数来规定了。每一个等于B的A为其自身而言都是某种同一性，即是B，但这B本身又是A。只有当等于B的A作为同一性，作为普遍东西，甚至又在**特殊东西**中或在某种多样性中被重复而言，**数和由数而来的规定**才出现；为其自身而言，等于B的A独立于所有数之外。因而一般说来，通过凝聚性，物质才成为可分割的大小或定量；它的模式是1+1+1······另一个问题是，那个加法本身的大小又是如何被规定的，比如说这个具有这般那般的特质的物质大量被产生出来，那个具有这般那般特质的物质只有少量被产生出来的根据何在。只不过这个问题再也不能从我们仅仅在这里涉及的一般凝聚性概念出发，而是只能从大自然的一般秩序或某个天体与宇宙的特殊比例关系出发才说得清了。

§154. **磁作为长度上的两极性的行动形式，必然有另一种行动形式与之相抗衡，后一种行动形式对应于宽度上的两极性**。原因在于，既然依据§142，发生争执的两种两极性是在变形中或作为**存在**的形式而相抗衡的，但依据§143，存在的每一种形式都有一种类同的行动形式与之对应，所以磁作为长度上的两极性的行动形式，必

---

① 即也有区别在质上仅仅基于A=B的程度。——译者注

然有另一种行动形式与之相抗衡。(现在我们必须更准确地查明两种行动形式的比例关系。)

§155. 在磁中虽然有同一性被设定，但那只是通过差别的无限连续化而被设定的；因而磁作为动力学形式，仍然是对差别的断定。——该命题的第一部分可以直接在直观中被呈现出来。我们设想一下 A————C————B，那么A中的肯定性东西便超量了，而且必然渴求某个被肯定者，为的是即便自顾自地也能构造出磁的差别来。它在另一方中发现这个被肯定者(=它外部的×)，这使得**它自身**保持同一性。但反过来看，在与它对立的另一端上×必然与肯定性东西的某种增长一同被设定；那么这又必然要求某个被肯定者，由此虽然将**自身**设定于无差别状态中，但将差别留在对方中了，如此以至于无穷。——从B那方面来看情况也是如此，即这条线的每一个端点又=+B，因而并非无差别状态。因而同一性只会通过差别的某种持续的连续化而被设定，却永远不会达到总体性，正如在经验意义上的一般无限者内部(在那里无限性的模式是线)，无限性或同一性只是不断连续化的差别或有限性。——该命题的另一部分现在不言而喻了，而且还能如此这般来表述：磁还在其努力回到同一性之中的过程中就处在自身性形式下了；个别东西虽然将自身设定在无差别状态，但仅当它将另一个东西设定于差别之中时才会如此。因而也就有了：在磁的行动中虽然有同一性被设定，但却仅仅被设定为相对的同一性，亦即使得主观东西与客观东西的差别进至无穷。

§156. 因此与磁对立的行动形式必然是针对绝对的同一性或差别的否定发生的。这个命题从对立中得出。总而言之大自然在动力学反应过程中**基于此**而产生了。

§157. **只有类同的或无差别的事物才能通过磁成为一体**。原因在于，依照§149附释2来看，磁不过就是类同者在类同者内部的连续化。或者也可以说：正如前一个命题的演证表明的，磁是对其自身的不断重复的断定（在他者内部重复其自身）。

§158. **与磁对立的行动形式受到相互竞争的各种力量的差别的限定**。原因在于，假设这些力量相互类同（具有同样的质），那么它们为了成为一体，就会交互设定对方于同样的两极性形式下；一方将会凭借另一方而得以延续并持存；因而被设定的将是对差别的断定，而不是对差别的否定（依照§155）。因而上述意思也可以这样来表达：与长度上的两极性对立的两极性是宽度上的两极性，在该两极性中线瓦解为角，同一性瓦解为差别。现在如果相互竞争的物体在质上并无不同，那么一方的断定或概念将凭借另一方而得以延续；那样被设定的就是磁，而这与预设是相悖的。

§159. **每一个物体和物质的每一个部分单纯就其自身来看都是同一性和总体性**。原因在于，物质的差别=凝聚线上各点的差别（§130）。但现在在凝聚线上，在其自身且为其自身而言没有任何点是肯定性的、否定性的或本身无差别的；任何点都只有相对于其他点而言或者说相比较而言才是如此这般的，正如§127的阐释中标明的那样。因而每一个物体和物质的每一个部分单纯就其自身来看都是同一性和总体性。（倘若人们能消除普遍的连接，那么留下的就会是无质的东西。）

§160. **每一个物体和物质的每一个部分仅当其**（与一个或多个其他物体或物质部分一道）**进入一条凝聚线中时，才变得不同**（比如变得更多或更少）。——这个命题是直接的后果。

阐释。一个物体与另一个物体一道进入凝聚线,一旦它们的边界成了一个共同的边界,比如在磁线ACB上,点C①成了两侧的共同边界。因而两个物体相互接触就意味着它们出现在一条共同的凝聚线上;由此便表明了,为什么接触是动力学现象的一般条件,正如很快就会更清楚地看到的那样。

§161. 每两个在质上不同的有接触物体都不能相互渗透对方而得以延续,而只能寻求相互通过对方来否定自身——即寻求消除它们的自身性。原因在于,每一个物体对其自身都是肯定性的。但现在依照§157中的规律,它在非类同状态下便不能肯定其自身了,这就是说,能将该规律设定在与自身类同的两极性形式下了:然而双方还是通过接触而位于同一条凝聚线上了。因而两个物体中的每一个在确确实实对其自身保持肯定性的情况下,都寻求否定另一方。

附释。因而双方仅仅被设定于否定第一种两极性(或全部差别)的第二种两极性的形式下。

因而正如在磁的反应过程中物质总是不断被外显,那么在对立的反应过程中,质上的差别便是通过否定活动与被否定状态的某种交互关系(因而在任何情况下都不是通过任何肯定性东西)表现出来。

§162. 两个不同的有接触物体之间虽然也表现得像是肯定性东西与被肯定者的关系一样,但它们直接过渡到绝对同一性中去了,或者说它们的差别在此也直接被设定为已遭到否定的,而不能被设想

---

① 原文中"点C"重复了两次("在磁线ACB上的点C中,点C……"),于理不通,应为笔误。——译者注

为持存的,像在磁的反应过程中那样。

附释。两个不同的有接触物体仅仅被设定于**那样一种**两极性形式下,该形式是第一种形式的否定者,就此而言也是一切差别的否定者(因此一切差别也是针对绝对同一性而发生的)。——其中一个物体自然是进行否定的质,但这只是相对于某个第三方而言的,因此,比如说,这个物体就将被否定者设定于它外部的水中了。另一个物体被否定了,但这也只是相对于另一方而言的;因此(比如说)它将在进行否定的形式下把水设定为氧,因为每一极都在其自身之外设定它的对立面。

至于事关哪个物体显现为肯定性东西,反之也事关哪个物体显现为被否定者的那种规定是什么,那么由于这种两极性中的肯定性本原也是氧的呈现者,所以那样一个物体总是肯定性的(对外部则呈现为否定性的),它或者在其种类上而言更不具有维度的特征,或者自动就像被氧赋灵了的,比如酸、水、硫等;但对立的本原却必然是被肯定的、被扩张的。

§163. 两个物体的交互关系奠定了两者之间由它们的呈现者中介过的某种万有引力反应过程,该反应过程直接产生绝对的同一性,或导致差别的消除①(这一点正好是当前的行动形式的出色之处)。——原因在于,进行否定者不能在没有它在其中直观其自身的那个被否定者的情况下存在,那个被否定者也不能在没有这个进行否定者的情况下存在。因此双方必然对对方施加万有引力,而且这不是由于实体,而是由于它们双方的呈现者或由于它们的特殊性。

---

① "消除"原文为0,这里采取意译。——译者注

附释。这种运动也会依照规律§145产生;这就是说,类同者会彼此避开,因为它们不能相互整合,反之不同者则彼此追求。因此每一极也会努力在自身外设定与它相反的一极。原因在于,在磁的内部还臣服于线,因而成为同一个体之两极的那些极,在这里就被设定于差别的形式下,因而被设定于角的形式下了。此外,这种行动形式还遵循着磁的所有规律。

阐释。与第一种行动形式相对立的这种行动形式的条件是,不同的物体相互接触。——由于所有差别只有在对立中才产生,所以两个物体的差别恰恰只有在那样一个环节中才出现,在那里它们进入**同一条**凝聚线中,这就是说,在那里它们相互接触。凭着这个环节,同时也有那样的行动被设定下来,该行动的条件便是它们的相互差别;它们中的一方在其凝聚性方面相对于另一方提高了,因而另一方的凝聚性便下降了。一方的行动是收缩性的、肯定性的,另一方的行动则扩张了。现在看来,就它们保持接触而言,它们构成了一个封闭的整体;就此而言**不存在任何**差别。但现在接触停止了,这就是说,双方走出了共同的凝聚线之外,那就很容易看出,接下来会发生什么事了。两个物体中的每一个都曾是其所曾是,只不过通过那种比例关系成了另一个,而不再**在其自身**存在;因而当它走出这种比例关系之外时,它必定直接进入一种新的比例关系之中,这就是说,它必定在其外部设定它的对立极。倘若这事发生在第三个物体C中,而被设定于B中的一极是肯定性的,那么B在C内部就会设定相应的否定性一极。只不过C的这种减少与B的增加一同出现,使得在B中无差别状态重现了。但在与C的减少被B的增加消除或被退回至0这一现象成正比的情况下,C本身中出现了增加的现象;这就是说,在与B停止成为肯定性东西这一现象成正比的情况下，现在生成了C，而且B因此便像是将它的增加**传播**给了C，而C现在又试图在同样的意义上通过另一个物体D而回到无差别状态。因而每一个在这种意义上被设定为出离了无差别状态的物体，**必然**且总是会在它外部设定它的对立极，而同质东西的传播，比如B的增加或减少传播给C，C的增加或减少传播给D，只有通过前述规律的中介才会发生。——物理学家们把这称为**分布**，如果一个（比如说）代表了正极的物体在自身外部设定了负极；反之他们则称为**传播**，如果该物体仿佛将曾位于其内部的规定传给了另一个物体。但我刚刚指出了，即便传播也只是分布，而且是由分布中介过的。但为什么在磁现象中哪怕一次也没出现过这种传播的假象呢？其根由在前文中已经说过了，这就是说，原因在于磁并不能产生绝对的同一性，而只能产生相对的无差别状态，因而增加和减少永远不会彻底过渡到对方。——但假定处在已描述状态下的某个物体并不寻求在其自身外部设定对立极，而是发现了那一极，那么当其质量和重力没有遇到太大的阻抗时，这两个物体①便相互施加万有引力，并在结合状态下相互还原为无差别状态；原因在于，处在否定性状态下的那个物体与下述现象成正比地又成了肯定性的，即它的减少被用于消除另一个物体内部的增加，这正如另一个物体与下述现象成正比地又成了否定性的，即它的增加对于对方内部的减少是必要的，而既然后者（否定性的物体）曾被置于**超出**其自然膨胀状态的状态，前者（肯定性的物体）曾被置于低于其自然膨胀状态的状态，那么它们中的每一个便都回到无差别状态。

---

① 指前文中的"物体"和"对立的一极"。——译者注

§164. 在与两个物体的相对差别消失（过渡为零）成正比的情况下，光作为无限者或一切差别的同一性显现出来。——正如§155中被指明的，同一性虽然在磁中被设定，却只是通过差别的不断连续化而被设定的。因而在这里光也可能并不显现为同一性，并不显现为一切差别的自在体（在该自在体中，差别正因此而消失了）。反之在与磁对立的行动形式中，光必然与差别过渡为零的程度成正比地显现。

§165. 与磁对立的行动形式是电。——这只能通过下面这一点来证明，即到此为止被推导出来的前一种形式的所有规定都在电上被指明（最简单地说）：a）依照§158而言，相互竞争的各种力量的差别；b）这些力量必定相互接触，即必定进入一条凝聚线。要造成电，除了不同的物体像这样接触之外，不需要别的条件了，这一点如今看来确定无疑。摩擦不是别的，只是不断重复的、连续性地在多个点上同时发生的接触——必然发生于那样一些物体上，它们在更小的程度上是肯定性的，因而也并不将被设定于**一个**点上的规定扩展到整体上（非导体）。c）在上述种种情况下，在任何两个不同的物体中，一方相对于另一方而言其凝聚性被提高了，另一方则更多被否定，因而被扩张（在凝聚性上被降低），或者说两个物体的潜能阶次相互之间表现得就像膨胀与收缩的关系一样。这一点可以用不同的方式证明。比如通过所谓的利希滕贝格①图形来证明，在那里总体上可称为负电的那种电实际上却是（对外部）进行否定的，对其自身而

---

① 利希滕贝格（Georg Christoph Lichtenberg, 1742—1799），数学家，自然研究者，启蒙时代第一位实验物理学教授，曾依据埃克斯莱本的《自然学说基础》（*Anfangsgründe der Naturlehre*）开设物理学讲座。——译者注

言则是肯定性的,这种电明显表现为收缩性的,而另一种电则表现为膨胀性的。在前者那里显得是从外部向某个中点聚拢的圆环,在后者这里则显得是从某个中点无边无际地往外发散的星形——光的现象。进行否定的电①显现为**点**,即显现为收缩,与之相反的电显现于**线**(光束)中,即显现为膨胀。尤其如果谈到它们的**化学**状态,那么通过**进行否定的**电,依照每一极在其自身外部设定其对立极这一规律,它之外的某个第三者就膨胀了,即以更小的凝聚性被设定了。反之通过被否定的电,即通过包含了物体的某种被否定状态的那种电,在第三者(比如水)中则有收缩被设定(水被潜能阶次化而成为氧)。因而两种电也(正如§162附释中主张的那样)相互表现得像氧与氢的关系一样,即进行否定的电相当于氧,被否定的电相当于氢。两种电由此也表现为宽度上的两极性的两个纯粹的本原或呈现者。

现在另一个问题是,下面这一点取决于哪一种质,即一个物体相对于宽度上的两极性而言更多地表现为肯定性的还是被肯定的。在这里,要回答这个问题,会把我们带走太远,但下面这一点却可以视为普遍原则,即在两个不同的物体中,那个在这场冲突中相对凝聚性有所提高的物体是负电物体,正如那个相对凝聚性有所降低的物体是正电物体。d)带电物体交互施加万有引力的现象表现得完全像是它们在§169中会从这种行动形式的一般概念中被推导出来一样。e)最后,光现象在电的反应过程中是尤为突出的;而且电总是只

---

① 原文为"die negirende Elektricität",指在进行否定活动的电,强调否定活动,与负电(die negative Elektricität)有微妙区别。——译者注

在某种正值消失于某种负值或某种负值消失于某种正值中，因而被产生出来的是零或两极的同一性的情况下，才会显示出来。这样看来，在一个金属导体中似乎有火花落下，因为电在该导体上真正说来仅仅依照§163的阐释中描绘的那个模式宣示出来，这就是说，通过下面这种方式，即每个点的∓都凭着相邻的点的±而无差别化了，但由此也在后者内部设定了某种∓，如此等等。

这足以让我们达到一个目的，即以电证明第二个维度的行动形式的同一性。

附释。因此一般而言与大自然中长度上的两极性对立，并与该两极性争执的那种两极性（依照§142）可以被称为**电**——在整体上和在细部而言（连续化的消除）。

§166. 正如磁一样，电并非某个特殊本原的作用，而是物质的一个一般范畴。——原因在于，如同磁一样，它彻底奠基于物质构造最初的那些条件。正如磁①对应于第一种凝聚性或者说绝对的凝聚性，它也对应于第二个维度或者说相对的凝聚性。——凭借绝对的凝聚性，在物质内部类同者通过类同者进至无穷；即便依照特殊性来看，也将只有**一种**物质存在。凭借相对的凝聚性，物质瓦解为差别；因而如果说相对的凝聚性是相对的同一性的形式，那么物质就是相对的双重性的形式。但正因为只有凭借相对的凝聚性，在物质内部才存在**真实**的对立、真实的差别（如同物质凭借磁而成为**同质的**），在动力学运动内部也只有就该运动被该差别中介了而言，即只

---

① 原文中这里表示磁的代词为"jene"，在文意上虽然与上一句中"jenem"连贯，但词性不一致，由此看来"jene"应为"jener"之误。——译者注

有就该运动是磁而言,绝对的同一性才能被产生出来。但这种同一性自然只有在差别被设定了的情况下才会被产生,而且如果(比如说)中介了这种行动形式的那种差别被局限在面或第二个维度上,那么同样的道理也适用于那个被产生的同一性,而且那种完备的、涉及所有维度的同一性在其一般而言成为可能的地方,只会在一种更高的行动形式下才真正被实现。

附释。电不像磁那样被局限在长度上,却很可能被局限在面上。因而它只是面的功能。在一般意义上说,这一点从它对应于相对凝聚性和宽度就可以推出了。在前文中引证的关于动力学反应过程的论文(《思辨物理学期刊》[1]第1卷,第2分册)[2]中同样已经能找到对下面这一点的经验证实了,即电虽然在表面上传播,却不深入到物体内部。为了使读者直观地了解电依赖于面,这里我只想提醒:在任意两个物体(无论它们的品质如何)之间电都是与表面成正比地分布的;表面的种种单纯规定,即粗糙、黯淡等等,规定了一个物体在电上的局面;尤其是电的种种光现象与立方体的表面积保持完全特定的反比例关系,而且电可以在与该表面积被减小的程度成正比的程度上被呈现为发亮的,正如电的种种现象在所谓真空的空间所表明的那样,在那里当空气的立体表面积减小时,这空气似乎完全化解为电,似乎成了像电那种具有精神性的面。

---

[1] 《思辨物理学期刊》(*Zeitschrift für spekulative Physik*)是谢林主编并主笔的一份期刊,1800年开始发行,延续至1801年。谢林在这份期刊上发表了《对我的哲学体系的阐述》(1801)这部同一性哲学的奠基之作。——译者注
[2] 现收于《全集》第4卷。——原编者注
F. W. J. v. Schelling, *Allgemeine Deduktion des dynamischen Processes*, in ders., *Sämtliche Werke*, Band IV, Stuttgart und Augsburg 1859, S. 1-78.——译者注

这里还可以再谈谈导流力概念，谈谈物体在导流力方面的不同表现，只不过由于我在§163（阐释）中已经指出了电的导流的一般模式，所以鉴于物体在这方面的种种区别，我要提醒读者留意我主编的期刊第2卷第2分册①中提出的那些命题，拿它们作为对照毕竟还是有用的。

电的种种作用全都归结为下面这种方式导致的凝聚性的剧烈改变，即一个物体内部每一个电极都努力在另一个物体内部寻求其对立极，使得（比如说）相关物体内部的正电唤出了负电，这负电与前述正电会聚合为零，但这样一来在相关物体内部就在同等比例上产生了增量（膨胀性本原），这样一来，该物体（比如说）在被融化时便处于液态了。（两种电的区分。即便在这里也还不能假定有任何电物质，更别说假定有两种了。在大自然内部，所有这些现象本身都是通过同一个原因，即凝聚性或差别，而产生的。）

§167. 动力学反应过程的总体性既不是通过磁，也不是通过电而被设定的。——不是通过磁，是因为在磁中被设定的只有肯定性东西和被肯定者这两个要素的相对同一性（或者说只有第一个维度的同一性）；但在电中虽说有绝对同一性，即对所有差别的否定，但该绝对同一性却只是在面的方面被产生的，正如对立在过去只是面上的对立。现在既然依照§146来看，动力学运动是从差别回到同一性，是努力脱离双重性而达到统一性，那么动力学运动的完备总体性就既不是通过磁，也不是通过电被设定下来的，因为通过这两者，同

---

① 现收于《全集》第4卷。——原编者注
同上书，页码不详。——译者注

一性无论如何也不会在所有维度的总体性中被产生出来。

附释。由于动力学反应过程（依照刚才被证明的东西来看）就是脱离差别，返回到同一性，脱离潜能阶次，返回到无潜能阶次者，所以它的各种形式构成的总体性都仅仅通过那样的东西的中介才被设定下来，那东西本身并非潜能阶次，而是所有质的褫夺（因而上述总体性仅仅通过绝对流体的中介，即通过水的中介才被设定下来）；而这里所有质的褫夺指的恰恰不仅仅是液态流体，也包括三种形式中的共同实体。①这就是说，磁与电也只有在固体之间才是可能的。然而各种运动形式的总体性却只有在各种存在形式的总体性已被设定的情况下才被设定。但这只有当所有差别的褫夺出现后，才会成为现实。

VI, 341

§168. 动力学反应过程的总体性只有在化学反应过程中才被呈现出来。——下面这一点已证明该命题，即**只有化学反应过程才涉及所有维度**，因为磁反应过程和电反应过程只涉及长度与宽度，或者也还针对在电中并未达到的那种现实的同一性而发生。但如果以如下方式展开，该证明就更直观了。在动力学反应过程的总体性中，绝对流体必定有所体现，它必定作为第三方加入到电反应过程的两个物体相互构成的那个对立中去。电的模式曾是两个不同物体在角的形式下的结合。如果流体加入进来，那么三角形就闭合了；在磁中曾保持同一的线ABC，如今瓦解为三元结构，然后又结合起来了。在三角形ACB中AC和AB表示在电方面有差别的那两个物体；底边BC表示流体或水。由于AC和AB具有电的比例关系，所以必须将它们设

---

① 指可以呈现为液态、气态、固态三种形式的水实体。——译者注

想为差别物；因而这两个物体中的一个相对于另一个而言是被扩张了，另一个则收缩了，这就是说，前者被设定于正电的呈现者下，后者被设定于负电的呈现者下。BC（水）现在对于这两个规定是无所谓的；但作为主动凝聚性的绝对零点，它不可能以磁的那种方式被差别化，亦即使得两极被某个第三方集合起来，而且一极直接在另一极中成为客观的，而是仅仅以电的那种方式被差别化，亦即在两极化的过程中同时分解为两个有差别的产物。现在看来，两个对立物体AB和AC中的每一方为了使自身达到无差别状态，便都依照§163而努力在第三方内部设定其对立极：AB是被扩张的，就此而言带正电，因而设定负电（即肯定性的或进行否定的电），但AC却是被收缩的，就此而言带负电，因而设定正电，即被肯定的、被扩张的电。现在既然水对两种规定是无所谓的，那么它将朝着相反的两个方向潜能阶次化。但水被设定于正电（膨胀）的潜能阶次下的时候，依照§139附释2它便=燃素（氢），正如同一种水在被设定于肯定性东西的潜能阶次下，因而在被设定于负电的潜能阶次下时，本身便是对质的主动褫夺，是消耗性本原，即氧。因而就水而言，被设定于前文指明的模式下的那种行动便表现为同一个事物在相互对立的两种实存形式下的呈现①，即在日常语言中表现为瓦解。因而该行动就水而言乃是化学行动。我们必须考察的是，该行动就上述两种物体而言是什么。这里要留意下文中所述的事情。

依照§141的阐释，消耗性本原对自身性是最有敌意的，而且首先要在第二个维度上努力消解第一个维度的僵硬性；它使僵硬的物

---

① 本句中"表现"与"呈现"稍显重复，但原文如此。——译者注

体瓦解。但在同一性中还最大程度地包含了所有维度，在自身中以肯定性的方式最大程度地包含了所有维度的同一些产物，依照§163的几个阐释而言在电的冲突中也表现为肯定性的，即表现为负电；因而如果负电真是消耗性本原的呈现者，那么这同一些产物也便是最抗拒该本原的，因而也是最不被该本原支配的。反之那些首先属于离心方向的产物，不仅最早被扩张，还最容易臣属于消耗性本原。因而倘若AB是后一种类型的产物，AC是前一种类型的产物（而且它们大概也**必须**如此这般，因为它们应当是不同的），那么AB在和它发生如下现象相同的程度上，即在该反应过程中或在与AC冲突时发生膨胀，也就是在和它的僵硬性减少相同的程度上，也会臣属于消耗性本原，而且凭借该本原而将第一个维度或绝对凝聚性改造为第二个维度或相对凝聚性；它会瓦解（这总的来说就是所谓的氧化反应过程，因而同样是化学反应过程）。依照一切现象内部都有的那种对立来看，现在在对立面会出现另一个物体AC（当它，比如说，处于某种程度的氧化状态），它毋宁会在这个反应过程中使自身脱氧化，这就是说，它必定会恢复它完备的自身性。即便这种现象也=化学行动。因此一般说来被设定于三角形ACB中的行动就=化学行动，因此（这一点本应得到证明）动力学反应过程的总体性（上述三角形正好表现了该总体性）只有在化学反应过程中才被呈现出来。

现在我们还能以不同的方式，就在这种行动形式中将动力学意义上的总体性呈现出来：a）当我们反思§141中得到呈现的大自然的四种原初本原的时候。原因在于，既然在两个僵硬物体[1]中有

---

[1] 或译"固体"。——译者注

一个，比如AC，必然表现为肯定性的物体，另一个，即AB，必然表现为被肯定的物体，那么前一个物体也表现为能动的凝聚线上肯定性的一极（表现为土地本原或碳），后者表现为同一条凝聚线上被肯定的或被扩张的一极（表现为氮）；正如水的两极化会在宽度上的两极性之外再补充另外两个本原——这样便有了各世界地带（Weltgegenden）的总体性。这正如反过来看也很清楚的一点，即真正的各本原，所谓的各质素中的纯粹隐德莱希，真正说来便是磁的两极和两种电，而且该隐德莱希仅仅代表首先被设定于这四个呈现者之下的那些物质。——关于各世界地带的规定，这里还要顺带说明一下。因为当人们看到要素本身的质时，所谓的负电就是肯定性的电，所以这种电，因而还有水（就它归于负电的呈现者之下，即归于氧之下而言），就对应于东方的那一极，那一极表现得完全就像北极一样，比如说在整个地球上，在那一极上一定表现出更高的收缩性和更大的特殊重力。反之，由于正电是被扩张的、被否定的电，所以这种电和水（就它归于**正电的**呈现者之下而言）就对应于西方的那一极，它相对于东方的那一极而言又同样确定地表现出膨胀，正如南极相对于北极而言表现的那般。地上生活的"太阳"沉没于氢中；但凡某种个体性瓦解并消散的地方，氢都会出现。——同一种总体性也可以如此这般呈现：b）当它在一般的意义上，即在数的和空间的比例关系上被看到时。第一个必然的、由同一性和双重性中生出的数字是3。因而磁是动力学反应过程的数字1，它的模式是序列1+1+1以至无穷。电是数字2。在这里物质才首次瓦解为真实的双重性。化学反应过程是数字3，因而就此而言同样也=总体性。——正如算术序列中前三个质数都并不相互成为对方的幂，每一个都毋宁是一个直接的、与另外两个同时存在且同样原初的数,动力学反应过程的各形式也表现得类似。此外,正如1也被包含在2中,2却不必是1的某种聚合(因为双重性与同一性同样原初),电也包含了磁;也正如1和2被包含在3中,磁和电被包含在化学反应过程中。(我无需特别提及这些行动形式从线和角到三角形的进程,正如不必提及化学反应过程必然是动力学意义上的总体性,正如,比如说,第三个维度必然在自身中包含了前两个维度。)

附释1。化学反应过程在其最纯粹和最原初的形式下基于下面这一点,即两个不同的物体通过接触,相互在对方中设定了凝聚性的相对改变,而且它们中的每一个都试图以第三方(即无质的东西)为代价,恢复其状态。

附释2。一般的规律是,在两个处在化学反应过程的条件下的物体中,每一次都是那个其凝聚性相对而言被减少的物体被消耗(氧化了);因此在那个其凝聚性相对而言被提高的物体那里,就会出现前一个物体的对立面。

VI, 345

因而这似乎也是对那样的亲合性或亲缘关系的构造,那就是人们唯一真正能理解的物体对氧的亲合性或亲缘关系。

§169. 化学反应过程由磁以及电中介过。整个前文都是对该命题的证明。因而化学反应过程在其以原初形态出现时也必然经历这三个维度,即经历能使物体交互设定于对方之中的种种变化。原因在于,当这些物体只在第一个维度上相互改变时,它们就磁化了;若是在第二个维度上,它们就带电了;若是在第三个维度上,它们就在化学意义上发生改变。现在由于在三角形ACB内部,线AC和线AB也能被设想为同一个磁体的两端,所以不难理解,为什么即便反过来看，比如当两个强磁极与水接触时，也能造成化学反应过程。此外，化学反应过程内部的电，即便作为该反应过程的中介（而不是像一些人认为的那样作为产物），现在看来还能由伏特[①]的发明充分呈现出来。

现在在这里似乎还应更详细谈谈所有化学反应过程的先天（a priori）发现的模式与所谓流电模式的重合，后一个模式同样基于具有不同凝聚性的两个物体的相互接触，以及这两个物体与某个第三方流体的接触。只不过由于这种关系在《思辨物理学期刊》提出的那些命题中，尤其是在《对我的哲学体系的阐述》§113[②]的阐释中已经得到充分的讨论，所以我在那里指点过，在这里也留意到了独一无二的一点，即流电和化学反应过程是同一件事情，只不过流电现象内部的化学反应过程实际上在流电的各条件构成的总体内部被中介了，正因此也被电中介了，正如（只不过这一点不那么明显）每一个化学反应过程都显得四分五裂了；因而流电根本不是大自然的任何特殊行动形式，更不是某种独有的动因，比如某种特别的，甚至根本不可称量的流体，而是（尤其是在伏特电池的经线[③]上）磁和电的**一切**形式纵横交错的总体。它包含a）磁，而磁的模式在该总体上完全得到证明；原因在于，α）磁的模式在整个经线上都是同一个东西，只有在两极才被设定了+和−占优势的某种状态；β）适用于整个经

[①] 伏特（Alessandro Giuseppe Antonio Anastasio Volta, 1745—1827），意大利物理学家，电池的发明者，电学的奠基人之一。——译者注

[②] 见《全集》第4卷，第185页。——原编者注
书籍信息同前。——译者注

[③] 在德文中，"经线"与"长度"是同一个词（Länge），在谢林这里它们的含义也是相通的。——译者注

线的东西，也适用于每一个部分；γ) 这条经线上的每一个点在被考察后，都比另一个点多出1个度量单位——或者说是无差别的。[①] 它也包含b) 电。在电这个方面伏特和其他一些人提供了支持，这些人将天然的顺序颠倒过来，把电看作衍生的东西，或者说由化学反应过程中介了的东西。只是有一点应当普遍被认识到，在自然哲学中先于伏特的这一发现已普遍得到证明，即每一个化学反应过程必定通过电才发生；原因在于，同一性东西必须在绝对双重性关系中，因而在电的关系中，才能出现和瓦解，此后才能在化学反应过程内部的第三个维度上重新结合，进而才能填充同一个空间。

§170. **化学反应过程尽管在所有维度上起作用，在所有维度上却仅仅侵袭了形式或凝聚性**。这一点由如下现象已经可以看出，那就是即便化学上的三角形也重新还原为线ACB，这就表明整个动力学反应过程重又回归到凝聚性模式上。

§171. **通过化学反应过程，物体不能在实体方面，而只能在偶性方面被改变**。这一点直接从前一命题得出，需要补充的是，凝聚性只是实体的一种偏向。

物质在第一潜能阶次上曾是宁静的持存，到了动力学反应过程中自然有所变更，但这种变更绝非实体的改变，而只是在第一潜能阶次上曾被当作持存形式的那些潜能阶次或形式的改变。

§172. **物质的一切质，包括化学上的质，都不过是凝聚性的各潜能阶次**。这一点可以从前文中得出。

[①] 这里仅指每个点为了与其他点区别开来，就必须在刻度上有所不同；而它们的性质实际上是相同的。——译者注

§173. 每个物体的实体都独立于它的各种质之外，而非由它们规定。原因在于，一般而言实体若撇开其种种偏向而言，永远保持等同和同一。由此便有了实体在全部物质性事物中彻底的统一。因而，比如说，化学称作碳或氮的东西，在实体上是同一个东西，尽管它们的潜能阶次不同。这正如水的情形一样，水在其种种变化形式①中在实体上是同一个东西，一般物质也是如此。

（现在由于全部潜能阶次处处都是相对的、比较而言的，所以明显就可以看出，物质的真正本质、原初本质的永恒而无偏向的同一性，是如何即便在化学反应过程中也反映出来的。）

§174. 没有任何物体在实体方面是聚合而成的（甚至不在化学上聚合而成的）。原因在于，实体只有一个，且完全是同一个。哪怕有些东西可以被分割或被分解，实体却是永远不会被分解的。

附释1。因此，说任何一种物质由这些或那些元素**构成**，或者由它们聚合而成，就是错误的。原因在于，一个物体含有的同一种物质可能在（比如说）两种不同形式下呈现出来，这并不证明该物体本身在过去是聚合而成的；正如从物质可以无穷分割并不能得出，它是由无穷多的小部分聚合而成的。

附释2。一种物质在化学上被分解意味着：同一种物质被设定在不同的一些实存形式或不同的一些呈现者下，而据说由以构成物体的那些所谓质素，因此又只有通过分解本身才被设定，它们也是分解的产物。（由此便可断定，像化学家们之间那种关于一种质素是否单纯的争论完全是空洞的。比如说，如果人们问：水是单纯的还是

---

① 应指水的三种状态（液态、气态、固态）。——译者注

聚合而成的？他们两者皆可主张，具体要看他们采取较高的还是较低的立场。在水为单纯的这个意义上说，所有物质都是如此，在其他物质聚合而成且可分解这个意义上说，水也是如此。因此当人们还在谈论其他物质的聚合性时，宣称水是单纯的，这就很偏颇了；这就好比一般而言没有任何化学可以号称是以科学方式构造起来的，如果它还基于物体的**持存**或聚合状态而从质素出发看问题，而在其他人那里，比如温特尔①的化学，又可能远比法国的化学更有灵气，即更多才多智。）

附释3。一个物体尽管可以分解，却仍然是单纯的。这是从分解概念和下面这一点中得出的，即差别其实是分解本身的一个产物。

§175. 一切所谓的化学分解都是物质的潜能阶次化，反之一切聚合都是物质的去潜能阶次化。前一点可由我们在前一个命题的附释2中给出的分解概念而得以显明。后一点如此这般来理解：在所有动力学反应过程中，但尤其是在化学反应过程中，大自然意在消除差别，而由于这只有通过无差别状态才可能发生，所以大自然在那些反应过程中意在通过其他潜能阶次消除某种潜能阶次；那么这就意味着消除物质的潜能阶次，因而就使物质去潜能阶次化。所以人们（比如说）就说：中性盐是某种碱与某种酸的聚合。更正确的说法是：它是双方或多或少成功的去潜能阶次化，亦即通过一方和另一方的那些对立起来的潜能阶次而缩减到0。

附释1。因此人们也可以说：一切所谓的聚合的一般趋势就是将

---

① 温特尔（Jacob Joseph Winterl, 1732—1809），奥地利医生、植物学家、药师、化学家。——译者注

物质还原为水。原因在于,一切所谓的化学聚合都是通过其他潜能阶次消除某个潜能阶次,因此它的最终目标只能在彻底的无潜能阶次状态达到,而依照前文的说明,这种状态只存在于水中。

附释2。在作为化学反应过程的化学反应过程中,物质的这种去潜能阶次化是不可能完全达到的。原因在于,化学反应过程=第三个维度,因此第一个维度也进入这种反应过程中,并在其中起规定作用,这就使得双方①的无差别状态,即流体,虽然可以被产生出来,但绝对的同一性却永远不能被产生出来。

因而完全成功的去潜能阶次化可能唯独通过那样一种反应过程方可达到,它本身不再对应任何特殊维度,而是与所有维度都对立。

注释。这里我们注意到,在化学反应过程中达到且同时并未彻底将质消灭的那种无差别状态是那样一种分解或溶解,**各种酸**本身就是它首要的和最一般的例子。这就是说,由于相对的凝聚性的各要素在水中消解为绝对的同一性,因此在各种酸中,第一个维度或金属性明显还在一同起着决定作用。氧自身与氧进入无差别状态后根本不产生酸②,然而具有金属性的那种不可耗竭特征的一切都只会成为酸,只不过那是**不同的流体**。——此外各种酸在化学反应过程中又作为第三位的东西或流体出现了,而金属被它们分解所遵循的模式不是别的,就是§168中勾画的那个化学反应过程的一般模式。原因在于,既然每一种酸真正说来都是以酸为唯一的质的某种

---

① 指发生化学反应的双方。——译者注
② 当时"氧"(Sauerstoff)的字面意思是酸素。这里意指一份酸素与另一份酸素混合并不产生酸本身。——译者注

金属性基体，因而既然酸同时代表某种流体和某种固体，那么当某金属在酸中每一次发生分解时都会出现化学反应过程所必需的三元结构。因而真正说来各种酸就是坚硬状态向无潜能阶次状态的过渡。它们内部的消耗性本原完全耗尽属地的本原，使得它们实施前者的功能，而且仿佛是一种流动的火，这种火解除最坚硬物体的凝聚性，同时却并不能完全消灭这些物体，不能使之陷入彻底的无潜能阶次状态。因此——

§176. **一切潜能阶次的消除**①，**即一切动力学反应过程的最高目标，只有在火的爆发或燃烧反应过程中才达到。**（因而即便是再次作为无潜能阶次者，燃烧反应过程与动力学行动的三个层次，即与磁、电和化学反应过程的关系，也像是神性东西的绝对同一性与大自然的三个潜能阶次的关系那样。）——**间接的证明**：倘若一切潜能阶次的完全消除这个一切动力学行动的最高目标真的只有在燃烧反应过程中才能达到，那么这个反应过程必定是最彻底的，而且必定只能在无潜能阶次状态实际被建立起来的时候才存在。但这只有在去潜能阶次化的产物是水的情况下才会发生，因为只有水才是无潜能阶次者。然而即便真正的燃烧反应过程（它与火的爆发结合在一起），实际上也被限制于水的两种形式的相互去潜能阶次化上，而且这样一种反应过程若是没有燃素和消耗性本原的在场，也是很难发生的。由此看来，即便燃烧反应过程或火的爆发，也属于那种现象，它代表了对一切差别的彻底消除，因而一般说来代表了动力学反应

---

① 严格来说是大自然第二个层面（动力学运动、动力学行动）上的一切潜能阶次的消除，而不是整个大自然中一切潜能阶次的消除。——译者注

过程的最高峰。

说明：1）一般就固体而言，所有化学反应过程都是长度上的两极性和宽度上的两极性之间的某种争执，这两种两极性在磁和电中显得分离开了，这里却汇合起来相互争执。在固体的燃烧反应过程中，固体内部的相对凝聚性胜过绝对凝聚性，而且是由消耗性本原唤起的；固体金属分解到土中，分解为某种可消耗的团块。仅仅就即便相对凝聚性的两个本原和宽度上的两极性本身也过渡到同一性之中而言，**火**中真正无差别的同一性才可能出现，仅仅就此而言，火的现象才与固体的分解反应过程结合在一起。现在如果命题1）①正确，那么——②

2）即便一切物体的可燃性也基于自内存在与他内存在（des Seyns in anderem）这些维度针锋相对的争执。因此一个物体越是为其自身而将这双方**等量**齐观，即越是一般性地在自身内使不同维度相对**结合**，它就越会避开火的暴力（火基于差别化）；因此我们看到，贵金属，比如铂、金、汞，越是在自身内部将各维度相对等量齐观，便越是不易燃烧，而且即便顺带被拖入大自然普遍的燃烧反应过程中，一旦外部条件具备，也会凭借内力脱离那个反应过程，恢复其本来状态。银在这方面的情形已有所减弱，因为它唯独只表现线，而且在银这里，它在消耗性本原的作用下经历的各种变形所构成的那个范围已经显著扩张了。金刚石在某种程度上还蕴含着在最硬金属那里至少已经展现为一个生机勃勃之点的一切东西，它只有遇到

---

① 指前文中"化学反应过程都是长度上的两极性和宽度上的两极性之间的某种争执"云云。——译者注
② 原文中这里与下文连成一整段，我们为了使各要点直观可见，另起一段。——译者注

最灼热的火才软化，同时不可挽回地化作烟雾。——纯属长度上的两极性或宽度上与此对立的两极性更加泾渭分明地在物体上出现得越多，消耗性本原的暴力越超过物质，这样一来可燃性也就达到了那样的等级，在那个等级上随着个体性的彻底消灭，最终的差别便从水中生出，生成为那样一种物质，该物质对于土地而言几乎是离心的，它的重力和凝聚性同样都被剥夺了。只不过即便这也算是一种自身性，这种自身性重又被消灭，被消耗性本原消除，并与那本原一道进入水中，而水作为一切两极性的最彻底同一，是那样一个点，只有在那个点中消耗性本原本身才得以平息。

然而这里我们还不能指定燃烧反应过程以及一般意义上一切动力学行动的最高关联，因为我们尚未探讨个别事物在世界体系这个巨大有机组织中的比例关系。目前只能说这么多。一切燃烧活动都是实在本原与观念本原、属地的东西与属天的东西的和解。由此便有了火的纯化力（die reinigende Kraft）与火在所有宗教中的象征性用法。善本原在火中神化了黑暗的东西，并消耗掉后者身上的属地东西——在最坚硬的物体上达到那样的程度，也就是使得属地东西虽然不是光，但也不再是黑暗物质，而是成了彻底透明的状态。只有在与对抗性本原的斗争中，宁静的实体才成为消耗性的火。每一次燃烧反应过程都是个体性的一次献祭，而当太阳相对于土地而言表现了观念本原，那么在每一次燃烧反应过程中太阳仿佛都牺牲了土地，正如土地即便在硫化反应过程中也受触动要为太阳牺牲自身一样，尽管土地就像凤凰一样，凭借内部固有的个体性的力量总是能从其余烬中重生，以便重新与太阳相结合。因此每一次燃烧反应过程都是太阳战胜了土地，太阳用火的暴发庆祝这一胜利。毫不奇怪

VI, 352

的是，在所有那些使事物中的普遍东西与具体东西、观念东西与实在东西的那种奇妙混合显得事出偶然的神话中，人们都期待着那种混合带来的永久争执在世界的尽头由火来平息；原因在于，由火造成的一切消耗事实上不是别的，只是实在东西被观念东西化解。

然而我们只能期待有某种研究会带来对火的本性的彻底认识，该研究尚需着手去做，而且我们只有凭借该研究才能结束关于事物的动力学生命的这种学说。

这就是说，大自然的第一潜能阶次与第二潜能阶次（我们目前还忙于考察这个潜能阶次）的关系在于，在第一潜能阶次中，真正得到考察的是实体的实在方面或作为实在东西的实体自身，反之在第二潜能阶次中，真正得到考察的是实体的观念方面或作为观念东西的同一个无限实体。在所有动力学现象中都——完全在磁的最深层次上，那里观念东西完全掩藏在实在东西中——**透显**出观念实体的无限性，正如在变形中显示出实在实体的无限性一样。双方不过是一个实体，在一方中可认识的东西，在另一方中也必定有所透露。

然而我们在第一潜能阶次上坚持以双重方式考察了一切形式。先是**当作**形式，或在差别中来考察，然后是当作实体，或者在无差别状态中来考察——后者在这种情形下，即当实体完全从实在方面被考察时，只能以物质的方式表现出来。我们那时发现了两个相互对应的序列：

第一个维度作为**形式**或在差别中，通过主动的凝聚性表现出来，第二个维度同样作为形式，通过相对的凝聚性表现出来，第三个维度同样作为形式，通过层面的凝聚性表现出来。在实体或无差别状态中，与这些形式相应的是许多实在的表现。与第一个维度相应的是土地本原,与第二个相应的是燃素,与第三个相应的是普遍映像性本原。对于超越所有维度的东西,在差别或形式中没有任何表现(因为在这种情形下一切形式与差别都归于终止),然而在氧的产物以及更进一步的产物中,所有这些两极性以及消耗性本原本身的两极性很可能都在水中进入其无差别状态或归于宁静。

对于第二潜能阶次而言,必定也有某种类似的平行关系存在。即便在这里,每个运动形式也必定有双重表现,先是表现在**差别**中,然后表现在实体中。这就是说,如果所有动力学运动都是无限的观念实体的现象,正如存在的或变形的种种形式都是无限的实在实体的形态,那么动力学运动必定可以总是在双重意义上被考察。先是就物质或差别而言,此前我们已经考察过这种情形了。**然后**所有这些形式的自在体都必须在无限的观念实体本身中被阐明,或者换种更好的说法,必须指明**无限的观念实体如何作为前述所有形式的自在体显现出来**;这正如在第一潜能阶次上似乎总是必须指明,无限的实在实体如何在前述所有特殊存在形式中显现出来。现在我们继续向这一研究进发。

§177. **每一种动力学形式**(磁、电、化学反应过程和燃烧反应过程)**的无限的观念实体都是自在体或本质**。——这一点无需任何证明;原因在于,它们基于差别之上;然而所有差别的无限的观念实体都是自在体或本质。

§178. **作为一切磁**(就此而言也包括事物相互之间的同一性)**的自在体的无限观念实体显现为声音**。

阐释。我们并非主张**声音**是磁或凝聚性,而是主张声音是那被视为一切磁的自在体、同一性的无限观念东西本身。自在意义上的声音本身是无形体的（尽管它只有相对于物体而言才会发生），而且在这里它的特殊关联（即成为磁的自在体）是依照下面这一点来规定自身的，即声音在受到凝聚性限制的情况下显现，因为所有物体的响亮度都与其凝聚性有最密切的关系，连声音本身真正说来也只有一种时间中的生命（Leben in der Zeit），如磁一般。

补充性阐释。声音是大自然中再度鸣响的对上帝理念的无限肯定，仿佛倾诉到尘世之中的上帝之言。对于一个个物体而言，它无异于肯定，即正好是凝聚性的同一性，是物体的自内存在（in-sich-selbst-Seyn）、实在存在的**自在体**。因此它出现的条件是，一个物体被设置为出离宁静、出离与其自身的平衡与同一性（即普遍东西与特殊东西、本质与形态的平衡与同一性）的东西，而这种平衡则是通过撞击，一般而言也是通过与外界的接触而发生的。那么声音便是恢复，即对物体与其自身的同一性的肯定，或对物体的自内存在（in-sich-selbst-Seyn）的肯定。因而由于声音在这里显现为自身性的灵魂，所以一般而言它是一切事物**出离**上帝的活动的仿像。大自然的每一个事物都属于上帝的存在，而且只有就其属于这存在而言，其本身才存在。事物的这种被涵括到上帝的无限肯定之中的状态便在它身上呈现为声音，而声音不过是对该事物的实在性的肯定——上帝那无限的、贯穿万物的概念，因而甚至可以说各种事物的同一性，便是声音。上帝在大自然中的这种无限肯定（它是生命的永恒根据）由此开始鸣响，直至出现理性为止，而理性只不过是对上述肯定的最完满重演，它又以象征的方式在言谈和语言中表现其自身，恰如神性知识以象征的方式在世界内部被理解那般。即便**实在**世界也**只有**在关系中才是实在的，然而**在其自身而言**它却是肯定性东西与被肯

VI, 355

定者的同一性。只不过它**并不显现**为活生生的言、作为上帝的道说活动本身，而是**显现**为**被道说的**言。在东方最古老的哲学论断中，**言自身的那种无限肯定**（它同时成为上帝的本质）尤其被刻画为**活生生的言**，正如在大部分语言中理性与言谈表现为同一个东西。在声音中显现出大自然现实的肯定性，即显现出作为特殊生命的自在体并与该自在体处于直接关联之中的无限观念实体。①

关于此处的问题，后文中还有所论述。

§179. 作为一切电（就此而言也包括事物相互之间的一切差别）**的自在体的无限观念实体显现为光**。本命题首先需要一项说明，该说明同时会提供对本命题的证明。——在磁中，万物在特殊性方面的同一性被直观到，使得磁不过是在更高层次上重演了某种重力，凭借这种重力，事物在其偶性或其形式方面也努力汇聚起来，成为一体，就像在实体方面也通过重力努力汇聚起来、成为一体一样。然而另一种两极性却与磁对抗，由于那种两极性，事物分解为差别。这种分解活动反过来成为电这一环节的特征，而电是彻底要求双重性的，正如磁要求同一性那般。然而即便是**这种**差别，也还有光（对事物进行普遍外显②的东西）作为其**同一性**。因此（依照§164）光便出现了，如同各种物体的差别消失于同一性之中，成了0。因此正如声音是一切事物的同一性的自在体，光如其本身显现的那般，乃

---

① 参见前一卷（指《谢林全集》第五卷——译者按）中《艺术哲学》，第488页及其后几页。——原编者注

"前一卷"指《谢林全集》第五卷。中译文见谢林：《艺术哲学》，先刚译，北京：北京大学出版社，2021年，第162页及其后几页。——译者注

② 义同"潜能阶次化"。——译者注

是一切事物的差别的自在体,这自在体正因为是那样的自在体,本身是无差别的。

注释。从一开始,在谈论大自然中与重力对立的那种属性时,我们就将如其显现那般的光(Licht)与光明(Lichtwesen)区别开来,并将光明刻画为**无限实体在观念意义上的普遍临在**。就此而言光又是无限的观念性实体的一般表现;原因在于,当实体**在其观念性方面**呈现时,光便存在。在磁中,光(即对**一切**差别的无限肯定)是个别东西的肯定或概念;即便声音也是光,声音只不过是物体内在的、直接的光。我们在专门的意义上(in specie)称作"光",也如此这般在上述命题①中称呼过的东西,只不过是也**作为光**显现着的光。——光在哪里都是观念实体的现象表现——在电和火中(因为在重又将第一个维度包含在内的化学反应过程中,光也再次没入物质之中)——,因而当观念实体作为观念性东西出现时,**光**就是观念实体的假象;照此看来,光同时既是观念实体的**一般性**表现,也是特殊表现,就特殊实体也专门**如其所是那般**,即作为事物一切**差别**的自在体显现(此事恰恰发生在电中)而言。现在看来,这里也是我们能阐述光相对于物体而言的经验性显现,因而一般说来能阐述光的学说(前文中仅仅触及该学说最一般的方面)的地方。因此这里我将这一学说的基本原理作为中间乐章或**附释**插入进来。这些基本原理如下:

1)**光是纯粹的同一性,直截了当是单纯的**。——阐释:它不是某种增加和某种减少,像物质(作为光与重力的同一)那样,它之为单

---

① 指命题179。——译者注

纯的，更不是在物质的那个意义上而言的，它是纯粹的增加，是纯粹的进行外显的东西。它更不可能是在机械的或**化学的意义上**被聚合起来的，如一些近代人希望的那般，凭借这般想象，那些人虽然将极多的光素引入大自然，却唯独没有引入什么光。它是**单纯的**；原因在于，一切那样的东西都是单纯的，对那东西而言质与实体为一，或者说那东西的质同时也是实体。而这正是光的情形。它的质也是它的实体，而（人们可以说）就此而言它不是别的，只是质，即一切质本身的纯粹同一性。

2）**光作为光，只有与作为非-光（Nicht-Licht）的物体相对照才能显现**。原因在于，一般而言作为观念东西的观念东西只有与实在东西相对照才能显现出来。

推论：因此一切感性的光都不是在其自身而言的光本身，而是像在对照物中那般存在，因而是在绝对意义上被看待的光的单纯现象。

3）**说明**。物体与光的差别是不透明状态、无差别状态与光、透明状态的差别。

这里我们简要指明了这种关系的根基。物质的实体、本质是重力；对于光而言重力作为一切实在性的根据而发生，然而双方却是一体的，双方只是同一个绝对实体的不同属性。因而并非在其自身且为其自身的重力对光不透明，只有本身作为**重力**的抽象物、数量差别的东西才不透明，而且与那东西处于这种情形的程度成正比，因而也与那东西脱离与其他事物构成的总体的程度成正比。首先，处在彻底无潜能阶次状态的物质最近乎实体，因而也就不与光形成对立了。正如我们所知，从这里便分离出绝对流体，即水。这就是说，由于光是一切差别的同一，所以完全无差别的物质仿佛只是在客观意义上被直观到的光；在这物质中，光并未认识物质，它只是直观到其自身（由此便有了电的无差别之点）。光通过物质达到的自我直观的这种连续化，或者换种更正确的说法，它在物质中对自身的这种直观，显现为光在穿透某种透明介质的活动。物体相对于光而言根本不是肯定性东西；它被设定为相对的非存在；因而它虽说不是光，相对于光而言却也算不得什么物体了，因而面对光便是漠无差别的。现在由于光与重力的关系有如同一性与总体性的关系，所以物质对于光也表现为漠无差别的，这就是说，光在物质中会直观到其自身，只不过其程度具体取决于物质是只靠近同一性还是只靠近总体性；现在看来，同一性通过收缩的最大值表现出来，总体性通过扩张的最大值表现出来，因此透明状态发生的关键并不在于一切差别的绝对零点，即水，它仅仅发生于凝聚性的一些极点上，即发生在同一性或已实现的最大总体性的最大值上。比如最坚硬的物体，即金刚石，就是透明的（煤呈黑色，这只是透明状态的开始，那里物质相对于光而言已经开始显现为单纯的褫夺）：因而最坚硬的物体，以及最无凝聚性的物体，就显现为透明的。——反之与自身性出现的程度成正比的是，差别必然与光一道出现，因而尤其在贵金属中（这里内在的光反而是声音）更是如此；原因在于，既然光是一切差别的无限概念，那么物体必然与它脱离其所属的物体总体性的程度成正比地出现，这与光的情形相反，物体便对光模糊起来，变得不透明了。

4）光既不能直接对物体起作用，物体也不能直接对光起作用； 双方毋宁在一般意义上和在每一种比例关系下都仅仅通过绝对同一性结合起来。原因在于，它们分别表现为**实在的**和**观念的**；实在东

VI, 359

西和观念东西却到处都只有通过绝对实体才能成为一体。因而即便在大自然中,光与物体以及它们的一切比例关系也都只是被绝对同一性(即被直截了当看待的实体)中介了的,而且这里能假定的无非或者是在光内部的**知觉**(依照公理VIII①中就此提出的主张),这种知觉由于盲目且无意识,似乎必须被设想为某种本能;或者是,由于大自然内部一切本能也都被普遍实体中介过,所以即便反射与折射也要看作被光与物质在其中成为一体的那个东西中介过的。——那么即便反射与折射本身的各种比例关系也要依照这个原理来进一步加以规定。

5)**经验性的光**或就其又**仅仅**是无限观念实体本身的现象而言的光,**贯穿了光的映像**(即凝聚性)**所贯穿的同一些维度**。我将凝聚性称作光的一个映像,不仅仅是因为光作为肯定性东西是物质内部一切凝聚性的设定者,也是出于下文中会表明的一些理由。——首先我们要进一步指明这些维度。

6)**光的显现中的第一个维度是它的纯粹扩张**,是闪烁状态(仿佛光的纯粹的、主动的凝聚性,这种凝聚性在物质中与被动的本原结合起来,在光中纯粹**如其本然地**或在纯粹行动中被直观到)。光在其纯粹的扩张与离心运动中是一切连续性的原型,而且就此而言,既然连续性的纯粹形象是线,而线的刻印物却是凝聚性,光也就是一切凝聚性的原型。——这里自动出现一个机会,那就是比此前更精确地说明光的传播,但为达此目的还必须先说一番一般性的话。

我提醒过,光既是无限的观念实体的一般刻印物,也是它的

---

① 见本书原文第280—281页(中译文见页边码)。——译者注

特殊刻印物，或者说无限的观念实体既在一般意义上，也在特殊关联中（比如与电关联），或者作为电现象的特殊自在体，而成为光的。但无限的观念实体是必然的，也如重力那般是同样全在的（allgegenwärtig），而且先前我们已将与重力对立起来的光仅仅规定为实体的观念性全在。**因而在宇宙中光并非从一个和多个特定的点发出**，或者被束缚于这些点上（因为它的确是全在的实体本身）。在真实意义上的宇宙中根本没有太阳和行星，只有**唯一的**无限且全在的太阳，即光本身，也只有**唯一的**无限行星，后者就是重力。**我们**笼统地称作太阳和行星的东西，乃是光与重力的绝对同一性的一些形象和刻印物，在这些形象和刻印物中有一类是比其余东西表现得更完备的同一性器官，正如在一个有机身体中运动的工具，比如肌肉，在某种程度上是行星，视觉器官（尤其是眼）却是太阳，然而灵魂却是全在的，在每一个器官中感受，在每一个器官中也都直观到自身。现在如果光与宇宙的关系就像灵魂与一个有机身体的关系那样，那么由于光在宇宙的每一个部分中直接就在感受并临在，这样一来也就根本不可能有被笼统假定的那种光的传播了。光的一切传播都受到大全的无限灵魂的现实全在的中介；这正像在有机身体中从中心发出的运动传给最外端的肢体，那并不是运动从大脑出发，通过神经跑到肢体中，而是由于同一个灵魂在大脑，也在肢体中直观自身。经验中的太阳在严格字义上而言根本不**发送**给我们光，它反而只是为我们激发起那个到处临在的无限太阳，或者毋宁说激发起光的世界，正如它打开了带电物体或燃烧物体一样，也正如那个仿佛具有理智的世界一般，它在实在世界中处处都出现了，那里隔膜消失，证明了它的全在。当光显现的条件具备时，它便显现；因而它并非在这个瞬间才产生,而是如重力一般**存在着**,恒久不变地临在。光是大自然的肯定性东西,这东西在行星类天体上悄无声息地失落于被肯定者之中。从太阳出发,肯定性东西传播的情形正如,比如说,它在惰性物质的树突中束手束脚地缓慢传播一样,处在前一个点中的东西并不曾被转到下一个点中和被从前一个点中取出;毋宁说就像在同类东西通过同类东西传播(那种传播我们在大自然的一般构形冲动中,在植物的生长中,在金属的分叉生长中,以及在金属的磁性结合现象中看到了)时在先的东西在后起的东西生成时依然持存着一样,光也倾泻出来,只不过没有惰性物质随之拖曳前行,而是去除和摆脱了太阳,因为有这种增长被设定下来的每一个点都直接而无中介地作为实体本身的全在,也在后起的每一个点中设定了同样的增长(这样一来,光的传播现象恰恰成了大自然中一切凝聚性与连续性的真实原型)。事实上相信下面这一点是最愚蠢的,即我们如今所见的光是(依照通常的看法)大约8分钟之前从太阳流泻出来的同一道光,就像我倒出窗外的一滴水原样不变地到了大街上一样。在对传播的这种说明中,以太的振动依照欧拉的看法实际上要比在牛顿看来更可接受一些;只不过光不是通过机械撞击,也不是通过某种以太的中介,而是通过动力学上的连续性而传播的,这种连续性唯独通过大自然的无限肯定性东西的全在而得到传介。

然而依照这种看法,同样显而易见的事情还有,**光的扩张或照射只是经验性的光的一种规定**,而不是直截了当来看的那种光的规定,后者是运动、灵活性本身,因而本身不可能被推动。通过这种传介也发生了一件事情,即声音传播开来。将传播的单纯工具看作传介者本身是愚蠢的。连一些显著的现象也证明,爆炸时的**声响**(比如说)完全与空气的振动(这振动当然是相伴相生的)无关,这正如我们如今通过克拉尼①知道,最小成分的所谓振动或震颤并不是必然的,在发出声音的物体那里压根就不存在;因此欧拉将光和声音的传播视作同类现象是很有道理的,只不过他将自己关于前者的传播的错误表象转嫁到后者的传播上,而我们则将关于前一种传播的更高表象转嫁到后一种传播上(后一种传播与前一种的区别在于,声音依照显现方式来看与固体结合在一起,因而成了时间性的,尽管有形事物若是缺乏观念实体的临在,是永远不会自顾自地产生声音的)。——其他任何传播也同样如此,比如热的传播。

人们假定光的传播是时间性的,这乃是基于那样一些推论,它们完全依照经验中表面现象而得出。这就是说,如果发生了延迟,那么延迟就取决于在光之外的一些条件,而由此出发是无法就光本身的本性做出任何推断的。毋宁说,正如重力是空间的扬弃,光也是时间的扬弃。

7)光现象的第二个维度是反射或物体表面的着色。下面这一点已将反射规定为第二个维度了,即线在这里被折成了角,或者如牛顿准确无误地看到的,被折成了曲线。

反射绝非基于光与物体之间某种片面的因果关系,这一点在第四个命题②中已经指出了。至于专门说到物体特有的颜色,那么它像电一样不过是一种表面现象罢了,而且表现出来的不是别的,只是光

---

① 克拉尼(Ernst Florens Friedrich Chladni, 1756—1827),德国物理学家、天文学家。——译者注
② 指前述第四个基本原理。"基本原理"(Hauptsätze)原文字面即为"主要命题"之意。——译者注

在电方面相对于物体或物体在电方面相对于光的比例关系。颜色是那样的东西，通过它物体将自身设定为不同于光的，正如颜色的消失——消失于黑色中——是向透明状态过渡的第一步；由此便有了颜色对电的决定性影响，使得其他一切条件相同的情况下，一个物体带正电还是带负电取决于它的颜色。——然而颜色自身的本质只有通过下面几个命题才能进一步说清。

8) **光现象的第三个环节是折射环节**。也就是说，这里物体被光穿透了；一种摄取（Intussusception）发生了。这个环节与光的关系犹如化学反应过程的环节一样，因而等于第三个维度。一切折射的条件是透明状态，而透明状态的含义在前文中已经详述过了。现在倘若在大自然中有某种彻底透明的状态，那么物体相对于光而言就完全不存在。然而即便在透明物体中也还残留有某个差别环节，这个环节即便在这里，也还是通过连续直线的弯折，通过光面临连续体时弯弯曲曲穿过物体的现象表现出来。光在进入透明物体时的折射或所谓偏转的根据依然在于该物体的差别，这一点由如下现象不难明白，即哪怕是那些被确定具有某种显著的自身性环节的透明物体，比如可燃物体，也会最强烈地折射光。因此光或光中的同一性东西在折射中真正与物体内部的褫夺或差别综合起来，而一切透明的介质同时也是浑浊的介质。同一性与差别、断定与褫夺的那个综合，便是显现为颜色的那个东西。因此尚需留意的是——

9) **光既不是通过反射，也不是通过折射，才以动力学的或机械的方式差别化的**。颜色中的差别的根据在光之外，在对立面中，在它与其发生综合的非光（Nicht-Licht）中。因而光永远是一体，且不可能通过任何东西和在任何东西中成为两半。颜色不在光中，而是通过不同于光自身的另一样东西的加入,而从光中产生的,那东西就是差别。颜色的公式不是,比如说,光本身的同一性分解为同质东西的增加和减少①,像一些人(歌德的观点也是如此)错误地理解的那样。光的公式是光本身的同一性加上某种异质东西,是光加上物体或光加上非光。在这个意义上,颜色是在最简单的那些情形下产生的,这就是说,光通常与它的对立面综合起来,而颜色的质总是与它被弄浑浊的**程度大小**成正比。颜色的一般特征是:比黑色更亮,比光更暗;但各要素(即断定与褫夺)的占比大小是不同的,这就使得断定占优势时颜色更亮,褫夺占优势时颜色更暗。棱柱折射出来颜色图像,这无论如何也不属于原初现象,而属于衍生的和最受限的现象。我不想在这里进一步发挥关于棱镜折射出来的颜色图像的真实观点②,现在要从讨论光的这个插曲回到我们的研究的整体关联中来了,先前这个研究的意图是表明,作为自在体的无限实体是如何在动力学运动的那些形式③中的每一个那里显现的。无限实体作为磁的自在体,就是声音。无限实体作为电或事物的差别的自在体,就是光(即便在专门的意义上[in specie]也是如此,因为无限实体普遍是且完全是光)。现在——

§180. 无限的观念实体作为化学反应过程的自在体(或者作为有差别的各种物体的总体性,正如重力作为同一性方面或普遍东西方面的总体性),**显现为热**。——由此已经可以看出,化学反应过程

---

① 比如一块面包掰成两部分,一部分是1/2多一点,一部分是1/2少一点。——译者注
② 参见前一卷,第512—513页。——原编者注
"前一卷"指《谢林全集》第5卷,中译文见谢林:《艺术哲学》,第186—188页。——译者注
③ 指磁、电、化学反应过程。——译者注

就是第三个维度。现在看来，即便热也首先是第三个维度固有的灵魂，这一点从下文来看是很清楚的。人们也早就认识到热是普遍流动性本原，但却只到热的膨胀性中去寻找这一点的根据，因为人们将流动性也视作一种膨胀。只不过我早就驳斥过这种观念。第三个维度相比于第二个维度而言明显又成了收缩，因为流体放任自流时总是容易成为球形的，但这种状态却是绝大部分物质在表面积最小或与空间①接触面积最小的情况下能够具有的形式。第一个维度又进入第三个维度，正如流动性一般而言仅仅表现了回流到自身的凝聚性或层面的凝聚性。从这些一般性理由中已经明显可见，流动性并不在于膨胀，毋宁在于收缩。但即便在经验中，这一点也早已呈现出来，尤其可见我的《新刊》②第3册上默勒③的那篇关于摩擦生热的论文（§38及其后几节）。少许正在转变为冰的水就会极力膨胀，这水本身就会像最剧烈的炸弹一般爆炸。看来是寒冷，即热的缺乏，给了它更大的体积，热则反过来给它较小的体积。此外：一种固体金属在成为液态时（比如在熔化时），在同种金属④表面它的每一个部分都会漫溢；很明显，这同种金属必定相比而言密度更大，因为否则的话物质作为同类会被吸收的。——尽管现在有人可能会就此反驳说，只有对于凝聚性从僵硬状态化解到能使物体成为流体的程度，热才是必需的，而**真正**成为流体的那个过程，即真正的收缩，却

---

① 指物质外部的空间。——译者注
② 指谢林主编的《思辨物理学新刊》(*Neue Zeitschrift für spekulative Physik*)。——译者注
③ 默勒（Nikolaus J. Möller, 1777—1862），丹麦物理学家，谢林好友，曾为《思辨物理学新刊》撰文。——译者注
④ 指固态的同种金属。——译者注

很可能是由另一个本原造成的。只不过这也不符合实情,热才真正是作为流动性的流动性的专属本原,而且只有在作为流动性的流动性中才获得安宁。众所周知,冰(比如说)通过热而融化,发生收缩,但涉及的热也完全只与此事相关;由此融化而来的水却还保有冰的寒冷;因而热正好只造成了流动性,没有造成任何更多的东西。化学家将这一现象说成是热被吞噬了。只不过热作为两个维度本身完全平衡的状态,是大自然的那样一个本原,它在层面中直观自身,只有在层面中才能成为客观的,因此也处处寻求层面。如果它首先使固体膨胀,那么要使这固体出离第一个维度(这个维度尤其与热相对立),进入第二个维度,再出离后者才进入第三个维度(在第三个维度热才归于宁静),如此一来才进入无差别状态(成为潜伏的)。人们之所以误将热无条件地视作膨胀性的,根据便在于人们在这里首先只将**流体**当作标准了。我们已经看到,热使一个固体在向液态转变时发生收缩,当然它看似也使液体膨胀,但只是看似如此。液体是那样的物体,它的各部分不是通过冲着**同一个**方向的凝聚性,向着一个共同的重心被结合起来的,该物体①中的每一个部分毋宁都有自己的重心(因而真正是总体的表现),而且仅仅通过其自身的重力便与某个团块的总体分离开。但热只不过是一种较高级的重力,即自行与差别关联起来的重力,该重力同样也将流体撕裂为一个个小滴、一个个液泡,这些液泡中的每一个现在都构成一个使热在其中得以直观自身的特殊层面。

以这些说明为前提,再提出如下主张就毫不困难了,即热纯粹是

---

① 原文为"der",疑为"dem"之误。——译者注

第三个维度，是事物的观念实体，就此而言热在观念东西中便是重力在实在东西中（在那里流体便是重力的完全客观的表现）所是的同一个东西。热与重力的统一从任何方面来看都是显而易见的。热是一切事物真实的总体性，正如重力一般。热正如重力一般以纯粹球形的样式起作用，正如我们希望在某种图形下直观总体性时，我们就必须将热直观为层面。事物通过任何别的东西，都不像通过**重力**与**热**这样进入密切的，不单纯局限于表面，反而穿透表面的共同体中。正如物体之间存在着重力方面的某种平衡，在物体之间也存在着热方面的某种平衡。物理学家关于特殊的热、温度的平衡等问题的所有学说都可以归结为更高级的万有引力规律。

　　正如固体经过加热，穿透相对的凝聚性，才能达到具有流动性的第三个维度，一个被加热物体也能反过来再通过电达到冷却的效果，正如在许多情况下甚至可以向感官呈现的那样；而一些漠无差别的同类物体通过接触而磁化时，经过持续且多点分布的接触后并未过渡为电（因为电需要差别），而是转变为无差别状态（这种状态通过热显现出来）。

　　人们随时都能看出热与声音、光的亲缘关系，甚至还试图通过某种错误的同一性将热与光结合起来。若是不了解大自然的普遍原型，便永远不可能认识现象的真实同一性以及真实差别。热是物质内部真正的映像性要素，是第三个维度的灵魂，这灵魂由光唤醒，千方百计尝试扩散开来，但最后总是尝试那唯一与之相合的第三个维度。正如物体在声音方面不可穷竭，它在热方面也是如此；正如在声音方面，物体内部并没有多少物质参与进来，在热方面也是如此，而当化学家们在掌握了某种独特的、自己生热的物质（以及诸如此类的其他物质）后，总是鉴于大自然里种种活跃现象的差别而从特殊物质出发解释一切，人们必定感到惊讶的却是，不久之后他们为了终止这种窘迫的处境，就不得不又承认某种自己产生物质的物质了。

在一切领域，包括在有机世界里，热都是在第三个维度上出现的，整体来看出现在动物王国（因为动物王国就是第三个维度[①]），但个别来看总是出现在动物王国在**单一**方向上达到了第三个维度的那个方面。

§181. 无限的观念实体，作为动力学生命的一切形式的化解者，在火中显现出来。——依据§176中已经证明的东西，这一点无需任何进一步的证明。在火中显现的是一切潜能阶次或差别的消除；当大自然中物质转变为一切潜能阶次的同一性时，就会出现火这个大自然中生命的远古见证者。即便在这里，实体也表现为光，但那是同时包含了热在内的光；即便声音，也很可能在最高的燃烧反应过程中一道响起来，并且像萃取最后作品一样，作为灵魂而脱离物质。——火并不产生，它是清澈的原始实体自身，该原始实体与物质一样恒久存在，但它在这里却在耗竭（努力消散）——圣洁的灶神，他的希腊名称Εστία依照词源来看已经在预示实体了。——由于火是观念实体（这不是在其自身观察到的，而是鉴于该实体在与物质形成对立时显现为耗竭一切差别的本原），那么**就此而言**光作为一切差别的宁静的同一，要比火更纯粹、更具观念性；而由于观念实体的本质正是**观念性**，所以它的名称也顺便取自最具观念性的现象，即取自光。原因在于，大自然的每一个本原在同样经历所有维度时，还是在那些原

[①] 指第三潜能阶次（有机自然）的第三个维度。——译者注

初地与该本原最相称的现象中才最纯粹地表现出来,但它只是同一个观念东西,对于这东西我们除了**光**这个术语之外再没有别的术语来表达了;这观念东西在**声音**中,**在光**中,在**热**中,最后在火中(在那里这东西显得对物质很有敌意)显示出来。

这样一来,在动力学反应过程中我们似乎已经陪伴物质一路走到其终极归宿了,而据此看来我们可以用下述一般模式结束对事物的动力学生命的这一考察,该模式包含了第一潜能阶次与第二潜能阶次。在每一个潜能阶次中又有形式与实体的对立,后两者又表现为实在东西与观念东西(表2)。

表2

潜能阶次	维度	形式	实体
第一潜能阶次	第一个维度	主动的凝聚性	土地本原(金属性)。因为土地本原是规定我们所谓的肯定性演进序列中整个第一环节的东西,所以这个本原之下必定包括金属性还在其中起规定作用和支配作用的一切东西,因而不仅包括在收缩方面达到最大值的土地本原,还包括在膨胀或繁盛方面达到最大值的土地本原;因而也包括氮(氮本身还是金属性的,而且仅就这第一个演进序列,即金属性演进序列而言,才是第三个维度,正如在其神圣化的至高点上它是火一样)。
	第二个维度	宽度=相对的凝聚性	燃素(气)

VI, 369

(续表)

潜能阶次	维度	形式	实体
	第三个维度	层面的凝聚性	水（氮这一映像性本原只有相对于第一个序列[这个序列整体来看又是第一个维度，尽管它自顾自地经历了所有维度，直至第三个维度]而言，才被设定为第三个维度。水作为一切流动性的原型，是层面的凝聚性的**一般性**表现，这就是说，它是流动性的表现，不仅仅相对于第一个维度而言，而且是一般而言，而当前这个示意图谈的就是这一点，正如依照前文中的种种证明，水对氧和氢实际上表现为第三个维度。）
第二潜能阶次	第一个维度	磁	声音
	第二个维度	电	光
	第三个维度	分解反应过程或流体化反应过程（狭义的化学反应过程）	热

VI, 370　　（就此下文尚需做些**阐释**。物质在其肯定性演进中直截了当经历了所有维度，从磁、电一直到热；而热即便在坚硬物质中也与映像性本原的开展成正比地出现。声音、光、热、火，同样都是一些对物质起构形作用，并伴随着物质的种种演进而同步出现的自然灵魂。

正如热本身在其ἀκμή[顶点]成为火，物质也是如此，由此映像性本原在其最高神圣化环节上便像是火一般。但在**一般模式**中，整个肯定性演进又落入**唯一的**线之下，即落入第一个维度上。第二个维度，就其与第一个维度有别而言，只在那样的一些质素中出现，那些质素积极地与第一个维度形成对立，而且它们的主要代表是燃素；这就如同第三个维度不仅是第一个维度的无差别状态，也是第二个维度的无差别状态[在那里第三个维度是绝对同一性，依照电的模式来看]，因而一般来说第三个维度的绝对表现仅仅出现于水中。）

现在看来，与所有维度形成对立的东西，作为无形式的东西，在第一潜能阶次的形式下根本没有特殊的表现，但在实体中却通过水而**对这一**潜能阶次流露出来，就此而言这东西本身在被赋灵和被两极化的情况下，就成了对差别的主动褫夺，因而也是通过氧或通过大自然的消耗性本原完成褫夺的；这正如在第二潜能阶次上，即在**观念东西**中，与所有维度形成对立的东西通过燃烧反应过程而作为**形式**，通过火而作为实体显现出来。由于在火中，即便水的两极性也重又被消除，所以照此看来，遗留下来的便只有作为大自然一切事物的终极本原的两个最为对立的东西，即**火与水**。

大自然的所有这些本原的相互作用、它们的相与游戏和对产物的相互争夺，如今也产生了各种感性现象构成的那个混乱场景，在该场景下没有任何东西能纯净地被分离出来；只有在更高潜能阶次上（那里观念东西与实在东西普遍叠合起来），那些自然灵魂才在某个身体中达到彻底的自我直观。原因在于，在较低的潜能阶次上，物质还是可变的，也显现为单纯的偶性。在较高潜能阶次上（那里观念东西本身与物质类同，并被束缚于物质上），即便**物质**本身也成了

本质性的，偶性与实体成为一体。——依照不同身体的特质，个别东西接纳磁的或声音的灵魂到自身内，就成了植物或动物；另一个东西又以光为灵魂，还有一个东西以热为灵魂，更有一个东西以火为灵魂，而由于这样一来每一种自然原因都在作为一个特有的世界的那个与其相应的身体中直观到自身，最终所有自然灵魂都汇聚为一个东西，这才产生了一些真实的单子①，这些单子中的每一个都是一个自顾自的宇宙。声音的、光的、热的和火的所有那些不同的灵魂，都不过是整体的、无限观念实体的**同一个**无限灵魂的后裔，也像是那个无限灵魂的分支；而那个无限观念实体不是在个别东西中，而是在一切事物同时都具有的总体中直观自身，正如细部的那一个个宇宙，真正的有机组织也不过是绝对宇宙的一个个刻印物罢了，在这些刻印物中灵魂和身体总是只以时间的方式结合起来，正如它们在大自然的大全有机组织中以某种难解难分的和永恒的方式被生成为一体。

现在我们转向这个更高的层面，转而考察**有机大自然**。

§182. 各种事物按照其与大全分离开来被看待的程度，成正比地显现为大全的器官，这些器官越是为其自身而（在其有限性中已经）**表现大全的本质，便越是完备。**——如果事物在真正意义上得到考察，即**在大全之中**得到考察，那么正因此它们的特殊性便归于消失，一切都只在它们与大全的关系上显出差别。但如果它们被从大全那里抽离开来，被设定为实在的，那么它们在与大全的关系中总是将大全当作它们的根据；被消除的只有绝对同一性关系，但绝

---

① 这里的"单子"和下文中的"一个个宇宙"均指人。——译者注

不是那样一种关系，凭借那种关系，它们本身虽然与大全相分离，却显现为大全的映像。那种在与另一个事物的关系中表现出另一个事物的理念，却不是该理念本身的东西，乃是器官，是另一个东西的工具，而照此看来事物与大全的关系就是各器官的关系。——那么不言而喻，事物在**该**关系中显现为大全的完美器官，在大全中它们自顾自地——**在**它们相较大全而言相对的非存在状态**下**——却表现出大全本身，因而它们越是接近绝对同一性便越是如此。在§61中已经证明，每个事物的实在性等级与它接近绝对同一性的程度成正比。因而一个事物的实在性等级越高，它在与大全分离的状态下带上大全的印迹却越深，在这种关系中它是更完美的工具。

附释。首先要看到，如果分离者在其分离状态真的成为大全的更完美刻印物，如果在它内部褫夺成了断定，那么它自身就又化解到大全之中，或者说回到与大全同一的状态。

§183. **现象世界与绝对世界的一般比例关系是一个器官的比例关系**，因此**有机组织**也绝非任何特殊的、仅仅适用于某一类事物的概念，而**是一个绝对一般性的概念**。——这一点从前一个命题来看不言而喻。因而显现着的宇宙在整体上不是别的，只是绝对大全的总体有机组织（Total-Organismus）。

通过最后这两条，我们只是将现象世界的一般比例关系规定为一个器官与绝对世界的比例关系，同时正因此也将**有机组织**刻画为表现某种完全一般性的比例关系的概念。然而在这个意义上，前述有机比例关系本身显现和启示出来，这种比例关系是我们现在首先要加以规定的。

§184. **在大全中绝对地来看，没有任何偶然东西，而是万物**（包括有限者）都是**必然的**。——我们称那样的东西为**偶然的**，它给我们造成一种假象，即它似乎可能存在，也可能不存在。这种假象之所以对我们产生，仅仅是因为有限者被从无限概念那里分离开，被视为某种自顾自的实在性。但如果被关联于大全之上，即如果在大全中来考察，便没有任何偶然的东西，反而即便有限者也是必然的。原因在于，依照公理XII，处于大自然内部的一切就其存在着而言，都属于无限实体的存在与理念。它们在我们看来是某种偶然的东西，因为它们的存在并非出自其自身，正如从其概念也直接得出存在的东西可能在我们看来是某种真正必然的东西。有限者在与大全分离来看时固然不是出自其自身（存在并不从它的概念得出），但正因此，**当**它存在**时**，它仅就其概念属于那从其理念得出存在的东西的概念而言才**存在**，因为它自顾自地似乎无法存在。但如果**它**的概念包含在无限概念之内，那么它的存在也属于无限实体的存在，而且由于无限实体的存在是某种必然的存在，它的存在也就是某种必然的存在。因而它是偶然的，这仅仅是就它被视作自顾自的实在性，即仅仅是就它没有在真正意义上被考察而言。

§185. **在大自然的动力学反应过程中，物质的存在并不显现为某种必然的存在，而是显现为某种偶然的存在**。——通过一般意义上的变形，一种特殊的生命首先被设定在无限的实在实体中，然而这种生命在动力学反应过程中显得像是偶然的、总能变化的、不稳定的和易逝的。

附释1. 在动力学反应过程中，物质不是从总体性的立场，而是从个别性的立场出发被考察。——原因在于，在总体性中，存在着的一切都是必然的；因此，显得偶然而易逝的东西的存在，是就它显得如此这般而言，而不是如其在总体性中那般，反而是如其与总体分离那般被考察的。

附释2。同样的意思也可以从下面这一点看出来，即物质在动力学反应过程中显得与光本身，即与作为事物的无限概念的光形成对立。——原因在于，个别事物仅**就**其被化解到无限概念中**而言**才是实在的、必然的，因为只有从这概念出发，也才能得出存在。因而物质在动力学反应过程中的易逝性仅就物质并非于总体性中显现和被考察而言，才可能发生。原因在于，既然依照公理X，整体的本质和形式总是同一个，那么在物质的前述时间性中，只有大全的无限同一性和与其自身的恒久等同性被直观到——这种同一性是事物唯一实在的东西。

§186. 然而当有限状态下的物质在自身内接受了物质的无限概念时，即便在现象中，物质在大全内部的必然性存在也能显现出来。 原因在于，在物质中所见的事物偶然的和易逝的存在基于事物与无限概念的差别，正如在前一个命题的附释2中被表明的那样；那种存在也是从下面这一点得出的，即依照命题184的证明，事物在大全中的存在是一种必然的存在，仅就事物的概念属于无限概念而言。现在由于在**现象**中，个别东西为了显现为个别东西，必然是从大全分离开来，因而也从无限概念分离开来显现的，所以个别的存在**在现象中**，即在与大全本身分离的情况下，只有就它即便在这种分离状态下也将无限概念接纳到自身之中而言，才能显现为某种必然的东西。

阐释。有限者仅就它本身的概念不仅仅是作为一个有限者的它的概念，也是万物的概念而言，才是**必然的**。因而如果物质的存在在任何一个现象中都作为某种必然的存在出现，那么与物质结合在一起的概念必定不是一个特殊东西的概念,而是一个总体性、大全性的概念。原因则在于,并非作为特殊东西的特殊东西直接被肯定,而是只有整体被肯定,而且只有通过整体,那特殊东西也才间接成为特殊东西。(唯一的大全处在细部中。)

§187. 物质内部对无限概念的接纳也能被表现为物质与光的彻底同一化。原因在于,光是事物的无限概念。因而如果物质在自身中接纳了**作为无限者的无限者**,那么它也会与光彻底同一。

反过来说,这也表明,物质在变形中以及在动力学反应过程中曾处在与光有差别的状态。

光是物质的**一切**差别作为**一切**差别所含有的肯定性东西,而且仅仅因此才成为特殊物质的肯定性东西。现在看来,仅仅就单个的差别被包含到各种差别构成的**大全**之中,并与这大全类同而言,它才是必要的;但这差别如果被看作个别的或自顾自的,便是偶然的。

动力学反应过程是与光和大全性的那种差别的可见表现。原因在于,在动力学反应过程中,这种差别恰恰被消除了。

在变形中,物质设定了肯定性东西,这肯定性东西在无限的意义上是肯定性东西,仅仅由其自身而来才是**肯定性的**,而且正因此便成为有限的和服从于易逝性的。

§188. 正因为物质同化了无限概念,即同化了光,它才被设定为绝对实体的形式或属性,但正因此甚至被设定为必然的和本质性的了。原因在于,绝对实体在其自身而言既非实在的亦非观念的,而是实在东西与观念东西的绝对同一。——重力和光**这两者**表现得仅仅像是绝对实体的属性,尽管是永恒且必然的属性。现在看来,就物质仅仅具有重力而言,它是做作地自顾自要成为实体;但在与光的关系中,以及在与光的不完备的、仅仅相对的综合中(其实在变形中便已经如此),过去伪装成实体的东西被设定为单纯的形式;然后,与形式综合起来的实体,即物质,便在动力学反应过程中显得具有偶然的定在,显得易逝而不稳定;**换言之**:形式在这里不与本质相类同,本质是永恒的,而形式是易逝的。——特殊性、形式在物质上显现为有限者,而光作为本质或无限者与这有限者形成对立。但现在如果在物质和光之间设定**真实的**、彻底的同一性,那么首先①,虽然物质从其伪装成实体的**那一**方面来看也服务于真实的和绝对的实体,因而物质仅仅成为形式,成为属性;但从另一方面来看光同样也隶属于绝对实体之下和成为属性,而且既然物质作为形式,即作为有限者,还进一步与作为无限者的本质归于同一了,即与光归于同一了,那么这里首先就出现了**哪怕是偶然东西的**那种**必然性**关系;偶然东西达到了与本质性东西的同一,因而它便在真正意义上存在,而且即便在特殊的和个别的现象中也表现出有限者在大全或无限者中的必然性存在。

§189. 光与物质的这种同一化(*Identification*)的显现,照此说来亦即有限者在大全内部的那种必然性存在的显现,就是有机组织。——原因在于,既然光和物质被设定为同一的,物质自身(§188)虽然是偶性,同时却也直接被设定为本质性的,并使得实体的存在和形式的存在成为同一个东西。进一步看,正因此也有一点被设定下来,即个别东西仅就某种大全性存在且这东西属于这种

VI, 376

---

① "首先"二字在原文中对应的是序号"1)"。因为下文中并无序号"2)",仅有"另一方面"与此并列,为避免行文突兀,改作今译。——译者注

大全性而言才存在；个别东西或部分因而被设定为受整体限定的，被设定为只有**在整体中**才具有实在性。但这些规定恰恰在有机组织中且仅仅在有机组织中才汇合起来。原因在于，如果说到前一点，那么在有机组织中形式真正是实体性的，偶性是本质性的。有机组织本身的持存并非基于照实体来看的物质的持存；如果，比如说，一株植物被焚烧，那么照实体来看的物质保留不变，毫无损失，但作为植物的植物却停止存在；因而有机组织的持存基于偶性的持存，这就是说，有机组织本身的概念在于，形式是实体性的，偶性是本质性的。说到第二个规定，那么关于有机组织的一般观点是，它内部的部分仅就整体存在而言才存在，整体的无限可能性与每一个部分都结合起来，因而个别东西显得被涵括进某种大全性之中了。

照此看来，即便有机组织，一般说来也是光与物质的那种同一化的现象，或者说有限者在大全中或在无限者内部的**必然性**存在的现象。

§190. 有机组织是绝对实体的或在绝对意义上被看待的大自然的直接摹本。原因在于，绝对实体是那样的东西，重力和光是它的两个同样永恒且必然的属性。但这些属性在有机组织中恰恰也作为同一个东西存在，或者说它们作为属性隶属于一个共同的东西。因此有机组织是绝对实体的或在绝对意义上被看待的大自然的直接摹本。

（因而有机组织在专门的意义上[in specie]也是现象世界与绝对世界的前述一般关系的最完备表现，也就是说，凭借绝对世界，现象世界成了绝对世界的映像或器官。也就是说，有机组织在专门的意义上[in specie]恰恰由于在自身内是某种总体性、某种大全性，也便成了绝对同一性的最直接的映像和器官。）

§191. **光与重力的同一性也是行动与存在的绝对同一性**。原因在于，重力与单纯的、纯粹的存在有关，后者在物质中表现出来，就物质仅仅是重力所独有的而言。但光的本质是纯粹能动性本身。因此有机组织作为物质与光的同一，也是存在与行动的同一。

与无机物的对立在这里也有助于**阐明**问题。运动的或独特生命的形式在无机物体上或者显现为实体的单纯偶性，这就使得形式可能会**不存在**，也就不会损害实体，因而行动在这里就可以与存在相分离；或者反过来，存在被行动扰乱，物质发生改变。反之，在有机组织中，行动是本质性的，行动本身也属于实体，这就使得行动被扬弃时，本质或实体本身也被扬弃了，反之亦然。由于存在与行动一体，存在也总是通过行动得到重生，使得存在毋宁仅当行动持存时才持存着，而不是行动排斥存在，存在排斥行动。

注释。在与这里发生的事情相同的意义上，我们似乎能够以同一个同一性贯穿所有那样的形式，那些形式中往往有对立被表现出来，而且我们似乎可以就那些形式中的任何一个表明，在有机组织中有同一性表现出来了。

这里仅就关于有机组织的惯常观点再做一评论。主导性的观点是有机组织由以被设想为某种合目的的整体的观点。但合目的性又是什么？有内在的和外在的合目的性。前者表示一个整体的每一个部分中都含有整体的概念，后者表示一个事物的概念中同时也含有另一些事物的概念。但一架机器也具有后一种合目的性。原因在于，在每一架机器中，部分的概念都由整体的概念规定，这就如同一般而言在每一个工具本身中真正说来含有的也是另一个东西的概念，而不是该工具自身。那么有机组织与这类合目的性的区别何在？区别在于，在这类合目的性中，整体的概念仅仅通过与部分无关的某种关联，才与该部分结合在一起，因而这种关联并不包含在该部分中，而是在它之外；而在有机组织中，整体的概念同时也是部分本身的概念，并转变为后者，与后者完全同一。那么正如单个部分被整体的概念赋灵，整体本身中又包含了该整体外部的其他事物的概念，但却是在那样的意义上，即后一种概念并非外加给与它结合为一的客体、**存在**，而是完全转变为该客体。因而在大自然的有机产物中，当然是有某种合目的性的，但那是一种完全盲目的、必然的合目的性，在那种合目的性中根本没有像一个工具中的那种偶然性，那种合目的性反而出自对象本身，并且是该对象中固有的。由此才有了所谓目的论解释方式①的荒谬之处和毁坏所有真正考察的面向。

§192. **有机组织在大自然中是必然的**。原因在于，大自然的本质是光与重力的绝对同一性。但这种同一性既不是通过第一潜能阶次上的变形，也不是通过第二潜能阶次上的变形，而是仅仅通过有机组织呈现出来的。因而有机组织在大自然内部是必然的。**而且是这样**：大自然正如宇宙一般是所有潜能阶次的总体性，而且仅仅就此而言才也是同一性。然而现在依照前文，在大自然内部就有了两个潜能阶次：一是那样一个潜能阶次，在其中大自然仅仅在客观的意义上进行肯定，因而在相对的意义上**被肯定**；二是那样一个潜能阶次，在其中大自然又肯定它的这种肯定活动，因而在其中大自然相对地进行肯定。但大自然在其自身而言是肯定性东西与被肯定东西的

---

① 指历史上既有的这类解释方式，并不包括谢林自己对目的论的看法。——译者注

绝对同一，因而在前述两个潜能阶次之外必然有第三潜能阶次，通过那个潜能阶次重力和光这双方在同等程度上被肯定，即那个潜能阶次就是这两者的同一。但这只会是有机组织。因而有机组织在大自然内部是必然的。**而且是这样**：在物质内部我们或者看见排斥行动的某种单纯的存在（这是第一潜能阶次的情形，因而那里运动的各形式显现为实体的单纯偶性），或者看见那样的行动，存在反而对其表现为偶性，表现为不稳定且偶然的东西；但在大自然本身中来看，形式与本质是一体的，双方是同样永恒的。照此看来，**在其自身而言**的大自然，即无限的实在实体，乃是一切有机物的真实本质，而且既然从无限实体的概念中得出的一切都是必然的，那么有机组织在大自然中也是必然的。

§193. **根本不存在什么在其自身而言的无机大自然**。原因在于，正如§185的附释1表明的，使一个事物得以显现为单个无机事物的那种考察方式，不是从总体性的立场出发的考察方式，即不是真实的考察方式。据此说来在客观上或在真正的意义上而言也根本没有任何无机大自然实存。——因而有机物与无机物的区别似乎仅仅在于，有机物既在大全内部，也在**个别东西**中向我们呈现出有限者的**必然性**存在，但所谓的无机自然仅仅**在整体上**才是有机的；或者反过来说，大全有机组织（所谓无机物也被囊括于它之中）在我们看来，又是在个别东西中和通过个别东西而在特殊有机物本身中显现出来的。因而在绝对意义上被看待的大自然完全是有机的，而有机组织实际上是有限者在大全中存在的普遍方式。每一个东西都属于无限实体的存在，并就它属于这种存在而言才**存在**。只有对反思而言，大自然的绝对有机组织才失落于光与重力这两个对立面中，然而在整体上而言光与重力也是一体的，甚至比起它们在单个有机体中是**一个**而言，更加彻底是一体的。个别事物转化到宇宙中来看，无非就是像有机身体内部发生的那样；在有机身体内部，整体与每个器官在形式和形态上总是相同的，尽管物质不断交换并被其他物质代替。——从另一个立场来看，有机物与无机物的对立不过就是现象上的一种对立。物质和物质的每个部分都是一个自顾自的世界，都是现实地（actu）无限的。因而在伪装为无机的物质中，而且是在每一个部分中，总是含有整体的原型，这样一来，只需这原型进一步发展，物质便会显现为有机的；因而所谓的无机自然在每一个部分都潜在地（potentialiter）是有机的；无机自然只不过是一个沉睡中的动物世界和植物世界，似乎经过绝对同一性的一瞥便会复苏；这些思想通过下列几个命题会显得更清楚。

§194. **仅就物质本身是总体性或成为总体性而言，作为绝对同一性的光才能在物质内部直观其自身**。原因在于，绝对同一性唯独类同于绝对总体性。但现在的要求是光要与物质合一，光在物质中要真正变得客观，且认出其自身。因而这要求的实现与下面的趋势成**正**比，即物质自身成为总体性，而且物质越来越完备，这就是说，个别物质作为个别东西，却在自身内越来越完备地兼具且高度呈现出整体的原型、大自然的一切质和现实的一切形式；光在物质中自行成为客观的，即成为有机组织的程度，仅仅与此成**正**比。

只有就此而言，自顾自的物质在其有限状态下才成为无限的，也成为宇宙的表现，只有与此成正比，物质才接纳整体的无限概念到自身内，该概念在伪装为无机的大自然中落于单个物质之外的光中，因为单个物质**仅仅与其自身**相类同，而且正因此便是有限的。那么由此便得出，有机组织不可能是一个完全同质的、仅仅与其自身相类同的事物，而是像宇宙一样是一个总体，是由诸事物构成的一个系统，而且它越是如此，一切事物的无限概念，即光，便越是落入它之内。

如果撇开时间不论①，那么特殊东西在大全中是在经历着不朽的生命，就整体的无限概念②存在于它内部而言，也就它被这无限概念赋灵而言，因而就它本身也属于无限实体的存在而言。原因在于，存在只与整体的无限概念必然且永恒地结合在一起，但对于有限概念而言存在只是偶然的和时间性的。在无机自然的种种现象中，物质或多或少显得服从于偶然性，而且是易逝的。原因在于，在这里物质并不被视为某个整体的肢体，而是被视为某种自顾自的东西，仿佛它即便与大全分离也会具有自己的某种生命似的。只有存在于整体中的东西（而且仅就这东西存在于整体中而言），因而一般来说只有有机的东西，也才能避开时间。如果我将物质视作整体的**肢体**，那么这个**肢体**便必然且永远会持存下去。形式与形态上的一切变化不可能消除金属性本身；金属性作为一切事物构成的宏大有机组织的肢体必然且永远会存在；但不是作为个别物质。原因在于，物质在大全内部根本不**应当**成为自顾自的东西，它只有作为大全的器官才是某种东西；这是物质的最一般关系（§182）。恰恰由于它牺牲其自顾自的生命，加入它作为其肢体的那个整体之中，它才是真正实在的；而且它在似乎仅仅成为偶性时，便赢得真正的生命。我们在所谓无

---

① 指撇开具体事物的生灭变迁不论。——译者注
② 指光。——译者注

机物上看出的它的易逝性，只不过是它自顾自便无法存在这一点的表现。

因此，撇开机械论不看，作为物质的物质在有机组织中也什么都不是，反而服从于某种恒久的更替。在生命的开端和进展过程中构成各肢体的并不是同一个物质。**持存**着的并非**作为**物质的物质或粗糙的物质，即在其自顾自状态下的物质，而只是与概念结合起来的物质，只有**理念**（*Idea*）、本质、原型持存着，对于该原型，自顾自意义上被看待的物质则表现为单纯的偶性。这便是物质在大全中的存在的含义；仅仅就此而言，物质也才作为偶然东西是必然的，就此而言它根本不是自顾自的东西，而只是被整体的无限概念贯穿的。现在当物质的**这种**关系，即根本不是自顾自的东西，而要实实在在地存在，而且在避开时间的情况下与无限概念结合起来而**持存**——物质的这种关系即便**在个别东西中**、**在现象中**或**在那样的东西**本身中，该东西在其他关联下又不过是大全的一个抽象物罢了，也出现了；在这里，万物在大全中存在的类型中的最高关系即便在现象中也呈现出来。现在看来，这一局面只会落于大自然的那样一个点上，那里有形事物的无限概念，即光本身，进入物质之中；该物质自行同一化，即那里物质与光表现为大自然最初的两个潜能阶次，那里物质与光本身也再次被肯定，它们本身又被设定为同一的，因而被设定到大自然的第三潜能阶次中去。

因此**物质与光的同一**便表现出物质在大全内部存在的**方式**，表现出物质的存在是肢体，是被无限概念贯穿的。

由于物质产生于与光（**一切**事物的无限概念）的差别，它虽然牺牲了自己的生命，成了形式，即成了真实的实体的属性，但正因此它的存在也是一种必然的存在，祛除了偶然。在大自然的第一潜能阶次上，形式对实体曾表现得像是后者的单纯偶性，因而也是易逝的；这里①偶性本身反过来成了本质性的，本质与形式成为一体，实体仅就偶性也持存着而言才持存着。在第二潜能阶次上，物质曾完全服从因果规律，而在这里，物质反而祛除了因果规律，连续系列的直线（那里个别东西在与无限概念水火不容的情况下，仅仅作为无限概念的穿越点才具有实在性）奔回自身之中，**永恒性的圆圈又闭合了**，一个部分不是通过另一个部分，而是凭借整体的理念，通过绝对断定而存在，该整体仅仅出于其自身而成为原因和作用，它既是生产者又是产物。——不难证明，大自然的这个点只有通过有机组织才呈现出来。1) 在有机组织中物质不再是自顾自的，这里根本没有什么物质本身就是什么东西，只有与形式婚配的物质、作为**理念**（*Idea*）的物质、作为被整体的概念贯穿者的物质，才是什么东西。整体、个别器官并非通过物质，而是通过物质与光的结合才持存。物质完全是形式，完全是偶性，但它作为偶性的同时也是**恒久的**和（至少相对地）不朽的，这就使得偶性只有与整体一道才可能无力存在或停止存在；这正如就大全有机组织而言，如果物质的某个部分可以被消除，大全有机组织也必定被消除。2) 由于光是运动本身的本质，团块则反过来在其自身和为其自身是惰性的，而且仅就团块与光相结合而言，其自身内部也才具有一个运动本原，所以在与光完全无差别的状态下，行动与存在、运动与静止完全无差别的状态也才被设定下来，整体将显现为一种由其自身推动的东西，仿佛存在不被行动扰

---

① 指第三潜能阶次上。——译者注

乱，行动也不被存在扰乱似的；毋宁说，存在仅就行动持存而言才会持存，反之亦然。

不言而喻，所有这些规定只有在有机组织中才发生重合，有机组织恰恰只有通过物质与光、有限者与无限者的这种结合，才成为绝对实体——我们知道重力与光是绝对实体的属性——的直接摹本。

但我们现在必须进一步查明物质与光这样成为一体的可能性，而最后如下命题一定会被提出来："光作为万物的无限概念或作为绝对同一性，仅就物质本身是总体性，或者更确切地说，仅就物质本身是特定的无限性而言，才能在物质中直观到自身。"——与万物的无限概念相称的只有**现实的**无限性，与同一性相称的只有总体性。在这里同一性表现为进行肯定者、进行认识者，总体性则表现为被肯定者、被认识者。无限者能在有限者中认识自身，仅就它**在**后者本身**中**认识无限者而言；而且仅就它在有限者中认识自身而言，它才能作为有限者的灵魂而出现。

因而只有在与如下情形成**正**比的情况下，即在自顾自的物质中实际上有无限者被呈现出来，光才能在物质中直观自身，才能真正与物质同一——这个命题预先为我们刻画了一个**层级序列**，在这个序列中光使自身与物质同一。

我们马上就能更确切地表述这个命题。

§195. 仅仅在与如下情形成正比的情况下，光才能在物质内部成为客体，即物质作为某种现实（*actu*）无限者也实际显现出来。——在§79中下述主张曾被提出和被证明：物质本身与它的每一个部分都是一个**现实**（*actu*）无限者。我在这里预设了现实无限者这个屡经阐明的概念。同一个命题也可以这样表述：物质与它的每一个部分都是对绝对实在性的某种绝对断定，它是相对于它自身而言的宇宙、总体。但由此也就直接表明了前一个命题与当前命题之间的同一性。这就是说，如果物质作为自身内的总体也是现实（actu）无限的，那么光在物质中也能自行成为客体，仅就物质天生具有的、现实的无限性**真正**且如**其本然地**被呈现出来而言。——因而我们便在刚刚提出的这个命题中预设了，那种现实无限性在显得无机的物质中**并未**真正被呈现，而且我们还必须专门阐明这一点。——我们说过，宇宙中没有任何东西是有限的，就宇宙在对立中，因而并非在其自身被把握而言；物质中没有任何东西是徒劳的、空虚的、胡乱堆积的，反而一切都是无限充实的，物质简直就是大全的固有肢体；物质本身和每一个部分都是一个自己的世界、小宇宙，在这个小宇宙中宏观世界得到完备的仿制和摹写。——那么使物质对我们显现为一个有限者或将上述现实无限性转变为某种单纯经验无限性的是什么？

VI, 385

§196. **物质的现实无限性在凝聚性中被设定为单纯经验性的**。——我们在§80中说明，经验无限性基于有限者与有限者的相加或添加。但现在依照§153看来，凝聚性与磁正是物质中相加的规定，通过这些规定，在物质中有限者与有限者才被加和到一块。因而凝聚性也才如本节命题所述。从另一方面或许能将这一点看得更清楚些。当那**在大全中**才具有实在性的东西被设定为某种自顾自地实在的东西，并被设定在与大全分离的状态，经验无限性才产生。这样一来，在大全中曾作为无限实在性的绝对断定而存在的东西，如今仅仅是对其自身的相对断定、相对肯定；它内部的现实无限性被扼杀，因为实在性仅仅相对于**它的**概念被设定下来，被设定为一种有限的实在性，因而并未被设定为大全性。然而现在看来，凝聚性（§122）正是那样的东西，通过它一个事物与诸事物的总体相分离，或者说正是那样的行动，通过它一个事物把仅仅作为对其自身的（而非对总体的）肯定的那种肯定性东西设定下来，因而凝聚性也是那样的东西，通过它现实无限性被扼杀，而且仅仅相对于一个无限概念被设定下来，被隶属于这样一个概念。

因而仅就物质的现实无限性在凝聚性中被设定为单纯经验性的而言，我们才能如下这般表述我们的那个命题，即"光在物质中能自行变成客体"：

附释。只有当无机物的经验无限性被设定为一种现实无限性时，有机组织才能被设定下来。

在僵死物质中，无限实在性由于与个别东西的概念结合起来而遭到压制，那里只有物质的一种进至无穷的**可分割性**；有机物却不仅必须可以无穷分割，还必须实际被分割，而这种实际被分割的状态本身又是不可设想的，如果那进至无穷的同质性没有被消除，每个部分没有自顾自地又成为一个世界的话（因而那进至无穷的同质性没有被某一个东西的概念压制，反而在总体中作为一个自顾自的世界生存）。——这个命题现在也使得我们能更确切地呈现出从动力学反应过程层面到有机物层面的过渡了。动力学反应过程本身在其最高显现形式中，即在化学反应过程中，仅仅改变了物质的偶性，它并未真正展现物质的内部，总是待在外壳上；而且由于一切偶性仅仅通过凝聚性被设定，那么动力学反应过程只改变物质的偶性这一点已经证明，它在物质身上仅仅影响了使物质得以成为有限的那个东西，而不是使物质得以成为无限的那个东西。因而动力学反应过程并未抓住物质的实体，后者正是物质内部的宇宙；该反应过程并未将物质设定为**现实**（actu）**无限的**。有机反应过程离物质的自身性更近了，并将实体设定**为现实**（actu）无限的。因而从大自然的第一个层级走向有机自然这个最高层级的进程如下。重力只是**永恒**的实在性根据，它在自身内孕育着充盈的神性东西，但它在自身内只将神性东西作为根据孕育着，与此同时并没有设定现实性。光，即无限概念、无限灵魂（这无限灵魂追求与某个身体相结合），试图在重力中认识与重力相应的总体性，努力将受缚于有限性之中而且仿佛被埋葬于有限性之中的无限者设定为现实的。然而当光努力设定总体性时，便有重力的一种新形式与之对立，后者是对总体性的否定——凝聚性。在动力学反应过程中，重力又试图将它揭示出的差别再隐藏起来，试图通过另一个潜能阶次扬弃前一个潜能阶次，但正因此，它便发现自己纠缠到某种无法化解的矛盾中了。原因在于，在大自然中肯定性东西与否定性东西的总是相同的比例关系下，重力若不是在别处设定某种潜能阶次，便不能在此处消除这种潜能阶次——这是单纯动力学自然行动的绝对边界。最后，重力本身被迫解开牢不可破的锁链，打碎有限性的硬壳，在某种程度上解除物质的支配作用，以便与光婚配，将它此前与之争执的观念性行动反过来接受到物质之中，并通过使光与物质共同起支配作用，来结束这场争执。这事发生在那样的时候，即现实无限性（现实无限性在每一个原子里都有，每一个原子都像一个天体一样天生含有大全的原型）解除重力的局限的时候。"没有任何东西如此微末"，布鲁诺说过，"以致不含有精神、无限者；而这无限者只需达到某种合适的比例，便可作为植物铺展开来，或者作为动物获得肢体，构成一个生机

VI, 387

勃勃的身体。"因而重力在动力学反应过程中达到其绝对边界的这个点也就是有机自然的起点，是普遍繁荣的时刻，这时认识着神性本原的重力本身在自行发亮，以便将神性本原接纳到自身内——这个时刻在有机自然中一再重现，那时（比如说）植物的繁荣在火热和富丽堂皇的颜色中赞美光与土的最高类属，在太阳的闪电风暴①每次重又击中大地的时候都是如此。——但重力甚至不能将光接纳到物质中去，如果不是正因此便将物质呈现为彻底破碎的。因而物质的彻底破碎唯独发生在有机反应过程中，那时即便在化学反应过程中（这种反应过程仅仅改变形式的诸要素，因而仅仅改变有限性的诸要素，却并不消除有限性本身）一直不为所动的不可分解者也成为世界，成为总体性，而无限生命也从物质本身的内核中突现出来。原因在于，生命的现象根本不是与普遍实体无关的任何东西；在有限性的局限废除之处，生命便自动出现，而从物质本身的核心中便生长出有机生命的花朵。根本无需那样的原胚（Urkeime），它被我们设想成散见于一片混乱之中，仿佛直接从造物主手中落下似的。**一切都是原胚，抑或什么都不是**。物质的每一个部分不仅活着，而且是由各种不同的生活方式构成的一个宇宙，尽管僵硬的自身性抑制了这种无限生命。物质本身凭借它充盈的实体，诞生出在大自然中得以展现的东西。

在一切物质的最初本质中有机物已经被预示了，这最初本质后来才分化为无机物和有机物；而如果地球，比如说，不是早已凋零，

---

① 当时的一种说法，认为有一种闪电风暴来自太阳，可能类似于当今所谓的太阳风暴。——译者注

并且像树干母体那样将其成熟的果实一次次撒落到自己周围，它还会见证这样的荣景。许多天体可能还没有达到这样的时刻，此时物质的野蛮争执才达到其目标；而物质为了走出与光的这种争执，本身就成为光，而重力在一个更高的潜能阶次上，在同一个东西中与物质一道，共同生出光。当然这里也不可设想有关有机物发源于无机物的任何场景，正如康德所说，那并不仅仅是一种理性的冒险，而是一种怪想和一种谬见。无机组织只不过是经过否定的有机组织，死物只不过是被抑制的生命。在僵硬的纽带中沉沉入睡时，死物就在**真实的实体**（比如**地球**）的僵死残渣中，呈现于我们面前。并非地球与有机物之间的因果关系赋予后者以定在。地球，而且不仅仅是地球，也包括物质的每一个部分都已经**是**植物与动物了；地球之所以**能生成**如今这般，不过是因为它已经是这般了。我们过去主张的并不是有机物和生命有一个时间性起源，而是有一个永恒的起源，或者毋宁说，有一种永恒的定在。在发展得还很不完备的情况下，单个有机组织向我们展示出前述生命、无限性，那无限性是一切物质的本质、自在体。现在如果说有机物根本不是在时间的意义上产生的，那么它更不可能是从从无机物中产生的。那么这无机物除了**是**与有机物对立的东西，还是什么其他东西呢？难道双方不是有一个共同的来源，而非无机物充当有机物的根据？无机物并非那样的东西，植物与动物从中生成，不如说它来自地球，是地球的那样一个部分，该部分并非专门（in specie）生成动物、生成植物之后，重又陷入普遍的黑夜，陷入定在的同一性之中。——如果我们考虑到**斯蒂芬斯**提出的那些理念，即各种土壤类型构成了与各种动物和植物同样的对立序列，动物王国从某方面来看与钙质的东西相关，这正如植物王国与硅质序列的东西相关一般确定无疑，那么我们就能刻画出这两个有机自然王国的诞生地了。从这一点出发来看，石化现象就获得了某种更高的含义。这类现象并非先前存在过的有机体的刻印物，它们还表现出地球本身中那个有机的原型活跃起来的过程，它们是一些失败了的有机体，这些有机体被重力抑制，重又陷入僵硬状态。在这类石化现象上我们看到，地球本身的团块中的那个有机原型被激发起来，而且原本就是这团块天生具有的。斯蒂芬斯通过如下评论赋予该理念极大的分量，即各种石化现象在其出现的层级序列上准确遵循山脉的年龄，那些最古老的山脉，甚至包括过渡山脉，或者是完全没有石化现象，或者是那里的石化现象不过是些植形动物，甚至最古老的成层岩也仅仅出现了最低等的石化现象。只有在最年轻的山脉中，才会出现高等动物的石化现象，正如花朵只在植物的顶端绽出。在根本上和在一般意义上而言，人们必须弄明白万物内在的同一性，弄明白实体的无限性（万物中含有的实体当下立马就在万物中生出万物），因而也弄明白万物中万物的潜在临现。即便所谓的僵死物质，也不过是一个沉睡中的、似乎沉醉于有限性的动物世界与植物世界，这样的动物世界与植物世界还在等待复苏，抑或错过了复苏的时刻。

现在我们还要补充几个命题。

§197. **有机组织展开了物质，不仅在其偶性方面，而且在实体方面也是如此。**——原因在于，物质的实体乃是物质的无限性，是使物质自身得以类同于大全且在自身内含有大全的原型的东西。但现在看来，有机组织实际上将物质设定为**现实**（actu）**无限的**，即便对于**现象**本身也是如此（依照前两节），因而有机组织展开了物质，不仅在其偶性方面，而且在实体方面也是如此。

附释1。全部动力学反应过程，也包括化学反应过程，仅仅改变物质的偶性，即有限性因素，而没有消除有限性本身。

附释2。因此有机反应过程最接近于物质的自身性。

附释3。在有机组织中，物质不仅可以无穷分割（正如在无机物中一样，在那里，那样一种无穷实在性被表现出来，该无穷实在性沾染了一种有限性，也就是使无机物得以被结合起来的那种概念的有限性），**在现实中**（actu）也被无穷分割了。——反思针对一种现实的无穷分割（actu divisum in infinitum）提出的种种疑难，依照§80中的几个阐释来看，在这里无需再考虑。这个实际呈现出的现实（actu）无限者乃是凭借绝对断定，而不是通过计数得来的一个无限者；这里谈论的不是一种可以由无穷数规定，而是一种根本不由数规定的无限性。

§198. **有机组织在大自然内部具有某种永恒的定在，而且只能在现象方面，而非在本质而言产生**。——之所以具有某种永恒的定在，是因为它的定在基于物质的现实无限性，基于任何物质都天生具有的世界原型。然而现在看来，物质乃**是**依照§79而言的那样一种现实（actu）无限者，即是被有机地组织起来的潜能（potentia），而据此看来，有机组织具有某种永恒的定在，它仅仅在现象方面，而非在实体方面**产生**。（对地球上种种有机体的最初来源的现实历史阐述，只有与整个地球的历史，以及地球全部同样有机的构成物的历史结合起来，才是可能的。人们越是在这方面的认识中大步前行，越是会发现，地球的无机构成物与有机构成物构成了特定的平行关系，这样看来地球的有机产物并不比其无机产物更难理解。）

§199. 物质的现实无限性在于：成为对总体性的绝对断定，因而既不单纯成为总体性，也不单纯成为同一性，而是作为同一性而成为总体性，且作为总体性而成为同一性。——现实无限性是由于等同于对总体性的断定（依照§79），才成为现实无限性的。但这种断定却表现为**同一性**。据此看来，即便在有机组织中，也既不仅仅有总体性（一般说来真实的总体性若是缺乏绝对的同一性便永远不可能存在），也不仅仅有缺乏总体性的同一性（一般说来真实的同一性也不可能仅仅是同一性，同一性**本身**也是大全性；无机自然在凝聚性中向我们表现出带有被消除或被否定的总体性的某种同一性，正如线一般说来是总体性的否定）；因而从空间与时间中抽身而出的做法在这里也彻底被消除了。

§200. 有机组织在整体上和在细部的一切差别要得到规定，都取决于是同一性还是总体性居于支配地位，抑或双方完全等同。——差别是有限性的一般规律与一般命运。因而就有机组织通过个别事物显现出来而言，它也必然通过那些在有机组织的理念中相互类同而且是同一个东西的要素**在量上的差别**显现出来。就有机组织的本性在于作为同一性的同时也直接成为总体性、无限实在性（反之亦然）而言，有机组织在细部和在整体上的一切差别都可以被表达成总体性与同一性的差别。——不言而喻，与总体性有别的同一性只有在同时也与总体性相对照时才能显现出来。现在由于同一性处在对照中（即作为对总体性的否定），而无机自然的特性在于凝聚性，正如总体性，即物质的无限实在性，真正说来只有通过有机组织才被设定，那么同一性对于总体性的优势便会通过或多或少引人瞩目地回归凝聚性，就此而言也回归无机物，而表现出来；反过来说，有机组织本身也与如下情形成正比地发展出来，即同一性同时也是总体性。进一步说，由于光是在物质内部试图认识无限实在性，即认识大全的东西，那么总体性占上风也就意味着光占上风，正如同一性占上风反过来意味着凝聚性占上风。原因在于，重力和凝聚性并未被有机组织消除，有机组织毋宁只是光（它设定总体性）与重力（它在这一点上作为凝聚性设定了同一性）之间一场旷日持久的争执所构成的戏剧。进一步说，正如刚才的探讨所显明的，由于就有机组织而言的对立也可以被视作光与凝聚性的对立，那么物质一般而言由于成为有机的，只会显得被纠缠到某种高级凝聚性反应过程之中，而且这个凝聚性反应过程**本身**会与同一性抑制总体性、重力征服光的程度成正比地出现。——这一点预设了

§201. 有机组织必然形成两个不同的、相互对立的王国，其中一个相对于有机组织而言又更具重力的特质，另一个则更具光的特质，在其中一个内部同一性是支配性的，在另一个内部总体性是支配性的。——这种对立在大自然中表现为植物王国与动物王国的对立。——**植物**甚至能与土地连贯对接，它最纯粹地呈现出物质由于光的加入其中而陷入的那种高级凝聚性反应过程：这一点几乎不需要证明。真正的地精①在无机自然王国里曾是僵硬状态的灵魂，如今它在植物中抬起头来，欢迎太阳。地精被植物更发达的身体攫获后，即便在这里也仅仅遵循某种更高级的磁的规律，这种磁位于地球与太阳之间，这意味着它努力使物质与光本身仅仅在同一性形式

---

① 地精（Erdgeist）是西方文化中的土地神形象，可与土地、植物等化为一体，亦称"地妖"。——译者注

下再度合为一体。如果植物仅仅遵循其冲动，便会在阳光中生长发育，并将同一性建立起来。——整体来看，在**动物**中总体性居于支配地位，正如在植物中同一性居于支配地位；从某个方面来看，这一点由动物有机组织向所有维度的发展（发达的世界原型）表现出来；但动物有机组织的发展并不隶属于某种居于支配地位的同一性，那样的隶属现象只有在人中才达到，而人乃是"同一性与总体性应当合为一体"这一难题的彻底解决，而且正因此，人在外部现象的形式方面已经显得像是在动物与植物之间被树立起来的了。——这里不可能以更通俗易懂的方式进一步阐明这一点了，因为可想而知这必定需要一大堆规定与关系，而对于它们的揭示，我们只能期待于下文了。但我们绝不将植物王国与动物王国等量齐观（在两个王国之间看似有某种发展上的连续性），我们毋宁将两者刻画为两个完全分离的，甚至对立的王国，这一点同样会由下文来辩护；然而这里我们只想提醒一点，即重力与光是大自然的两种同样绝对、同样永恒与必然的属性，而且即便它们在现象中成为一体，它们还是必然会再发展为两个独立的世界，正如它们必然在**整个大自然**中对立起来，或者说正如实在性与观念性这双方中的每一方都必然发展为一个自顾自的世界。

§202. **两个世界（居支配地位的同一性与居支配地位的总体性）的中点**，即那样一个点，从那里开始两个世界朝着相互对立的方向塑造自身，**便是彻底瓦解的世界**，或者彻底消除了同一性的总体性的世界（对应于无机世界，后者是彻底消除了总体性的同一性）。这个点在大自然中由**纤毛虫**的王国刻画出来。在装备齐全的眼睛[①]几

---

① 可能指人眼透过显微镜进行观察。——译者注

乎看不到的一个世界里，活动着这种无限定的、边界模糊且完全不可辨别的造物，这种造物似乎总是要由大自然重新嵌入，且介于潜在的物质有机物与现实的物质有机物之间。很久以前我就将纤毛虫视作动物世界与植物世界共同的中点，或者更确切地说，视作转折点，越过这个转折点之后动物世界与植物世界便构成两个相互逃离而且完全对立的方向。这一点本身在经验中显而易见，它能如此长久地被忽视倒是令人奇怪。在植物和动物都同样还不完美的时候，它们就最确定不过地表现出它们发源于那个不确定的世界。植物有机组织产生的最简单的例子，无疑是所谓普里斯特利①物质从水中产生，然而更简单的是那样一些柔软**丝线**的产生，那些丝线就像普里斯特利物质从水中沉淀一样，从空气中沉淀出来，一般被叫作**秋老虎**②。对于普里斯特利物质，多位自然科学家早就在经验上表明它是由纤毛虫构成的，那些纤毛虫通过凝聚性中的植物性反应过程现形，也失去了部分生命。我指出空气的那样一些柔软产物具有相似的起源，那些产物同样是一种植物。大自然自身表明这些最简单的植物在纤毛虫基础上的构形是植物的一切构形的最初要素，它们自己的生命仅仅由植物生产过程摄服，通过**分解**而重建，或者存在于已经更具动物特质的、通过光而达到某种更完满状态的一些小部分中（比如在一些植物的柔软果实中，这些果实依照一些实验，比如歌

VI, 395

---

① 普里斯特利（Joseph Priestley, 1733—1804），英裔美国神学家、哲学家、化学家和物理学家，于1771年首次描述了氧的合成与作用，后来还描述了二氧化氮、一氧化碳等多种物质的合成方式。所谓"普里斯特利物质"也是他在实验中发现能从水中沉淀离析出的一种物质。——译者注
② "秋老虎"（Nachsommer）为意译，原文指长夏之余或残暑。——译者注

德做的那种实验,被切开并被置于显微镜下,自行分解为纤毛虫)。已经有人宣称过,同样的现象在植物的花粉中也存在。基于更精确的研究,问题将取决于是否能阐明,即便大部分隐花植物(银耳、刚毛藻等)也是以纤毛虫为根基的,取决于这类植物是否同样可能只是动物的保护壳,正如另一方面当动物本性也表现在单纯的发芽生长中时,珊瑚(比如说)只是珊瑚虫的保护壳与产物。然而从确实已知的情况来看很明显的是,大自然在植物王国与动物王国采取的这两个对立的方向,指向一个共同的中点,这个中点只可能属于纤毛虫的世界。实际上在动物与植物之间如果不是有着像在两个对立方向(它们源自**同一个点**)之间的一种如此彻底的对立,那么最发达的植物必定是那样一些植物,它们与最低等动物相关联;但实际情形毋宁与此相反,这就证明,大自然的这两个王国中的每一个都是一个截然不同的世界,那里只有每一个世界的不发达产物才能与另一个世界的产物相重叠,较发达的产物却判若云泥。**植形动物**是那样一个点,在那里植物与动物同样都不发达;因而两个世界还有一个共同的中点,在那里它们表现得同样不发达,而且仅仅由此才成为一体,另外只有从这个中点出发,两个绝对对立的方向中的每一个才在其个别性上得到彻底发展,以致最发达的动物与最发达的植物有着霄壤之别。(在这里人还完全没有介入,因为在作为臻于完成的大全性的人中,在动物王国与植物王国里显得分离的东西**恰恰**又被直观到是一体的。)自从人们了解纤毛虫的世界以后,便容忍了有关这个世界的最为分歧的各种观点,但真正说来很可能除了莱布尼茨勾勒过的那个观点之外,没有任何观点是站得住脚的;他的观点就是,物质的现实无限性要到似乎被剥夺了其**断定**或**同一性**的那样一种物质内部去认识，凭借那种无限性，正如莱布尼茨所说，物质的每一个部分不仅可以无穷分割，也确实被分割了，而且像一个园圃一样春色满园，或者说像一滴水一样充满了活生生的造物。

若要联系到普遍原型，更确切地勾勒这三个序列的关系，那么既然在植物世界里**时间**作为同一性在起支配作用，看来纤毛虫世界反而是**纯粹空间**的世界。植物完全生活在时间中，而且在变化时遵循时间规律，然而纤毛虫却根本不在时间中持存，它仅仅属于空间这种瓦解的形式，以致其中一些品种本身的**形态**与外部形式并不在时间中确定下来，另一些，比如轮钟虫（Vorticella rotatoria）的多形变形菌（Proteus polymorphus），毋宁表现出某种古怪易变且总在改变的形态。相对于植物而言，在动物中空间起支配作用；只有在动物也是植物的情况下，动物才同样慑服于时间。在这个关联下，人们似乎也很可以将三个自然王国与三个维度等量齐观，而将植物①设定为第一个维度，将纤毛虫世界设定为第二个维度，将动物世界设定为第三个维度。因而即便**在这里**，似乎也普遍发生了与如下进程相同的进程，即从植物中的同一性走向差别、走向纤毛虫世界中的绝对非同一性，并从那里走向动物世界中真实的大全性，即走向该世界中同时也是差别的那种同一性。（这个进程并不发生在时间中，而是发生在理念中。）

§203. 有机物的变形可以被视作光与重力围绕产物的各维度进行的某种争执；那样的话，正如光与重力在其中合为一体的种种比例关系或维度的那些差别一样，有机组织的种种差别也能被刻画出

---

① 此处原文中无"世界"字眼，与"纤毛虫世界""动物世界"之说有异。——译者注

来。——既然在我们看来,有机组织在理念中来看是光和重力的绝对同一,那么它在现象中就不可能显现为真正的绝对同一性,因而仅仅显现为光与重力的争执;然而既然(§121)对立的各要素之间在比例关系上的所有差别总是表现为维度,那么有机组织的种种差别也会表现为各维度的差别,在这些维度上或者相对于这些维度而言重力与光是一体的。这就是说,双方或者相对于第一个维度,或者相对于第二个维度,或者相对于第三个维度而成为同一的。

阐释。光的努力,就此而言也包括变形(它只是前一种努力的现象)的努力,为的是呈现整个实体或整个实在性的无限性,是彻底拆开物质,并使之作为属性,从属于绝对实体。这种努力必然**显现**为围绕产物的各维度进行的一场斗争,有机体的变形的三个主要层级便是由此规定的。观念性本原的最高胜利无疑是在该本原完全顶替物质的地方得到颂扬的,这样看来有机物完全是光和物质,并且是同一个实体,这个实体在完全同等的意义上是实在的和观念的,但正因此世界原型的无限性(这种无限性构形到物质内部了)也得到了最完满的发展。

我们首先一般地规定有机组织的这些维度,以便此后个别地,既在产物中也在行动中(变形中,也在反应过程中),证明这些维度。

§204. 光这种无限的可能性,在仅仅作为物质本身的无限可能性而由其自身构形到物质之中时,才只在第一个维度上受缚于物质。——不管在哪里,第一个维度都是自身性的维度,亦即其自身的连续化的维度(比如在磁中就是如此)。因而当无限概念受缚于物质,仅仅作为无限可能性的那个无限可能性却受缚于其自身,因而光和物质只有对于第一个维度而言才是一体的。

附释。与这个维度相应的是最一般意义上的**再生**。原因在于，凭借再生，有机物虽说包含了某种无限的可能性，但那只是其自身作为个体（在植物生长时）或作为类（在生育时）之时的无限可能性。因而在这个关联下，有机体的行动首先显现为某种更高级的凝聚性反应过程——但个体还没有超出自身之外。因此这个维度首先是由植物来代表的。

§205. 光这种无限的可能性，在作为他者的另一些事物的无限可能性而被构形到物质之中时，才在第二个维度上被配对给物质。原因在于，第二个维度在哪里都是那样一个维度，一个事物通过它处在其他事物之中，正如第一个维度是那样一个维度，该事物通过它处在其自身之中。但正因此第一个维度也是同一性的维度，第二个维度则是**差别**的维度。

附释。与这个维度相应的是活泼泼的**运动**或通常所谓的有机组织的**敏感性**（*Irritabilität*）。（尽管还有很多同样笨拙的名称可用，我只保留了这一个，为的是不要在名称修缮上瞎耽误工夫。）通过敏感性或运动，有机组织便分有了其他事物的某种无限可能性，但并没有摄取其他事物，因而那只是**作为其他事物**的那个其他事物的无限可能性，有机组织恰恰只有通过**运动**才与那些事物结合起来。

因而运动在这里乃是可能性与现实性的差别的表现。事物的可能性在有机组织内部，事物的现实性在它外部。

值得注意的是，即便在这个关联下，纤毛虫也偏于第二个维度这一边。虽然没有真正的再生（原因是它在大部分形态上都是不固定的），没有感官，纤毛虫却能在部分而言极具阻力的那些介质中极快地运动；它们显现为在这里那里闪现的生命火花，显现为带电的球、小气泡等。

§206. **光**，即事物的无限可能性，在作为其他一些事物（它们的现实性同时也落入有机组织范围内）的可能性而被与物质结合起来时，也才在第三个维度上被配对给物质。——第三个维度任何时候都是前两个维度的综合。在第一个维度上，有机组织也曾具有生产能力，然而那只是自动而为的，没有超出其自身之外。在第二个维度上，有机组织将其他一些事物的可能性接纳到自身中，然而那时接纳的是作为其他事物的那个其他事物的可能性，还是带有差别的。**综合**则会是**那样的**，即有机组织就像在第一个维度上那般具有生产能力，然而生产出的却是作为其他事物的那个其他事物，这就使得其他事物作为其他事物的同时处在有机组织内部。不难发现，这样的综合只有那样才能达到，即有机物变得能**进行直观**，变得具有感知。它在感知时并不超出自身，直观落于它自身之内，然而那同时也是对有机组织外部的其他事物的直观。

附释。与这个维度相应的是有机组织的**敏觉性**（*Sensibilität*）或感知性。（因而这样就推导出了那样一个普遍原型，该原型涵括了有机体的一切变形以及反应过程本身。）

§207. **两个本原围绕产物发生的争执**（§203）**在现象中也表现为膨胀与收缩的某种交替**。——这两个本原中的一方是光，它渴望总体性，另一方是凝聚性本原，它寻求同一性。凝聚性本原追求的是无穷连续化，因而没有总体性；凭借该本原，植物（比如说）抽枝发芽以至无穷。因而该本原的行动表现为向着纯粹长度上的扩张（"扩张"这个词在这里就是在这个意义上使用的）。反之光（它在哪里都促进第二个维度)则以某种收缩对抗这种扩张,或者对抗线①;而收缩则由层面形式(die sphärische Form)表现出来,那层面形式乃是被设定于同一性中的那种差别的形象,或总体性的形象。——现在既然有机组织在现象中被安置在同一性和总体性之间,此外既然有机体的变形是那样两个本原的争执,其中一个追求同一性,另一个追求总体性,那么有机体的变形也必然会显现为收缩与扩张的某种交替,而且那扩张将是凝聚性本原的表现,反之那收缩将是观念性本原或光的表现。

在最简单的构形中,包括在纤毛虫中(其中一些是球类的、球形的,另一些是长长的丝线,还有一些不断变换形态的纤毛虫当中,一个本原又似乎交相迭起地逼迫另一个本原),我们发现那两个环节是可以区分的;在最简单的意义上,当层面上的某种构形通过收缩被设定,长度上的构形通过扩张被设定,而层面上的构形代表头脑,长度上的构形代表剩余的肢体时,前述两个环节已经结合起来了。

§208. **有机反应过程中磁的环节是再生的环节**——这一点从§204中就已经可以得出了。——即便磁体在自身中也有了通过无穷多的中间环节传播其形式或两极性的可能性,然而这就使得它被赋予了实体。反之在有机组织中,那种过去在无机组织中仅仅是形式的行动,则成了**本质性的**。物质不具备任何可以与其形式割裂开来的实存,它本身就是磁,且仅仅在与该形式绝对同一的情况下实存,反过来看,磁在这里也抓住了实体本身,实体本身在其现实无限性中显现出来,尽管只是在磁的形式下。——在有机体的再生中,磁的

---

① 线与长度、扩张相对应。——译者注

形式与物质绝对是一体的，不像在较低潜能阶次上那样有差别，而这也是有机体的传播与在无机自然王国中也在发生的那种传播之间的区别。

阐释。一个有机团块的一切构形（而第一个环节中的有机体反应过程并未超出团块的生产活动）乃是基于，同一种可能性、同一种肯定性穿透了整个实体，但只是在第一个维度的那些方向上如此。磁在这里不再是形式，它同时也是物质本身的内部、本质；可能性在这里也不是某种有限的可能性，而是依其本性而言无限的某种可能性。

在一株植物从一个点到另一个点的无穷延续中（这种延续只能，比如说，被收缩打断，但只要性别还没有展现出来，就不会被废除），每一个点都被**潜能阶次化**了，与物质相配的、整体方面的可能性就是进行潜能阶次化的东西；在这条线上每一个被潜能阶次化的东西本身又进行潜能阶次化，并产生出同类。倘若人们反对这种将构形反应过程视作某种实体性的磁的观点说，在这个磁中的每一极，即每一个被潜能阶次化的东西，都在自身之外设定其对立面，因而代替同一的和同质的延续出现的似乎必定是普遍的异质性和非同一性，那就只需提醒他们，磁极本身的差别只是同质性内部的一种差别。铁的实体本来并不仰赖磁，只是凭借磁才成为彻底同质的，而恰恰只有在相同东西与不同东西之间才存在着磁（正如§154证明的那样）。磁体内部的这种差别（然而众所周知它完全是相对的）也存在于，比如说，一株植物的最为同质的丝线中，这就使得任何一点当然都不完全与另一点相同，却也只是相对于其他的点而言才是不同的。

谁若是不从头开始追踪构造的关联，便可能禁不住要将关于有机体构形反应过程的这个观点（将该反应过程视作一个把**物质本身**

完全设定为偶性的凝聚性反应过程）当作某种单纯的假设，而事实上再也没有关于任意一种自然现象的任何理论观点比这种做法更加跳脱于使得该现象成为必然的那个整体的关联之外的了。我们并非必须从被观察的现象出发进行推论，盼望着认识原因，而是反过来，必须从诸本原中推出现象，而那些本原则是在其自身且为其自身而言被认识的。真正说来根本没有什么对大自然的说明，只有依照从理性中汲取的某个原型进行的构造；对每一种现象的说明，都是将该现象纳入这个原型之中的地方。因此并非偶然，反而**必然**的一点是，在有机体反应过程中出现那样一个环节，它对应于磁的环节或自内存在（in-sich-selbst-Seyn）这一普遍维度的环节。该环节只可能是再生环节，因而反过来看，再生也不是别的，**恰恰**是**那个**环节（只不过在这里无机世界与有机世界之间是有区别的）。那么这里一切偶然的东西，因而也包括一切假设的东西，便都失效了。在我们看来，在有机体反应过程中，正如在其他任何反应过程中一样，总是只**能产生同一个东西**，因为大自然永远且必然与自身相同一。因而有机体反应过程也可能与动力学反应过程有别，不是在本质上有别，而是仅仅在潜能阶次上有别，而所谓的构形冲动尤其不**可能**是别的，只可能是较高潜能阶次上的磁。这一点当然不是从某种孤立的观察中得出的，对于孤立的观察而言每一种可能的说明都只是假设；这一点是从整体关联中得出的，在该整体关联中一个要素总是受全体限制，而全体也受一个要素限制。

据此看来，几乎已无需提醒，**这里**说的并不是，比如说，磁是有机体再生现象的**原因**。不仅在这里，而且不管在哪里讨论的都不是某种因果关系。再生与磁毋宁是同一个东西，只不过在潜能阶次上有别，而且依照同样的理由也可以说：构形冲动是我们在光的现象中，即在光扩张的时候认识到的同一个环节；正如光在这里作为连续性的原型毫无遮拦地且在非时间的意义上生发向前，在与物质婚配的情况下，光只有在时间的意义上且在一层外壳遮掩之下才穿透有机产物。

§209. **在自顾自的再生中，全部维度都重现了**。这就是说，有机物或者是在单纯相对同一性的形式下包含其自身的无限可能性（这是作为个体的其自身再生时的情形），或者是在相对差别的形式下包含其自身的无限可能性（这是作为类的其自身再生时的情形）。——这两种可能性的证明直接出自再生概念。通过一般的再生概念被设定下来的仅仅是，有机组织包含**其自身的**无限可能性。如果说一个有机物在其自身的一个通常独立的、它自己的自顾自持存着的刻印物中将其自身呈现出来，那么它固然只是在重复**其自身**，但这同时也是在一个不同于其自身的其他东西中，因而是在相对差别的形式下进行的。有机物不仅仅是在一般意义上重复其自身，而且还**在其自身中**重复其自身，这样一来它仅仅在相对无差别状态形式下重复自身。然而现在由于有机组织并未专门受到有机组织普遍概念的规定（它是在这种形式下再生其自身的），反而只是在一般意义上再生其自身，所以再生必然在其自身中重复相对同一性与相对双重性这两个维度。①

---

① 接下来的两节将相对同一性与相对双重性称作"形式"，在两种形式下各自又分出三个"维度"，与这里将相对同一性与相对双重性称作"维度"的做法并不一致。谢林的自然哲学由于在相当程度上是"前无古人"的，加之涉及的主题众多，思想繁杂，因而在术语上有时前后不一致，这是可以理解的，读者不必太纠缠这些细节。——译者注

§210. 在相对同一性形式下的再生可以在三个维度上被考察。 第一个维度是力，有机组织因为并非依照实体方面设定物质，便凭借力将**其**生命刻印在由外部给予或取来的物质上（这是同一性构形到差别之中）；另一个维度使得有机组织将物质设定在相对的差别中；第三个维度使得有机组织将作为他物的物质与其自身设定到无差别状态中。

这个命题只需做如下阐释。——普遍的原型是从同一性进展到差别，又从差别进展到两者的综合。通过第一个维度，任何时候一个有差别的东西总是被设定为同质的；因此有机构形的首要功能也便是物质的同质化，就像磁中发挥的功能一样。那么第二个维度就必然是物质的差别化或瓦解，正如第三个维度是那样一个维度，它使得物质作为差别化了的东西同时也被设定为与有机组织同一的，或者被吸收到有机组织的本质的统一性之下。

VI, 404

有机组织是一个封闭的世界，因而没有任何异类东西能在没有被有机组织抓住并被设定为偶性的情况下，踏入有机反应过程的领域。此事的第一步是，异类东西的凝聚性被瓦解，物质内部的局部性生命重新被唤醒；只有当异类东西首先失去自身的生命，其他东西的印迹才能被刻印到它上面。有机体两极性的那种构形活动（即有机体的磁向异物中的构形活动）的最纯粹呈现乃是**再吸收**和再吸收系统，该系统作为首先服从有机体的磁这种模式的东西，已经具有如下特征，即该系统中的种种有机体代表了最纯粹的长度，此外还具有如下特征，即该系统绝非**封闭的**系统，正如线并不封闭。这个功能也必定直截了当地为每一个有机物（包括最低层级的有机物）所具有，哪怕是在比较高物种简单一些的意义上（那些较高物种不再是简单的动物，而是各自动物的某种大全），以及在吸收陷入一些确定已分离的有机体之中的情况下（那些有机体落后于一些似乎从属性的动物，这些动物为了经过不同层级的提纯到达较高形式，还必须先穿透粗糙的食物材料），也是如此。在同质化的最高层级上，流体材料进入某个较高的王国，在那里新的**创造**在有机组织的封闭世界里开始了，因而差别化也已经开始了——即在血液中，那里同一个流体又成为**球体**，在局部性生命的第一种形式面前瓦解，而有机组织在其自身中又回到一切构形的开端，回到纤毛虫世界。

在再生的第二个维度上，现在已经出现了某种更高级的关系，那是生育的前奏。第二个维度就是**分泌**；在分泌时材料瓦解为差别，正如材料在再吸收时被引向同一性。分泌这个环节又对应于电这个环节。——通过血液（它表现为生育的普遍材料）的某种变形，每一个分泌器官都完成一个真实的生育反应过程。

最后第三个维度是那样一个维度，在那个维度上，物质同时既被设定为不同的，又被纳入有机组织的同一性之下。但只有在**同化**概念中，这些现象才集于一身。同化预设了同一东西的差别化，也预设了这种被差别化的东西被纳入更高的同一性之下。

由于这三个维度又分别表现得像再生、敏感性和敏觉性，所以人们可以说，同化真正说来是有机体再生时的敏觉性或感知性。正如在一开始就表明的，如果物质的**存在本身**也直接是知觉，那么在同化过程中起支配作用的就只是最低级也最含糊的有机体知觉，正如一些人已经将个别器官的类同化能力视作某种局部性味觉。

更详细的情形在当前的研究中是不能指望了解的，当前的研究的唯一任务不过是刻画普遍原型，并在一般意义上向生理学家们表明，他必须依照磁的模式理解再吸收，依照电的模式理解分泌，正如还要依照化学反应过程的模式理解同化。但进一步的理解本身已不属于一种生理学考察的辖域了。

§211. **在相对差别形式下的再生是通过性别或生育中介而成的再生**。——尽管这个命题本身足够清楚，我们还是要加以阐明，首先要阐明性别在大自然中的一般意义。

我们曾将全部有机组织刻画为两个本原相互争执的产物，其中一个本原追求同一性，另一个追求总体性，前者对应于大自然的凝聚性本原，后者对应于光。这两个本原中的每一个的根据都在于大自然的一个必然且永恒的属性，而各属性在这里，即在有机组织中（这里绝对实体追求彻底的自我直观），恰恰应当被设定为一体的。但这些属性中的每一个除了与另一个相同一，因而隶属于实体之下外，也还是独立的、永恒的。因而在大自然最彻底的自我直观中，两种属性不仅在一般意义上是**同一的**，它们中的每一种又必然是自顾自的，因为每一种都是独立的，却又**在**这种自顾自的状态**中**与另一种被视为一体。这种局面只有通过性别才成为可能。

在每个有机个体中，首先被直观到的是两种属性的同一性，因为一切有机生命都基于这种同一性，但在这里它们似乎又失去了它们的实体性或独立性；因而被设定的并非**真实的**同一性，而两种属性中的任何一种的实体性都是与这种同一性一道持存的。因而两种属性中的任何一种都必须通过某种分离的产物被呈现出来，这样一来它的实体性便显现出来，但这就使得分离的产物没有另一方便**什么都不**是，一种必然需要与另一种相结合，这样一来在每一种属性的这种独立性中同时还保留了同一性。倘若两个本原的差别仅仅通过同一个有机组织身上**器官**的某种差别表现出来，而不是通过有机个体本身的某种差别表现出来，简言之倘若这些本原中的每一个都仅仅通过整体的某个部分标示出来，而不是通过整体本身标示出来，那么正因此两种属性的独立性以及两者的那种最高关系就被消灭了，该关系便是：**成为各部分**，即不成为整体；**却也成为整体**，**即仍然**成为**实体**，这恰恰是实体的属性的优异之处。比如重力并非整个绝对实体，但它仍然是**实体**；重力通过它的这种"非整体状态"（nicht-Ganzes-Seyn），绝不失去实体性，非整体性的或属性的特征在这里绝不意味着某种分割的特征。一切关系中的这个最高关系如今唯有通过性别方可呈现出来，也才实际得到呈现。——雄性个体与雌性个体中的每一方都是一个**整体**，一个独特的有机物，该东西就此而言具有完备的实体性与独立性，由此也表现出大自然的某个属性。然而尽管它的独立性未受损害，它还是一个非整体，即还是那样一个东西，它仅就对立面也存在而言才能**存在**，真正说来它也只有在与这个对立面相同一的意义上才**存在着**。双方中的每一方当然**在自顾自的意义上**都已表现出两种属性的某种同一性，但**这种**同一性乃是一种简单的，因而也不完备的同一性。**真实的**同一性恰恰只有在被潜能阶次化的统一性中才能被直观，即只有在那样一种统一性中才能被直观，在那里两个对立面中的每一个都是某种**自顾自**的东西，然而又不能没有对方而存在。——因此在与**上帝**的最高关联下，实在东西（比如说）就是**整个绝对者**，然而若是没有观念东西，它便既不可能存在也不会现实存在；而观念东西也是整个绝对者，然而若是没有实在东西，它便既不可能存在也不会现实存在。一种**神性**同一性区别于单纯有限的同一性的特征是，这里被结合起来的并非那样的一些对立面，它们为了具有实体性而需要结合，而是这样的一些对立面，它们中的每一方在自身都是绝对的，却又不能没有对方而存在。

永恒之爱的秘密在于，那似乎可以自顾自地绝对存在的东西，却也并不将自顾自地绝对存在视作任何缺陷，反而寻求另一方，并且仅仅在与这个他者同一的状态中才存在。倘若每一方不是一个整体，而只是一个整体的部分，那就没有爱了：但爱之所以存在，乃是因为每一方都是一个整体，并且还意愿和寻求另一方。

现在看来，由于全部实在东西（因而也包括大自然）都只是存在的根据，而且一般说来是事物的接受性本原或母性本原，反之观念东西则是父性本原和生育性本原，所以在那样的地方无疑是达到了大自然中的最高之处，在那里，在大自然所处的层面自身内部，能动性本原和受动性本原、神性本原和自然本原各自被独立建立起来，由一个专有本质来代表。原因在于，大自然尽管仅仅是被动的，却是自顾自的实在性，同样观念东西尽管是能动的、创造性的，没有大自然却什么也不是。由于构形本原或自然本原被置于一个产物中，神性本原便能够更彻底地居于另一个产物中，而反过来看，在与后一种本原分离的状态下前一种本原便可存在于更纯粹的同一性中。由此便发生那样的事情，即大自然越是在独立的意义上，仿佛以实体化的方式将它的每一个属性建立起来，并且越是深入于一般有机产物内部，两性便越是分离开，这正如个体在自身越是具备其所体现的那种属性的恒久持存性，该属性便越是彻底地在它内部发展起来。

这样我们在两性中事实上只看见了人格化自然的两个方面，两性中的任何一个性别都独立于另一个性别，都是自己的一个世界，却又凭借某种**神性的**同一性而与另一个性别合一；而且毋庸置疑，正如重力的王国基本上形塑着植物，而且使得从植物的中心生长出来的无数繁盛美丽的细枝温柔顺服地在其僵直状态下向着太阳伸展，同一个王国在个人这里又通过女性呈现出来。正如重力在光面前逃逸，仿佛害羞地蒙上脸，但被光充满后便生出它的种种美妙形式，又在热烈的相爱后离光而去，在有机世界中两性关系也是如此，通过这种关系，大自然本身那种永恒而伟大的关系得以重演。

VI, 409　　接受、构形的事情，简言之植物的事情，便由整个大自然委托给**女人**，因而女人本身又是动物中的植物，而男人则又是动物中的动物。性特征的所有差别皆可由此看出和推导出。

由于大自然本身中事物的永恒生育与诞生所依据的那种关系在个人中独立形成，个人便获得了在大自然中扮演生产性角色的特权，不仅仅在其自身中，在具有独立于生育者之外的生命与定在的那些事物中也是如此。全部的丰满与繁殖都被转渡到女性身上，并在那里被赫然呈现出来，而光的全部财富则被转渡到男性身上，也在那里被赫然呈现出来。

正如大自然的定在与生命基于光与重力的永恒拥抱，两性的种种结合，无数的类别通过生育达到的传播，也无非是那样的两性的永恒之爱的庆典，这两性虽说可以是两个性别，却只想成为一体，并由此创造了大自然。

现在如果我们将大自然中性别分化的过程与这个一般性观点相比较，而且每一种性别都逐渐使其相应的属性达到独立，那么植物中两性极少分离就容易理解了。在植物中土地还是僵硬的，还没有在其自身中接纳光，只寻求与光达到相对的、被中介的同一性。这种中介的表现就是植物本身。由此便有了全部胚芽与植物对于光的那种奇妙的、与本能类似的冲动。胚芽从黑暗中努力挣扎着生发，捕捉着远方光的讯息，迎向光，也知道去寻找能向着光扩张、没入光的海洋的那个地方。因而植物的生命是一种高级的、超升于土地之上的磁，是土地与太阳之间的一种磁。正如磁针指出其方位，而且只在找到方向后才静止下来，植物，其实也包括胚芽，在土中若是被放到相反的方位，便会将自身再调转过来。植物生命的第一个环节是单纯抽芽的环节，即在长度上延伸的环节，这个长度只有通过个别收缩点才被中断，在那些点中观念性本原，即光，试图直观其自身。——只有在形成叶片时，单纯的连续系列才被中断，僵直性化为相对凝聚性，观念性本原也是对于第二个维度而言才与物质婚配。（东西方向的两极性。敏感性环节在个别植物的叶片中，即在舞草[Hedysarum gyrans]、含羞草[Misosa]等的叶片中首次出现。）——在生鲜汁液不断注入的同时，植物不断抽条以至无穷，此时天生具有的光首次使植物收缩为花萼，而花萼则由茎叶构成，而且呈现出先前被连续生产的东西发生浓缩的第一个位置。如今接着发生的便是首次向花冠中扩张，那里鲜活艳丽的五颜六色在欢庆光本原的胜利；最终整体通过首次收缩为性器官而达致完成，由此整个连续系列被撤除，总体性对于同一性的胜利被决定下来，两个本原的争执通过如下方式被调停，即每一方在其（尽管还相当稀有的）被造就的独立性中如今才真正与另一方成为一体。光在这里完全顶替物质出场；正如光线在动物内部作为神经出现，这里也作为花丝出现，而花丝便是植物的神经。

VI, 410

植物的构形过程仿佛是其他一切有机物的原型，在这原型中可以最纯粹地被直观到的是，通过收缩与扩张，即依照§207，一个有机物如何达致完成，最后，性别的展现又如何只是同一性的中断，或者毋宁说是同一性的消除；而同一性在对有限东西起作用的时候，也在有机自然王国中仅仅设定向着未知延续这种经验意义上的无限性，但那永远不是真实的无限性，真实的无限性作为同一性的同时也是大全性。即便植物最单纯的抽芽活动，也是两个本原的某种内在同一性的表现；但两个本原的独立性在这里或多或少是被消除了；当性别被设定时，差别便被设定，就此而言每一个本原的独立性也被设定，然而与此同时同一性也被设定，这意味着总体性也被设定了。因此在作为繁盛的总体性内部（繁盛也已经通过同时生产出先前连续被生产过的东西，也通过集中的方位，表达出自身的这个含义），那样的植物合上了，它的生命无非就是光与重力逐渐合为一体的过程本身，但这两者真实的同一性只有在植物得到成全的顶点（这样的成全同时也是它的生命的目标）才呈现出来。因此植物更多是仅仅进行中介的形式，而不是具有某种独立的生命，它构形的过程还与单纯无机的磁为邻；只有在它的叶片中才偶尔表现出敏感性的迹象，也只有在花丝中才具有某种敏觉性。

我们已经可以先行期待，如果说整体上动物王国相对于植物世界又表现为总体性，那么那种以同一性形式存在于植物中的东西，即便在动物王国中也还以分离的方式出现；有机反应过程能穿透的所有维度，因而也包括再生维度或植物维度，在动物王国中又并非仅仅通过特殊产物，而是通过特殊王国来刻画的。从中生发出动物与植物的那个共同的中点越是临近，每一种动物的特殊本性便越是显得不确定。即便在动物王国里，大自然也是在达到繁盛状态之前才刚刚抽芽生长的。正如在植物生长这一方面，在分离最初开始显得不确定时才有动物性凸显出来，比如在多孔动物门当中就是如此（那类动物在动物特质上的混杂是众所周知的），那么在另一方面却表现出动物生长和抽芽力占优势的样子，比如在珊瑚虫当中就是如此，那里初次定型乃是在某次**分枝**的时候，而且再生的力量是通过恢复失去的肢体（众所周知，在这类动物身上此种恢复极易发生，简直妙不可言又令人惊讶），也通过它们如众所周知的那般推动肢体中活跃的抽芽，并像植物那般通过插枝扩张的时候产生的那种繁殖方式表现出来的。在大海深处的荒芜之处，大自然开始构形，而且仿佛还想隐藏它最初的企图。但与大自然沿着两个方向离开那个中点，一步步向着它的目的进发的程度成正比的是，它越来越果敢地从它黑暗的作坊中走出，直至凭着它无限活跃的行动，凭着越来越易变的繁复形态，俘获了我们的想象力。

VI, 412

谁敢穷竭大自然无穷的奥秘，打断它从不确定的世界出发（在这个世界中它仅仅撒下了两个王国最初的种子），在越来越细化的各层面上抵达最高级个体的那条永恒之路（在这条路上它总是在回溯，总是在回转，总是重新开始搏斗，通过完备化寻求宁静，却又找不到宁静）？

这里我们只能指出一些环节，只能最粗略地刻画出从这个构造本身中产生的一些最重要的层级。

我们用**再生动物**或用**第一维度的动物**来刻画动物的整个第一层级。在每个这样的维度上，大自然本身又在所有层级上逗留，并留下一些特定产物，作为它的行动的纪念碑。

大自然走出混乱、走出纤毛虫世界的边界，冲着动物的方向迈出的第一步，是以**珊瑚虫**来刻画的。生命极少的独立性以及生命与无机自然陷入的残酷斗争，通过无机沉积物表现出来，该沉积物是由珊瑚虫向外生长的胶状团块构成的。这种团块在珊瑚身上几乎只以矿物-化学的方式混合起来，而面对死亡，有生命物质几乎消失于无形；死亡的优势地位可由这种产物的庞大堆积来证实，众所周知，这样的堆积物构成了整座整座的岛屿以及群岛。

VI, 413　　最初**软体动物**（在这个词的最普遍意义上）就处在变形的这个层级上。在单纯的抽芽活动中表现出来却还抑制着生命本身（比如在珊瑚中）的那种同一性行动，在这里已经展现出经过弱化的力量；第二个维度出现；动物性要素首先蜕变成真实的个体；如果说珊瑚虫只是在共同的珊瑚基干中看似个别的一些光点，那么到了这里，每一个动物至少有其自身的罩壳；因而无机沉积物虽然还在继续堆积，但这个堆积是多样的，各种形式对于有机要素而言乃是寓意性的，而有机要素似乎在颜色的更繁杂变化中，以及在形式的一些轻松而有规律地实现的变更中反映出来。

　　性别和繁殖类型在这里大都还掩藏在黑暗中。第二个维度的特色在于，在一些物种中，两性虽然是分离的，但却在每一个个体身上叠加起来——但在这个部位，并非所有繁殖都通过性别的中介进行，而且大自然的抽芽状态也通过那样一些肢体表现出来，那些肢体即便在这个层面的物种身上也都失去了哪怕最为显眼的修复能力。

　　只有在接下来的某个层级上，大自然才达到繁盛状态，但这也仅仅是暂时的，仿佛是为了证明，性别的明确分离只不过标志着那样一个方向的顶点，过去只有第一个维度在该方向上明确居于支配地位。尽管**昆虫世界**大抵以植物为生,而且这个世界是那样一些造物,它们也仿佛只是一些更漂亮的、更有活力的花朵,最多是从植物世界的花朵中抽取出来的,但比起在更低物种所处的更沉闷层面来,大自然在这个层面已更加自由,更多地分有了光和阳光。[①]正如植物的花丝对于光的反应迅捷又敏感,昆虫也是如此,尤其在其最为容光焕发的状态下更是如此(那时它就像是一根自由飞翔的花丝)。作为脱离单纯抽芽活动的王国而向其他状态过渡的形态,昆虫王国首先是以那样的方式呈现的,即在最初出现时还没有性别。但大自然并未将它弃置于这个状态,而是在我们眼前通过常常令人惊叹的一些变形现象,完成了这件事,而那些变形现象无非就是性别发展现象。——这里昆虫穿行的,乃是植物达致繁盛时已穿行过的那同一个转变的层级阶梯,只不过大自然并未保存这些层级,而是将桥梁[②]抛到身后不管了,这就使得最后的产物不是别的,只是单纯的生殖器。但正因此,个体为果决的性别发展付出的代价是如花朵凋谢、果实结出一般快速的衰老,仿佛性别在这里还不是为其自身而存在的一般。因而蝴蝶也是在交尾之后直接死去。

由于我们强调在大自然的普遍形式下刻画与每个维度及其内部每个层面相应的东西,所以我们留意到,刻画第一个维度的特征总是僵硬性,而僵硬性在这里最具优势的状态是通过珊瑚虫的**无机沉积物**表现出来的,刻画第二个维度的特征则是僵硬性的化解,是柔软东西,即向流体的转化。这种转化在蠕虫和软体动物的**柔软性**中

[①] 在谢林这里,光(Licht)并非来自阳光(Sonne)的照射,而是事物(尤其是较高级物种)自身带有的与重力相抗衡的要素。——译者注

[②] 喻指上述"层级阶梯"。——译者注

呈现出来。第三个维度相对于第二个维度而言又总是**收缩**（正如已证明的那般）——这里的昆虫也属于这种收缩。因而这整个序列又是**一个**动物，昆虫是这个动物的花朵或头部，软体动物是呼吸器官，珊瑚虫是再生性要素，是与无机要素直接展开斗争的东西。

在作为第三个维度的昆虫中，正因此便出现了三个层面或系统（这三个层面或系统在蠕虫身上还掩盖在一个共同的外壳下，初步被划分、被分离），那就是服务于营养和生殖的器官、运动器官（呼吸系统和淋巴系统）和头部（感官和神经中枢之所在）。

VI, 415　　第三个维度的一般对应物是**热**。在这个序列中首先是昆虫表现出特有的热，正如（如果说有机组织中的敏觉性属于第三个维度）第三个维度在昆虫中首先不仅仅是在感官的更清晰发展中，也在技艺冲动出现时清楚表现出来（穿过整个大自然，我们会看到技艺冲动落在第三个维度这一边）。——在这整个层面上起支配作用的同一性的后果也包括，全部性别在这里都是由一种共同的技艺冲动赋灵的。——在珊瑚虫身上仍然前后相续地发生的事情，即有一系列的这种造物构成了珊瑚，如果人们希望这么粗略地表达的话，可以说在昆虫王国中是**同时**发生的；那里曾是连续系列的东西，在这里就成了总体性（向总体性进展的那个规律也是在这里出现的）。在软体动物与蠕虫构成的那个类别中，根本没有类似现象发生。那里个体还彻底裂解在差别中。在第三个维度上（那里第一个维度的规定总是会重现）有着技艺冲动方面的同一性（尽管个体确确实实已被唤出），但那却是同时成为总体性的同一性。

在这整个层面上起支配作用的同一性的另一个后果是，在（比如说）蜂群的性别中，真正的再生力被集中在**一个**雌性个体身上，反之雄性个体就不那么集中，出现了无数个。因此，想到它们的同一性时，我们会发现这里还有重力。

现在是我们用几个命题概括此前所述内容的时候了。

§212. **性别的意义在于，大自然的两种属性，重力（或凝聚性本原）与光——这两者在有机组织中被设定为一体——同时被看作独立的和同一的。**（这只有在两性有别这一形式下才是可能的。）

附释1。在有机自然中，观念本原的人格化是雄性，实在本原或重力的人格化是雌性。

附释2。因此在细部上，雄性和雌性又表现得像是动物和植物在整体上表现的那样。

附释3。个体的再生**在整体上而言**（与在细部上而言的再生有别，比如在分泌和同化时就是如此）又可能在三个维度上发生：a) 在相对同一性的形式下——这是生长，即同一性在差别中的纯粹扩张。由此个体虽然仅仅再生其自身，却是**在整体上**再生的。b) 在相对双重性的形式下——当个体仅仅通过分割或通过分解而再生其自身时，这就像植物或珊瑚虫通过插条而得以伸展。c) 同时在相对同一性和相对双重性的形式下。最后这种情形通过性别的中介得以发生。

注释。这三种繁殖方式多多少少都是一类。比如在一个世代的植物中起作用的那种行动便与在抽芽活动中表现出来的那种行动是同一种，或者说得更确切一些：前者表现得就像后者的高级强化版或更高潜能阶次。这就表明，一个方式替代了另一个之后，还可能被替代，抽芽状态可以被延长，而繁盛状态可以被抑制，或者也可以反过来说，繁盛状态可以被加速，而抽芽状态可以被缩短。

但即便在第二种和第三种繁殖方式之间也能产生某种同一性，这就表明，双方能在同一个个体中被结合起来，而依照一切迹象极有可能表明的东西来看，这里只不过是植物同时通过插条和通过交尾在伸展。在高等动物身上，那种繁殖方式之所以看起来失效，乃是因为在那里有机组织抛弃了它在低等物种处还保持着的那种同质性。至少我自己对于高等动物那里结出果实的必要性乃至**种类**除了如下这般，不可能别作他想，即这个种类是**它们那里**唯一可能的种类，如果一个有机部分能完好无损地从整个有机组织上分割下来①的话。一个动物的其他任何一个可能的有机部分，若是能在无损于它自身以及整个有机组织的完整性的情况下同样能被分割下来，就会在与前一个有机部分相同的条件和外部环境下展开为整体。在动物的每一个部分中，就其还完好无损而言，都像在一株植物的每一个同质的部分中一样，存在着整体的可能性。

此外，较高层级的有机物从底级出发直至最终发展成型，是有必要穿过较低的所有层级的。从某种简单的胶体出发，开始了全部构形，包括在较高层级上的构形；即便人在其产生之初也只是珊瑚虫，然后是软体动物、水生动物、两栖动物等。当原胚从主干脱落之后，它延续自身的可能性来自下面这一点，即它是从活生生的整体分割下来的一个部分。正如变形的种种规律在植物构形的简单进程中已明显可见，这些规律也是高等有机体构形的规律。即便在后者这里，也有收缩来与无穷扩张相对抗，而且就像前文中的植物叶片一样，产生的首先是运动器官（宽度上的两极性形象）的对称性，正如

---

① 指高等动物的生殖。——译者注

收缩通过对被连续产生的东西的集中调节，最终将所有连续系列都囊括在一个重要目的之中（后者在动物的本性中是头部）。

附释4。性别差异是彻底消除具有同一性的连续化，因而也是总体性对同一性的初次胜利。通过性别，有机物1）被收束于自身之中①，凭着性别方面的发展它不再单纯自顾自地忙于其连续化；2）由于它的定在的两个本原（其中之一是仅仅作为实在性根据的实体，另一是作为事物的普遍赋灵者的实体）通过两个性别**独立**形成了**一切**定在，尤其是有机的定在，确立了它们的实体性，这样一来在有机体的本性中便涵括了恒久性，涵括了向物种的同一性的永恒回归，而在植物的单纯生长或在单纯的连续化中无休无止向前延续的那条线永远是通过生育回到自身之中的。——尚需注意的是如下命题：

§213. 在大自然中，有机体行动的每一个环节也都由一个特定的产物刻画出来。原因在于，一般而言在大自然中，行动的原型与存在的原型是同一个，在有机自然王国中行动与产物甚至还是一体的。

现在我们转而构造有机反应过程以及有机体变形的第二个环节。

§214. 在有机体的反应过程中，电的环节只能通过同一个器官中膨胀与收缩的某种交替表现出来。

证明。实在本原与观念本原的对立就有机体现象而言也表现为扩张与收缩的对立。现在看来，两个本原虽然在再生时同样被设定为同一的，但却是在第一个维度的形式下（§204，§208），即在**连续**

---

① 指不再一味扩张（"连续化"），反而成为与异性有别的东西。——译者注

系列的形式下被如此设定的。在再生时（那时磁的模式还居于支配地位），各对立面可能正如在磁体中那样，曾彼此分离，并出现于分离的各点中，正如在磁体中一极类同于收缩，另一极类同于延展。只不过在当前这个环节中，观念东西与实在东西，因而也包括收缩与扩张，并不是在线性对立的形式下，而是在第二个维度的形式下，因而是在同时存在或并列存在的形式下被设定为同一的。因而双方也不可能再分离地落于**不同的**点中（像在植物中那样），而是仅仅落于**同一个点**中。然而挑战在于，扩张与收缩应完全类同；但双方却是相互对立的，收缩消除扩张，扩张也消除收缩（事情显得就是如此）。这个矛盾只有通过交替概念才能化解；在交替时，双方（扩张与收缩，或者换个说法，长度与宽度）就会得到某种均衡，而对于宽度在某个环节中获得的优势，便会有长度在另一个环节中获得的同等优势与之对抗，反之亦然。

从这种交替出发我们首先考察一下那样一个环节，在那里**长度**被限制，**宽度**被赋予优势。

倘若宽度被赋予优势，那么由于一切形式的运动在这里都是实体性的，所以宽度被赋予优势的现象必然是借力于整个**实体**而发生的；借力于整个实体而蔓延开的这种对长度的限制和对宽度的呼召，活泼泼地表现出来就必然是：在长度上收缩，在宽度（这是那个通常仅仅被理解为收缩的环节）上扩张。但这只是这里被设定的运动的**一个**环节而已。倘若运动在此停顿下来，那么两个维度的平衡和并行不悖在这里就指望不上了，因为那样的话就不是只有一个维度可以受限制，只有另一个维度可以被扩展了。因而必定有一个类同的环节与前述环节相抗衡，在这个类同环节中只有第二个维度①受限制，第一个维度②则被赋予某种优势。**这个**类同环节活泼泼地表现出来便是在宽度上的收缩和在长度上的扩张（这两方面现象通常只由扩张来刻画）。因而一言以蔽之，对这个环节的要求就是要有那样一个器官，在其中两种对立状态，即限制长度的同时扩张宽度，以及限制宽度的同时扩张长度，交相迭起，并行不悖。现在看来，唯有**肌肉**堪当这样一个器官，而整个环节在现象上的表现因此便是仅仅被各环节分离开的、长度与宽度方向上收缩与扩张的某种交替——敏感性；这一点又与§205重叠了，在那里我们正好发现了敏感性——活泼泼的运动——是第二个维度上各本原合为一体的表现。

注释。值得注意的是，人们通常只认为有必要说明敏感器官的**收缩**。只不过1）正如前文表明的，这里根本没有什么纯粹的收缩，反而只有收缩与扩张在各维度上结合在一起的状态；2）随着所谓收缩而来的松弛或扩张是敏感性的整个反应过程中一个同样独立的环节，并且不仅仅是对第一个环节的否定，而且与第一个环节同样具备肯定性。

一直以来敏感性现象都被算作最值得惊叹的现象，以及最严实地将大自然包裹起来的现象③，在某些人看来这类现象甚至远高于常见的自然力，以致认为不可能在自然力的范围内找到这些现象的根据了。在没有考虑到这看法完全缺乏一个由洞见而来的真正**本原**的情况下，人们还是敢于以身涉险，踏入假设的那个不可靠又宽泛的

---

① 指宽度。——译者注
② 指长度。——译者注
③ 指敏感性现象因其难以理解而愈益增大自然之神秘。——译者注

场地。早先人们曾将敏感性现象与电现象类比，却没能弄明白它们的统一性与差别，因为人们对于大自然的各潜能阶次根本不曾有过任何清晰的观念。对于自然现象，只有从**普遍**形式出发对其进行理解的那种洞见才是科学的。但如果有人说电是这种现象的**原因**，这是纯经验性的、毫无意谓的假设。原因在于，电本身在这里不是被理解成普遍形式，而是被理解成特殊原因了。因而在这种经验性的意义上看，肌肉在电机上鼓胀起来的现象是不难明白的，而且人们甚至企图通过据说代表了肌纤维的一束丝线的鼓胀来显明这种现象。

最近人们认为，在所谓流电现象中，一道光线是从这样一片黑暗中突然出现的，而且人们已然认为在经验之路上很快就要接近于阐明敏感性现象了，正如伏特证明的：即便这类现象，也不过是将我们领到大自然圣地的前院了而已，而对于在那种形式下发生的整个反应过程，我们只了解那样一个环节，它只能算是这个反应过程的外在的和无机的部分。我们将有机反应过程中的敏感性环节与动力学反应过程中的电环节等量齐观，但我们并不主张电是敏感性的**原因**，而是主张两者中的每一个在各自的种类中来看都是**同样独立**和同样普遍的形式。在敏感性中，物质也已经对于作为偶性——作为电的第二个维度而言被设定，反之电（它在其自身而言仅仅是偶性）则被结合到实体本身的敏感性中，并与之不可分离。（这样我们就看到实在实体和观念实体是连续的，在所有维度上形影相随，一体共生。）正如电被限制在长度和宽度上，因而被限制在面上，敏感性也是如此；只有长度和宽度会被它刺激，尽管依照有机物的潜能阶次来看它贯穿着整个实体。

不难看出，人们似乎也能将敏感性刻画为两种凝聚性形式（即绝对的凝聚性和相对的凝聚性）的某种交替。因而，**随着凝聚性一道**，敏感性的根据在大自然中也已经被奠定了，而肌肉（其金属性来源已经由其绞合①和其特有的金属般光泽表现出来了）则通过其**凝聚性**的巨大而快速的可变性，更为明确地指向敏感性。

§215. **敏感性环节必然预设了各器官的某种相对的差别。**——依照§205附释，敏感性环节的更高意义在于，有机组织在这个环节中接纳了其他事物（而且是**作为其他事物**的其他事物，因而具有相对的差别）的可能性。全部有机组织都基于某种无限的可能性与某种有限的现实东西的结合。在最初那个环节中，结合进来的仅仅是**其自身**（不管是作为个体的还是作为类的其自身）**的**无限可能性。这里在当前这个环节中，结合进来的是其他事物（而且明显是作为**其他事物**的其他事物）的无限可能性；因为否则的话，更高的环节就被设定了，在那里，依照§206，作为其他事物的那些事物却也同时被设定于有机组织的主体**内部**了。因此在这个环节中同时也有可能性与现实性的某种相对差别被设定下来，正如在电中有相互争执的各物体的某种相对差别被设定下来。这里可能性与现实性不可能落入**同一个东西**之中，像在一般意义上的抽芽活动或再生中那样，那里的可能性就是个体本身的可能性。②**其他**事物的无限可能性与现实性必然落于不同器官中，这就使得每一个器官自顾自地要么包含可能性而没有现实性，要么包含现实性而没有可能性。

注释。各器官的这种相对的差别，即便在产物中也表现出这个

---

① 指肌肉纤维结合为肌肉团块。——译者注
② 抽芽活动与简单的再生中，个体没有产生器官分化，也就没有产生下文中描述的可能性与现实性分离的情况。——译者注

环节的意义,这种差别是神经与肌肉的差别。

然而在无损于该原理①的普遍性的同时,这里也可能产生一些量上的差别,这就是说,要么可能性在现实性面前消失了,因而现实性就有了极大的优势,要么反过来,可能性占据上风;也可能有双方或多或少处在平衡状态的情形。原因在于,

§216. 即便在敏感性本身内部,各环节或各维度的三元结构也重现了。——这一点恰恰是从上一条注释中得出的。

附释1。敏感性的第一个环节是由种种必然性运动,尤其是由**循环**刻画的。——有机体的循环处在磁的模式下,这似乎从下面这一点中便可得出,即循环实际上发生于对立的两级之间,而这两极通过循环,也能像磁体的两极通过被提供给磁体并对磁敏感的某种活跃物质被结合起来那样,被结合起来。但循环的情形更明确且更普遍:磁的模式是线,但这线在第二个维度②上不再是**直的**,而是奔回其自身之中的线,它被弯折成了圆;因而,除此之外在**第二个环节**中线的本性或**连续系列**越是纯粹地被保留,便越是确确实实只能在某种奔回其自身之中的连续系列的形式下显现。之所以还有连续系列存在,那是由于这里有第一个维度出现了,即由于那是奔回其自身之中的连续系列;也是由于第一个维度进入第二个维度,进入敏感性之中。第一个与第二个维度的这种综合只有通过某种循环的概念,才能被完全消解。正由于第一个维度向前推进,植物生长的模式也便消失不见,只有分枝现象尚未消失,而循环系统事实上呈现的无非

---

① 指本小节开头提出的命题。——译者注
② 本段中"第一个维度"与"第二个维度"分别指再生与敏感性。——译者注

就是某种完满的、仅仅奔回其自身之中的——并非无穷外溢的——植物生长方式。即便一切植物生长方式的两个在此种生长中仅仅连续且相继（nacheinander）出现的环节，即收缩与扩张，在这里也仅仅依照这个维度的一般模式（正如§214中表明的那样）而作为某种**并列**（Nebeneinander）出现，其中扩张或相继（Nacheinander）落入动脉，收缩或并列落入静脉之中。在**动脉**中，真正说来是纯粹的长度或延长（它们与肌肉的区别在于，在它内部第一个环节，即扩张的环节，对另一个环节①取得优势）在起支配作用。因而凭着长度和扩张的模式，时间也得以最纯粹地构形到动脉之中，使得动脉的搏动充当了一个特定的、仅仅随着有机结构的状态而变化的尺度，而且即便**在**疾病状态下，也再度形成更大的周期性调节。如果说动脉对应的是纯粹抽芽活动、纯粹扩张的环节，那么**静脉**中反过来出现的是收缩或相对凝聚性，静脉的构形对应于植物中的叶片构形，因此静脉根本没有什么天生的、它们本有的时间；并列胜过了相继。静脉中**瓣膜**的构形尤其对应于叶片的构形，而且是宽度获得优势的必然后果。因而正如过去在肌肉拉紧时长度与宽度具有相互排斥的两个不同**环节**，在当前环节中两者不仅在时间方面，也在产物中，因而在空间方面相互排斥，这就使得两者同时被设定，但却是在不同意义上被设定。（动脉可能的硬化。骨骼正是退化的、硬化的动脉，也只有随着大自然的这个环节更明确的出现，才退向内部。）动脉与静脉的构形，在它们的末端（即**心脏和肺脏**）的构形中重演了；在心脏中起支配作用的又是长度和更大的僵直性，在肺脏中则是面。——因此

---

① 指收缩。——译者注

循环不是别的，只是扩张与收缩、长度与宽度的对立的某种调停，这种调停在这里只能在并列的形式下，而不能在相继的形式下出现。

这里给出的观点还可以做出一番推论，但我为了避免跑得太远，就不能追索这些推论了。

附释2。敏感性中的第二个环节由那样一类运动刻画出来，它们落于必然的东西与偶然的东西中间，在自身中将双方（必然东西与偶然东西）结合起来——尤其是通过呼吸结合起来。必然性运动是在其中现实性对于可能性占有优势的那类运动；偶然性运动的情形反之。现实性与可能性的某种平衡发生于那类运动中，它们在自身中将必然东西与偶然东西结合起来。现在**呼吸**尤其作为这样一种运动呈现出来；可能在同等程度上显得部分必然、部分任意的一切其他形式或运动，都与呼吸最密切地相关。

现在看来，呼吸尤其表现了敏感性的第二个维度，这从如下几个方面已经可以看出：1) 它是呼吸**这一点**，即它基于与空气，尤其是与空气的消耗性本原（该本原在哪里都造成**宽度**）的某种冲突；2) 甚至可以从那样一个器官的特质看出，该器官的完全扁平的、适合于电的那种构形（几乎没有立体性的内容物）的的确确在暗示这个环节。

这里我们也想在一般意义上简要指明有机自然王国中**呼吸的意义**。

正如太阳通过朝所有方向散开的光，传播的只是它自身的形象，而且仅仅刻画出它的本质向它的系统中的从属性器官内部的构形，神经只不过是有机体太阳的形象或光线。神经的本质固然不仅仅是光，而且是物质与光的无差别状态；但对于从属性器官而言（由于这些器官在实在性要素方面被设定占有某种优势）**神经**又表现为观念本原，表现为光。现在看来，正如在一般大自然中除此之外还有光，包括光的笼罩之下得到普遍传播的**空气**神圣本原（光的工具），以及有形事物，都不断被要求解除其自身性，在有机组织中血液也是如此。神经作为物质性光线，在活跃的器官那里总是在索取第二个维度，并赋予第二个维度对于第一个维度的优势——血液也做同样的事情。现在看来，正如一般大自然中燃烧只是对自身性的某种牺牲，有机反应过程中的呼吸也是如此；由于呼吸只是一种连续的燃烧反应过程，正如动物有机组织是一个持续自行燃烧的祭品，在呼吸时属地的因素（das Irdische）越来越远离自身，并在自身内召唤出与观念同源的东西，召唤出映像性因素；而且正是最初在那样一个环节中，通过该环节有机组织的自身性才得以解除，并得以将其他事物的可能性接纳到自身内，得以脱离那局限于自身的第一个维度的僵直性，并过渡到第二个维度之中——恰恰是在这个环节中，空气的神圣本原也介入到有机体反应过程中了，而呼吸的容量、范围和速度则与种种运动表现形式的幅度和速度最严格地成正比。

附释3。敏感性的第三个环节（类似于敏感性中的敏觉性）是由偶然的或所谓**任意的**运动来刻画的。——这个主张无疑根本不需要证明，因此我要提醒的只有：

1）考虑到这类运动，可能性对于现实性的极大优势即便在产物中也表现出来。正如在作为第一个维度的出发点的**心脏**那里，神经对于肌肉实体的敏感性几乎消失于无形，反之所谓的任意运动器官则尤其因为丰富的神经而显得突出。

2）从任意性的完整含义来看，任意运动的概念根本没有意义，而且任意运动真正说来也还是必然的，几乎无需回忆。任意的假象仅仅基于，可能性在这里优先于现实性，而且现实性并不落于可能性所落入的同一个东西之中，而是落入一个**相异的东西**之中；因此所谓的任意运动不是别的，只不过是敏觉性本身的另一个方面，正如它也直接与敏觉性为邻，这也是我们为什么只有相对于敏觉性而言才能完整构造任意运动的原因。

这里还可以留意的一点是，即便在这里，动脉与静脉的上述对立也在肌肉系统中的对抗上再现了，比如伸肌表现得像动脉，屈肌表现得像静脉，因而即便在这里，依照并列这种居于支配地位的形式，长度和宽度也还极为分散地居于各不相同的器官中。

3）但**凭着**任意运动的各器官的**必然性对称**，事情的性质又有所不同了。**证明**。宽度上的两极性构成的对立是那种类型的，即该对立从不过渡到相对的同一性，只能过渡到绝对的同一性，正如在一般意义上已经被证明的那样。然而现在看来，在有机组织中必然会有宽度上的某种对立，即宽度上的某种两极性。因而要将对立双方结合起来，虽说在宽度上要有并列或某种对立被产生出来，同时却并不造成任何现实的对抗；而那样的并列或对立被产生的方式则是，任意运动的各器官在双重化的、对称的，然而又彻底的意义上自相同一地被产生出来。

现在我们也必须在产物或变形中揭示出这个层级序列，对于该序列，我们迄今为止虽然只勾画了其最一般的轮廓，却已（正如我认为的）足够明显地在反应过程中证明了它。

现在如果说我们在变形的第一个序列中（该序列整体上而言

只是第一个维度的演进）从吸收（吸收几乎是珊瑚虫和最低级的蠕虫唯一特有的活动）开始引入了再生，通过分泌（以软体动物为代表），一路抵达了同化和断然分离（然而那也不过是昆虫中的性别**分离**，因为昆虫在这里还谈不上普遍常在，而性别的彻底确定则是个体最终的生命环节），那么在第二个序列中各物种的发展规律则不再随之以再生或性别发展（因为两性在这里不仅在分离的个体中被呈现出来，还被固定下来，真正说来是被做成常在的了）——反之高级关系的发展能够开始了，我们认为前文中那些相应的范畴就是为了这类关系而提出的。那便是循环、呼吸和任意运动的关系。

普遍规律在于，有机组织这个普罗透斯①当每一个新的维度出现时都带着它回到水中；水是一切构形最初的开端，在水里大自然才能唤出一部分生命。因此在这个序列中，或者说在具备敏感性的动物中，我将第一个维度指派给**鱼**。

这里我要在一般意义上提醒人们留意下文所述。被指派给某个维度上每一种动物的**位置**，绝不能依照它们当中最为完善的东西来规定，因为没有任何器官是不会在更高的动物物种里造就得更完满的，如果它不是像在低等物种里那样（比如说）彻底消失的话；比起事后加以完善，如果最初就唤出某种产物来，一定会让大自然更费事。因此每一种动物的位置都要依照它那里最初出现的东西来规定，因为这样一来大自然行动的一个新**层级**，大自然创造史的一个新纪元就开始了。倘若我们不愿意这样来规定，那么鱼（比如说）作为所有物种中繁殖力最强的物种，就必须彻底被设定在第一

---

① 普罗透斯（Proteus）是希腊神话中的早期海神之一，以变幻莫测著称。——译者注

个维度上，或者反过来说，低级动物就常常必须被前移到较高维度上。——在鱼身上**首先**出现的只有心脏，随之出现循环。①这就在第二个维度上指定了第一个维度②的位置。固然，这里的循环（在这里刻画这个类别是完全适当的）还是单一的，而心脏也只是一个为了大范围循环所用的心脏。这就是说，血液从心脏流到鳃，却没有从鳃直接流回，而是流进肢体末段，从那里才流回心脏。反过来看，极为显著的一点是，真正的呼吸器官在这里还是彻底受抑制的；这一点也将鱼推回第一个维度上，它是通过鳃呼吸的，在这种格局下大自然使它陷入的境地是，几乎要部分地与软体动物一道归属于前一个类别了；前一个类别中发生过的事情在这里重演了，就呼吸而言一仍其旧。

我将**两栖动物**设定为第二个维度上的第二个维度。③——**证明**。一种真正的**肺**，而且是一种极为细微、完善的肺，首次出现了。循环至少在那些最广为人知的物种中就已经是双向的了，由此明显可见，大自然从第一个维度的同一性过渡到第二个维度，那么很自然地必定与第二个维度上的**第二个**维度④结合在一起的还有最持久的、与物质最不可分的和最实质的敏感性，这种敏感性即便在两栖动物中也自来便被认识到了，而且在敏感性方面鱼类（比如说）是比

---

① 指血液循环。——译者注
② 指第二个维度上的第一个次级维度或二级维度。谢林有时并不区分"维度"与"环节"。在大自然第三潜能阶次（有机自然或有机反应过程）下的第二个维度（敏感性）中包含三个小的维度，即鱼、两栖动物和鸟类（见本节附释4）。下一段中"第二个维度上的第二个维度"的说法类此。——译者注
③ 指敏感性。——译者注
④ 后一处"第二个维度"指次级维度或二级维度。——译者注

不上两栖动物的。

第二个维度一般是瓦解的维度。如今众所周知的是，两栖动物的个别部分本身在与整体分离后是多么灵活。想想雷德利海龟吧（那是敏感性达到最高值的证明）。①呼吸的独立性通过两栖动物在这方面的力量表现出来。

在鱼身上，以有机方式进行创造的大自然又回到水中，它也曾在那里创造了珊瑚虫；在两栖动物身上，大自然多多少少在水与空气之间被分割了；最后出现许珀里翁②的大军，即**鸟类**，那就几乎完全是生活于空气中了。

无可否认的是，任意运动的速度、多样性、活跃性（同时该运动的持续时间变短，物质依赖性变小）在这个物种③中最为明确地出现了。循环和呼吸在这里是同样完善的，心脏有两个心室，或者至少有与此类似的结构。在第二个维度上（两栖动物），心脏方面没有发生任何变化；这里（在第三个维度上）第一个维度重又介入，心脏这个器官达到某种新的完善境地，此外肺也极为发达，而且空气似乎贯穿了鸟的整个本质。

这里**随着**第三个维度**一道**出现的还有动物身上最大的热，以及技艺冲动。回向内部的骨骼还是空心的，这让人想起较低层面上那些昆虫身上的气道。

即便外部残留物，也不再是无机的了；昆虫的壳与翼带有的金属

---

① 参见《自然哲学体系初稿》，见《谢林全集》第三卷，第203页注释。——原编者注
② 许珀里翁（Hyperion）为希腊神话中提坦神之一，字面意思是"穿越高空者"，指巡天之神。——译者注
③ 应指上一段中最后提到的鸟类。——译者注

光泽被提升为植物那样壮丽生长时的光泽，通过植物式生长，正如通过其他种种关系上的一致性，鸟被证明是昆虫的高级潜能阶次。正如昆虫尤其喜爱花朵，也住在花朵上，鸟住在更高等的植物上，即住在乔木上。正如昆虫几乎是无肉的，轻巧纤细的鸟类也是如此。

当我们将第一个维度的各范畴用到这个序列上，这种一致性便会出现。鱼首先是吸收，而且在其介质中几乎不可能是别样的。在两栖动物身上分泌最集中地出现了。我想到两栖动物的毒汁（尽管这里还出现了某种别的东西，它只有在后文中才能说清楚）。在鸟身上有吸收现象；我想到鸟的胃和其他种种关系。因此：

附释4。依照循环、呼吸和任意运动构成的层级序列，第二个维度上的动物是鱼、两栖动物、鸟。

§217. 有机物内部的第三个环节或与化学反应过程相应的环节是敏觉性环节。

在任何地方（包括在化学反应过程中）的第三个环节或第三个维度上有一点是很明确的，那就是同一性与差别本身合一，甚至被与后者综合起来。现在看来，过去第一个环节（再生）相对于有机组织而言是同一性环节，有机组织被限制于其自身，但正因此，也就是在与自身的等同性中持存了。在第二个环节（敏感性环节）中，有机组织越出其自身之外，它将其他事物的可能性接纳到自身内，但正因此同一性也同时被消除了。如今当双方被综合时，即当有机组织虽说没有越出其同一性之外，却也将其他事物的可能性作为现实性设定于自身之中时，全部有机反应过程的这第三个环节必然出现。然而现在同一性与差别的那个综合**仅仅**被设定于敏觉性中；因为只有在敏觉性中，其他事物的无限可能性才与有机组织相结合，同时有机组织也并未因此（也就是说为了设定其他事物的现实性）便必须越出其自身之外，越出其同一性之外，正如它在运动时所做的那般，因为依照§206那里做出的几点说明来看，有机组织在敏觉性状态下就像在第一个维度上那样多产，但那是**在其他事物方面多产**（依照与第二个维度的关系）。那么既然只有在敏觉性中有机反应过程的**前两个环节**才会发生某种真实的综合，所以该综合也就表现为全部有机反应过程的第三个环节。

同样的意思还需以另一种方式申明。

§218. 在敏觉性中，绝对实体的本质不仅在客观上，也在主观上被设定了。在客观上，这本质是通过整个有机组织被设定的，就可能性与现实性的这种客观同一性存在着而言。但有机组织的确**只是自己**表现为客观的、映像性的，就它**并不**是可能性与现实性的彻底同一性而言。因而如果它成了彻底的同一性，原型东西与摹本东西的对立也就消失了。主体与客体合一，这就是说，有机组织并不仅是客观的，也像绝对同一性的本质一般是主观的。

依照第三个公理，个别事物在一般的意义上表现为大全的器官，而有机组织则在专门的意义上（in specie）表现为绝对实体的直接摹本，或在绝对意义上被看待的大自然的直接摹本。有机组织是绝对实体的摹本，这意味着：在绝对实体内部绝对地和在原型意义上成为一体的东西，在有机组织内部则在映像的或客观的意义上被结合起来。绝对实体内部在某种意义上成为一体的东西，即实在东西和观念东西，如今在当前语境下是**物质**和**光**。因此如果说双方在客体内部或在形式内部绝对成为一体，那么在实在东西与其原形之间也就没了任何差别，这原型毋宁获得了与实在东西的必然关联，而实在东西便表现为客体，那么这原型也就作为主体出现，而且其出现的程度与下面这件事情成正比，即光与物质在客观上被等量齐观。然而如今在敏觉性中，双方明显彻底被等量齐观了，因为这里物质与光（依照§206）在所有维度上合一，光已完全顶替了物质，物质完全就是光，而光也完全就是物质；因此绝对实体本身也就出现了，而且表现为有机组织的主体，虽然总是和与那两者等量齐观的程度成正比地出现，但毕竟还是**在**这种比例关系**中**出现了。然而进一步说，如今绝对实体与单个事物的关联就是**理念**（*Idea*）[①]，这就是说，理念就是一个事物**在**大全**中**并通过大全而来的本质；因而这是事物的（创造性和生产性）理念作为主体、作为有机组织的本质与下面这件事情成正比地出现了，即光与物质的同一性客观上通过有机组织被设定下来。

VI, 432　　（证明或许也能如下这般进行。在绝对实体中，事物的无限可能性也直接是其现实性；因为这就是无限实体的概念。因而就有机组织直接设定事物的无限可能性，而且还在其自身中将这可能性设定为现实性而言，它与此成正比地成了生产性的，而且与绝对实体相类同；但如果它与绝对实体类同，那么作为客体的有机组织与作为主体的理念便没有任何区别，因而也就根本没有作为映像的有机组织这回事了；客体等同于主体，主体也等同于客体。）

§219. **当有机组织的客观根据**（或大自然，就它是作为客体的有机组织的根据而言）**与主观本质合为一体时，大自然本身的自在**

[①] 原文中该词的字体与德文字体有异，是作为外来语种词汇而被突出的，下文中亦有多处出现，由于频繁出现，不再标明原文。——译者注

体在现象中必然作为产生另一些事物的生产力而出现**。——原因在于，大自然的自在体在于（依据§62附释）：作为被肯定者而在无限的意义上成为肯定性的，作为客观的东西而成为主观的，作为被认识者或可认识者的同时成为进行认识者。因而当有机组织的客体（作为被肯定者、作为可认识者的有机组织）与绝对主观性东西（与绝对肯定性东西）合为一体时，大自然的自在体必然会在现象本身中出现。现在由于大自然的自在体与本质在于，在客观的意义上成为无限肯定性的或善于生产各种事物的，所以当该自在体在现象中出现时，它就必然显现为产生其他事物的无穷生产力。然而由于敏觉性中富有生产力的东西虽然是**绝对**实体，却还不是直截了当被看待的实体，而是就其在客观意义上通过有机组织呈现出来而言的实体，即相对于作为该东西的**主体**的有机组织而言的实体，所以敏觉性中的那种生产力也绝非绝对的，而是一种**主观的**生产力，而敏觉性就其与有机组织的关联而言乃是一种主观的生产机能——一言以蔽之：**直观**。

因而动物内部**进行直观者**，即听者、看者、感触者，固然是**大自然本身**的**真实本质**，是A3，是理念，但这本质不是在绝对意义上被看待的，而是被看作主体，或在与某个现实事物的直接关系中被看待的。

直截了当被看待的绝对实体不是**进行直观的**（*anschauend*），它是纯粹的**直观活动**（*Anschauen*）。只有就有机组织而言它才是**进行直观的**。在敏觉性中，大自然最内在、最神圣的东西仿佛被打开了，大自然的真实本质在这里出现了，而大自然的学徒也可能受到触动，要从构造的这个点回望大自然本质的那些首要原理。"大自然的本质

VI, 433

在于,作为被肯定者而在无限的意义上成为肯定性的",这话的意思在这里对这位学徒而言无疑是一清二楚了,因为这本质具体而微地（in concreto）作为这样一个东西显现出来了。

此外,敏觉性中必然含有的那种生产力也可以如下这般来阐述。

理念依照其本性而言是善于生产的,在感官的关联下,当其被设定为某个有机物的主体时,是进行直观的。自顾自的观念东西作为光,乃是仅仅相对的观念东西,但这里在有机体潜能阶次上,它似乎不应当仅仅在一般意义上被设定为行动,而是应当被设定在与实在东西或存在的同一性中,应当成为某个实存者的属性,正如它是大自然的属性。观念本原是纯粹的同一性,实在本原是差别或非同一性。与差别综合起来的同一性乃是对感性直观的一般表述,正如主体内部思维如果与存在的能动性等量齐观的话必然就是直观。

§220. 通过敏觉性,世界原型（*Welttypus*）与物质真实的内在生命便首先被展开了;凭借这种生命,物质作为存在也直接是知觉。——世界原型被展开,原因在于这里万物的无限可能性实际上在一部分物质中被直观到了;一部分物质（即发展成敏觉性的**那部分物质**）也**现实地**（*actu*）是依照诸一般命题（§41,§42）而言潜在地（potentia）所是的或对于无限认识活动而言所是的东西,即大全的活生生的镜子。然而即便物质的内在生命,也只有在敏觉性中才真正得到发展,因为在事物的外在生命之外,还有某种内在生命在持续不断进行着;依照公理VIII的阐释来看,这种生命在于感知性,而在较低潜能阶次上则不过陷入某种较沉闷的状态罢了。感知性对于物质而言根本不是偶然的,它乃是物质的本质、物质的实体本身,因为物质的本质就是理念。存在与知觉在物质内部也并非被结合为某种并列的状态，以致物质仿佛是某种双重的东西，而是那样结合的，即存在**作为存在**也是知觉。这才是问题的要旨，这不仅仅是为了把握当前的构造，而且是为了把握关于一般物质的整个学说。**物质作为物质，也已经是感知性了**，因而感知性无需偶然添加到物质上，比如就像人们在种种二元论体系（那里物质和精神性东西构成某种绝对的对立）中提出的问题：上帝是否也能，比如说，赋予物质以**思维能力**？现在我还要更精确地规定直观活动的进程。

§221. **作为有机组织的主体的绝对实体，即有机组织本身的绝对主体，并非直接在直观对象，而只是通过有机组织和在有机组织中直观对象**。——如果说绝对主体就是进行直观者，那么客观地被设定于有机组织中的，实在东西与观念东西的那种同一性，就是直接被直观者；因为作为有机组织的主体，实体的对象无非就是有机组织，即无非就是在客观意义上被看待的其自身。并非作为外部对象的那个外部对象直接被直观，而是只有位于有机组织本身中，而且在客观上仅仅对于绝对主观东西而言才可认识的那个客观东西被直观——可能性与现实性被等量齐观。外部对象与有机组织的关联不是别的，只是在作为产物的有机组织内部设定差别，但也由此间接规定有机组织的客观根据，以建立无差别状态。通过无差别状态的建立，观念本原（它在光、声音中，比如说，显现为描绘空间性对象的纯粹精神性活动）被设定为某个实存者的属性，这就造成**那样**一种局面，即既然观念本原被扣留在产物中，那么世界的那种落于物体之外的动力学意义上的光之中的**非物质性**形象，便落于产物中，即落于有机组织本身中，仿佛被并入这产物中，因而成了一种内在固有的形象似的。只有通过那种方式，外部世界才可能构形到有机组织之中，即观念本原、无限可能性、事物中肯定性东西（这东西在有机组织中总是与现实性结合在一起）成为主体在其中直观外部事物的一种形象。原因在于，一种行动若是具有前述客观根据、高等重力或促成无差别状态之机能（通过该根据、重力或机能，事物的肯定性本原，即**光**，在该本原的**所有**形式下，比如甚至可以作为声音，与有机组织结合起来），那么该行动无论照种类还是照程度而言，都总是与来自外部的规定相类同；因而对于进行直观的主体而言，前述客观行动代替了对象，因为通过**同一行动**，观念本原中的无限可能性总是依照来自外部的感受或规定来界定。因而被直观的不是别的，只是由客观根据界定和规定的那种行动模式，该模式对于绝对主体而言是落于作为客体的有机组织之中了。

为了阐明这一观点，我只想通过一些例子表明客观根据是如何代替对象的，这里我也想利用一些完全习以为常的措辞来表明我的意思。

因而如果我们，比如说，在光天化日目不转睛地看着一团黑云，那么有机组织的客观根据，或者简言之，造成无差别状态的机能，在视觉器官即视网膜的某个特定的点上会比在其他的点上更少被激发。因而对于这个更少被激发的点，相比对于其余的点，天空的其余部分产生相对而言更强的刺激；因此我们看到，当我们现在将视线从较暗的对象转开时，还是会看到与那团云的大小、轮廓和形状相同的斑块，只不过这斑块颜色更亮，呈暗红色。反之如果我们盯着呈现为一个极亮之点的红色落日看一段时间，我们就会看到，当视线从那里转开，朝向天空中不那么亮的其余部分时，还能看见同一个对象，即太阳，但很黯淡，因为相比日光的强烈刺激而言，天空的淡色根本不产生或只产生较弱的刺激，那么此时这种无刺激状态本身就成了客观的，而且是**在**前一个对象的形式和轮廓下成为客观的。现在正如在这些例子中显而易见的，即被认识的并非对象本身，而只是被客观根据设定的那种综合，在其他所有场合下也是如此。**我们**看到，或者更准确地说，就有机组织而言的本质、绝对主体在这里只有通过造就无差别状态的那种机能的中介，才能看见东西，或者说这种机能真正说来就是被本质、绝对主体直观到的东西；而且这就造成一种局面，即由于（依照§219）客观根据在这里与主观根据相类同，被直观者与进行直观者本身乃是一体的。正如此处所举的例子表明的，造成无差别状态的机能（客观根据）不仅规定了被看见的东西的强度，甚至还规定了它的轮廓、形状，因此便与对象彻底同一。

要明白这个道理，人们向来**只**需追问经验即可。众所周知，人们只有通过勤加操练，并借助触觉加以修正，才能学会利用视觉来估算距离。**切泽尔登**[①]使得一位先天失明者有机会进行的那些观察（他通过手术使之复明）表明，这个人一开始根本不认为看到了自身之外的任何对象，而是认为**在自身之内**看到了全部对象，或者毋宁说他实际上就是在自身之内看到的。我们有一种连续不断的错觉，即以为看到了外部对象；之所以说是错觉，是因为我们看见的其实只是内部对象。

---

① 切泽尔登（William Cheselden, 1688—1752），英国外科医生。本书中原文为"Geselden"，应为"Cheselden"，属于印刷错误。——译者注

因而在敏觉性内部一般来说（现在要概述一下）可以区分出如下几个环节。

正如大全的**唯一**灵魂却在外部世界的各不相同的序列中展示出来，而且就实在性具有诸多维度而言，存在着一些相当普遍的自然灵魂，各不相同的自然灵魂又在作为微缩世界的特殊身体或特殊有机组织中直观自身（正如我们在后面会发现的，由此便生出了各种不同的感官）。凭借内部世界和外部世界的合谋，也凭借观念实体的统一性，这些灵魂中的每一个都与大全灵魂（Allseele）直接同一，并未挣脱它，这就使得每一个灵魂都**直接**知悉那在大全灵魂中被知悉的东西。它与大全灵魂的区别仅仅在于，它作为灵魂是一个特殊东西，被设定于自身的一个世界上，而且它是**作为**一个特殊东西的灵魂来感知，因而不是在绝对意义上感知获悉的东西。它是对外部事物的相对肯定，即相对于有机组织而言肯定外部事物。现在看来，有机组织的客观根据（这根据同时也是有机组织自身的本质）是在永远相同的意义上设定灵魂（即光）与身体（即物质）为同一的——即设定为同一个东西的属性；同一个根据也在任何情况下都将感知者，即肯定性本原（该本原过去出离无差别状态而被设定）回置到无差别状态，并将其设定**为**特殊东西的灵魂、它自己的世界的灵魂；由此该根据便造成一种局面，即外部对象的形象、该对象的肯定性东西落入有机组织自身中，成为内在固有的形象。但不可将该形象理解成任何被动的形象，而必须仅仅理解成一种客观的**构形活动**，因为实体作为客观根据乃是设定那形象的东西，而设定那形象的东西又与形象本身没什么不同，本身就是这形象，或者毋宁说只是这样一种客观的构形活动本身，通过该构形活动，观念东西作为**灵魂**被结合到一个特殊东西上（这特殊东西带着观念东西的种种关系）。此外这种客观构形活动又直接化解到主观构形活动之中；被直观的东西与进行直观的东西乃是一体的。

因而一言以蔽之：进行认识者、肯定性东西在于观念本原。这个**在普遍意义上**进行认识者，通过有机组织的客观根据被设定为对一个特殊东西进行**认识者**（这特殊东西带着进行认识者的种种关系），又通过这综合本身而成了客观的（即客观的构形活动），成了一个**被认识者**，成了对象；但由于客观根据在这里与本质、与主体相类同，那么对象或被认识者也直接是进行认识者，这便产生了**直观**，而且是客观的直观。

到此为止，我们澄清了敏觉性以及在其内部显示出的生产力的深层含义；现在来谈谈这个环节的外部条件。

§222. 敏觉性即便在产物中，也要求对各器官的相对同一性与差别进行某种综合。

阐释。再生，即让渡自身，似乎除了设定完全同质的东西，不会做别的事情。敏感性是瓦解的形式；它作为直接条件，也要求那些分别表现为可能性与现实性的器官——神经与肌肉——有某种相对的差别。然而现在看来，敏觉性基于下面这一点，即在敏感性中分别落于不同器官之中的可能性与现实性如今落于**同一个器官**之中，却又使得可能性与现实性总是分别表现为可能性与现实性。但这只有通过下面这一局面才是可能的，即虽然各器官（肌肉与神经）存在着某种对立，但双方却被置于一个共同的呈现者之中，该呈现者在这里必然是较高级的那个，因而是神经。肌肉和神经这双方都应当是神经。正如在较低层面上，在必然性运动的第一个器官（即心脏）中，神经与肌肉隐没于肌肉中，在这个较高层面上神经与肌肉必定隐没于神经中。这个要求现在只能通过**大脑**来满足；大脑类同于神经，不再像肌肉那样与神经相对区别开来，而且它与感觉神经的关系恰恰又是运动神经与肌肉的那种关系。因而肌肉与神经在这里被引入同一个东西中，属于神经的可能性在肌肉那里同时也直接被设定为现实性。正**因此**，两者的综合也不能通过某种外部现象——即通过**运动**——来表现，反而只能通过某种内部现象来表现。

那么依照这个观点，大脑系统与神经系统的整个构形重又归结为：1）各器官的相对差别就两者被设定于同一个东西之中，两者共同被设定于神经的种种呈现者之下而言，便被消除了；2）大脑真正的构形尤其基于连续的生产被同时进行的另一种生产中断这一点之上，因为各个收束点或神经中枢（它由神经前后相续而构成）一道在某个集中的位置被造就为总体性，从那里出发便发生了向各条感觉神经的重新扩张（总体性的个别化），最后还发生了感觉器官的最终收束。

正如光通过折射成了感官经验性的，而且还与各种颜色的差别综合起来进行生产，在这里与物质完全类同的那种内在固有的光通过造就无差别状态的那种机能而发生折射，被设定为与实在东西相类同的，因此也就成了内在的客观形象——成了被直观者。（只不过被直观者在这里已经被提升到与进行直观者相同一的状态。因此那个客观东西**在这里**已经**不仅仅**是客体，像对象那样，而且**本身**也是主体。）

在任意运动中，可能性仅仅落入神经，现实性仅仅落入肌肉，因而现实性是落入**另一个东西**了；因此可能性与现实性的同一性在这里只能通过一种外部现象，即通过运动表现出来。在敏觉性中，现实性落入可能性所落入的那同一个东西；有机组织的本质由此便成了绝对实体的形象（在绝对实体中可能性也总是现实性），成了绝对生产性东西的形象（而该东西的本质恰恰在于，它将包含于它之中的可能性也直接设定为实在性）。

VI, 440

系理。动物王国中的偶然运动或所谓任意运动只应被视作敏觉性的另一面或反面，因为它仅仅基于下面这一点，即收缩并不落入膨胀所落入的同一个东西，而是落入一个不同的东西。

动物王国中的一切任意运动仅仅是由于动物的肌肉成了大脑，而一切敏觉性则反过来是由于大脑成了肌肉，即由于肌肉同时也落入神经本身。

因而敏觉性与任意运动只是有机自然中的交互现象，即**同一个东西**与其可能性的迁延现象，时而迁延到大脑中，时而迁延到肌肉中。

§223. 清醒状态是神经系统隶属于总体性，睡眠则是总体性的消除——个别化。——正如太阳的日光使月亮的微光相形见绌，大脑与感觉神经的较高活力也使低等大脑及其神经（这种大脑及其神经只不过稍稍胜过非任意运动或植物生长过程）的那点活力相形见绌。每个动物都有一个双重的大脑系统：神经中枢是重力大脑（Schwere-）[①]，脑器官是光明大脑（Licht-Gehirne）。正如反过来在太阳西沉之后月亮才带着微光升起，在受制于大脑与神经关系的那种高级行动减弱之后，第二个大脑系统（即重力、神经中枢的大脑

[①] 德文的常见缩写形式，与下文共享词语要素，完整写法为"Schwere-Gehirne"。——译者注

系统）的次级行动才会展开，后一种行动只是大脑的第二太阳，或大脑的月亮。正如大脑支配着白日，神经中枢系统支配着夜间，那时重力又恢复了它的古老王国。全部高级行动基于神经中枢而得以延续的那种状态便是沉睡。动物过去凭借与它的个别性相结合的观念本原的优势，得以脱离一般大自然，如今回到与一般大自然的同一性之中。（正如许多植物的花朵在沉睡时闭合起来，健壮①的动物陷入沉睡时也是如此。）

　　有生命的造物能感到疲惫，这种现象在其自身而言已经是高级定在的一个标志了。沉睡乃是最高的、捐弃了生命本性的和解，即返回到宇宙之中。通过身体要素的中介和折射，就事物本质而言世界才变得五彩缤纷、广阔无边和姿态万千；如今事物的本质返璞归真。

　　正如沉睡是身体回归其本原、回归暗夜、回归虚无，尤其具有这种本原的一切事物的状态便是某种沉睡状态，因此莱布尼茨已经不无道理地将无机世界刻画为感知陷入沉睡的世界。观念状态尚未将自身设定于其总体性中，也尚未在实在本原中——即在作为产物的有机组织中——认出其自身的那种惶惑的状态，即从睡眠状态进行过渡的状态，就是**睡梦状态**。动物刻画这种过渡活动。动物是大自然的睡梦，或暗或明，或昏沉或生动，具体取决于其生命所处的层级。只有在人中，大自然才完全**醒来**；在这里观念本原将个别东西**完整地**（作为总体性）据为己有，将**自己**与个别东西等量齐观，而且正

---

① "健壮"为意译，其原文（Blüthe）直译亦为"花朵"，谢林有意在字面上与前文中"植物的花朵"关联起来，但中文若直译则不通顺，故采取意译。——译者注

因此才使自身脱离与其他事物的同一性。

接下来我们尝试一种新的研究。

在一般性的光①中已经有世界的某种单纯形象在飘荡运转；世界由此仿佛再次被创造，也真正成了非物质性的。有机物与一般大自然的边界就出现在那种地方，即前述进行直观的本原被设定为某个实存者的**属性**，被设定为宏观世界**内部**某个特殊世界的灵魂。

敏觉性是**总体性**；在敏觉性中，整个大自然以其极大的多样性重演了。存在和现实性的所有那些在一般大自然内部被客观设定的形式，到了这里便同时在主观上被设定，而且是带着真实的无限性被设定。现实的无限性对于空间中的广延的独立性，在哪里都不如在这里一目了然。视觉器官上的每一个点，比如说，不仅能接纳一个世界，还能自主地生产这个世界；每一个点都有无穷的生产能力，并将万物的可能性锁闭于自身内。**真实的**无限者在这里出现了，它在细部中和在整体（绝非相对于空间而言）上都同样无限。

VI, 442

可感觉的有机组织，即大脑系统与神经系统，乃是一个真实的光明有机组织（Lichtorganismus）、一株光明植物（Lichtgewächs）、一株真正的植物，只不过这株植物并不忙于生产其自身，而是忙于生产它外部的其他事物。

不仅物质，而且**光本身**也在神经系统中抽芽，而且使自身与物质完全成为一体。

因而可感觉的系统乃是大全灵魂的直接身体，是有机组织中**的**

---

① 正如前文多处所示，谢林这里有两种光，即通行于各事物的一般性的光和每一事物内部特有的光。——译者注

有机组织，因此在该有机组织中大自然的有机行动与一般行动的其他一切形式都得以重现。

§224. 敏觉性是各种形式的大全性，这不仅是相对于有机组织而言，也是相对于整个大自然而言。——相对于有机组织而言，是因为（依照§206与§217）作为第三个维度，它除了其自身外还包含前两个维度。因此它是a）有机体行动的所有形式的总括、总体性；然而敏觉性也是b）大自然的所有形式的大全性，因为在敏觉性中，实体作为有机组织自身的主体或绝对本质出现，并在有机组织内部直观自身（依照§218），而且（依照§219）在敏觉性**内部**显露出来的乃是大自然自身的"自在体"。然而现在（依照§115）大自然的无限实在实体或自在体依照本质来看囊括了一切形式，而且是一切形式的先天（a priori）；因此就它与有机组织相关或是有机组织的主体而言，而且由于它仅仅相对于敏觉性而言才是如此这般的，它作为敏觉性的主体也便囊括了现实性和整个大自然的所有形式。

附释1。单就敏觉性中而言，大自然的种种形式是不会在绝对的意义上被生产的，而是相对于一个特殊的主体而言，即相对于有机组织而言被生产的，这就是说，它们仅仅在主观意义上被生产。

附释2。因此敏觉性的各种形式或维度与一般大自然的各种形式的区别也不过是那样的，即在后面这些形式中被客观设定的东西，在敏觉性中是被主观设定的。

附释3。因此敏觉性的各种形式的原型也必然与大自然的一般原型相一致且类同。（参见§181中描绘的后一种原型。）

附释4。敏觉性的特定维度一般是**感官**。（也就是说在感官概念中一般想到的就是敏觉性的某种规定或限制。）

§225. **感觉系统在整体上遵循了三个维度的模式**（然而每一个维度都在双重意义上表现出来，即在实在的意义上和在观念的意义上表现出来）。——原因在于，该系统便是客观意义上被看待的自然诸形式的秩序。

与第一个维度相应的是：

磁——在实在东西或在差别中，

声音——在观念东西或在无差别状态下。

与第二个维度相应的是：

电——在实在东西或在形式中，

光——在观念东西或在实体中。

与第三个维度相应的是：

化学反应过程——在实在东西或在差别中，

热——在观念东西或在无差别状态下。

附释。因此有一个实在的感觉序列和一个观念的感觉序列，双方并行不悖。

§226. **在各感觉中与凝聚性相应的是触觉，与声音相应的是听觉。**——这一点几乎无需证明。

在**触觉**中，一般来说不仅空间内部的阻抗，还有这种阻抗的等级，即硬、软和其他一些与凝聚性相关的规定，都成了客观的。它是所有感官中最具物质性的。

我在这里要提醒的是，我同时还把触觉（Gefühlssinn）理解成**触摸**感（Sinn des *Betastens*），更多的人非常机敏地企图将后者阐释成某种与触觉不同的独立感觉。只不过触摸感（Tastsinn）仅仅在某种程度上是一般触觉的巅峰，正如真正的触摸感器官中凸点（它

VI, 444

们是真实的巅峰）的那种更显著的收缩已经表明的那样，比如在人的手指头这种直接显示出凝聚性的器官那里就是如此。人们越是不能归给（比如说）磁体的两极某种特有的或特殊的磁（原因在于磁在两极上是极为自由地出现的），便越是不能归给触摸感器官某种与一般触觉不同的感觉。此外下面这种现象至少有一部分堪称教育与教化的成果，即一般触觉的这种更精细的，不仅把握到阻抗、团块，还把握到各维度的变种，似乎恰恰要被限制在手指一类特殊器官上，而手指则是一般技艺冲动的象征，即大自然中改造一切的那种力量的象征。——在我看来至少同样有道理的是，人们似乎还可以将视觉分解为更多其他的感觉。因此，比如说，在我们了解轮廓与形象后使我们似乎得以在精神上触摸它们的那个视觉变种，与使我们（基于明暗对照）得以看见本己意义上的有形事物的那个视觉变种似乎并不是同一个，而**后一个**变种与使得颜色差别被感觉到的那个变种又不是同一个；这便澄清了那种现象，即众所周知有一些人虽然能看，却没有任何颜色感，结果世界在他们看来就是苍白无色的，像是一幅单调的铜版画。

说到**听觉**，它与声音的平行关系也是不言而喻的。因而在听觉中，**观念实体**作为一切**凝聚性**的自在体达到了自我直观，其自身也作为这种自我直观成了客观的。听觉器官（我指的不是外部轮廓，而是**直接**器官①）依照其有机体而言不过是声音灵魂（Klangseele）的直接身体罢了。

更重要的是，这里已经得留意触觉与听觉构成的两极性了。这

---

① 指耳膜等内部听觉器官，而非耳廓。——译者注

就是说，触觉器官是有机组织的全部柔软部分，听觉器官则是全部坚硬部分，因而是骨骼系统。前一点毋庸置疑。说到后一点，听骨之于这种感觉，无非正如触突之于触觉，即无非就是骨骼系统的巅峰。即便在这里，同心的排列方式也小范围被模仿，正如在头骨中被大范围模仿。（听骨的那种不同寻常的、人们发现普遍**合目的**的构造，要在那样一个理念中才说得清，对于那个理念，我在这里同样只能大致勾勒一下。）因而那完美的动物，即人，似乎一般和首先由一个触觉之人和一个听觉之人①构成，这两个人的结合实际上是大自然最成功和最高的作品，正如二者也**真正地**和原原本本地对立起来。触觉之人是外在之人，听觉之人是内在之人。当人们考虑到大自然花多大工夫将这两个人结合起来，呈现于同一个人中，是会毫不迟疑地赋予这种结合最重大的意义，并将其视作大自然在创造动物时的最大难题。

我们先前已经提醒人们留意，大自然如何以连续的方式，逐层逐层越来越多地把骨骼系统压向内部。只有在这里，我们才能勾勒这一现象的真实意义。在最低的那些层面上，大自然只不过成功产生了某种单纯的触觉动物，而听觉动物则在珊瑚虫那里沉淀为珊瑚，它被置于触觉动物之外，然后死去；在裸露的蠕虫身上，听觉动物完全被撇开了；软体动物、蜗牛等的硬壳预示着未来会形成的坚硬听觉器官的那种螺旋纹，但那器官目前还处在动物体外，作为它自身之外的另一个东西②存在，然而比起珊瑚来，这东西与动物自身达成了

---

① 从下文来看，这里的"触觉之人"和"听觉之人"可能分别指女人与男人。——译者注
② 指软体动物与蜗牛的硬壳。——译者注

VI, 446 更密切的同一性。在昆虫身上，坚硬的、聚合的成分几乎全被置于覆盖物中。在鱼身上（那是骨骼系统的一个多么柔弱的开端！①），包括在两栖动物身上，听觉器官还处在很低的一个层级。通过从蠕虫到鸟类拾级而上，大自然最终达到听觉动物（它最初在内部是彻底受到抑制的），如今触觉动物在大自然中几乎消失不见；鸟有着相对而言最轻柔的团块，而且它**那些**最轻柔的部分②还必定在它身上形成某种植被、一层外部覆盖物，这层覆盖物几乎完全消灭了鸟的外部触觉。只有在哺乳动物这个更高种类中，大自然才将触觉动物与听觉动物成功结合起来，真正聚合起来；但最完备的结合只有在人身上才发生，只不过在人这里因此也缺乏异样的外部覆盖物——而才开始相互排斥的两个系统的这种结合绝非哺乳动物这种卓越（κατ' ἐξοχὴν）动物与更低等动物的最无足轻重的区分标志。

倘若考虑到**土类**在动物王国的骨骼系统中以及土类的无机沉淀物中的巨大产量（反之土类在植物王国中几乎消失于无形），人们不禁要想：无机自然的两个序列（两者在其自身而言是同一个，只不过一个是在类似于动物状态的那种分解状态下，另一个是在类似于植物状态的同一性状态和凝聚性状态下进行直观的）——土类序列和金属序列——在肌肉系统和骨骼系统中，也**在**动物王国本身**中**被复制，正如它们在动物王国和植物王国中大体上是分头并进的，使得大地与它的全部产儿和活跃产物一道来看仅仅显现为从前的一个大全有机体（这个大全有机体在外部将沉积物结合起来），正如现在被

---

① 指鱼刺预示着更高级动物的骨骼。——译者注
② 指羽毛。——译者注

置入土类与金属两个序列之中的个别动物一样（大全有机体在无机世界中似乎只知道将这两个序列不甚完备地结合起来）。

§227. **在各感觉中与电相应的是嗅觉，与光相应的是视觉。**

触觉与听觉是接受同一性的感觉，这同一性在客观意义上是在**物质**中被触及的，在主观意义上或在观念意义上则是在**声音**中被听到的；原因在于，**连续性**真正说来是在物质中被触及的，而被听到的东西，即声音，正如我在声音学说中指明的，则是万物的同一性。嗅觉是第一个接受差别的感觉，这就使得一个有机的东西最确定地学会将它的某个身外之物当作一个身外之物。这里其他事物的可能性与有机组织结合起来，但却是**作为其他事物**，作为不同的东西，没有发生真正的摄取。因而事物与有机组织在嗅觉中的关系乃是一种电的关系，这种关系也能通过其他方式在多方面得到证明。我想提醒的只是：a) 与呼吸的整体关联，呼吸同样是第二个维度上的第二个维度。b) 好感现象与反感现象，即某种真实的吸引现象与排斥现象，这类现象基于嗅觉。c) 嗅觉不仅受到人为激发的电的极强刺激，也识得无法通过其他任何试剂区别开来的那种电。对金属和大部分原初物体的那种完全特有的嗅觉不是别的，只是与嗅觉神经在电方面构成的某种比例关系，这还没有考虑到，植物王国与动物王国里所有嗅觉材料的支配性本原，即它们的精神向导（spiritus rector），其实就是燃素（电的对应物）。d) 个别现象。打喷嚏就是如此，这是一个真正具有电性质和流电性质的反应过程。e) 更平滑器官的形成。就更平滑器官而言，值得注意的是，这里在**听觉**之外还产生了仅仅附属于该器官本身（而不仅仅是包围该器官）的骨质附件。事实上嗅觉要比视觉更内在，在跟**内心**的关系上也比视觉更深

VI, 447

刻；正如（比如说）动物特别受听觉支配，它们也特别受嗅觉支配。过去在第一个维度上（这一点特别引人瞩目）**非物质性**感觉或观念性感觉是听觉（这种感觉要求具有最明确的骨骼构形），反之物质性感觉则是触觉（这种感觉以柔软的部件为中介）。在当前这个维度上，情况反过来了。嗅觉（它是物质性的潜能阶次，就此而言可以说是比视觉更低的潜能阶次）在这里与某种骨质产物的关系更紧密，而非物质性的感觉，即视觉，差不多是以完全潜藏于皮肤中的纯粹流体①为中介的，因而一般来说是以身体最柔软的部件为中介的。原因在于，既然这两种感觉是对差别的感觉，是对疏离和并列的感觉，正如过去②那两种感觉是（在空间和时间中）对相继的感觉一样，那么视觉作为高级感觉（因而在这种感觉中第二个维度已经更明确地出现了）就更加投身于差别之中，而且比嗅觉更多地**向**其自身**之外**拉扯有机物（嗅觉起初虽然设定了某种真实的有机组织之外的状态［Außer-dem-Organismus］，设定了某种距离，而且将那距离设定为某个对象的距离，但根本没有像视觉同时也在做的那样设定任何并列）。因而嗅觉更接近于同一性了。视觉是真正的总体性感觉，正如听觉是真正的同一性感觉。空间在经验上的无限性在视觉器官中被消除，或者说被化约为现实的无限性；点③在这里类同于无限空间，类同于大全，反过来说无限的延展便类同于无限的强度。听觉中发生的情形一般无二（通过听觉，时间在经验上的无限性被转化为当前的无限性），因为每一个声响或音调在其自身而言都真正是无限

---

① 指眼中的流体。——译者注
② 指前文中所说的第一个维度上的两种感觉。——译者注
③ 可能指眼睛，或者说视线的收束之点。——译者注

的，无人能将其说清楚。空的空间之于视觉或触觉，犹如**空的时间**或寂静之于听觉。

我们这里将视觉与嗅觉设定于其中的那种结合，正如电与光（这里总是指**专门意义上的**[*in specie*]光）之间的那种先前已展现出的关系一样不言而喻。这两种感觉都是空间感觉；但嗅觉正如电一样，没有深度，而在眼中，大全本身那种不见底的深度便反映出来，而且正像它自身隆起了似的，在它内部无限的空间本身结成了总体性。

其他种种关系与规定只能再与其他感觉相对而言才能被展现出来。

§228. **在各感觉中再现化学反应过程的是味觉，再现热的是热感**。——前一个主张①很可能无需证明。一切味觉都与物体的化学特质有关，正如嗅觉与物体的电特质有关；味觉是摄取到第三个维度之中，它被流体中介，而且正如人们说的，物体不分解就不起化学反应（corpora non agunt chemice, nisi soluta）②，那么物体就其同时被分解而言，也对味觉起作用。

热感需要某种特别的辩护，因为它直到近代都普遍被忽视，并被归入一般触觉之下。顺便说一下，此事并不难澄清。热感作为第三个维度的一种感觉，同时也是一种可以**从综合出发**来理解的感觉，而且由于它并不像味觉那般粗糙地以物质主义的方式强行加入，所以它的独立性就更容易被误判，也更容易被化解到其他感觉

---

① 指上述命题的前半部分。——译者注
② 西方化学界流传极广的一句格言。——译者注

中了(这就是说,它可以被理解成触觉与光感[Lichtsinn]的综合);这种事情过去在味觉中倒是可能的,味觉那里与嗅觉的亲缘关系极易辨识,但那里自然会一道出现的听觉规定就不那么容易被辨识了(听觉规定只能在物质的意义上,只能通过下面这种方式表现出来,即味觉器官同时也是接受声音器官,而且与听觉器官有着极为密切的交流)。这就是说,在味觉中是**物质性要素**在起支配作用:在这两种感觉①中,味觉属于物质性感觉,因而物质性要素即便在这里也凸显出来,而非物质性感觉也只能通过各器官的某种局部的共同性,才能远远地表明它与这里的亲缘关系(正如在软体动物中那样)。

然而热感的独立性是不容否认的。能独立于其他感觉之外在自身内部产生种种变化的每一种感觉,都是独立的。然而热感的情形便是如此。倘若它与触觉同一,或者仅仅是触觉的一个变种,那么有机组织便根本不会有什么特别的、与触觉相分离的热感,正如热感(比如说)在疾病状态下还是很明显的,那时外部极大的热量、覆盖物等也无法消除体内的寒意,或者反过来说,外部极大的寒冷也未能减少体内的热感。此外,热感正如味觉一样,是通过将第一个维度的同一性与第二个维度的差别综合起来,显示出它是第三个维度这一实情。热感几乎与自身感(Selbstgefühl)融合为一,而在撇开这种密切性不谈的情况下,它还是与外部东西直接关联起来。在单纯的触觉中,真正说来根本没有什么差别被感觉到,发生的毋宁是内部东西与外部东西的某种汇合。在味觉中首先被设定的是作为差

VI, 450

---

① 指味觉与嗅觉。——译者注

别的差别。**这种**差别也在味觉中，但随着这种差别一道，摄取同时也被设定了；差别同时也被设定为同一性。

热感是一种特有的、独立的感觉，这从如下现象中来看也是显而易见的，即热感可能由于另一种感觉占据优势而彻底被压制。为什么光在物体的所有部分中都激发热，却唯独在**眼**中不激发热（而在眼中是光感在起支配作用，而且比起流入其他器官的内部，光流入眼睛内部这事是更确切的）？理由在于，光感和热感相互对立，当前者特别活跃时后者必定退让。在热感中，光（观念东西）被引向物质（实在东西），被引入触觉；在视觉中光便作为光存在了，这光达到自我直观。

我还要提醒一下。热感的器官是皮肤；但皮肤具有与眼睛相似的有机组织；**虹膜**的不同颜色与不同肤色有关。白化病患者若是变成金发白肤，眼睛也会成为蓝色的；若是长着黑眼睛，那么这样的人大部分都是褐色皮肤，最极致者是黑人的肤色。皮肤是接受热的眼睛，正如本己意义上的眼睛是接受光的皮肤。

现在当我们在哲学上构造和拟定各感觉的系统之后，另一个更具历史特质的问题出现了，即**这些感觉在大自然中是按照何种次序出现的**——可是这个问题同样可以由一些一般性理由来确定；对此我立即提出下述原则。

§229. **各感觉与有机组织相比照来看，只不过是在更高潜能阶次上重演了有机组织的各维度。各感觉在该关联下遵循的次序也规定了它们在大自然中出场的次序。**

在敏觉性中重演的（§224）不仅仅是大自然的客观行动的所有形式（在这种关联下到此为止我们已经考察了所有这些形式），还包括有机体行动的各种形式，因而也包括有机组织本身的各种维度。我们可以逆着头一个次序（那是**客观的**次序），将目前这个次序称作**主观的**次序。我们现在主张，各种感觉在大自然中**出现**的次序与后一种次序，而非与前一种次序相符，这一点以如下方式来证明。

只有在后一种关联下，各种感觉才在其与有机组织的关系中被考察，即依照它们在有机组织中设定某种更高等的实在性，因而设定某种更高等的完善性的**那个**程度。然而现在看来，创生的大自然从最低处攀升到最高处；因而各种感觉在大自然中出现与显现的次序必然是与前述次序①相反的次序，而它们遵循前述次序，乃是鉴于通过它们而被设定于有机组织中的完善性等级。因此它们出现的次序也只能依照它们相对于有机组织而言的情形，而不是依照它们客观上相对于一般大自然而言的情形被规定；这就是说，各种感觉出现的次序是由它们的主观次序，而不是由它们的客观次序来规定的。

因而现在被证明的这个命题便切实给出了使得各种感觉的出现能先天地（a priori）被规定的一个原则，也给出了任何单纯个别的顾虑都必定服从的一个称手的普遍规律。

有机组织的完善性现在一般而言是从那样一个点开始攀升，在那里它仅仅被限制于其自身，仅仅具有其自身的无限可能性；最初穿透那样一种关系，在那里它将**其他事物**（尽管还作为**其他**事物）的可能性接纳到自身内；因而一般说来是从第一个维度穿透第二个维度再抵达最高点，在那里它将其他事物的可能性接纳到自身内，而没

---

① 即从最低处到最高处。——译者注

有走出与其自身的同一性之外，因而在那里内部和外部最早真正在它内部结为一体。

这个层级序列必定在各感觉中，而且是依照它们在大自然中出现的次序，表现出来。一开始会出现那样的一些感觉，通过它们有机组织最少越出其自身之外，而且通过它们有机组织最初只包含其自身的无限可能性；然后出现那样一些感觉，通过它们有机组织接纳了其他事物的差别，而且是将那差别作为差别来接纳的；在最后出现的感觉中，前述两个规定被综合起来。——预设了这一点之后，我们就必须规定各感觉与有机组织的不同维度的关系了。

§230. 使有机组织仅仅获得其自身的无限可能性，因而与敏觉性内部的再生或第一个维度相应的感觉，乃是触觉和味觉。就触觉而言，由于它明显基于有机组织的同一性（这种同一性使有机组织得以存在于其自身之内）之上的那种可能性，不言而喻的是，触觉是各感觉中最低的，因为通过触觉，有机组织最少越出其本质的同一性之外。在味觉中已经有了更多的差别，但味觉却直接与营养和再生相关，因而是所有感觉中除了触觉之外最具有自身性的感觉。

§231. 重现第二个维度或与敏感性相应的感觉（因而在其中敏觉性将作为他者的其他事物的可能性接纳到自身内），乃是嗅觉和视觉。——关于这一点，我只提醒大家留意§227的证明。

由于各感觉有着从同一性到差别，再到同一性与差别之综合的某种逐步发展，所以在这个主观次序中嗅觉也必定先于视觉，因为嗅觉虽然设定了差别，却是在比视觉狭窄得多的意义上设定的，而且真正说来只有视觉才真正打开作为一个世界的外部世界。

§232. 表现了敏觉性内部的敏觉性，因而必须被视为有机组织第三个维度上的再生的感觉，乃是热感和听觉。

对此的证明是，在这两种感觉中自身感或同一性与差别感直接汇合为一，敏觉性在其自身之内又闭合形成总体性。在热感中触觉动物达到最高发展阶段，在听觉中听觉动物达到最高发展阶段。

值得注意的是，在这个主观次序中每次也都有两种感觉在**一个**维度上出现，但由于大自然习惯于将坚硬东西对接到柔软东西上，这两种感觉在此总是表现出这种对立。所以触觉和味觉（前者完全被限制在柔软部件上，而味觉器官则至少与坚硬部件直接结合起来）在某些种类的动物身上甚至将那些部件接纳到自身内。视觉与嗅觉也是如此，然后是热感与听觉。

由此我们便得到如下这些命题：

1）各感觉按如下次序出现：触觉、味觉（就有机组织而言的第一个维度上的两种感觉），嗅觉、视觉（第二个维度上的两种感觉），热感、听觉（就有机组织而言的第三个维度上的两种感觉）。①

2）因而即便在各感觉的出场上，有机组织也遵循从同一性（在触觉和味觉中）到差别，即越出其自身之外（在嗅觉和视觉中），又从那里回到其自身之内或走向收缩这个进展的普遍原型。

在触觉和味觉中，直接的接触是必要的，内部世界与外部世界汇合；在这里直接相邻的东西，在嗅觉中早就允许拉开距离，在视觉中更是可以出现在完全无法确定距离的远方。

因而那种看法是错误的，即各感觉是依循一个有机物的世界由

---

① 原文如此，三个括号中的表述参差不齐。——译者注

以得到扩展的那同一个次序出现的。这个规律也是**基尔迈尔**①在关于有机体各种力的关系的演讲中的主张，在那里他依照赫尔德的一些一般理念，首次明确提出了再生、敏感性与敏觉性这个层级序列。只不过不仅自然史与他的说法冲突，一切发展的那个必然且普遍的原型也与之冲突。比如说，视觉主要落在第二个维度上，所以它必定先于落在第三个维度上的那些感觉而出现。

3) 非物质性感觉先于物质性感觉，并首先得以发展。事实上所谓的非物质性感觉是作为第二潜能阶次与最初的那些感觉产生关系的(而这已经可以得出上述顺序了)。

听觉(它由于必然与凝聚性相关，从某个方面来看便似乎能占据一个较低的层级)在这个次序中的重要性，依照前文中就动物**内部**的柔软东西与坚硬东西、光明动物与重力动物的同一性说过的话来看，可能在某种程度上已经显得不那么怪异了。

下文将有助于更加果断地表明听觉的这种地位。②

声音是大自然内部对上帝的永恒肯定的回响，它是所有事物疏离上帝的第一个出口，它并非被说出的话，像物质一般，而是言说者，是真正的逻各斯(λόγος)。现在看来，正如声音是无限者向有限性中的首次构形，所以它在完备的构形中也必定**再次**突破出来，而无限者向有限者中的最高构形将是声音向生物内部的最完备构

---

① 基尔迈尔(Karl Friedrich Kielmeyer, 1765—1844)，德国医生、自然科学家、化学家和理论生物学家。——译者注

② 也可参见前一卷中的《艺术哲学》，第488页及其后几页。——原编者注
"前一卷"指《谢林全集》第五卷。中译文见谢林：《艺术哲学》，第162页及其后几页。——译者注

形，因而明显是听觉。在某种关联下曾是开端的东西，在另一种关联下必定还是终点和顶点。正如在大自然更高级的重演中，即在艺术中，大自然还是再次从肯定——从无限者向有限者中的构形——开始，即在音乐中开始，然后通过持续不断的构形再次封闭于那样一个点中，在那里**客体本身**中的肯定作为言语再次突破出来（此事发生于戏剧中），大自然也是如此（音乐作为构形艺术的开端，戏剧作为言语艺术的顶点，就是两个极点）。大自然折回其自身之中；它正好也只能通过如下方式预示它的完结、它的封闭性，即返回到它的起点。在听觉中它重新**找到**其自身，它又进入最初的那种意识，过去它通过磁——通过主观-客观化——塑造事物时便是本着那样的意识把握其自身的。磁不是别的，只是客观的自我意识，是大自然的自我性；这种自我性在听觉中回到其自身，正如听觉构成了向着言语和理性，即向着被结合在一起的逻各斯（λόγος）的过渡。

在所有感觉中听觉是那样一种感觉，通过它就能最直接和最明确地对一个生物的内部起作用，也（凭此可以将这种感觉刻画为敏觉性的顶点）才能反思到下面这一点，即它是唯一使人与人进入理性关联（Vernunftzusammenhang）的感觉，是唯一使理性能直接启示出来的感觉，是真正的人性感觉。莎士比亚就人说的那些话，虽然主要适用于人，但也适用于动物：

VI, 456
> 灵魂里没有音乐，
> 或是听了甜蜜和谐的乐声而不会感动的人，
> 都是擅于为非作恶、使奸弄诈的。

——所以诗人会造出俄耳甫斯用音乐感动木石、平息风浪的故事,

因为无论怎样坚硬顽固狂暴的事物,

音乐都可以立刻改变它们的性质。

《威尼斯商人》第五幕,第一场[①]

依照前几个命题中做出的假设,我现在说明各感觉在大自然中**实际**的出现过程。

§233. 敏觉性作为一切形式的大全性居于其中的那类动物,乃是最完备的动物或哺乳动物。低等动物与哺乳动物在敏觉性方面的区别仅仅在于,在前者那里混合出现的各种感觉,在后者这里是各别出现的。

就哺乳动物囊括了各种感觉的总体性而言,它本身**作为整体**又是各种感觉的**同一性**——因此对于哺乳动物人们可以说:它**具有感觉**。

当感觉各别出现时,不存在任何总体性,因而也不存在任何同一性;动物并非同时又**具有各感觉**,它毋宁本身就不过是那种自顾自地在其个别状态中被置于外部的感觉罢了(我要请诸位严格体察这话)。因此较低的六类动物表现的不是别的,事实上只是六种**被各别化了的**感觉,而这六种感觉只有在哺乳动物中才完备地一同出现。

因而真正说来现在的问题在于:某种低等动物的特质类似于哪

[①] 中译文取自朱生豪译本。见莎士比亚:《威尼斯商人·无事生非·终成眷属》,朱生豪译,上海:上海古籍出版社,2002年,第100页。

种感觉？①

§234. 当总体性事实上在客观东西中出现（因而绝对实体作为主体或作为同一性出现），**而且总体性在客观东西中认出其自身时，大全的最高的或绝对的自我认识必然被设定下来。**——在与有机组织将无限可能性在自身中设定为现实性的程度成正比的情况下，实体自身作为有机组织的主体出现了（§218）。然而只有当实体不再仅仅在特定比例关系下，而且在绝对意义上作为主体出现时，大自然的最高自我认识才被设定下来。这就是说，只有当客观东西完全类同于主观东西时，主观东西才能在**客观东西**中认出其自身，同一性才能囊括总体性，因而主体与客体也才能在绝对意义上成为一体。主体与客体在绝对意义上成为一体，这却不啻意味着：大自然或大全的最高自我意识或绝对自我认识被设定下来了。原因在于，主体与客观根据相类同，即双方是绝对实体。因而当双方在绝对意义上成为一体时，绝对实体在作为客观东西自身的客观东西中认出其自身，因而实体的最高自我认识，就此而言也包括大全的最高自我认识，便都被设定下来了。

§235. 主体与客观根据（同一性与总体性）**仅仅局部性合一的状态是本能。**

原因在于，本能概念的意思是，客观根据虽然与主体类同，而且在某种程度上作为主观根据而行动，但还不完全是主体本身。——

---

① 这里我略去了各类动物与各种感觉的进一步对照，并提醒留意（下一卷中付印的）发表于《医学科学年鉴》中的《批判片段》。——原编者注
"下一卷"指《谢林全集》第七卷。——译者注

我要说的是，a）本能概念的意思是客观根据在行动。我们虽然根本没有假定动物的行动包含有意识的或主观的行动，而是假定其包含某种无意识的、仅仅客观而盲目的行动，即假定在动物身上行动着的仅仅是**客观**根据。b）然而我们同时还假定，该客观根据作为一个客观根据，同时也是一个主观根据，无意识的行动作为一种无意识且盲目的行动，类同于某种有意识的东西。（我们恰恰通过迄今为止还极为晦暗的本能概念表达了这一点。）因而我们假定，在动物身上行动着的客观东西在其自身而言，尽管不是就动物而言，类同于主观东西；或者说我们假定，客观根据虽然类同于主观根据，但反过来看，并非主观根据也完全是客观根据。

VI, 458

那么在此处犹存的差别中，根据还能置身何方？

由于客观根据类同于绝对实体，所以它必定类同于理性，而理性则居于整个宇宙之中；我要说的是，**客观根据**在行动时必定类同于**主观根据**（作为理性而行动）；但它与主观根据并非同样绝对的，也并未处**在可能行动的总体性之中**——因此主观东西与客观根据总是还**有**某种差别，尽管客观根据已经为其自身而存在，而且在局部行动中类同于主观东西了。因此我们这样来表述我们的命题："客观根据与主体的仅仅**局部**合一的状态是本能。"

只需稍稍反思一下大自然中的本能，科学原本早就能承认客观东西与主观东西的绝对同一性了。在动物本能中客观上行动着的东西，明显是一种**盲目的**、不与任何意识结合的根据；它直接从物质中凸显出来；这就已经在教导人们，物质原本在其最低等的现象中就必定是知觉了，而且根本不存在物质与精神的绝对对立。关于客观东西与主观东西的同一性的那种学说，即客观东西只是一种客观-主观东西，乃是认识大自然的最高等现象的入门钥匙。这个学说彼时曾由莱布尼茨表述成关于**盲目的**表象与知觉的学说。这就是说，人们在**客观东西**中，即在物质中，辨认出有知觉者、表象者，但（因此大自然与物质由以将自身强加给我们的那种客观性规定才得以持存）那有知觉者、表象者却是作为某种**无意识地**表象者、**盲目地**知觉者而存在的，像是处在梦游状态（没人会认为在那种状态下有某种与身体割裂开的灵魂）。这个学说由此便与笛卡尔主义直接对立起来，后者主张物质与精神的最严格的、绝对的对立，因此也**必定**将动物降格为单纯的机器。莱布尼茨接受笛卡尔的这一主张，但却是在高明得多的意义上接受的。他说，"你们在动物行动中发现的机械因素，我也是承认的；我认识到，这个行动就其是机械的而言，是一种盲目的行动，但仅仅依照形式或呈现者而言它才如此。在这种盲目的行动中起作用的自在体是知觉，是再现宇宙本身的本原。这恰恰就是我们的主张，只不过表达方式不同。"

在动物的本能中行动着的还是某种完全**客观的东西**，但它作为**这个客观东西**，在不抛弃客观东西特征的情况下，同时也是一个**主观东西**，这种主观东西此后还会在动物身上以某种**真正的**、动物特有的理性这一假象迷惑人。因此我们可以更明确地将我们的命题"主体与客观根据（同一性与总体性）的仅仅局部合一的状态是本能"表达如下：

附释。在本能中，在现实行动的某些特殊情况下，而非在绝对意义上和在所有可能行动的情况下，客观根据类同于主观东西；因此主观东西并不反过来类同于客观东西，同一性并未囊括作为总体性的总体性。——倘若动物在其自身便总能囊括总体性，那么动物正因此便可走出动物状态了。但在动物身上主观东西与客观东西的那种无差别状态之所以完全是局部性的，并非仅仅因为这种状态偶尔在个别行动中显示出来，也是因为这种状态显现于其中的总**是当前的**行动。因而无差别状态在时间上也是受限制的。根本没有发生总体性彻底被同一性囊括这样的事情，否则**理性**就不仅仅**是**客观的和潜在的（potentia），也**是**主观的或现实的（actu）了。在理性中时间停止了；理性出现的地方就有**永恒性**，而且理性不是局部地，而是完整地存在。正因此理性也没有任何等级，像人们过去喜爱将本能描绘成某种低等理性那样。动物身上的行动者在**本质**上固然是理性，它甚至作为理性**显现**、闪现出来（出于我马上会规定的某种理由），但也只是显现一下，而没有现实地（actu）或主观上也真正在动物的主体内部成为理性。

§236. **本能的自在体是客观根据，该根据由于针对有机东西的总体性**（因而作为该总体性的同一性）**起作用，也就显现为客观理性**。理性是总体性的同一性。在大全本身中，同样也在理性中，没有任何东西是单纯依赖性、单纯**被规定**的，没有任何东西是被压制或被奴役的，任何东西都有其自顾自的自由生命，然而也只有在整体中才如此。只有在理性中，这种结合才又完备起来，亦即差别在无损于同一性的情况下持存，反之亦然。因而在认识活动关乎总体性的情况下，而且就存在着这样一种认识活动而言，便也存在着理性。现在看来，动物本能中的客观根据在某种程度上**识得**动物内部的总体性，因为它并未规定动物从事**个别部分**的行动（甚至不是作为个别行动的行动），而是规定动物从事作为总体性的行动。在本能中动物作为**总体性**且在总体性中行动。对动物的作用不是以机械的方式或

VI, 460

由外而内地**在团块中**进行的,动物并不被吸引和排斥,如僵死物体被吸引和排斥那般(僵死物体的总体性在每一次这类运动中都被消除了),而是在每一次行动中都作为自顾自的世界,在内在的现实无限性中持存。每一次行动都**在总体性中**或相对于某个总体性,也直接作为某种合目的的东西**显现出来**,因此由动物本能促成的所有行动也是客观上合目的的,只不过还不是**主观**上合目的的。在承认动物内部的总体性(因为这根据不是别的,恰恰只是动物的客观根据)的情况下也必然遵循那总体性而行动,因而也凭着**必然性**,而非凭着意识合乎理性地行动的东西,乃是客观根据。

VI, 461　　这种关系——动物在总体性中且作为总体性的这种行动——对于单纯机械的自然观而言,必然是最晦涩难解的。我能把握到,比如说,一个物体,如果我在当下的考量中将其视作完全同质的(现实的无限性在其中受到压制),那么这样一个物体如何能在机械的意义上被推动,或者在动力学的、化学的意义上被吸引;但我无法把握到,明显包含了总体性的一个生物如何能**成规模地**被作用。

现在也得出了另一个推论,那就是:

§237. 本能是动物内部相对无潜能阶次者(*relativ Potenzlose*),**或者说它是各感觉的绝对同一性**(作为总体性)。

过去当我们在各感觉中证明了大自然的所有维度之后,可能会产生的问题是:那么与无维度者(Dimensionslosen)相应的是什么?什么东西与各感觉的关系就像,比如说,火与动力学生命的各形式的关系一样?这东西只会是本能。它是相对无潜能阶次的东西。之所以说**相对**,是因为本能仅仅相对于各感觉而言才是无潜能阶次的,但不是绝对地或直截了当地看来如此,因为它本身当然还属于客观性潜能阶次。[①]——当我将本能称作各感觉的**绝对**同一性时，我的意思同样如此。也就是说，相对于各感觉而言，它才是它们的绝对同一性，或者是将所有感觉囊括在内的东西，正因此它本身也根本没什么特别之处。正因此它也才是唯一使得动物在总体性中行动的东西。

现在看来，在我们将本能描绘成同一性与总体性的某种局部一体状态后，这里可能进一步产生的问题是：那么这种一体状态的局部性的根据何在？而且不难发现，局部性的根据可能仅仅在**客观东西**中，即仅仅在于，即便在动物中被客观设定的那种总体性也不是**绝对的**总体性，而总是某种仅仅相对的总体性。然而现在绝对性何以表现出来？大全性的相对性在有机组织的客观东西内部何以表现出来？这类问题我们只有在下文中才能准确回答。仅仅就此而言，我还想提醒的是：

动物的所有本能都或多或少还主要以**某些**器官或感觉为中介；根据在于，占据支配地位的绝非各感觉的彻底平衡，而是（如我们在前文中也看到的那样）**一种**感觉，而且这种感觉往往是以另一种感觉为代价才在动物王国出现的。即便在仿佛与各感觉的个别状态愈发失去关联的情况下，比如在动物显示出某种性格的那些行动中，这种性格本身也还是片面的，至少是在间接的意义上与各感觉的某个特定维度关联起来的。在哺乳动物中，大自然在如下意义上而言当然是在全面地进行创造，即它并不**完全**排除任何特定感觉，如它在蠕虫身上（比如说）对待听觉那样；但大自然并非在如下意义上全

[①] 动物本能尚属"实在世界"、大自然，是自然哲学的研究对象。后文中（第326节）谢林会指出国家（客观意义上）和哲学（主观意义上）才是绝对无潜能阶次者。——译者注

面地进行创造,即它不偏不倚地将所有感觉结合起来,而且是结合为最彻底的和谐状态,结合为质上的总体性。各感觉的大全性在这里毋宁总是一种单纯量上的大全性。

§238. 在本能中,动物将绝对实体当作它的根据,因而表现为重力。——迄今为止的所有论述都是对这一点的证明。实体是直截了当普遍的东西,特殊东西是在量上与这普遍东西的差别。现在看来,如果特殊东西自顾自地就已经成了直截了当类同于普遍东西的,那么必然出现超出单纯根据关系的另一种关系——某种同一性关系出现。反之如果双方并不同一,而且**就**它们并不同一**而言**,特殊东西还将普遍东西当作它的根据,这就表现为被吸引者对于吸引者的那种关系。但如果被吸引者如吸引者一般存在(被认识者如认识者一般存在),二者的差别便终止了。

现在看来,动物是尚与实体有别的最后一些特殊状态,它们还不是实体,还不是普遍的、纯粹的理性本身,因此它们在其行动方面只是居于**大全**内部的那种理性的表现或工具,它们本身还不是合乎理性的。只有在它们的所作所为中,而非在它们本身中,才存在着理性。它们仅仅由于大自然的强制才是合乎理性的,因为大自然本身就**是理性**;而且理所当然的是,如果我们没有凭着我们的思想攀升到那成为万物的质料与形式,合乎其宜与中规中矩地(这规矩规定了日夜、年份与时代的更替,推动天体以特定的距离和适当的速度运动)安排万物的那个普遍理性的水平,我们也永远不会理解,鸟类(比如说)如何在并不具有理性的情况下灵巧地筑巢,如此之多的动物如何能在完全无意识的情况下表现出如此繁多的技艺高超的举止。

动物**在客观上**是合乎理性的,正如整个大自然一般,也正如人在身体方面每次被看到的情况一般（但这种情况却是在，比如说，梦游者合乎目的的种种活动中才显而易见）。

正如物体仅仅因为只是绝对实体的一个**样式**，而不是实体本身，才通过重力而坠落，动物也是如此；因此在动物身上，即便主体与客体的局部**一体状态**也仅仅显现为某种高级重力。

在动物的冲动与行动中发生的强制现象，只有通过与绝对同一性的一种同样直接的关系，才能被理解成重力——仅仅被理解成现象，不是实存着的绝对同一性的现象，而是绝对同一性的现象，就后者是实存的根据而言。**由此便可理解**，这两种事物，即动物的本能与物体的重力，对于执着经验的自然科学家而言恰恰属于大自然最大的秘密。

正如许多人只能用神的某种直接的压印来理解重力，一位古代作者也曾说：神是动物的灵魂（Deus est anima brutorum）。①

反之人们曾提出反对意见说，动物在其行动中还是犯了太多的错误，因而上帝必定是这些错误的发动者。然而在大自然中根本没有什么错误，而且当动物显得犯了错误时，就动物而言那错误其实是合乎理性的东西。

我现在虽然不是说神性东西在其自身而言就是动物的赋灵者，却是在说神性本原就其是实存的根据而言，乃是动物的赋灵者。

依照这些一般原理，我们就不难从与大自然的关系出发来理解动物的各种不同的行动了，包括那些看似最自觉的行动。

这里我并不想展开动物本能的任何真正的体系，只想谈谈动物

---

① 相传为古代哲学家的格言，作者不详。伏尔泰曾在《哲学辞典》中引用过该格言。——译者注

本能的一些最主要的现象。

1) 谈到动物由痛苦、需求驱使而做出的那些行动（那些行动也是由于饮食、交尾乃至照料幼崽，因而由于类的延续，才得以实施的），它们是一些完全盲目的行动，而且直接由各种事物的普遍同一性中介过，该同一性仅仅因此便在那些行动上显示出自身大过理性，因为它在这里是对照总体性而显现出来的。动物实际上与其饮食相同一，而且通过饮食与地球的宏观身体相关联，而动物便是这身体上的肢体。动物同样也与它的幼崽相同一，而且它对幼崽的感情根本无异于对其自身的感情。它实际上对它的幼崽感同身受；在一些动物身上这种同一之感甚至达到真正的和彻底的同一化的程度，即达到吞食的程度。

我将候鸟或者鱼随着季节变换而产生的本能（这是为了在交尾的时候寻找另一种空气或另一种水域），也算到这类冲动之下。这里明显出现了某种与磁类似的规定，因为只有它才在一般意义上规定方向。

候鸟处在与一般大自然最高的同一性之中；地球本身的的确确和毋庸置疑地引导着它的飞行，它只是地球的一个器官，而非一个分离的东西。正如在同一时间，磁极开始偏向对立的世界地带，候鸟也在那些普遍作用的支配之下，开始向另一个天带①飞行。

在比动物的那些与食物、繁殖等相关，因而只具有或多或少的普遍性的行动更高的某个层级上，出现了令人倍加赞叹的那些带有**技艺冲动**的行动，这类行动并非所有动物共有的，而且在出现时必定

---

① 天带（Himmelsstrich）是一个古旧的地理学概念，谢林时代的人们认为天上的区域与地上的区域是相应的，有时单指相应的地上区域。——译者注

遵循某个特定的规律。即便在这类行动中，表现出来的也不是别的，而是主体与客体的某种局部合一的状态，然而这种一体状态的产物还完全落于动物外部（并未落于主体内部，否则就成了理性）。当蜜蜂制作蜂蜡和建造蜂巢时，它无非只是普遍同一性和内在亲缘性的工具，并服从于事物相互之间的重力。这种重力便是将蜜蜂吸引到花朵，又将蜜蜂从花朵引回其施工现场的东西。倘若它能挣脱这种同一性一会儿，它也会立马停止制作蜂蜡和建造蜂巢。因此所有这类行动都远非理性的表现形式，它们毋宁预示着将来还会不断落回到普遍重力之下或实体之中，就实体并不**存在**①，而只是实存的根据而言。

技艺冲动最初的一些表现形式还完全是合乎规则的，以致完全落于普遍的结晶规律之下，而且技艺冲动的产物作为无机沉淀物也能从外部被考察。恰恰当健动的大自然越出有机物的界限**之外**，从有机物返回到无机物中时，便会失落于几何式的合规则性，而这种合规则性尤其在这类产物上最受称赞，仿佛软体动物的那所完全凭着盲目的必然性被建造起来的房子，并不是在没有能力完全折回自身之内的情况下才卷曲成螺旋线形状似的，仿佛树木的花朵和叶芽，以及一些结晶体和树枝石，比起（比如说）蜜蜂的蜂巢或蜘蛛的网子来，并非大自然普遍技艺的远远更值得称赞的作品似的。

在更多动物种类那里，缺席的技艺冲动甚至由外部的某种无机沉淀物补偿或抑制了，比如虾蟹那里就是如此，它们尽管是昆虫，却缺乏技艺冲动，后者似乎完全体现在它们的甲壳上。这个观察的一个要点在于，技艺冲动（或多或少在整个大自然中都是如此）在第一

---

① 这里"存在"指实际存在，或下文中说的"实存"。——译者注

维度的动物那里,即在昆虫身上,以最明确的方式但又是在较低层级上,顶替了生育冲动,因而当大自然不能通过冲着地球的重力来赋予动物性别时,便通过技艺冲动将动物引回到普遍同一性之中;原因在于,无性别动物恰恰是持久地实施技艺冲动的。工蜂也是无性别的。这些动物由于缺乏有机物的本质性要素,即性别,似乎必定会返回无机物之列,以无机的方式构形。在这些动物身上,重力也表现出最大的能量,因为它迫使这些动物不断勤勉工作而服务于它,并将这些动物限制在它们从未越出的范围之内。蜜蜂生来就是完美的艺术家,一出生就立马创造它的杰作,而无需先毛毛糙糙地试做一阵子或通过学习训练一番。但正因此,这个物种的作品是未完成的,而且这个物种建造蜂巢就像是从头开始做的一样。

　　大自然以技艺冲动替代生育冲动的同一个步骤,本身也回转到使物种真正得到发展的更高层级中。鸟类在交尾之前仅仅依照其高级潜能阶次筑巢,以致要从外部取来材料,并以显而易见的技巧赋予它形式。对于其他一些筑巢技巧不高或根本不筑巢的鸟类,大自然则迫使它们忘情歌唱并回到统一体之中;原因在于,即便鸟类的歌唱也是一种技艺冲动,而且极其引人瞩目的是,在宇宙内部的一切技艺中,唯有建筑和音乐是大自然在某种程度上也构形到动物体内的技艺;因为建筑不过是具体的、凝固的音乐。①在技艺高超的建造中,建筑术回转到哺乳动物的第一个维度中;这里的作品已经显得紧凑多了,因为全部感觉形式均匀地发展起来,而主观东西与客观

---

① 参见前一卷,第571页及其后几页。——原编者注
　　"前一卷"指《谢林全集》第五卷。中译文见谢林:《艺术哲学》,第247页及其后几页。——译者注

东西的统一由于还没能落入动物本身中,便只能通过繁复的产物在外部被呈现出来。

大自然的普遍状态(而且不仅仅是当前的状态,还包括将来的状态)对动物的所有行动都产生了最明确的影响,**大全有机组织**甚至在一些动物身上明显呈现出来,而所有动物本身都不过是这大全有机组织的一些器官和肢体而已,这大全有机组织又超越于**所有动物之上**。在整个物种或整个有机自然中得以恢复的一切合规律性(撇开个别动物的偶然情形不论)的根据都在那大全有机组织中。因此我们看到,个别生物的生与死虽然显得很偶然,然而(比如说)在整个人类身上却出现了几乎同样的比例,所以男人与女人的出生比例便保持下来,很少变化;而且正如(比如说)通过水的潜能阶次化而发展出来的各种气体的比例关系保持不变时,上述比例也必然可以在地球的一般有机组织中被预先确定下来。

由于**一般有机组织**(它不仅包括有机世界,也包括无机世界)一方面是所有个体有机组织的源泉,另一方面却也像普遍东西与特殊东西对立那样,与所有个体有机组织对立,而且仅仅设定了**整体**,而没有设定个别东西,所以似乎必须将相对于特殊有机组织而言的一般有机组织设想成仿佛具有两个属性,其中一个属性致力于特殊有机组织的维护,另一个致力于它的毁坏。即便在种种疾病产生和蔓延时,起支配作用的也不是**偶然**,而是一种世界规律,该规律的源泉是一般和绝对意义上的有机组织。疾病是变形,是各维度的更替。使得该有机组织①持存于个体性与现实性之中的乃是再生,而再生

---

① 指一般有机组织。——译者注

VI, 468 应比拟于磁。高级维度（尤其是第二个维度，即瓦解的维度和个体性被消解的维度）的出现在生命的磁中设定了某种偏移，而且正如磁针向东或向西偏移（这种偏移只不过是整个地球在南北方向上的或在长度上的两极性与它在宽度上的两极性之间的一场斗争的表现，这场斗争同样是围绕地球特有的生命进行的）有其周期，有其出现的年份甚至世纪，疾病的产生也是如此，有一种超出了个体偶然性之上的命运在支配疾病的产生。——因为在超越每一个特殊有机组织的那个一般有机组织中，然后在每一个特殊有机组织（就它是一般有机组织的形象和仿制品而言）中，过去、当前和未来都相互渗透，所以一些动物无可否认地具有的那种对未来的预感是一种必要的感觉。这种预感在大自然中有某种深刻的根据，即古人将预言的天赋首先归于动物，因为只有动物才与大自然彻底同一，才是大自然的直接器官。人由于具有高度的自身性，完全被设定到这种同一之外，而且只有在回转到这种同一之中的一些不寻常状态下，或者在某些使他或者低于自身或者超越于自身之上的情形下，他才被赋予更清楚地洞见未来的能力。由于是同一种无限的本性在支配着大自然和历史，在规定整体的生命和个体的命运，所以大自然是历史的镜子；而通常像歌德在某处说过的那样很沉默的世界大全，也不否认自己对特殊事件的参与。

古人除了将预言的天赋归给动物之外，仅仅归给幻觉与其他一些使人与动物类似的状态。主观东西与客观东西的同一性越是全面、有力地出现，造物便显得越是自由自在。它越接近无限本质本身

VI, 469 作为灵魂出现的那个点，便越不臣服于单纯成为实存之根据的那个东西。因此在高等动物那里，技艺冲动消失了；它们仅仅通过普遍性

行动，而不是通过一种合规则的、持久的、被限制在某种特定创造之上的生产活动，而屈服于大自然。

在人身上，当然一切都恢复了，但却是在较高意义上恢复，包括技艺冲动也是如此，而且是依照某种类似的规律。

动物的那种似乎预示着某些特定性格的高级行动也是多余的。斯蒂芬斯在其早前对我的自然哲学著作的评论中提醒人们留意下面这一点，是很有道理的，即这类行动除了单纯技艺冲动的一面之外，还有另一个面向。这就是说，不可否认的是，当技艺冲动消失时，某些特定的性格反而出现了。不可否认的是，狮子大度，老虎残忍；一些动物高傲，另一些虚荣；一种动物灵巧地躲过危险，另一种强硬地征服危险，第三种胆怯地逃避危险。

即便对于这些现象，前文中也提供了根据。原因在于，动物除了是**被地球**的大全有机组织塑造出的一个个东西之外，还能是什么呢？动物王国中的所有性格都在作为它们的同一性的这个大全有机组织之中，**正因此**这些性格在这种同一性中是区别不开的。因而是地球本身的无限性贯穿了各种不同的性格。地球并不具有这个或那个特定的性格，原因恰恰在于它是那些性格的无限性。特定的性格必定在它具有无限可能性时才出现在地球上，正如动物只将该可能性的一部分作为现实性设定下来。性格的一切规定性根本不是肯定性东西，而是某种单纯否定性东西。狐狸之所以狡猾，仅仅因为它不是大自然想要的那种**全面的**动物，而另一种动物之所以胆怯，不是因为它身上有某种肯定性规定，而是因为它也不是**全部**性格，或者毋宁是因为它不是它在其自身表现出来的地球的无限性。因此斯蒂芬斯说下面这番话时，在某种意义上非常有道理：动物的灵巧、胆怯、

VI, 470

活泼只不过是试图创造最高状态或和谐的一些片面的努力。我只是不想称之为某种创造活动，或试图创造什么的努力。最高状态或和谐**存在着**，而前述片面的性格只不过是这种**实存着**的和谐的**现象**。

前述片面的性格也在人类这里重现，而且即便在这里也不过是和谐的个别现象或片面现象罢了，即便在这里也根本不是什么肯定性东西，而是单纯的限制。

因而大自然在其自身总是只将肯定性东西赋予所有性格，而使得所有性格成为特殊性格的限制性因素则给出了特殊东西的特有本性。前述片面的性格应该通过教育归于消失，而人则通过将所有片面因素融合到自身之中，成功呈现出总体性。在动物王国里，类本身是差别，反之每个个体都完美表现出它所属的类。在人类王国里，类是无差别状态，反之在这里每个个体都是差别，因而每个个体都是一个特殊的类。因而不仅精神，而且性情，都扎根于大自然之中。原因在于，正如一位多才多艺的母亲常将自己的各种特质分派给她的孩子们，又只让其中**一个**赋有自己的全部技能，大自然在动物身上也仅仅片面地表现出来，又能将它的行动的所有光芒都集中折射到作为燃点的**一个点**上。人便落在这**一个**点上。

由此我们眼见自己一路被引向有机自然的边界上。但依照§238，动物王国里的终极关系也还是一种重力关系，就此而言也是与绝对实体的差别的关系。

这就表明，通观大自然的三个潜能阶次，也看不到其中任何一个内部呈现出大自然那真正绝对的东西，而且我们只能在本身**处于全部潜能阶次之外**的东西中发现那真正绝对的东西（即便本能也只是相对的无潜能阶次者）。

那么我们转而进行一项新的研究，我们看到自己也是被有机自然学说推向这一研究的。我通过接下来的这些命题，将该研究与前文内容连接起来。

§239. **大自然中没有任何东西本身就是实体**（因而与实体无别），**就实体作为主体，在那东西内部在绝对意义上变得与客体相类同而言**。——极简的证明如下：大自然的每一个事物与直截了当被看待的大自然的关系，即与实体的关系，有如特殊东西与普遍东西的关系。作为特殊东西，它是类同于客观东西的被肯定者；因而它对实体表现为**客体**。因而在这一关联下，实体对它①表现为主体、本质或根据。因此它**自身**能够成为实体，这就是说，它能够从前述根据关系过渡到与实体的绝对同一性关系，仅就绝对实体作为主体、本质而进入它自身中而言。但由于它对实体还表现为客体，所以**客体**也仅就作为主体的实体与作为特殊东西、客体的它相类同而言，才成为可能。照此说来，大自然中根本没有任何东西本身就是实体，并落于与实体的根据关系**之外**，就实体本身作为主体、本质、一切特殊东西之先天（a priori）而在自身中与客体绝对类同，因而成为其自身的主体而言。由此进一步得出本节命题。

§240. **说明**。**在每一个事物身上，我们将使得它存在于作为其根据的实体内部的东西称为客观东西，将使得它在其自身中存在的东西称为主观东西**。——**客观东西也是有限者，主观东西也是无限者**。

在前一个命题中，我们只是一般性地说过：大自然中没有任何东西凭其本身就能成为实体，就实体作为主体在客体内部与其绝对

---

① 本句与下两句中的"它"均指大自然中的每一个事物。——译者注

类同而言。现在的问题是：**实体作为主体如何能与客体相类同？**我们在前文中虽然已多次触及这个问题，却是在这里才较之以往更确切地回答了它。

§241. 实体能够作为主体与一个东西的客观因素相类同，因而成为这因素本身的主体，仅就后者（客观因素）**自顾自地已经与无限实体相类同而言。**——在无限实体本身中，主体与客体在绝对意义上是一体的。一个东西（Eines）是进行肯定者，同一个东西又是被肯定者，一体（Eins）既是观念东西，也是实在东西。因此肯定性东西（des Affirmativen）与被肯定者（Affirmirten）、主体与客体的这种一体状态（Einsseyn），正如其在绝对实体中存在那般，在现象中只有当被肯定者、客观东西自顾自地已经类同于无限实体时，才会出现，正如在实体本身中**被肯定者**仅仅因为进行肯定者是整个无限实体，才与进行肯定者相类同。

然而现在的问题在于，客观东西如何自顾自地已经类同于无限实体了。

§242. 与无限实体相类同的只可能是那样的东西，它本身不是任何潜能阶次，而是无限者，是囊括一切潜能阶次的东西。原因在于，无限实体不是任何潜能阶次，而是囊括一切潜能阶次的东西。

附释。由于在客观意义上（objective）被看待的无限实体就类同于大全，所以同一个命题也可以表述成：与无限实体相类同的只有本身就类同于大全的东西。

§243. 在客观因素方面一个事物可能与无限实体相类同，仅就这个事物在身体方面已经等同于大全，因而就它不是一个个别的东西，而是一个大全身体（*All-Leib*）而言。原因在于，除了作为客观因素（即作为特殊东西）而已经类同于大全的东西之外，没有任何东西能在客观因素方面类同于无限实体。然而事物的普遍客观要素就是事物的身体，而且照此看来在客观要素方面一个事物仅就其在身体方面类同于大全而言，即就其本身是一个**大全身体**而言，才能类同于无限实体。

附释。大全身体这个概念表现在**天体**（*Weltkörper*）①概念中，即表现在成为身体且作为身体同时又是世界、大全的东西中。

阐释（与重申）。如果说每个事物的客观因素是使它得以成为被肯定者，因而使它得以存在于作为其根据的实体内部的东西，那么这个事物就能在肯定的意义上自动成为实体，仅就它身上的被肯定者已经类同于无限实在性而言，因为那样的话实体与作为**客体**的它就维持着**主体**与它的那种关系，在它内部客体与主体同样成为一体了，就像它们在绝对实体本身中成为一体那样。因而它就是（朝向内部的）无限自我肯定（Selbstaffirmation）的完满摹本。

各种事物只是实体的那些不完满的形象，就这些事物仅仅在客观意义上或作为客体才刻印出无限实体而言，这个意思我们在其他地方也曾表述为：在大自然的有限事物中仅仅显现出绝对性的**一个**方面。如果说在现象中有无限实体**本身**（即就其是所有潜能阶次的自在体、先天[a priori]而言）的一些摹本存在，那么这些摹本必定是那样的，即在它们内部，哪怕仅仅是在客观意义上来看，各潜能阶次的**大全性**、无限的自我肯定被涵括进来了，而且照此看来既然客观因素自顾自地已经类同于无限实在性了，这些摹本也就在**主观因素**

VI, 473

---

① 字面意思是"世界躯体""世界身体"。——译者注

方面类同于无限实体了，因此其自身也就是实体了。现在看来，事物的客观因素一般就是事物的身体。实体的摹本在客观因素方面必定以类同于大全的方式，囊括了全部潜能阶次，因而换句话说这就意味着：这些摹本在身体方面必定已经类同于大全了，它们的身体、客观因素必定是一个大全身体，因而虽说是一个**躯体**，却是一个同时作为某个大全或某个世界的躯体，因而是一个**天体**。①因此在大自然中，那样一个东西的概念便堪称天体概念，该东西自外于所有潜能阶次，成了纯粹无限实体本身的绝对同一性的直接仿像。对于天体而言，正如对于宇宙本身而言，万物杂处的状态是天生的，天体负载了整个大全的种种果实和产物，虽然这些东西都已适应了天体自身的土壤，但这天体是它们的共同根据，正如大全、实体是万物的根基和同一性。

此外，我们似乎也能从一些不同的地方出发到达这个概念。

在重力学说中曾得到证明的是：大自然的每一个事物都径直被直截了当的**一**（即无限实体）吸引，而且仅仅因此才会被其他万物吸引。但没有任何单个事物能直接被无限实体本身吸引，因为单个事物本身与实体根本没有直接的关系，只有某种间接的关系；因此它被实体吸引是仅就实体同样通过一个事物，因而在摹本中，如其本然地显现而言。这些看似相互冲突的规定目前唯有通过天体理念来化解。

这样我们就过渡到**天体学说**的阐述，这一阐述毫无疑问是自然哲学最崇高的任务。世界构造是理性的直接客观东西（das unmittelbar Objektive der Vernunft）；在世界构造中理念世界的种

---

① 参见前一个"译者注"。——译者注

种规律显而易见、清楚响亮，谁若是渴望具体（in concreto）看看这些规律，人们只需指点他去考察一下天体的规律即可。

关于这个课题的增补读物，我目前暂时推荐我在《布鲁诺》中、俟后也在《思辨物理学新刊》（第4卷）中就世界构造的规律与秩序所作的阐述。更详尽的阐释要到那里去寻找，这里我为了给其他课题省下时间和篇幅，就不再重复了。

§244. **天体是一种现实的无限性，即便在现象方面也是如此。**

上帝通过他的理念，直接肯定了**无限实在性**，而且肯定的是**现实地**（actu）无限的实在性。就个别的各种理念乃是**被上帝理念肯定者**，因而仅仅通过上帝理念才存在而言，它们是有限的，而且负载着有限性的所有规定，并且作为单纯被肯定者也仅仅**客观地**显现，或仅仅显现为**实在的**。然而如果不是着眼于它们的存在（凭借这种存在，它们必然**被肯定**，也才仅仅是客观的）的形式，而是着眼于本质，着眼于在它们之中被肯定的那种实在性，那么虽然全部物质以及它的①每一个部分都是现实地（actu）无限的（依据§79），但它只有（比如说）对于它的潜能阶次而言才现实地无限。但各天体由于不服从于任何特殊潜能阶次，其本身毋宁就囊括了所有潜能阶次（因为它们不仅仅是有机的或仅仅是无机的，它们即便在这方面也是无限的可能性），其本身在现象方面也是某种**现实的**无限性。它们不仅在其囊括于"同时存在"这一形式下的东西中，也在其**相继地**和在连续演进中从自身中投射出去的东西中，都是现实地（actu）

VI, 475

---

① 这里"它的"参酌此处语境及第79节文意，应指"物质的"。因此"它的"二字对应的原文"desselben"应为"derselben"笔误。——译者注

无限的。比如地球和其他每一个星体都不仅仅是当前居于其中的万物的同一性，也是过去和未来居于其中的万物的同一性；万物都在其理念中被直观到。正如永恒性的圆圈囊括了仅仅在无穷时间中才逐渐进入定在的万物，因此也包含了这个时间本身（它乃是同一性，乃是被设定于自身内部的现实的、无限的当前），通过**圆周**①将这种同一性（它被设定于自身中并涵括了一切时间）表现出来的天体（天体自行运动于圆周中，不受时间触动，而时间预先就被指定给**被囊括于天体之中**的各种事物了），也是如此。因此天体在相对的意义上来看，虽然只是**实在的**、**客观的**仿像，却在这种实在性或客观性中天然承载着事物的全部潜能阶次和全部可能性。从"**被肯定**"（*Affirmirtseyns*）这一规定来看，天体乃是物体；从**在其内部**进行肯定的东西来看，从现实的、无潜能阶次的无限性来看，天体乃是一些宇宙、世界、神性东西。只有在抽象意义上来看的它们才服从于"被肯定"这一形式，然而在它们内部的实体却是无限的实在实体。

附释。因此天体在摹写而成的世界中对一个个事物本身又表现为原型，而一个个事物则是它们的偶性或现象。

因此如果说我们在前文中将一个个事物或多或少当作独立的，那么我们在这里又将它们作为偶性纳入到作为它们的基础与本质的那种同一性之中了。

§245. 上帝在永远相同的意义上从多中直观到一，也从一中直观到多。——原因在于，在上帝内部，同一性就是总体性，或者说他将一直观为万物；但反过来说，总体性也是同一性，这就是说，他将

---

① 指天体运行的环形轨道。——译者注

万物直观为一。

说明。一在多中的存在是事物的永恒扩张或事物的**离心运动**,多在一中的存在是事物的永恒**向心运动**或事物在核心①中的存在。——参见§106注释。

§246. **事物在其自身中的存在和在核心中的存在,在其自身而言乃是同一种存在。**——上帝**在统一体内部将事物直观为多**(而并未走出统一体之外);因而事物作为**多**,作为在其自身中(虽说也还是**一**),即在核心中的东西而存在。反过来说,上帝也将事物直观为多中之一;因此事物作为一(就此而言它们在核心中存在)的同时却也是多,因而也在其自身中存在。因此,事物在其自身中的存在(作为真实的存在)也是它们在上帝中的存在,反过来说,它们在作为核心的上帝中的存在也是它们在其自身中的存在。

§247. **在个别的实在事物那里,在实体中的存在与在该事物自身中的存在相分离,且与后者不类同;但在**(依照§70)**对个别事物本身又表现得像是原型或像是真实事物的那些事物那里,在实体中**(或在核心中)**的存在与在其自身内部的存在相类同,二者不过是同一个存在。**

第一部分。②所有的一个个实在事物,一直上达动物,正如我们通过先前的整个考察发现的那样,都将实体、重力当作它们的根据——它们并不与实体相同一。换言之:它们,即它们内部那使得它们成为**它们自身**,因而使得它们在其自身中存在的那个主观因素,并不是客

VI, 477

---

① 这里的"核心"并非物理学意义上的重心之类,而是各种事物的共同核心,如上帝是万物的核心,或恒星力量是绕其运行的行星的核心。——译者注
② 原文如此,指该命题的第一部分。——译者注

观因素,即(依照§240说明)并不是那使得它们在实体中存在的东西(它们可能并不包含这东西)。因而客观性对于主观性的某种优势就被设定下来了;因而事物在实体中的生命还与它们在其自身中的生命相分离或有所不同。然而现在看来(依照前一个命题),**就上帝而言事物在核心中的存在和事物在其自身中的存在不过是同一个存在罢了,这就是说**,就上帝而言的事物本身,因而在真正意义上被看待的事物,或者说(意思一样)作为理念、作为断定的事物,本身是在完全相同的意义上既存在于**其自身中**,也存在于**核心中**;它们在核心中的存在和它们在其自身中的存在是同一个存在。照此看来,**那些**又对**一个个现象事物**(Erscheinungsdingen)表现为原型或理念的事物,至少**就此而言,本身也必定表现为这般**;而且相对于现象事物而言,在自身带有理念的这样一个特征,即它们在其自身中的存在和它们在核心中的存在显现为同一个存在。现在看来,既然天体本身只是摹本,而且仅仅相对于一个个事物而言才表现为原型,那么不言自明的是,它们仅仅在它们与一个个事物共有的东西中(即在摹本性中)才是原型。(因而它们必然带有现象的**全部**特征,因为即便它们本身也是一些现实的、显现着的事物,而且只有**在现象内部**才表现得类同于理念。)

§248. **在大自然中,事物的自内存在**(*in-sich-selbst-Seyn*)**表现为运动,因此就天体而言运动便是它们在核心中的存在,即必定是将它们在核心中的存在囊括在内的一种运动。**

该命题的第一部分从§85中得出。原因在于,在团块中以客观方式存在的同一个东西,在运动中**以主观方式**存在着(§85)。然而现在看来,依照§238的说明,一个事物的主观因素反过来看也是使它得以在其自身中存在的东西。因此即便**运动**也是事物在大自然中的自内存在的表现，正如反过来看不言自明的是，事物在核心中的存在是永恒的**宁静**。现在看来，如果像人们希望的那样，就天体而言运动等同于静止，即等同于在核心中的存在，那么天体的运动同时也将在核心中的存在涵括在自身之内，反过来看，它们在核心中的存在同时也将运动囊括在自身之内，而这一点在过去恰恰还有待证明。（关于这个综合本身又如何得以表现出来，我们在这里暂时不予追问，但这一点通过下文会不言自明。）

附释。既然空间与时间一样只是想象的模式（modi imaginandi），那么运动与核心中的存在这两者一体的状态在其自身而言，即排除掉种种单纯的想象规定之后，就不是别的，只是上帝对多中之一和一中之多的那种永恒直观的表现。——也就是说，空间是对事物的那样一种单纯间接的认识，通过它事物在对立中和相关于其他事物而被认识，因为在空间中并没有任何东西自顾自地被看待（§71），但在上帝中只有一种直接的认识。因而天体的运动**在其自身**来看只是对多样性中的统一性的一种永恒的、无时间的设定活动；正如天体在核心中的存在就其又包含了这种运动而言，乃是对统一性中的多样性的一种永恒的、无空间的设定活动。而对多样性中的统一性的永恒设定活动又仅仅对于**感性**考察才存在，即仅仅对于不是关心为其自身且在其自身的事物，而是只关心处在关联中的事物的那种考察而言——因而对于这种考察而言，对多样性中的统一性的永恒设定活动只能通过那种**设定**差别（即空间**中**的距离）的**运动**，才呈现出来，正如对统一性中的多样性的永恒设定活动只能通过那种**消除**空间中的距离的运动，才呈现出来。但我们必须在考察中跃升到所有空间和所有时间之上，以便观看事物本身和事物的格局，如其在自身存在那般。

在上帝的直观中，即在如其本然的宇宙中，空间并未进入考量，而我们认为要当作空间关系来加以认识的那种关系，真正说来只是理智性的关系，只是绝对的关系，这一点也只有以下文这种方式才得以显明。

凭借感性直观，我们设想地球（比如说）**在空间**上位于太阳**之外**，但同时又设想它**在**作为其核心的太阳**之内**，原因在于地球（大体上）与太阳总是保持同样的距离。因而即便核心、同一性本身，也首先要再通过一个特殊东西，即再通过一个天体，才能对我们显现出来（因为这是对处在关联中的事物的单纯考察的必然后果），但即便太阳也还只是一个天体，而非真正的绝对同一性本身，那么即便太阳也必定又处在关联之中，不是直接关联于绝对同一性本身（因为那样的话，它将消失于它的特殊性之中），而是关联于另一个核心（那个核心也不是绝对同一性，而是与太阳仅仅具有量上的差别；而那个核心因此又需要再与另一个核心相关联，后者同样不可能是绝对同一性）——简言之，我们只能看到**经验的**无限性的出现。——但所有这些感性的核心真正说来或在其自身来看只是**同一个核心**；这**同一个**核心作为上帝本身的无限实体，对我们而言在想象中，即在对事物的单纯相对的考察中，分布到一系列核心上，这一系列核心必定是无穷多的，因为没有任何经验的或感性的无限性能穷竭上帝现实的和理智的无限性，或能与它相称。

因而上帝仿佛是看**一眼**（即凭借他单纯的理念）就瞥见了大全，也在大全中瞥见了个别东西。他在统一性中直接瞥见多样性，而且瞥见的是作为某种独东西的多样性，使得统一性同时也**在多样性中**存在，而**多样性**也在统一性中存在。两个方面是上帝的同一次观看；但**多样性**的那种独立性（它**在其自身而言仅仅是从理念来看**的一种独立状态，因而根本谈不上什么相互外在），对于感性直观而言它成了空间中的某种独立性、某种相互外在状态。反过来看，多样性**在**统一性**中**的那种存在（那种存在在其自身而言只是一种可以为理智所理解的状态）对于感性直观而言也同样成了某种空间性的存在。但在**其自身而言**宇宙中没有任何空间。比如对太阳的观看和对地球的观看就是同一种观看。地球在某种可理解的意义上处在太阳内部；若不是在太阳中，地球便无法存在，但太阳若是不囊括地球，也不会是太阳。因而一方包含了另一方。地球照**理念**而言位于太阳中，也在其自身中。统一性在多样性中，而多样性也在统一性中，为此并不需要什么空间。若是想象在二者之间插上一脚，那么正如我指出过的，统一性在多样性中的和多样性在统一性中的这种永恒存在便只能通过经验的无限性，即通过从一个核心到另一个核心的某种无穷进展表现出来，这种进展对于理性而言没有任何意义，仅仅在那些（如天文学家一般）到数中寻求崇高的人看来才是好的。①因而很明显的是，世界构造中的隶属关系，万有引力系统及其时空方面的种种关系与运动都不是别的，只是现象，只是从单纯相对地观察（与我们的有限存在同时出现的那些）事物的立场出发来看，统一性在多样性中和多样性在统一性中的那种永恒的时空性设定活动呈现自身时必

---

① 这里可参见为康德所致悼词，见前文第7页。——原编者注

　　指《谢林全集》第6卷第7页，悼词名为《伊曼努尔·康德》。中译文见谢林：《哲学与宗教》，第8—9页。——译者注

须采取的方式。

然后来看看世界构造的规律。①

§249. 对杂多性中的统一性，以及统一性中的杂多性的永恒设定活动，就天体而言显现为循环。

§250. 一个天体的本性越是完备地在其自身中带有绝对性的本质，该天体在它的运动中便越是完备地均衡设定两个统一体，也越是纯粹地表现圆周原型；相反，它越是不接近绝对性，便越是显得不均衡，因而也越是使它的运动脱离圆周原型。

§251. 空间与时间（凭借第一个定律）难解难分的结合必定持存于差别本身（该差别凭借第二个定律被设定下来）中，这就使得在形式上持存的虽然是椭圆（差别化了的圆），在本质上持存的却是纯粹圆周本身。

现在我们将自己关于天体的观点再总结成几个命题。

§252. 在世界体系内部，各种事物真正是绝对而分离的②，也真正是合一的。——说它们分离，是因为每个天体都是自顾自的宇宙，但只有宇宙才是在真正且绝对的意义上分离的，因为宇宙将万物包含在自身内，无一遗漏。说它们真正合一，也是出于同样的理由，因为每个天体都类同于宇宙，因而在每个天体内部，即仅仅在一个自身特有的世界内部，都有同一个实体存在着。

---

① 下文中开普勒三定律的构造由于在《布鲁诺》和《基于哲学体系的进一步阐述》（第4卷）等早前的自然哲学著作中已经详尽提供过，这里略过不提，只保留第249—251节正文。——原编者注

"第4卷"指《谢林全集》第4卷。"只保留正文"指不再提供详细证明。——译者注

② 指在其自身绝对成为一体，与其他事物相分离。——译者注

注释。全部理性的最高任务是，在绝对者内部把握特殊东西的存在，反过来也在特殊东西内部把握绝对者的存在。这个任务在世界构造中以感性方式获得解决。特殊东西只有通过如下方式，即**在自身中**含有绝对者，才真正是一个特殊东西，即一个从万物中直截了当分离开的东西。但如果绝对者存在于**特殊东西内部**，特殊东西也必然存在于绝对者内部；双方真正合一，正如它们在天体中也显现为一体。

世界体系是打开了的理念世界或上帝理念的现实无限性，就上帝理念本身也显现出来而言。在上帝理念中，正因此也在大全中，在绝对意义上来看，存在着某种现实的、无时间的无限性，这种无限性本身仅仅在世界体系中出现；原因在于，并非只有每一个天体自顾自才是一个现实无限者（actu infinitum），整个世界体系也表明，**大全中**的万物都进至无穷地类同于**大全**。由此表明的除了其他道理，还包括下面这一点，即希望将世界体系还原为某个特定总数的物体，这种想法就像（比如说）希望将大全在时间中的绵延确定下来的那个想法一样荒谬。宇宙的这种现实的无限性（这种无限性当然完全不同于空间中的无穷延展），即这种理念上的无限性（凭借该理念无限者在无限的**意义上存在**于宇宙**之中**并从宇宙中得出），同时也是绝对的同一性，必定表现于个别体系中，正如（比如说）彗星（这一点在彗星那里尤为明确）的数量完全不确定这一点在**我们的**太阳系中表现出来。彗星仿佛世界体系中的纤毛虫；观察纤毛虫的显微镜，便对应于观察彗星的望远镜。正如我在含有生命物质的某种流体的每一个部分中（如果我的感官极其敏锐，而且可以进至无穷地越来越敏锐的话）当然也会进至无穷地再发现有生命的东西，甚至还会在纤毛虫中再发现纤毛虫，那么很明显，比如说，也存在着与我们观察能力相应的那么多彗星，这就是说，彗星的总数根本不确定，而太阳系反倒是一种被有机组织起来的、真正现实的无限性。①

§253. 相对于重力而言，天体本身是重力，本身是实体；相对于凝聚性而言，天体独立于全部凝聚性②**，自成一体。**——该命题的第一部分很容易由前文得到证明。仅仅因此，天体哪怕在核心中也是**绝对的**，因为而且就它在绝对意义上同时将核心（即实体）也接纳到自身之中而言。就天体而言向心运动就是离心运动。（正如在相对的，即感性的考察看来，天体在自身内设定且本身又被接纳于其中的那种同一性是如何又进至无穷地在相对的意义上表现出来的——因为本身只是实体的摹本，只是物体的那种东西，又只有在实体的某个摹本中，即在一个物体中才能有其核心——，这一点在前文中已经指明了。）——至于该命题的第二部分，即凝聚性被天体否定，参见《基于哲学体系的进一步阐述》（第4卷③，第433页）。

§254. 天体对于被包含于其中的各个事物完全呈现为无限实在实体，这就是说，它是那些事物的绝对同一性，而那些事物则被设定和包含于它内部（正如我们指出的，在那样的意义上，即它们被包含于无限实体本身内部）。当然，我在这里并未将天体理解成那样的事物，人们依照通常的表象将它设想成由土壤、石头、金属等构成

---

① 参见《基于哲学体系的进一步阐述》，收于第4卷，第484页。——原编者注
　"第4卷"指《谢林全集》第4卷。（中译文见《对我的哲学体系的阐述》，第313-314页）——译者注
② 指脱离了它外部的一切事物的凝聚性。——译者注
③ "第4卷"指《谢林全集》第4卷。——译者注

的，正如我不将大全理解成被囊括于其中的一个个事物堆积或混杂而成的一个东西。毋宁说正如大全作为同一性先于每一个特殊东西（后者只有在它之后和在它之中才能存在），天体也作为普遍东西，先于每一个被囊括于它之中的特殊东西；而且这里谈论的完全只是那种天体，它真正类同于大全，而大全则先于（a priori）一切正在、曾在或将在它内部存在的特殊事物。迄今为止占支配地位的设想天体的方式，自然是将它视作通过外部聚集产生的某个集合物，而重力必定充当这种聚集的根据和原因，因为人们也将重力仅仅设想为以外在方式起作用的东西。而我们则要将事情倒过来看，而且将被囊括于一个天体中的各种事物的差别当作**产生**于**该天体的**同一性的，并将该天体本身不是当作各种事物的复合物，而是反过来将各种事物当作该天体的同一性的产物，而**该天体**则在这些产物中显示出它的内在本质，并且仿佛得到了发育。因而我们还会将天体与包含于其中的一个个事物的关系完全视作无限实体本身的某种关系。因为天体是一种真实的**大全性**，所以由我们赋予各种事物与无限实体的这些关系必须完全被转化成同一个无限实体（就其在**天体**中显现而言）的关系，而且一个个事物的一切特殊性也必定在如其**本然**的天体中先于（a priori）这些事物便具有了这些关系，如其在无限实体中曾经具有的那般确定。

对于一个个事物与（并非直截了当被看待，而是就其通过天体显现出来而言）**无限实体**的这些关系，现在我们还要简要阐明，以便借此将构造彻底推展到特殊东西上。

§255. **天体的两个属性**（离心运动和向心运动）在一个个事物中分离出现，前者出现于物质的变形中，后者出现于各种事物的动力

VI, 484

学生命（*dynamischen Leben*）中。因为前者就是将统一性设定到多样性之中的活动；因而天体的绝对离心运动是那样一种生产力，凭借该生产力，天体使得被构形到它之中的同一性本身在差别中又清晰可见。反之向心运动则处在事物的动力学生命中，因为那是努力返回同一性之中的活动。大家可以回看一下§146的内容，那里已经证明，物质的第一潜能阶次或变形又表现为离心运动，第二潜能阶次或动力学运动又表现为向心运动。

阐释。就天体而言，离心运动是使得它（与核心）的距离，亦即使得它在空间中的生命被设定的东西。但这距离若是被**当作绝对的**，便也直接囊括了它在时间中的生命。一个个事物的情形则有所不同。两种统一体，即向心的统一体与离心的统一体的分离，在这里完全是那样表现出来的，即各种事物通过变形而在空间中具有某种存在。但这存在单纯地对抗动力学运动，通过这种运动这些事物具有一种时间性生命，但就特殊性方面而言却不在空间中持存，因为这特殊性恰恰被消灭了。

§256. 天体的两个统一体或两个属性在有机组织中又重现并结合起来了，然而即便在这里也还是可区别的，这就使得每一方都专门得到完善，只不过是各自单独得到完善的（在植物内部每一方对核心的渴求，在动物内部核心与每一方本身的关系）。该命题的第一部分可以用多种方式证明。我只想援引下面这一点来证明，即有机组织是前两个潜能阶次的综合，是第三潜能阶次，因而如果说（见§255）前两者（前两个潜能阶次）对应于天体的两个属性，那么它们也必然要到有机组织中才能找到它们的统一。

至于该命题的**第二部分**，它已经可以从§210中得出，尤其还可以从§211的阐释中得出；那里①表明了，植物只是地球与太阳之间的凝聚性的中介环节，或者说只是两者之间的某种磁的表现。反之在动物内部，核心（即太阳本身）②则与大脑的发达程度成正比地进入有机物中。——植物可以被界定为那样一个有机物，它的大脑在太阳中，动物则在其自身中就有太阳，因而动物类同于离心运动。但正由于植物与动物之间的这种分疏，在这两者的任何一方中都还没有真正表现出天体的总体性。

还需留意的是，正是出于这一理由（即因为两种属性在有机物中的统一，然而这种统一**在**植物与动物的分疏**中**已经开始了），有机组织依照§186来看也是实体的直接摹本，正如一般而言有机组织与天体的统一可以通过所有可能的实例得到阐明。（两者中的**现实无限性**。世界体系的种种特定关系在有机组织中明显是再生了；反过来说，那些关系似乎是有机组织的蓝本——这一点在纤毛虫身上已经得到证实。叶片的构形，就此而言也包括植物的构形，在我们的太阳系中一般而言是由**卫星**来表现的，正如这些卫星在先前连续被生产出来之后，在土星环上**集中**展现出来，仿佛达到顶峰一样。行星则是动物，如此等等。）

§257. 只有当天体的本质，即（依照§253）无限实体本身作为绝对的、无潜能阶次的同一性在某个特殊事物中显示出来，客观东西才会真正与主观东西类同且合为一体。

阐释。在前一节已表明，天体的本质，即无限实体的本质，在有

---

① 指§211的阐释。——译者注
② 谢林在本书中曾有"有机体太阳"之说（德文版第425、488页等处，见本书边码）。——译者注

机自然中尚未作为真正无潜能阶次的同一性呈现出来，动物在这里还与植物对立，植物还与动物对立。此外，在动物王国中也开始了主观东西与客观根据的某种仅仅局部性的一体状态，这种状态作为本能表现出来（依照§235）。然而我们现在确定了一点，即同一性并非专门在它的某个属性下，如在动物王国和植物王国中，而是直截了当地作为绝对无潜能阶次的同一性，而通过某个特殊事物显示出来，这样看来，下面的讨论就是必要的了。一个事物的客观因素是使这事物得以在作为其根据的实体中存在的东西；它的主观因素是使它得以在其自身中存在的东西。这事物表现为客观的，这意味着它表现为实体的工具或映像；因而在这一关联中实体表现为它的原型或主体。然而现在看来，仅当映像与原型之间有某种现实的**差别**而言，这种关系才成立。然而如果前者（映像）真正类同于原型，客观因素便化解于主体之中，客体也便类同于主体了。

还可以依照§218更简要地证明如下：客观东西，比如有机组织，表现为映像；因而有机组织在这种关联中设定了某个原型、某个主体，该主体是绝对实体、大全自身。然而现在看来，如果前者，即有机组织，本身类同于大全，也类同于绝对无潜能阶次的同一性，那么它便不再表现为与原型对立的映像，或与主观东西对立的客观东西，二者的整个对照毋宁必然消失；客观东西**本身**也在绝对的意义上成为主观东西，因而类同于主体。

§258. 随着客观东西与主观东西在一个特殊事物中绝对而彻底的同一性一道被设定的是理性（不仅仅是本能，本能只是动物内部的相对无潜能阶次者）。

证明。客观东西，或仅仅相对于一个个事物来看是实存之**根据**

的东西，与主观东西**在其自身而言**是一体的，亦即是无限的大自然本身或绝对者，而绝对者在其自身而言既非主观的，亦非客观的。现在看来，如果客观东西与主观东西也**在某个特殊东西本身中**成为一体，如果客观东西化解到主观东西中，那么那种绝对同一性，即主观东西与客观东西在无限大自然中的那种永恒的同一状态，在这里也便在特殊事物中得到了肯定，这就是说，作为绝对同一性的大自然在特殊事物中认出其自身**是这个同一性**。这就是说，这里主观东西与客观东西之所以合为一体，仅仅是因为它们中的每一方为其自身而言已经类同于无限大自然了，而后者又类同于大全。然而永恒等同性的自我认识活动，即绝对同一性，依照一开始便立即给出的那个说明，是类同于理性的。因而随着绝对而彻底的同一性一道被设定的是理性。

§259. 一个天体的本质，即无限实体，在其中作为绝对的、无潜能阶次的同一性显示出来的那个特殊东西，只能是人的有机组织。——原因在于，1）正如§190表明的，有机组织是客观东西与主观东西这两个属性成为一体的**一般**表现。然而天体的本质（即无限实体自身）在其中作为无潜能阶次的同一性显示出来的那个特殊有机组织，便2）既不可能是单纯的动物有机组织，也不可能是单纯的植物有机组织；因为在这两个序列中，大自然在低于同一性的这个一般呈现者的层次上遵循的却是不同的方向，在植物中更多产生的是天体与核心的关系，在动物中更多产生的是核心与天体的关系。①因而这里所呼唤的前述特殊有机组织只可能是那样一种有机组织，它

---

① 这里"天体与核心的关系"和"核心与天体的关系"并不像字面看来的那样仅仅是位置倒换，仿佛意思没什么区别似的。两种关系分别是以天体和以核心为立足点而与另一方建立的关系。——译者注

既不仅仅是植物有机组织，也不仅仅是动物有机组织，因而与这两者都形成对立，它并不是两者的综合，而毋宁是两者的绝对同一性。现在看来这样一个有机组织只能是人体有机组织，这一点似乎必定可以毫无阻力地轻易被证明。只不过这一点，以及一般说来人的有机组织的整个构造（不是**作为**一般**有机组织**，像在生理学中发生的那样，而是作为**人体有机组织**，作为无潜能阶次的同一性的无潜能阶次的形象）似乎是一门特有的科学的事情，这门科学还不存在，应当叫作真正的**人类学**，后者完全不同于人们此前所谓的人类学。因而这里还有一些话要说，这些话只略加勾勒，不再详述和证明了。①

　　人直立的身材和形态（没有任何动物像人这般真正且明显地达到这种身材和形态）已经再显著不过地表明人是大自然的结局，是那样的东西，它既不仅仅是动物，也不仅仅是植物，而是两者的绝对同一性。植物的直立方向（这方向仅仅表现出它脱离土壤、寻求太阳的努力）是足够显著的，到了动物王国中就被扭转到**水平**方向了；在动物生命当中，有机体的太阳本身出现在动物内部，但动物只不过是往大地中望一望，并被饮食、欲望，甚至被身体构造引向了大地。在动物当中，被印入它之中的离心运动还是自身性的，它的所有冲动也多多少少仅仅是自身性的冲动。反之在人当中，随着核心彻底进入他内部，离心运动又将向心运动接纳到自身之中；过去在动物当中仅仅停留在自身性状态的东西，如今在人当中**作为**自身性东西的同时也在

---

① 阅读下文时，可参读接下来要出版的（前一卷中的）《艺术哲学》，第604页。——原编者注
　　"前一卷"指《谢林全集》第5卷。中译文见谢林：《艺术哲学》，第280页。——译者注

其自身是美好的，并具有了就其自身而言的价值。植物仅仅是大地的一个器官，但却是那样一种器官，通过该器官植物只对太阳言说（就此而言植物比动物更高贵）；动物是太阳的一个器官，但通过这个器官动物只对**大地**言说。①反之人则像动物一样挣脱了大地，又像植物一样直立。他是大地的器官，这就使得大地不仅容纳了太阳，还容纳了整个天穹，依照关于大自然的那句古老的格言来说就是：

> 大自然赋予人一副崇高的脸庞，使他
> 仰望天际，高高瞥向星辰。②

但人同样是太阳的器官，太阳凭借这个器官得以认识地球并向地球言说；而人这样一个可见的上帝在地球上徜徉漫步，通过他的运动将近处与远处连接起来，并且如大自然一般改造和形塑万物。

正如我们在天体那里已经发现的，绝对性与独立性在空间内部表现为立方体。然而人依照他的身材形式而言如若不是大自然最完备和最成功的立方体，又是什么？——即便开普勒也在某处这样评论过。或者说，大自然在哪一种造物中比起在人身上更明确和更独立地造就与呈现过立方体的六个面（人从上到下、从后到前，如从左右两边来看那般，都最为显著地得到了完善和成全）？人也由此被刻画为植物与动物的同一性。在植物当中，上端和下端明确出现在花朵和根部（长度被生产出来，并在其端点上显著地得到完善），但

---

① 文中"对太阳言说"和"对大地言说"分别象征植物向上生长和动物脸面朝下。——译者注
② 诗句源自奥维德的《变形记》，在流传为格言的过程中一些语句发生了变化，比如这里的"大自然"在奥维德那里原本是"神"。——译者注

作为完善维度的宽度则被从它那里褫夺了,因为植物在长度上分裂而成的两半各自都没有清晰地分离,正如这两半之间也看不出什么纯粹而明确的同一性。在植物当中,同样没有任何前后之别,即没有第三个维度上的分别。在动物当中,随着独立运动(那是植物所缺乏的)一道虽然确乎有第二个维度被造就了,然而第一个维度反而模糊不清,没有了真实的上下之别;本应是上下之别的东西在这里成了前后之别,反之本应是前后之别的东西却成了上下之别;因此根本没有明确造就宽度之外的任何一个维度;其他那些维度还模糊不清。

但在人当中,这些维度一清二楚,明显以完善的和完全平衡的方式出现了。人与植物相同的是通过头与足在上方和下方得到明显的成全,与动物相同的是通过主动器官与感觉器官达到在前后两面得到明显的完善,在这些器官中最高贵的那些全都是以双份的方式被产生的,这就使得将人的身体划分为对称的两半的那条线不像在动物身上那样是水平的,而是垂直的。第三个维度(前与后)最高的和最明确的完善是在头部达到的,那里前部出现在庄严高贵的额头上(额头在动物那里萎缩了),那里大自然在脑部的构成物中仿佛再次浓缩了整个人,努力产生出双重立方体①,因为大自然在一个独立的构成物中(即在小脑中)使后部与前部(即大脑)相对立,正如在大脑的两个半脑的那种对称的构造中,宽度得以产生。

反之,我们曾找到平方作为时间上的绝对性或独立性的表现。但就人认识**作为其自身的其自身**而言,人的确只是人;若是褫夺了他认识作为其自身的其自身的特权,他就不再是人,而是动物了;因而

---

① 从下文来看,"双重立方体"指大脑与小脑。——译者注

人只有作为其自身的平方时才适得其所，正如时间只有作为其自身的平方时才适得其所。

因此也是在人当中，正如在天体当中一般，普遍东西（人当中对应于时间的东西，即主体）与特殊东西（人当中对应于空间，成为客体的东西）的关系便是一个正方形与立方体的关系，而人因此同时也就成了天体的直接形象，即成了实体的直接形象，就实体通过天体显现而言。

但即便外部的协同一致，也已经在感性意义上呈现出地球与世界构造的形象了。温克尔曼将一个人身上肌肉的颤动、升降与一片美妙景色中的同类现象相比，比如土地在其表面上便聚集了呈现给视线的一切美景。这样说来，人的身形尤其堪比大地与天空的一幅微缩画，因为生命与运动作为内部推动力的产物，集中体现在表面，使得整个表面成了敏感的器官。正如世界体系中材料的再生与加工的种种器官与推动力被接向内部，也正如这个永生的大全动物（Allthier）①使其感觉器官在太阳中，使其运动或肌肉在行星中向外表现出来，人的身形也是如此，它本身在静止的时候表现出一个封闭的和彻底均衡的运动体系。

VI, 491

因而人是所有生物的典范，天然具有宇宙的和谐与协调，是无潜能阶次的同一性的无潜能阶次的形象，他不仅存在于核心**中**，同时还**是**核心本身，因此与他所知的万物处在直接的、内在的共同性与同一性中；全局意义上和局部意义上的大自然的所有运动，现实性的一切形式，大地和天空的一切性质，都浓缩在他当中。一言以蔽

---

① 指世界体系，或者被比作动物的大全。——译者注

之，他是微缩意义上的世界体系、充盈无限实体，类同于缩小版的、成了人的上帝。

附释。在人当中，正如在天体当中，普遍东西或主观东西表现为其自身的一个正方形，特殊东西或客观东西表现为完成了的立方体；天体的**运动**专门在人当中显现为**语言**，而语言与理性的关系，正是天体的运行与天体固有的同一性的那种关系。原因在于，正如就天体而言普遍东西、变得绝对的时间、天体的无限灵魂，在作为身体、作为躯体的天体中通过适当的、时快时慢却富有节律的运动而进行直观和呈现出来（与天体等量齐观），理性的一般东西在语言中也通过准确的、组织精良的和有分寸的运动表现出来。语言在其诞生之初便立即追求有节律的运动，凭借这种运动，即便语言的个别要素也在其自身中具有了时间。节律是离心运动，因此诗又是天体的最高形象。语言是大自然的至高点；语言成了言辞、肉身[1]，成了无限的、永恒的肯定，这种肯定在宇宙中发生回响，在语言中最终彻底被卷入运动，又成了一片混乱（这场混乱波及事物的一切特殊性以及整个宇宙）。语言是空间彻底被时间支配，总体性彻底被同一性支配；它直接呈现出某个无限者并抓住它不放，正如时间循环时在空间中凭着直观活动将天体的客观大全性抓住不放。语言是主体的自由生命、永恒扩张，以及向其自身的永恒回归，像是循环一般。[2]

---

[1] 这里明显指涉《旧约·创世记》开篇的"太初有言"（λόγος, Wort）与基督教的"道成肉身"（Fleisch）。——译者注

[2] 首先可参见《艺术哲学》，第635页。——原编者注
中译文见谢林：《艺术哲学》，第312—313页。——译者注

* * *

现在我们再简要纵观一下最终发展起来的种种关系。

大自然承载事物的三个潜能阶次并将其囊括在自身之内。凭借第一潜能阶次，事物在特殊性中或在空间中具有了某种生命；通过第二潜能阶次，它们在普遍东西中或在时间中也具有了某种生命，然而这种生命与前一种生命还是对立的；在第三潜能阶次中，前两个潜能阶次统一起来，而且在时间中具有某种生命的东西也在空间中持存（不断被再生）。**然而**在所有这些潜能阶次中事物都还根本不是**在其自身**的东西，它们仅就其处在实体之中而言才存在着，它们全都以与实体的关系为其根据。因而在这些特殊事物之外，还有所有这些事物的根据、本质与同一性，即还有实体；而由于各种事物显现出来，实体也就显现出来。然而对于各种有形的事物而言，实体也能仅仅作为有形事物的同一性显现出来；但它本身**并非有形的**。我们当然可以随意钻探到大地深处，这样我们就会发现（比如说）土壤、金属和其他一些有形事物，但这些事物的确不是实体本身，后者作为本质，作为先于（a priori）所有这些有形事物的东西，本身必然并非**有形的**。因而当我们着眼于同一性方面而将天体**本身**视为物体①时，那不过是一种感性幻觉。从天体内部的所有个别东西都是有形的出发，并不能得出普遍东西也是有形的；普遍东西毋宁必然是纯粹的、无偏向的实体。由于同一种感性幻觉使我们认为没有认识**在其自身而言**的实体，而是仅仅在关系中认识实体，我们再进一步设定别的

---

① 从德文字面来看，"天体"（Weltkörper）含有"物体"（Körper）的意思。——译者注

某个东西,将其与在关系中被考察的东西对立起来,那个东西同样还不是在其自身而言的实体,而是像物体一样,又是一个相对的东西(核心天体①),如此以至于无穷。但如果我们超越于感性考察之上,那么我们所谓的天体便不是**物体**,它是无限实体自身,这实体直截了当地来看既非客观的,亦非主观的。因而如果我们拿掉世界体系的所有那些由想象与主观考察方式附会上去的规定,该体系也就不再仅仅是无限实体的现象或摹本,而是这实体自身。原因在于,如果世界体系或天体显现为实体的某个**客观实在的**摹本,那么这就只是相对于特殊事物而言的,只是就天体对特殊事物表现为根据而言的,而我们一开始也是这样看待世界体系的。但在理性面前(依照§257,在理性中主体与客体的一切差别都消失了),世界体系也不再是**客观的**,它是绝对的同一性,是无规定的永恒实体。

因而仅仅在相对的和感性的意义上被考察时,通过天体显现出来的那个实体,便在自身中直接承载着事物的前述三个潜能阶次,但它也必定超出这些潜能阶次之外而设定其自身的无潜能阶次的形象,即人;在人当中客观因素类同于无限的大自然自身,是无潜能阶次的,而且在人当中,正因此这客观因素产生于与作为本质或主体的无限大自然的差别,因而客观因素变得类同于主体,而无限实体自身在特殊东西中也认出自身**是**绝对同一性。然而永恒同一性的这种自我认识活动就是理性。因此在理性中一切对立都归于消亡;在理性中没有任何实在大自然,也没有任何观念大自然,只有一种无限且永

---

① 指地球、土星、木星这样的天体相对于其内部的万物以及它的卫星而言,是一个核心。——译者注

恒的大自然，而且当我们这样将构造回溯到它的起点之后（因为构造正是从关于绝对的、无规定的同一性的这种理念出发的），我们在狭义上所谓的自然哲学，即所谓的实在世界的构造，同时也便告终了。只不过既然**实在**大全实际上是整个无限大全，而实在大全与观念大全的一切区别皆属现象，因而实在世界与观念世界又是同一个无限大自然，那么真正说来整个哲学都是**自然哲学**——关于大全的学说。——因而在我们现在要进行过渡的这个当口，诸位切莫以为有什么断裂，毋宁要把这里当成是彻底连贯的。所谓的实在大全已经是**整个大全**，真正看来是上帝的无限实体本身；我们所见的能从它当中进一步产生的东西，只不过是另一种显现方式，而不是另一个世界。

C) 观念世界及其潜能阶次的构造

我们凭着构造，如今正好站在哲学的绝对无差别之点——站在**理性**这里。因而当我们在这里专门阐述关于理性和关于实在东西与观念东西在理性中绝对成为一体的学说时，我们实际上不过是在一个微缩的面向上重述哲学本身的那些最高原理。

因而当我们接下来考察理性的本质时，在接下来的几个命题中我们立马就要说出大自然的绝对同一性。

§260. 大自然显现为实在的，仅就理性对于某个特殊事物被设定或在主观上被设定，即仅就它并非在其自身且直截了当地被考察而言。——理性是客观东西与主观东西的彻底的、绝对的同一性，或者说它实实在在地被设定下来，仅就一个**特殊的**事物，即人，被设定为无限实体的无潜能阶次的形象而言。因此理性首先可以在其自身且直截了当地被考察；在这个关联下理性不是别的，只是客观东西与主观东西的那个肯定着其自身的统一体，即直截了当被考察的那个肯定着其自身的绝对者。然后它也能在与某个特殊事物的关联下，即能仅仅主观地被考察了。最后大自然也必然只能向一些特殊事物显现（即并不**在其自身**显现），而且既然对于一些并不像在理性中那般**类同**于它的特殊东西，大自然仅仅显现为**根据**，因而仅仅实实在在地、客观地显现，那么一般说来仅就理性并非直截了当地，而是就其本身主观上与一个作为理性主体的特殊事物相关联地被考察而言，大自然才显现为**实在的**。但大自然也**只有**在那时才显现为实在的。原因在于，如果理性直截了当地和在其自身被考察，那么在它之中直接被认识的不是别的，正是显现为客观的东西与主观东西的绝对一体状态，这就是说，下面这一点被认识到，即大自然在其自身而言并非客观的，但也并非主观的，因而它只是绝对同一性，这种同一性就是无限的、无偏向的实体本身。

　　由于人类没有能力**在理性本身中**从作为理性主体的自身那里抽身而出，因而由于人类考察理性时并非是在其自身而言，并非**普遍地**和直截了当地进行的，而是在主观上将其当作**他们的**理性来考察的，哲学中的一切迷误便产生了，尤其是那样一个根本迷误，即对绝对者不可能有任何认识，这个迷误无非是说，根本没有理性。

　　理性根本不是什么主观东西，正因此也根本不是什么客观东西。因此即便对于作为理性的理性而言，也根本没有任何东西是客观的，而且没有任何东西是主观的，唯一被理性肯定的东西毋宁是直截了当的一，是主体与客体的那种没有任何进一步规定的绝对同一性，即上帝的本质本身。

诸位在这里亦须留意考察的立足点上的区别，即立足于总体性与立足于一个个事物的区别。立足于**一个个事物**来看，大自然显得是客观的，因为大自然对一个个事物表现为它们的根据；但在其自身而言或立足于总体性来看（这个立足点与理性的立足点是一体的），大自然显现为无限的和绝对的实体本身，该实体在其自身而言既非实在的，亦非观念的，而恰恰是绝对者。

§261. **在理性中同一性绝对囊括了总体性，并设定后者与其自身相类同。**——原因在于，理性中的客观东西类同于大全，因而类同于总体性。现在就主观东西是主观东西而言，它对客观东西表现为进行认识者、肯定性东西，因而表现为同一性。因而如果在理性中客观东西变得与主观东西相类同并合为一体，那么总体性便与同一性也合为一体，而且同一性设定总体性与其自身相类同。动物性与理性的区别恰恰取决于是否有总体性被同一性囊括的这个活动。即便在动物中，对于个别情形而言客观根据与本质都是合一的（§235），但客观东西在这里绝不被设定为与总体性绝对类同的，因而也绝不被设定为与同一性绝对类同的。

§262. **在理性中存在着永恒性，而通过理性认识事物便意味着将事物认作永恒。**存在着永恒性，是因为总体性在这里被设定为同一性，无限性被设定为一体的。但这恰恰就是永恒性。因而在理性中，经验上的无限性，即真正的无限性的假象，被消除了，无限性在这里成了某种当前的、绝对的无限性。——该命题的第二部分不言而喻。

§263. 但每一种肯定，或者换言之，每一种认识，都是真实的，

VI, 497

每一种认识都间接或直接表现出客观东西与主观东西的绝对同一性。原因在于,只有对某种存在着的东西进行肯定的一种认识才是真正的认识。但现在看来只有一才是真确的(依照§25与§26),即只有无限实体才是真确的,而无限实体本身既非主观的,亦非客观的,而是绝对同一性。此证。

对真理的通常定义是:概念与对象相符合,仿佛概念与对象是两个不同的事物似的,而且(大约)对象是原件,概念是复本。只有在理性中和在绝对者中,才不存在任何本身并不直接被肯定的概念、肯定性东西,反之亦然。因而在理性中完全没有任何双重性,只有一体,这一体不是实在的,也不是观念的,而是这两种情形的同一性。

附释。①因而根本没有什么主观真理,也根本没有什么客观真理。一切单纯主观的或单纯客观的真理都必然不是真理,而且在绝对的意义上看,必然是谬误。

同样的意思也能表述如下。每一种肯定或每一个概念,若是被关联到直截了当的无差别东西、绝对同一性之上,便是绝对真的。反之,每一种仅仅相对于一个特殊的主观东西被做出的肯定,因而一般来说每一个主观概念,都必然是错的。

§264. 真理又只有通过绝对者才是可能的。——原因在于,在每一种真正的认识中都提出了那样的要求,即概念、肯定性东西,也直接是客观东西、实体本身,观念东西类同于实在东西。但只有

---

① 原文为"附释1",但后文中并无相应的"附释2",故此处序号应为作者或原编者笔误。——译者注

在绝对者中，双方才没有任何差别，因而真理只有通过绝对者才是可能的，而绝对者则是一切真理的根据、实体、主观东西与客观东西。

§265. **在其自身而言，存在着的既不是一个实在世界，也不是一个观念世界，因为只有一个宇宙，也只有一个无限实体。**——一个实在世界或客观世界（依照§258）仅仅对于理性而言才存在，它不是在绝对的意义上和在其自身而言被看待，而是在相对的意义上（即相对于某个特殊主体）或在主观意义上被看待的。一个主观世界或观念世界同样仅就一个客观世界或实在世界被设定了而言才存在。现在由于一个客观世界或实在世界并非在其自身而言存在的，所以主观世界或观念世界也并非在其自身而言存在的，因而只有**一个**宇宙——**一**个无限大自然——存在，一切我们因此而可以规定为实在或观念的东西，都不过是这个宇宙的完全同等级的现象。

§266. **就绝对者而言或者在其自身而言，万物中的实在东西和观念东西都直接是一体的，也直接是同一个事物，而且并非在相对的意义上是类同的，而是在其自身而言是类同的。**——实在东西和观念东西**直接**是一体的。这就是说，并非有一个实在东西，然后在它之外还有一个观念东西，使得只有两者**结合起来**或综合起来才产生真实的实在东西和真实的事物，而是实在东西为其自身而言就是**完整的**事物；但同一个完整的事物存在，乃是就其既是实在的，也是观念的而言的，这就是说，是就实在东西与观念东西本身是同一个事物而言，只不过是在不同的方面被考察罢了（物质作为物质也已经是知觉——是单子了，正如莱布尼茨表述的那样）。

§267. **实在东西的一切形式**在其自身来看和真正来看**也是观念**

东西的形式，反之亦然。——由于这个命题无需进一步的证明，所以问题的关键仅仅在于，在存在的个别形式上证实实在东西与观念东西的这种同一性。见下文中的几个命题。

§268. **物质的实在统一性**（它使物质得以在其自身中存在），作为存在的形式也直接是知觉的形式（自我意识）；**观念统一性**（或者使它得以在其他事物之中存在的统一性），作为存在的形式也是物质中的知觉的形式（感情），**最终第三种统一性**，也就是将前两者等量齐观的那种统一性，作为存在的形式也直接是——直观。

自我意识是观念东西中的第一个维度，是将统一性设定到多样性中、将同一性设定到差别中的活动。因而在物质性事物中第一个维度（它使这些事物在空间中的延展得到规定，使它们的凝聚性得到规定）作为存在的形式，也直接是自我意识的形式，正如我们看到的，磁针（比如说）凭借这种形式便具有了对它自身外的其他事物的某种现实的知觉。

感情类同于第二个维度。原因在于，深入感情中来看，总是有某种差别被接纳到同一性中，感情是那样的东西，通过它一个事物开始越出自身之外，走向其他事物；因而在物质中被第二个维度设定的那些质也直接如其本然地是物质中的知觉的一些形式，即感情的一些形式。

最后，**直观**是那样的东西，通过它一个事物越出其自身之外，走向其他事物，并在自身中将其他事物设定为他者；因而它对应第三个维度。真正的实在东西，即实在东西中的实体，作为**实在**东西也因此而直接是观念东西，即对实体的一种直观。因此大自然中的物体仿佛只是熄灭了的直观，是一些质，是大自然凝固了的感情。大自然本身作为实在实体,也直接是**观念**实体,这就是说,真正说来它既非单纯实在的,亦非单纯观念的,而正是绝对实体。

§269. 在大自然中,就大自然而言,绝对地看,各潜能阶次在同样的意义上作为实在东西的潜能阶次的同时也是观念东西的潜能阶次。——第一潜能阶次是大自然的**反映**,那里大自然自身作为普遍东西反映到特殊东西中,作为统一性反映在多样性中,使自身成为自身的客体。就大自然而言,另一个潜能阶次是**归摄**的潜能阶次,由此大自然将作为差别的其自身收回到同一性中,将作为特殊东西的其自身收回到普遍东西中。第三潜能阶次是大自然的**想象力**,由此大自然使作为普遍东西与特殊东西的同一性的其自身客观地呈现出来。世界体系的合规律性说到底是大自然的**理性**,即绝对无潜能阶次者,万物都化解到它之中。(自我意识、感情和直观是个别东西中各潜能阶次的表现,或观念东西中的各维度。在整体上而言或作为潜能阶次而言,对应于自我意识的是反映[康德的反思判断力][1],对应于感情的是归摄[康德的归摄判断力],对应于直观的是想象力[康德的审美判断力]。这三个维度和潜能阶次现在也在大自然中被呈现出来,而它们[2]与大自然的各潜能阶次的同一性也不仅仅是我们玩的一个比喻游戏,**真正说来乃是**(比如说)那样的**变形**,凭借该变形,大自然构形了一系列物体,那些物体无非是大自然本身的反映[就大自然而言存在与知觉合一];事物的动力学生命也同样只是永恒的归摄,正如有机组织是大自然的想象力。)

---

[1] 此处以及本段下文中的三处方括号及其内容均为原文所有。——译者注
[2] 指自我意识、感情和直观。——译者注

§270. **在实在东西与观念东西、存在与思维之间根本不可能有什么因果关联**,或者说,**思维永远不可能是存在中的某种规定的原因,或者反过来说,存在永远不可能是思维中的某种规定的原因**。——原因在于,实在东西与观念东西只是同一个实体的不同方面;因而它们不能影响对方内部的东西,正如一个实体不能影响其自身内部的东西。它们也绝不像两个不同的事物相协调那样协调起来,对于两个不同的事物而言和谐的根据在某个别的东西中,正如人们理解莱布尼茨的和谐并通过两架钟表的例子阐释的那样;它们协调起来,恰恰是因为它们并非不同的东西,因为它们不过是同一个实体罢了。正如(用一个完全明确的例子来说)一个人若是(比如说)有两个名字,但还是同一个人,而那个叫作A的人,与叫作B的人协调起来,做同样的事情,这不是因为他们通过某种东西被结合起来,或因为一个规定了另一个,而是因为叫作A的那个人与叫作B的那个人事实上不过是同一个人罢了。

§271. **在一事物内部被设定的任何规定,就该事物被设想为实在性的样式而言,也必须仅仅从实在东西或存在出发,而不是从观念东西或思维出发被理解;反之在一事物内部被设定的任何规定,就该事物被设想为观念性的样式而言,也必须仅仅从观念东西或思维,而不是从实在东西或存在出发被理解**。

原因在于,既然每个事物,包括实在东西和观念东西,都是整个实体,或者说,既然我在思考实在东西或观念东西时真正说来只是在思考整个实体,那么我也能完全从实在东西出发理解我已视作实在性的样式的东西,反之亦然;正如依照前一个命题,总归是没有任何东西能被设想成另一个事物中的某种规定的原因或肇始者的。因而，比如说，我设想为身体的某个规定的东西，作为身体的规定，也必须仅仅从这身体出发来理解，仿佛在它之外什么都没有似的。我无法，比如说，将身体的任何运动解释成一个概念所起的作用，或灵魂中的某种肯定所起的作用，但也不能通过身体的某种规定或身体对灵魂的某种作用来解释灵魂中的任何肯定。

凭着这个命题，真正说来我们现在首先要过渡到哲学的**观念方面**的构造上去。我要再次重申的是，这个构造只是大自然的或宇宙的构造的延续，就宇宙既非实在的，亦非观念的而言，而能从宇宙中进一步发展出来的东西也只不过是换了一种显现方式，在本质上却绝非不同于我们在大自然中已经认识过的东西。

§272. **没有任何东西能被设定为实在的，如果不是直接地（并非同时，而是在类同的意义上和在同一个潜能阶次上）也被设定为观念的；反之也没有任何东西能被设定为观念的，如果不是在同一个潜能阶次上也被设定为实在的。**——原因在于，在上帝内部，没有任何肯定是缺乏与之直接相应的被肯定状态的，也没有任何被肯定状态本身并非直接是一种肯定活动的；因为这正是上帝的理念。现在既然万物只像它们凭借上帝理念存在那般存在（凭借该理念没有任何观念东西本身并非直接就是实在的，反之亦然），所以就得出上述命题。

§273. **一切实存的必然形式都是个体，这就是说，身体作为身体也直接是灵魂，灵魂作为灵魂也直接是身体。**——原因在于，个体的概念恰恰**不是**两个不同的东西①结合起来，而是同一个事物作

---

① 指身体与灵魂。——译者注

为同一个事物既是一方，也是另一方。现在既然这正是实在东西与观念东西、身体与灵魂的关系，那么个体就是一切实存的必然形式。（身体与灵魂的概念，和被肯定者与进行肯定者、实在东西与观念东西的概念相同一，这一点我依照§64中给出的阐释预设下来了。）

§274. **一事物的概念或肯定，在上帝内部与万物的概念或肯定并非相分离的。**——没有任何个别东西在其自身中便含有其定在的根据，因为在它那里存在并非从概念得出的（§7）。因而它能存在，仅仅是就它的概念被接纳和被包含在上帝的无限概念之中而言的，因为只有从这一无限概念中才能直接得出存在。但现在看来，上帝的无限概念并非直接是特殊东西的概念，而是大全的概念，而且仅仅通过大全的概念才也成为特殊东西的概念。由此才有了上述命题。

§275. **落入一个纯粹有限事物中的**（就它并非在客体方面就已经是无限的，而是依照大全而言是无限的而言），**并非被视为万物的概念的那种概念，而是那种概念，它仅仅被视为该事物本身的概念，被视为某个有限概念。** 原因在于，（依照§271）与实在东西相应的只有同一潜能阶次上的一个观念东西。因而事物的情形才会如本命题所述。然而在大自然中（那里万物的无限概念，即光，作为**无限概念**落于一个个有形事物之外），有机组织（因为它在客观上已经是无限的了）已经接纳了作为其他事物概念的光，其程度与它在客观上无限的程度成正比。

§276. **灵魂作为灵魂只是无限肯定的一种样式，正如身体作为身体只是无限的被肯定状态或无限的实在性的一种样式。**——该命题不言而喻，因为身体与灵魂一体，而适用于一方的情形，也适用于另一方。

§277. **无限肯定的一种样式**（量上的差别）**只有通过如下方式才作为样式而实存**（即无限肯定本身作为样式而实存），**即该样式a) 是一个实存着的事物的概念，且b) 与该事物绝对合一**。原因首先在于，一般来说实存着的只有认识活动与存在的绝对同一性。现在看来，如果事物既是存在的一种样式，也是认识活动的概念，那么无限认识活动的样式并不实存，如果没有无限存在的类同样式实存的话，即如果以该模式为其概念的那个事物不是也同样实存的话。然而现在看来，该事物的实存和该实存的概念（出于同样的理由）又是同一个。因而无限肯定的每一个样式的实存都仅仅是因为，它是一个实存着的事物的概念或无限存在的一个实存着的样式的概念。这就是说，实存的概念和实存本身无法成为**一个东西**，如果不是这事物本身和概念也合为一个东西的话。因而无限肯定的每一个样式都只有通过与一个实存着的事物绝对同一，才会实存，而且如果我们想把话彻底说明白，那么可以说实存着的既不是概念，也不是自顾自的事物，而只是**一个**不可分割的东西，这东西可以完全同等程度上被视作概念与事物，或者说（由于它作为概念和作为事物都被设想为实存着的）可以在完全同等程度上被视作灵魂与身体。

VI, 504

§278. **无限肯定**（无限概念）**本身只有通过如下方式才能实存，即它作为无限肯定是一个个别的实存事物的灵魂。**

注释。观念东西序列的构造尤其与**这个**命题相关，而且这个命题构成了过渡。

证明。原因在于，无限肯定的一个样式之所以实存，只是因为它是一个实存着的事物的概念，并与该事物**彻底合一**，即只是因为它是这个事物的灵魂（依照§277）；因而无限肯定之所以实存，只是因为它是一个实存着的事物的概念,并与该事物彻底合一,即只是因为它是这个实存着的事物的灵魂。

§279. 无限肯定(本身)只有通过如下方式才成为一个实存着的事物的灵魂,即这个事物通过现实性而在自身中呈现了无限的可能性,即在自身中呈现了宇宙或总体性。

证明。原因在于,无限肯定的每一个样式之所以是一个事物的灵魂,都只是因为它与实存着的事物彻底而绝对合一(它甚至仅仅在客观方面是这个事物)。因而**如其本然的无限肯定便是一个事物的灵魂**,因为它与这个事物完全合一,而这个事物也与它完全合一。然而现在看来,无限肯定不是别的,只是无限的**可能性**,但事物却是无限现实性或存在的一个样式。照此看来无限认识活动不可能与事物绝对合一,因此这个事物的灵魂存在,乃是就该事物包含了由现实性设定下来的整个无限可能性而言的,即就它呈现出总体性或宇宙,并在实在的方面已经完满表现了理念而言的。

注释。通过现实性对无限可能性的最完满呈现仅仅发生于完满的、无潜能阶次的有机组织中(这一点在自然哲学部分已证明)。因此事物的层级序列便可以如下这般,比以往更确切地被勾勒出来。——一个个有形事物本身只是存在或认识活动的样式(只是实在东西或观念东西的样式,视情况而定,因为在绝对者中同一个东西既是**实在的**,也是**观念的**),但(依照§274)无限概念(也就是使得这些事物成其所是的那种肯定)并不在这些事物本身中,而在无限者中:这正是这些事物的有限性之所在。仅当那个概念由这些事物的本性表现出来而言,在这些事物中才可以说有那个概念。因而这些事物只是无限的(并不延伸到一个个事物上,而是延伸到整个宇宙上的）肯定的被动样式，它们只是通过该肯定被设定，没有反过来设定该肯定并将它接纳到自身中；而且无限肯定完全没有通过这些事物被设定为肯定，被设定为**行动**。——在更高潜能阶次（有机物潜能阶次）上，无限肯定的每一个被动样式都有一个**主动**样式与之相应。动物是无限肯定的**主动**样式；通过它们，认识活动才现实地被设定**为**认识活动，被设定为行动，尽管不同的活动具有量上的差别。因而世界在这里开启了自身。它们通过其身体表现出来的无限肯定的那种样式，同时也**作为**肯定的样式，作为**行动**，落于动物本身中；因而每一个动物除了是一个事物之外，还是世界直观①的一个**主动**样式，而从主动的世界直观中落入每一个动物身上的东西，就像它通过其有机组织表现出来的那么多。只不过即便最完满的动物也不过是世界直观的一个**样式**，是无限肯定的一个样式罢了。因而在（通过动物表现出来的）特定的、量上的差别之下来看，进行直观的并不是动物，而是无限性本身。作为（qua）②动物的动物只不过是直观活动的一个特定的主动样式，而不是进行直观的东西本身；因为否则的话它就与无限者同一了，它内部的客体就是主体了。只有最完满有机体的灵魂（它通过现实性呈现出全部可能性）才不是无限肯定的一个样式，而是无限肯定本身。这种最完满的有机体就是人——无限者在有限者内部最成功的呈现。

阐释。个别有形事物在其自身来看显现为无限认识活动或无限肯定的一个单纯被动的样式，因为无限认识活动本身并未如其本然

VI, 506

---

① 这里"世界直观"（Weltanschauung）在德文字面上虽然与现今常说的"世界观"相同，却是在字面本义上使用的，因而按字面翻译。——译者注
② 此为意译。——译者注

地被构形到它之中。动物由于在其概念中同时包含了其他事物的概念，或者说由于在自身中呈现的不仅仅是个别事物，而是宇宙的一个部分，它便是无限认识活动本身的一个样式。因而有机的东西是无限认识活动的**主动**样式，而这些东西的完满性则受到宇宙的那样一个部分的大小的规定，该部分的概念被包含于它们的身体的概念之中。完满的有机物（万物的概念与该有机体的概念结合在一起）的**灵魂**是无限认识活动本身——而且无限认识活动通过**该有机物**才被设定为认识活动，被设定为实存着的。

§280. 如果无限认识活动仅仅被设想为这个特定事物的灵魂，那么它也不过是无限认识活动（以及对无限存在的那种认识活动）的一种样式，但直截了当地和在其自身来看，该认识活动却不是灵魂，而是灵魂本身的概念，因而是一切灵魂所共有的东西。——该命题真正说来是不言而喻的，也无需任何证明，只需阐释一下。

无限肯定通过无限存在的一个样式（即通过存在的那样一个样式，在其中**整个**绝对肯定在实在方面被表现出来），被设定为实存着的。然而现在看来，有两种考察方式：或者是无限肯定仅仅被关联到存在的**这个**样式上，即被关联到**这个身体**上，那时无限肯定也**仅仅**是这个身体和这些事物的**灵魂**，就其自行与这个身体相关联而言。但如果无限肯定**在其自身**被考察，它就不仅仅是这个身体的灵魂，因为就此而言它是万物本身的无限肯定，就此而言它也是灵魂的**概念**。在前一种情况下它是量上的差别，在后一种情况下它是无差别状态。因而在进入观念世界时，量上的差别与无差别状态的对立又直接显示出来。

§281. 正是a）由于无限的认识——绝对认识的观念性方面——

被设定为某个特定事物的灵魂，它也才被设定为灵魂的概念；而b) **灵魂的这个概念与灵魂同样是合一的，正如灵魂与身体是合一的**（或者说：灵魂被设定为客观的，与被设定为主观的，这两种情况下灵魂又分别表现为身体与灵魂）。①

证明。原因在于，关于该命题的**第一**部分，无限认识活动是特定事物的**灵魂**，那么就此而言它本身就是量上的差别。然而现在看来，根据假设（ex hypothesi），它同时被设定为**无限**认识活动；它本身只能表现为无限可能性，即表现为灵魂的概念，就这种无限可能性是一个事物的灵魂，因而本身是个别的和现实的而言。因而无限认识活动在被设定为某个事物的灵魂时，同时也直接被设定为灵魂的概念。照此看来，我们在这里设定为相互对立的灵魂与灵魂概念的东西，只不过是同一个东西的两个不同的，但又必要的方面。无限认识活动在被看作**这个**事物的直接灵魂的情况下，本身就是量上的差别；该认识活动在直截了当被看待的情况下乃是前面那同一个东西的无限可能性，因而也是**这个**事物的灵魂的无限可能性。——然而现在看来，**其次**②，无限认识活动作为这个特定事物的灵魂，乃是**客体**；无限认识活动就其不是**这个**事物的**灵魂**，而是直截了当被看

VI, 508

---

① 各位在阅读下文时尤其可参见《布鲁诺》，第4卷，第285页及其后几页。（1842年版见第133页及其后几页。）——原编者注

原编者所说的"第4卷"指《谢林全集》第4卷；"1842年版"指该对话录在1842年的一个单行本，版本信息如下：F. W. J. v. Schelling, *Bruno oder über das göttliche und natürliche Princip der Dinge. Ein Gespräch*, zweite unveränderte Auflage, Druck und Verlag von G. Reimer, Berlin 1842. 中译文见谢林：《布鲁诺》，庄振华译，北京：北京大学出版社，2020年，第92页及其后几页。——译者注

② 接下来要证明本节命题的第二部分。——译者注

待，是无限认识活动本身而言，乃是**主体**。因而作为一个**特定**事物的灵魂的无限认识活动与直截了当被看待的无限认识活动之间的关系，有如身体与灵魂之间的关系。照此看来，直截了当被看待的**无限认识活动**，即灵魂的**概念**，以及作为**这个**身体的灵魂的无限认识活动，即灵魂本身，恰恰是一体的，正如灵魂与身体是一体的，换言之：**灵魂本身**与灵魂的**概念**是一体的，而**与灵魂本身**（就这灵魂是无限认识活动而言）**一道也必然有灵魂的概念被设定下来**。

注释。如果要更正式地证明这个意思，那么可以说无限认识活动是纯粹的A=A。现在无限肯定只有通过成为某一个实存着的事物（=B）的灵魂，才被设定为实存着的。现在如果下面这一点被反思到，即无限认识活动是某一个实存着的样式（事物）的灵魂，而且如果无限认识活动仅仅被理解为如此这般的，那么它就必然被设定为A，即被设定为有限的。但无限认识活动就其是**这个**事物的灵魂而言，却也必然**直截了当**被设定为无限认识活动，即在双重关联下被设定。前者是量上的差别，后者是无差别状态，前者是个别的灵魂，后者是灵魂的概念。现在看来，只有在灵魂现实地是**无限认识活动本身**，因而只与那最完满有机体的灵魂一道存在的情况下，灵魂的**概念才能同时也**与灵魂本身一道被设定——这一点很重要。

§282. **在客观上被设定的无限认识活动是知识，无限认识活动的概念或与灵魂一道被设定的灵魂概念是意识的本原**。

证明。原因在于，1) 知识是**现实的**，因而是通过一个客体被设定，由此说来也是**客观上被设定的**认识活动。但它不只是完全在客观上被设定的认识活动，也是一种**无限的**认识活动；因为每一种知识都不仅仅是一般认识活动，也是一种无限的认识活动，因而与知识一道也出现了知识的知识。因而知识是一种在客观上被设定的无限认识活动，照此看来反过来也可以说一种客观上被设定的无限认识就是知识。（正如§23中已经指明的，一种无限的肯定并非一种单纯的肯定，而是那样一种肯定，它又肯定其自身。因而**知识**只有当作为无限肯定的**灵魂**存在时才存在。比如在动物那里就没有这样的事情，在它那里有某种自我意识的客观表现，即听觉，却不知道有这种意识。）2）无限认识活动的概念或与灵魂一道被设定的灵魂概念乃是意识的本原。原因在于，意识与知识或与被客观设定的认识活动的关系，就像概念与其客体的关系。因而意识是在客观上被设定的无限认识活动的概念；照此看来，反过来说无限认识活动的概念或与灵魂同时被设定的灵魂概念就是意识的本原。

系理1。与实存着的无限认识活动一道，意识也直接被设定下来了。原因在于，与无限认识活动一道，无限认识活动的概念也直接被设定下来了。

系理2。意识只有凭借完满的、无潜能阶次的有机体，才是可能的。原因在于，只有在最完满的有机体中，无限认识活动才被设定为实存着的，而**与灵魂**一道也有灵魂的概念被设定下来。

§283. **知识或在客观上被设定的无限认识活动是无限的，仅就其被关联到意识的本原上而言**。原因在于，仅就它被关联到意识上而言，它才不是被设定为无限认识活动的单纯样式，而是像§280中被证明的那样，被设定为无限认识活动本身，至少从形式方面来看是如此。即便我所知道的个别东西，我也是在无限的意义上知道的，就我有意识地知道它而言，因为我也知道我是知道的，如此等等。

§284. **在客观上被设定的无限认识活动被关联到意识的本原上或被关联到这种认识活动的概念上,便是自我性**。原因在于,仅就它被关联到意识的本原或无限认识活动的概念上而言,它本身才被设定为无限的(依照前一个命题)。然而现在看来,意识的本原或无限认识活动的概念在其自身而言是无限的:因而在这种关联中,被关联者与它被关联到其上的那个东西,即在客观上被设定的无限认识活动与无限认识活动本身的概念,乃是一体而不可区分的。但这种统一与不可区分的状态正是自我性。因而在客观上被设定的无限认识活动是无限的,仅就其被关联到意识的本原上而言。

注释。就上文这一证明而言,似乎还可以添加如下几个问题。

1)那么在客观上被设定的无限认识活动与概念的那种关联是何以发生的?对此我回答如下。在客观上被设定的无限认识活动与该认识活动的概念**在其自身而言**是一体的和同一个,它们的相互关系有如灵魂与身体的关系,以致在那在客观上被设定的认识活动中似乎不可能有任何东西不是也**在**作为可能性的这一认识活动的概念**中**存在的,而且在这一认识活动的概念中似乎也没有任何东西不是也在该概念的客体中存在的——只不过在那概念中是作为可能性,在这客体中是作为现实性。因而双方在其自身而言是结合起来的,而且直接凭借下面这一点而被设定为类同的,即无限认识活动一般而言被设定为实存着的,因而也是直接凭借下面这一点而被设定为类同的,即它被设定为一个实存着的事物的灵魂。因此自我性或在客观上被设定的认识活动与该认识活动的概念的这种同一性是与作为无限认识活动的无限认识活动的实存一道直接被设定的,而反过来说,只有通过**自我性**,即通过被客观设定的无限认识活动与无限认识活动的概念的同一性，无限认识活动本身才被设定为实存着的，单单自我性就是作为实存着的无限认识活动的完备表现而存在的（因为这里理所当然的是，无限认识活动为了实存，有时被设定为有限的，有时被设定为无限的）。

2）通过自我性表现出来的同一性本身与同一性的**概念**又是出自相同根基的同一个东西，因为我们这里已完全进入无限认识活动的地盘了。然而现在看来，在对一般意义上被设定的万物的无限认识活动中，也有概念直接被设定，而随着概念一道，也还有概念的概念被设定，这正是因为**无限**认识活动被设定了。所以前述同一性以及该同一性的概念在无限认识活动中同样是一体的，正如无限认识活动的实存活动（Existiren）与该实存活动的概念是一体的。一切无穷倒退在这里都被截断了；没有任何东西完全是单独被设定的，它的概念也被设定。（自我性绝非与它的概念不同的东西；它只有在如其本然地认识其自身时，才会存在。）

3）人们或许想否认自我性就是这种同一性。只不过关于这一点，我们可以部分仰仗直接的直观（die unmittelbare Anschauung），部分地要靠后文进一步澄清了。——自我性是客观上被设定的无限认识活动与无限认识活动的概念的同一性。然而现在看来，客观上被设定的无限认识活动处在与该认识活动的概念的同一性中。因而客观的认识活动与无限的认识活动这双方在这里是一体的，即双方都是无限的。而且这种同一性恰恰通过自我性表现出来。自我乃是无限者回到其自身中（das in-sich-selber-Kommen des Unendlichen）。当无限者在有限性形态下与其自身汇合时，无限者将有限者认作其自身。

§285. **无限认识活动的概念或意识的本原是一切先天（*a priori*）认识的本原**。原因在于，先天（a priori）认识被理解成那样一个概念，它无需其他东西，便作为与客体的观念性关联而成为真实的。然而现在看来，无限认识活动**仅仅在**意识**中**，仅仅**如其本然**，无需与某个客体产生任何实在性关联，便被设定下来。原因在于，它在意识中只以客观上被设定的无限认识活动，即只以其自身为直接对象。因而无限认识活动的概念或意识的本原是一切先天认识的本原。（在一般意义上而言，先天[a priori]认识就是无限认识活动，只不过考虑到前者与时间性事物的关联，可以说它并非独立于时间，而是对于**全部时间以及时间中的全部客体**而言存在的。）

§286. **一个客体的每个概念，在与该概念的客体没有任何实在关联的情况下是真实的，就该概念通过在客观上被设定的无限认识活动与无限认识活动的概念的直接关联而被洞察到而言**。——真正说来这个命题只不过是前一个命题的颠倒。一切先天（a priori）概念皆属此类。但在先天（a priori）概念中根本没有什么**绝对**真理。因为它们的根基在于，在客观上被设定的无限认识活动作为一种客观的认识活动，被关联到作为主体、作为客观认识活动之**可能性**的主体上。然而现在看来，主体并非在其自身而言便是可能性，而只是与某种现实性形成对立罢了。因此即便在这里，也只有一些仅仅可能的事物的概念（从这些概念中不能得出实在性。）

§287. **与每一个先天（*a priori*）概念结合在一起的不是某一个事物的概念，而是全部有限事物的概念**。原因在于，每一个概念就其被关联到认识活动的无限概念上而言，先天地（a priori）就是真实的。然而认识活动的无限概念却是**全部**事物的概念（只不过这概念在这里不是直截了当被设定，而是相对于客观的、有限的知识被设定的）。因而与每一个先天概念结合在一起的不是某一个事物的概念，而是全部有限事物的概念。

注释。一切进一步的构造都基于在客观意义上被设想的（有限的）认识与该认识的无限概念的对立。

§288. 对于在灵魂的直接客体（即身体）中发生的一切，在灵魂中也都必然有某种认识活动。原因在于，对于被设定到存在中的每一个规定，在无限肯定活动中都有一个概念，因而对于在存在的某个特定样式中被设定的每一个规定，在无限思维中便有一个概念，并非就该思维是绝对的而言，而是就它被看作直接的概念，即被看作这个事物的灵魂而言。因而在灵魂中必然有对被设定到其直接客体（即身体）中的每一种规定的某种认识活动。

注释。早前已经得到证明的是，此事无需灵魂与身体之间任何直接或间接（比如通过前定和谐[per harmoniam praestabilitam]而来的）的因果关系便发生了。对存在的某种规定的**认识活动**和这种规定本身是**一体**的和同一的，两者都被关联到绝对者之上，只不过是在不同的属性下被看待的。

§289. 灵魂认识身体，并非将身体与通过其他事物得到的那些规定割裂开来，而是唯有借助于这些规定的概念来进行。——证明。在身体概念中包含了其他事物的概念（因为——宇宙①）。因而身体概念在无限认识活动中，仅仅就此而言该认识活动受到其他事物的概念的刺激，但它受到其他事物的概念刺激乃是仅就它是这身体的

---

① "宇宙"（Universum）从拉丁词源（universus）来看有"大全"之意。——译者注

灵魂而言的。因而无限认识活动作为身体的灵魂而进行认识，即灵魂本身认识身体，如此等等。

附释。这些规定的概念在灵魂中相继而起，凭借的是使得这些规定本身在身体中相继而起的同一种必然性。**证明**。原因在于，灵魂不是别的，只是我们称作"身体"的那个事物的直接概念，而概念与事物却是一体的，因而身体的各规定的秩序与这些规定的概念的秩序是同一个，因此身体的这些规定的概念相继而起，凭借的是使得这些规定本身相继而起的同一种必然性。

§290. 灵魂认识其自身只能借助于身体的各规定的概念。原因在于，它认识自身一般而言只像它认识身体那样，或者说，作为客观东西的灵魂与灵魂的**概念**的关系（在已证明的意义上）就是灵魂本身与身体的那同一种关系。现在看来，灵魂认识身体仅仅是通过后者（通过其他事物而获得）的一些规定的概念而进行的，因而也认识了其自身（因而那是不充分的认识）。

我们现在掌握了对于推导出经过反思的（即相对于某一个事物而被设定的）认识活动的体系必不可少的全部概念。全部反思概念（Begriffe der Reflexion）是那样被规定的，即相对无限者被设定得与相对有限者对立起来，而两者又被综合起来。

§291. 通过无限概念在客观上和在主观上被设定而产生的认识活动的体系，乃是必然性的体系，受到可能性与现实性的规定。

说明。在那在其自身而言被看待的理性中，有着认识活动的体系，同时伴之以存在的体系。这一点已经得到了证明。然而这里谈论的认识活动的体系，乃是就其并不在总体性中（因而在与存在的体系的无差别状态中），而是被设定**为**认识活动的体系，被设定为观念性的、客观的东西而言。由于无限认识活动在客观上和在主观上被设定而产生的那个体系，乃是**知识**本身的体系；这里的知识指的不是思辨的知识，而是一般知识，即绝对意义上的哲学知识以外的、落于总体性之外的所有知识。

这个意义上的知识体系乃是一般意义上的普遍合理性的体系。现在来证明。——我说的是：通过无限概念的对立与相对同一性而产生的体系，乃是**必然性的体系**，受到可能性与现实性的规定。

证明：原因在于，意识以及与其一道的整个反思性知识体系都是那样被设定的，即无限概念同时在实在的意义上（就此而言是有限的）和在观念的意义上（就此而言**作为**无限的）被设定，而且在两个意义上被设定的无限概念也被相互关联起来。现在既然被设定为观念东西的无限概念是在客观意义上被设定的无限概念的单纯可能性，反之后者则包含了前者的现实性，双方在知识中却被设定为同一的，那么由于可能性与现实的同一性就是必然性，知识的一般体系便是受到可能性与现实性规定的那个必然性体系。

注释。那么依照本节命题，从受到可能性与现实性规定的那种必然性出发，一般知识的整个体系必定可以被推导出来，尽管那也是一个总体，却是一个单纯的反思总体（Reflexions-Totalität），因而也是哲学的许多种立场之一，但只是一种一般知识的哲学，像在康德那里一样。

在我确切显明这一点之前，还需做出如下评论。

可能性、现实性、必然性这三个概念对应三种基本的认识行动（所有事物都是这些行动的被动表现），即自我意识、感情和直观。自我意识只包含可能性的根据，感情是现实性，直观是必然性。现在看来，正如认识活动的所有潜能阶次（它们作为绝对的可能性存在于理性中）基于受到自我意识与感情规定的那种直观，那么在客观上被设定或被反思的无限认识活动的整个体系，或知识的整个体系，便基于受到可能性与现实性规定的那种必然性。

VI, 516　　而正如依照前文已证明的观点，自我意识、感情、直观这三者中的每一个自顾自地又是一个特殊层面的**模式**，那么在知识体系中可能性、现实性与必然性这三者中的每一个自顾自地又是一个特殊层面的模式。处在可能性模式下的层面是**概念**的层面，即**纯粹**反思的层面，因为概念包含了客体的单纯可能性。处在现实性模式下的认识活动层面是**判断**的层面；处在必然性模式下的是**推论**的层面。

这三个层面却又只有通过反思才能分开，它们在其自身而言是永不分离的。在理性的实际运用中概念、判断和推论是相互渗透的；但推论到处都是第一位的东西和支配性的东西，概念与判断仅仅隶属于其下。（此外，即便在这里也明显可见现象类的东西：概念是肯定性东西，仅就实在东西没有与它一道被设定而言；判断是被肯定者与它的肯定性东西的无差别状态；推论只是综合，而不是绝对的同一性。）

然而此外还需留意：正是**由于**只有将概念、判断与推论合起来才构成在这三种形式下且在客观上被设定的那种**理性**的体系，或者说因为仅仅在这些不同层面上才会有同一个东西在可能性、现实性与必然性这三种不同形式下显现出来，概念、判断和推论这三者中的每一方自顾自地才又是**理性的整个体系**的表现，每一方自顾自地才又是总体性，比如概念尽管只是可能性，却又受到可能性、现实性和必然性的规定。因而概念的层面下必然囊括三个层面，而且在这些层面的每一个中,可能性、现实性、必然性这三种基本形式又会再现,只不过每一次都只从属于这三种形式中的某一种之下。

因而这就给出了概念的三个主要的种类,在每一个种类之下又给出了三个概念。

第一个层面受到一同被设定于可能性之下的可能性、现实性与必然性规定,第二个受到一同被设定于现实性之下的可能性、现实性与必然性规定,第三个受到一同被设定于必然性之下的可能性、现实性与必然性规定。

VI, 517

我都无需提请**诸位**留意,理性的体系是如何即便在这里也被无穷分割和仿佛被分节表达的,或者理性是如何在万物中以无限的方式表现其特有本质的。理性本身又成了身体,成了客观东西,即被分节表达的东西。——由此便有了知性概念或各范畴的演绎。

因而概念的第一个层面通过一同被设定于可能性之下的可能性、现实性与必然性来规定。

我们事先已经可以看出,由于这些概念处在**一切**概念的模式下,即处在**可能性**的模式下,它们将是一切思维的最纯粹概念,或者换言之,一切反思的最纯粹概念。

前文中已经表明,可能性层面是**主动性反思**的或知性的层面。但正如先前已经得到证明的,反思处在**自我意识**模式下,而自我意识又是观念东西中的第一个维度或实在性维度。——在客观上被设定的认识活动中,自我意识是**主动的**,即它本身被设定为实存着的。由于自我意识主动被设定,作为它的模式的线也是主动被设定的;这种主动被设定的或活泼泼的线是**时间**。因而时间仅仅与自我意识一道被设定,而且完全**不**独立于自我意识,不独立于那样一种关系,该关系产生于那样的时候,即那在其自身而言成为可能性与现实性的绝对同一性的东西,作为这双方而被设定于相对的同一性之中。在绝对认识活动中根本没有什么时间,正因此一切可能的东西也是现实的,而**时间**正是那被嵌入可能性与现实性之间的东西。

现在的关键是概念的那种位于纯粹反思模式下的规定。

从此前的演绎中我们看到,该规定必定就是**各种时间概念**。然而现在看来,我们在纯粹可能性模式下又一同设定了可能性、现实性与必然性;这就给出了三个**原初的**时间概念。一段**时间**的单纯**可能性**包含了纯粹的统一性。我们的算术数列中的1虽然只是**有限性**本身的一般表现,但它并非在其自身便如此,而仅仅是通过2才如此。原因在于,倘若1是**有限的**,它必须通过某种大小而成为可分割的:然而现在看来,它不是通过其自身便如此这般,因而只是通过2、3等才如此这般。因而1并非在其自身而言便是有限的;因为假如我们直截了当地将其设定下来,那么我们设定的是$\frac{1}{0}$,即设定的是它等于**无穷**。原因在于,一个东西若是不通过任何大小而成为可分割的,便等于00。……①。因而我们得说:计数活动的单纯**可能性**包含了概念的纯粹统一性;但在缺乏量上的差别的情况下,概念从不在有限的意义上等于1;但如果不是2被设定下来,量上的差别便不会被设定下来。因而是2首先设定了量上的差别,这就是说,是2首先设定1本身为1,或设定1本身为有限性的表现。

时间中的整个现实性(受到时间的无限可能性规定)给出了**大全性**或总体性;但(不言而喻)这却是在单纯反思意义上而言的。在

---

① 原文如此。——译者注

这个意义上而言,时间在算术序列中的原初表现就是数字3——第一个必然的数(1是可能性,2仅仅是现实性)。

自然会奔涌而来的一些注释:

a) 这些概念实际上是思维的一些最纯粹的规定(通过这些数,对客体并无任何添加)。

b) 如果拿掉通过单纯的反思附加在这些概念上的东西,那么思辨思维的最高概念便是:绝对同一性、绝对双重性与绝对总体性。如果在反思的意义上对待它们,那么它们就成了相对同一性、相对双重性与相对总体性等概念,只不过它们在这里被设定为主动的和主动地实存着的,而不是我们才首先在实存着的事物中发现它们仅仅被表现出来。①

c) 这里我们眼见自己被引回到最初的三个质数上,它们处处且完全向我们呈现为理性有机组织。因而磁体不是别的,只是物体的1,电只是物体的2,化学反应过程只是物体的3。1与自我意识相应,2与感情相应,3则是直观的基本模式,因而也是重力的基本模式。

d) 我们的数列中的1、2、3是同等原初-绝对的(ursprünglich-absolut)。——这些概念是全部潜能阶次的单纯而纯粹的基体,它们本身也不是通过潜能阶次化而产生的。——在**单纯**反思的层面上,即在单纯概念的层面上,只会产生加法和减法。乘法若是被还原为概念,就必须被化为加法,正如除法必须被化为减法。乘法与除法服从归摄模式,正如加法与减法服从单纯反思模式;因此在**单纯**

---

① "仅仅被表现出来"原本是"仅仅被动地被表现出来",为了行文流畅起见有所省略。——译者注

反思的本己层面，即在机械装置的层面，只会产生减法与加法。只有有机组织才设定了严格意义上的乘法与除法，而有机反应过程在生长与萎缩时无非分别就是不断的乘法和除法——大自然的潜能阶次化与除根。

  这里我还要做下述说明。——前文中已经说过，数对对象没有任何**增益**。但这只适用于加法和减法。比如当我清点一定数额的货币，那么一塔勒①并不因它是第20个②而增多或减少：这对它的概念没有任何影响。因而计数是与客体形成对立的**单纯思维**的纯粹规定。反之乘法与除法则是**客观**形式；通过它们，有某种东西进入客体了，比如2的立方就不仅仅是**单个的**8，而是被视作总体性，同时也被视作囊括了它的各要素的那个8。由此再运用到有机组织与无机物的区别上，就很容易了。我们说过，在有机组织中也包含了其他事物的概念；这意味着：它是其他事物的潜能阶次。比如当**诸位**想到一系列物体，那么在这个系列中的每一个物体都有它特定的位置，也就不能**没有其他物体**。但其他物体并不**在这个物体之中**，而是在它之外；因而这个物体就总是且必然是个别的。然而当**诸位**认为同一个物体包含了其他物体的概念，那么它就不再是个别的，而是其他物体的潜能阶次，因为其他物体就存在于这个物体内部。这就有了对于一个数的两个完全不同的看法，也就是分别将它看作潜能阶次和看作通过加法产生的；比如一个数列中的第27项就只是第27项，而就它而言被设定下来的不是别的，恰恰只是这个纯粹的反思规定。反之

---

① 塔勒（Thaler）是当时的货币单位。——译者注
② 指清点时那个塔勒是被数到的第20个。——译者注

如果同一个数被视为3的立方,那么它的概念就不在其自身之外,而在其自身之内:这样它就成了总体性。这样它便堪比天体,堪比有机组织,后者是不能通过某种加法便从无机物质中产生的,它只是无机物质的潜能阶次。

e)我刚刚说过,概念是量上的无差别状态,正如一个个事物是量上的差别,因而也是杂多。使得概念之不变的一体在一系列事物中得到[重复]①的行动,叫作计数活动。计数活动的前提条件是概念。计数活动不是别的,只是通过不断反思而自行推进的自我意识。同一个行动就其仅仅被关联到意识并撇开与事物的全部关联而言,叫作**演算活动**。因此算术就是一门先天(a priori)科学。

第二类概念通过一同被设定于现实性之下②的可能性、现实性与必然性来规定。

全部**现实性**的无限可能性乃是绝对的或无穷的**实在性**,这种实在性对于反思性认识活动而言,实际上只包含了现实东西的无限可能性(对空间的直观=空间)。——现实东西对于反思性认识活动而言,只能通过划界来设定,因为仅就它被设定于**时间**中(亦即在绵延概念下被设想)而言,对于反思性认识活动而言它才被设定下来。因而正如现实性的无限**可能性**在于绝对实在性,现实性在于那成为绝对**非实在性**——单纯界限——的东西。必然性最终在于受界限规定的实在东西,或者说在于我们可以称作**尺度**的东西。——因而属于此类的有无穷实在东西(ἄπειρον)概念、界限(πέρας)概念和第三

---

① 原文如此,应为德文版原编者所加。——译者注
② 指这里的可能性、现实性与必然性是现实性中的可能性、现实性与必然性。——译者注

者（但在**绝对**意义上来看却是第一位的东西）概念。

一般性注释。刚刚得以显明的一点是，在理念中绝对是第一位的东西，在反思性认识中必定显现为第三位的东西或综合，原因在于这东西完全产生于可能的东西与现实的东西的对立，这样意识就只能从可能的东西与现实的东西的**综合**中被构造出来。在绝对认识活动中，根本没有可能性与现实性的对立，只有绝对同一性。——量：质＝可能性：现实性（＝实在性：观念性）。因此双方①相互促进也相互比照。一方在另一方那里凸显出来。时间仅就其被空间（质，比如白天②）衡量时才被意识到在流逝。空间仅仅由于被与时间综合起来，才被设定于意识之中。

第三类概念通过一同被设定于必然性之下的可能性、现实性与必然性来规定。

既然必然性在这里起支配作用，那么这一类概念（每一个都为其自身）必定表现出由可能性规定了的现实性，而且它们在自身之下还必须遵循可能性、现实性、必然性的比例关系。

对于反思而言，必然性的无限**可能性**包含了实体概念与偶性概念。实体与偶性的相互关系本身又像可能性与现实性的相互关系那样。在纯粹意义上被设想的实体，对于单纯反思性认识活动而言包含了存在的单纯可能性，偶性则包含了现实性。因而实体与偶性在其自身而言已经是受现实性规定的可能性了。然而这一综合却只包含必然性的无限可能性，并不包含必然性的**现实性**。单纯的1是实

---

① 指构成前述三个比例关系的双方。——译者注
② 这里"白天"不是12小时的意思，而是形成白昼时太阳与地球位置的相对关系。——译者注

体与偶性，只有通过2才过渡到现实性。必然性的**现实性**通过原因（Ursache）概念和作用（Wirkung）概念表现出来。原因和作用的相互关系又像是相对差别中的可能性与现实性的相互关系。在反思性认识活动看来，原因包含作用的单纯可能性，作用是现实性本身。两者①只有被设想为结合起来的，才产生必然性。在作用的单纯可能性（即原因）与现实性（即作用本身）之间，单纯的想象插入了时间。原因在于，真正说来原因与作用是同一个东西，只不过从不同的方面被看待而已。

只有通过原因概念和作用概念，事物才在反思性认识活动眼里与无限者分离开来，并得以**绵延**，即不像在无限者之中那样以永恒的方式，而是以某种时间性的、有限的方式实存。因而即便分离开的原因概念与作用概念，如同时间一般，也只是被反思性认识活动以及分离开的实体概念与偶性概念设定的，而这样的原因概念与作用概念在其自身而言，即在绝对者中，是完全没有任何实在性的。

因而被视作单纯可能性的必然性就在实体概念和偶性概念中被表现出来；作为现实性的必然性在原因概念与作用概念中被表现出来。但必然性的必然性（Nothwendigkeit der Nothwendigkeit）则由必然性的单纯可能性与现实性的完备综合表现出来。这种综合是普遍交互作用概念，通过这一概念，在单纯反思性认识活动看来反思的最高总体性才被设定了。

注释。正像对于其他所有概念一样，对于这些概念也需要做出这样一个注释。也就是说，在剥除了它们身上仰赖反思的因素之

---

① 指原因与作用。——译者注

后，或者在被设想为永恒而又绝对的东西时，这些概念乃是一切思辨的最高概念。对于反思性认识活动而言，它们只是单纯的**先天**（*a priori*）概念，即那样一些概念，它们尽管除了与客体的观念性关联之外从来没有其他关联，却还是在本性上与**客体**相关联的。正如已经说过的，在思辨（它不知道什么先天[a priori]概念①）中，它们是一些绝对概念。

在绝对性中，实体与偶性不仅仅是综合起来的，还是绝对一体的：本质也是形式，形式也是本质。在无限者中，原因与作用同样是同一个东西，正如客观意义上的可能性与现实性那般；每一个现实性都有其可能性与之结合，每一个可能性都有其现实性与之结合。

从这整个构造中可以看出，所有这些概念若是如其在反思中被思考那般，是根本用不到绝对者头上的，一般而言它们只在反思性认识活动中才有意义，而且既然这样一种认识活动在时间中完成，只是一种有限的认识活动，那么它们也只在有限者层面上才有意义。同样不言自明的是，这些概念就是康德置于"范畴"这个名称下的那些概念。理性完全独特的机理通过这些概念反照出来，康德虽然留意到该机理（比如在数上总是**相等的**②，第三个范畴总是综合，比如前两个范畴不大相干），但从他的立场出发却不可能弄清楚这些。

关于康德的一般立场，还有一些话要说。

普通知性完全拘泥于这些概念，也无法挣脱它们。因而普通知

---

① 先天概念是如康德哲学中那般从人的眼光出发看到的概念，而谢林的思辨采取完全不同的架构，故有此言。——译者注

② 指四组范畴中每一组总是三个。——译者注

性在进行哲学思考时，也完全是依照这些概念进行的；过去属于此类的不是柏拉图、斯宾诺莎、莱布尼茨的哲学，倒很可能是在康德时代居于支配地位的那种哲学；而那种哲学即便如今也还盘桓在大批人士的头脑之中，其实它需要通过一些概念回溯到绝对者之上。这种哲学完全只与有限者的概念打交道，现在又企图借助那通过一些中项（这些中项全都是有限的）进行的回溯来向绝对者攀升，企图通过一些概念（这些概念纯粹是对绝对者的否定）来规定绝对者本身。康德看到了这样一种哲学**不可能做到的事情**，而他的哲学的整个批判的方面只不过证明了真正说来不言自明的东西，即全部这些单纯知性概念或反思概念根本用不到绝对者或自在体上去。因此康德哲学在那时仅仅是批判，而且不是对绝对意义上的哲学的批判，而是对**他那个时代**占支配地位的哲学的批判。但在这场批判中哲学恰恰落空了。

VI, 524

我总是通过柏拉图的一个例子来阐明康德的状况。柏拉图将普通知识的状态设想成那样一些人的状态，他们被锁在一个幽暗的洞穴中，那洞穴只有**一个**出口能照进去光。这些人却不是冲着光，而是转过去冲着对面的墙，在那面墙上他们看见了洞外固定不移或倏忽即逝的真实事物投上去的影子，并将这些影子当作现实事物。康德或多或少也一同被缚于洞中了；然而他洞察到影子不是真实的事物，也留意到了光。但他只是倒退着接近光，这使得他实际上总是还将虚假事物保留在视野中，从未据有光本身，也拿不准自己是否走出了洞穴。

整个概念层面都位于单纯的可能性模式或反思模式之下，尽管在这个层面上又表现出理性的整个由可能性、现实性与必然性规定的有机组织。

VI, 525　　位于**现实性**模式下的主要是归摄或判断的层面。——每个判断都设定一种现实性，正如每个概念都设定一种可能性。概念是**统一体**，判断的模式是相对的差别，正因此判断也叫作"原初－分割"（Ur-theil）。每一个判断都是将现实东西（一种量上的差别）归摄到可能东西（概念，或量上的无差别状态）之下。

然而尽管现实性隶属于该模式，但即便在这里，受到可能性与现实性规定的那种必然性的整个有机组织，都在现实性模式下重演自身。因此判断中的划分（Eintheilung）就与概念中的划分完全是同一个，因此我只说明如下几点。

1）即便判断中的区别，就无限者而言也没有任何意义，这一点已经由**康德**证明了；这也表明他只是以反思性认识活动在行事。

2）无限认识活动是由反思或概念首先和直接设定下来的。概念在客观上又是由判断设定下来的；正如概念和判断在客观上又是由**推论**设定下来的。

推论或三段论的构造完全基于可能性、现实性与必然性这三个概念，而且是那样的最高总体性，凭借该总体性，反思性认识活动才得以表现出受到可能性与现实性规定的必然性。因而如果说概念是1，判断是2，那么与此相比推论则是3。（观念东西的三个维度——完全被分节表达的理性）。

呈现为判断的大前提完全处在反思模式下，或者说仅仅是某种反思的表现。小前提是归摄。结论是由归摄规定的反思——或者说是最高的必然性。大前提就推论而言表现了某种单纯的**可能性**：比如"一切有形事物都是可毁坏的"这句话就说出了某种单纯的可能性，而没有说出任何现实性；既然原子是某种有形事物（在这里是现实性），那么原子就是可毁坏的（必然性）。

推论对于反思的潜能阶次而言乃是绝对者的形式的最高表现。 VI, 526
绝对者是无限者与有限者的绝对同一性，这就使得它在同样的意义上既是前者，也是后者。在推论中，这种绝对同一性在前者的形式下和在后者的形式下通过人们所谓的中项、大项和小项（Terminus medius, major und minor）表现出来，比如在下述推论中（图3），

$$\begin{array}{c} A=B \\ B=C \\ \hline A=C \end{array}$$

图3

B是A和C的绝对同一性，A和C则是B的两个方面。我想起了欧几里得对等边三角形的第一个证明，在那里同一条线同时出现在两个圆中，而且在第一个圆中与某一条线相等，在第二个圆中与另一条线相等，这就使得那两条线本身也相等。

除了由可能性、现实性和必然性这些概念规定的差别之外，该推论并不接受其他任何差别，因为该推论在自身中已经包含了上述三种形式。通过可能性而被设定的现实性这一形式表现在直言推论中，通过现实性而被设定的可能性这一形式表现在假言推论中，通过可能性与现实性而被设定的必然性这一形式表现在选言推论中。选言推论呈现出最高的总体性（仿佛被划分了），因为它包含了对象的规定的全部条件。

然而即便在这里，这些形式也逐个重演了。比如在直言推论、假言推论和选言推论中，真正说来大前提总是直言的，小前提总是假言的，结论总是选言的。原因在于，大前提说出的总是可能性或断然的东西，小前提说出的是现实性，因而说出的是推论中的假设。结论总是选言的；比如在如下推论中（图4），

$$A=B（反思）$$
$$B=C（归摄）$$
$$A=C（理性）$$

图4

结论A=C里A与C（它们就B而言乃是一个东西）分离开来，并且只有通过选言推论才被设定为相等的。

正如推论的三种形式在整体上表现的那样，每个推论的三个命题或三个维度也逐个表现出来：大前提、小前提与结论。第一个命题=可能性，第二个命题=现实性，第三个命题=必然性。然而与三种推论（即直言推论、假言推论、选言推论）相应的，正如与这三个命题相应的，还有许多**逻辑原理**。

正如在理性的普通运用中，真正说来概念只有通过判断才成为客观的，因为（比如说）一群人虽然并不知道实体与偶性、原因与作用这些概念，却在数不清的场合下判断，说实体既不增多也不减少，只有偶性发生变化，说任何作用都有原因；与此相似，各种推论又通过那样一些**理念**才成为客观的，那些理念也出现在理性的普通运用中，并与直言理性推论、假言理性推论、选言理性推论相应。与直言

理性推论相应的是作为某种单纯实体（这个词是在反思意义上理解的）的灵魂理念——灵魂的单纯性；与假言理性推论相应的是受限制东西的全部条件构成的完备序列这一理念，与选言理性推论相应的是作为断然的东西（或无限者）与假设的东西（或有限者）的最高综合的上帝理念。在矛盾重重的状态下，一种哲学编织出来，这种哲学还是凭着单纯反思性认识活动的概念提升到理念王国，比如希望在各种原因和作用构成的序列（这序列仅仅是实在的）中就攀升到无条件者（它是观念–实在的）那里去；这种矛盾重重的状态既是自然的，也是必然的。比如凭着单纯的反思概念固然可以证明世界有一个开端，也可以证明世界绝无开端。康德通过二律背反呈现出反思性认识活动，进而还有独断论与其自身的这类辩证的矛盾，而这些二律背反毫无疑问是他的批判中最具思辨性的部分。在这里，矛盾都不是两个主张**之间**的，而是每一个自顾自来看的主张内部的。 VI, 528
两个主张皆错。原因在于，真正说来世界既不是具有某个开端，也不是没有任何开端，因为**在其自身**来看世界根本就不在时间中。**思辨的真理**恰恰在于，对于从事反思的理性提出的种种相互对立的主张（这些主张源自在反思中必然发生的无限者与有限者的对立），人们既不能接受其中一个，也不能接受另一个。反思中的"或是……或是……"对于思辨而言其实是某种"既非……亦非……"，或某种绝对同一性，比如对于"世界或是有限的，或是无限的"这话就可以说"既非……亦非……"，或者可以说两者皆可（既无限又有限），以致两者只在主观上才相互排斥；自在体的特点恰恰在于不排斥任何东西。但反过来看，思辨中的"既非……亦非……"对于反思而言只能通过某种"或是……或是……"（即通过二律背反）表现出来。

即便三种推论形式，也不过是绝对性的某种反映。倘若各种推论的区别完全纯粹地被思考，那么这种区别表现出的就无非是绝对者被设定于其中的三种最高形式。倘若我只考虑绝对者的**本质**，那么我便将它设定为那样一个东西，它**既非一方亦非**①另一方，但正因此才成为绝对的。**在直言的意义上来看**（对于有限的考察方式而言，单纯的**本质**包含了一种单纯的**可能性**），绝对者是通过单纯的可能性而被设定下来的一种现实性（这便是本体论证明②的真义，如其在常见的种种独断体系中惯于被做出的那样）。倘若绝对者**在假言的意义上**被看待，它就在同样无限的意义上是一方和另一方，即是可能性和现实性、原因和作用、肯定性东西和被肯定者。（对于反思而言，**这个理念推论出因果序列**。）最后，**选言**的考察方式是假言方式与直言方式的综合。这里被设定的既非"既非……亦非……"这种形式，亦非"一方和另一方"这种形式，而是这两种形式同时被设定；这就是说，被设定的只有绝对者，然而绝对者可以在完全同等的程度上被视作观念东西和实在东西。

余下的只有关于可能性、现实性、必然性这几个概念的几点说明。

无限的可能性、现实性和必然性没有任何真实的对立，那么只有不可能性、非现实性、偶然性才能形成对立。——在绝对者中，1）不可能有任何并非正因此也现实存在的东西。可能性与现实性的对立只存在于有限认识活动中，因为这里概念与客体是分离的

---

① 原文如此，此处的"亦非"上未见谢林加重点号。——译者注
② 指中世纪以来关于上帝存在的本体论证明。——译者注

（或者说作为主体的灵魂中的概念当然还是胜过客体中的现实东西的）。那么，比如说，在雷雨交加时人们说"雷雨**可能**袭入这所房子里来"，这种说法不过是由于想象设定了原因先于作用罢了；我这样判定是因为，原因其实只有通过作用，并凭着作用，才能同时成为现实的，或者说才能同时实存。比如说，如果雷雨袭入是在现实的意义上可能的，那么此事也就是现实的，而且在此事可能的**那个**瞬间，雷雨果真也就袭入了；由于雷雨现在并未袭入，所以我们判断说那时此事是不可能的，倘若那时此事是可能的，那么那时它也会直接成为现实。

2）不可能性、非存在、偶然性这些概念就绝对者而言同样是不可思议的——只不过是想象的产物罢了。不可能性概念预设了那样一个概念的可能性，**存在**与该概念是矛盾的；那样一个概念在绝对者内部是不可思议的。非存在概念预设了那样一个概念的可能性，该概念并未在存在中表现出来，——这也是不可能的，因为绝对者的一切概念本身也是实在的概念。偶然性预设了现实性不是通过可能性而被规定，存在不是通过思维而被规定的——这在绝对者内部也是不可思议的。

最后我再说明一点。

逻辑或是表示亚里士多德**之前**的希腊人那里的理性科学。此时逻辑就是思辨哲学本身。它或是表示反思性认识活动的体系，即康德的先验逻辑。此时它就是我在前文中最后阐述过的那个东西。它或是表示亚里士多德那里以及各学园[①]中通常被理解的那个东西；

---

① 指古希腊的柏拉图学园以及仿此建立的各学园。——译者注

此时逻辑只是实在的逻辑的主观方面，甚而会依照演讲的常见方式演变成一门单纯经验性的科学，这门科学正如一切经验科学一样，只是通过抽象产生的。这个意义上的逻辑只是理性的通常用法的一个抽象物，而从来不是先验逻辑的一个抽象物。因此它彻底无所建树，也没有说清任何东西，比如为什么推论由三个命题构成，此外还有这些命题的规则、划分方式，如此等等。

在我们通过反思性认识活动（即被设定到与单个事物的关联之中的那种认识活动）的体系的全部概念，将这个体系推导出来之后，现在我再回到§289上来。

§292. **灵魂对事物以及对其自身的认识必然是一种不充分的认识，永远不会是一种充分的认识。**这个命题不过是§289与§290的推导结论或结果。——充分的认识就是在其自身而言认识一个事物，而不考虑它与其他事物的关系。然而现在看来，对事物及其种种规定的认识都要经过这些事物与身体之关系的中介，而对这些事物的认识又只有经过这类规定的中介才产生。①

然而正如灵魂并不将身体与事物的种种规定分离开，因而既不充分认识身体，也不充分认识事物，灵魂对其自身的认识也经过了身体诸规定的概念的中介。原因在于，灵魂不过是身体的活泼泼的概念或活泼泼的统一性罢了，并不落于身体之外。因此灵魂也只能将其自身认作身体的概念，而由于灵魂不能将身体与事物的种种规定分离开来认识，所以它也只能将其自身认作身体的这些规定的概

---

① 这里谢林指出了认识的三个层次：对事物本身的认识受制于对事物种种规定（如偶性）的认识，而后者又受制于事物与身体的关系。——译者注

念，即只能凭借身体的这些规定来认识其自身。

既然在这个意义上1)灵魂对于它的身体和事物的认识是一种不充分的认识，2)而且灵魂当作关于其自身的概念而具有的那种认识，也是经过关于身体诸规定的那些概念中介了的，那么**这种认识**也必然是一种不充分的认识，而绝非绝对的或充分的认识。——**换言之**：即便灵魂的先天（a priori）认识，即灵魂当作关于其自身的概念而具有的那种认识，也是不充分的，因为它只有与一种不充分认识相对立和相关联才成为可能。

因而这里很明显的是，无论后天（a posteriori）认识还是先天（a priori）认识都不是绝对的认识，都不是真实的认识（即对在其自身而言的事物的认识）。

阐释。绝对的认识就是理性认识：理性认识就是对作为永恒东西的事物的认识。理性认识就是精神再度化解到事物的大全性之中。只不过灵魂当作身体的直接概念而获得（既当作灵魂通过直接与其自身相关联而获得，也当作身体的概念而获得）的认识乃是一种**抽象的**认识，即一种抽离于大全之外的认识。原因在于，a)灵魂只有借助事物的种种规定才认识身体，而那些规定又通过其他种种规定而无限进展，这就是说，灵魂仅仅在时间中认识身体和事物——然而时间中的认识又是抽象的认识；b)与这种时间性认识（它在每一时刻都是一种完全特定的认识，而且**混乱不堪**，因为它展现为经验的无限性）形成对立的是对普遍东西（即先天[a priori]）的认识。尽管如此，α)后一种认识已经由于与客观认识形成对立和必然发生关联，而是不充分的，β)那种认识也是**一种抽象的**认识。原因在于，正如在彼处，即在客观认识中，现实性是在缺乏当下可能性（die gegenwärtige Möglichkeit）的情况下被认识的，那么反之在先天（a priori）概念中则有一种可能性，而现实性不是从这种可能性中得出的，也不与这种可能性相符。但在绝对认识中可能性就是现实性，肯定（概念）就是实存。那么由此便可得出下一个命题。

§293. **无论作为灵魂的无限认识活动，还是作为灵魂的无限概念的无限认识活动，都不是认识的自在体或真实本质。**——原因在于，作为灵魂的无限认识活动并非在其自身被设定，而仅仅在与某个现实事物（根据普遍原理，该事物作为个别的东西，本身绝非自在体）的关联中被设定。然而即便作为灵魂的概念的无限认识，也并非在其自身的，并非认识的真实本质。原因在于，它作为概念，**作为可能性**，本身只是与现实性（与作为客体的灵魂）相对立而被设定的。那么既然现实性并非在其自身的（正如在第一部分已经证明的那样），可能性也并非如此。此证。

附释。因此从双方的某种相对的同一性（那里双方作为实在的东西**持存着**）出发，同样无法产生真实的或绝对的认识。（因而根本没有任何经过**作为自我性**的自我性中介且仅仅**可能**的认识称得上真实的认识。每一种本身并不来自绝对者的认识都是微不足道的，那只是作为**我的认识**的**我的认识**。）

现在为了找到永恒者，我们再次回到时间性东西的根基上。

§294. 仅就灵魂是一个现实实存事物[①]的概念而言，它的实存受绵延规定，而且仅仅就此而言它也才通过时间规定了各种事物的定在，因而将它们规定为绵延。——原因在于，在其自身来看时灵魂

[①] 此处"一个事物"指人，后文"各种事物"指尘世间除人之外的其他事物。——译者注

是无限认识活动本身，只有在被视作某个实存着的事物的直接概念时灵魂才是无限认识活动的单纯样式，因而也是时间性的。然而灵魂仅就其本身受到绵延规定而言也才通过绵延规定事物的实存，这是由下面这一点得出的，即由时间而来的一切规定只可能发生于抽象认识活动中，正如§291中证明的那样。

§295. **该事物在时间的意义上实存，又是仅就它的概念也在时间的意义上实存而言**。原因在于，该事物本身及其概念不过是同一个东西。因此该事物能在时间的意义上实存。

§296. **某个事物的概念仅仅由于下面这一点才作为概念实存，即该概念由另一个事物的概念规定为定在**（而后一个概念又由另一个事物的概念规定，如此以至无穷）。——原因在于，概念与事物本身对于绝对者而言是同一个东西。一个事物**存在**，乃是因为它的概念归属于上帝的概念；然而直接与**后者**一道被设定的还有存在、实在性。但如果事物不是如其概念被包含在上帝的无限概念中那般被考察，而是就其自顾自存在而言被考察，那么（依照前文中的一般性证明）事物本身就只是由**另**一个事物规定为定在，而另一个事物又由第三个事物规定；事物的概念（即并非在其自身而言被考察的灵魂）也曾这样由另一个概念规定为定在，而另一个概念又被第三个概念规定为定在，如此以至无穷。

这个证明也可以换一种方式如下这般进行。

依照§270，倘若在实在东西与观念东西之间绝不可能有因果关联，然而每一个事物在实在的和观念的意义上（即身体与灵魂）又完全同样是必然的，那么由此便可得出，既然个别现实事物——**作为这个事物**——仅就其是由另一个事物规定为定在而言才存在，我就得说，即便事物的灵魂（或者换个同样的说法，事物直接而主动的概念）也不是由与该事物的某种因果关系，而是由另一个概念规定的（该概念的实存本身又是由另一个概念的实存规定的），如此以至无穷。

阐释。人们所谓的灵魂，无非就是身体的直接概念，即身体的肯定性东西。然而现在看来，对于上帝而言，一方也完全和直接是另一方①；概念和事物、灵魂和身体只是同一个东西的两个不同方面；双方不是在相对的意义上，而是在绝对的意义上为一体。因而我是说"某一个事物由另一个事物规定为定在"，还是说"某一个事物的概念由另一个概念规定为定在"，两者的意思完全没什么区别。

然而没有任何实存的东西是不在完全相同的意义上既是概念又是事物的，但概念却不能规定事物，事物也不能规定概念，所以每一个事物都在直接的意义上仅仅通过绝对者才是可能的；原因在于，只有通过绝对者理念，事物的概念和事物本身才永远是一体的。

§297. 在绝对者内部，各种非实存的事物及其概念正如各种实存的事物及其概念那般存在，即在某种永恒和无限的意义上存在。——我们所谓实存着的那些事物，在自顾自的意义上都仅仅是通过它们的这种实存才成为现实的，但对于绝对者而言，它们比起我们所谓并非实存着的那些事物（比如过去的或未来的事物）来，并不更现实。原因在于，它们的那种实存或现实性并非它们在绝对者内部的生命，而毋宁是它们对于其他事物而言的或自顾自意义上的生命。因而反过来看，事物的非实存（Nicht-Existenz）对于真实

---

① "一方""另一方"指灵魂和身体。——译者注

的存在，即对于理念中的存在，也没有任何影响，因为实在性的尺度（它用来衡量无限的大全概念中的每一个事物），在理念中是在永恒的意义上与该事物结合在一起的，而且既不可能产生，也不可能消逝。

换言之，对于绝对者而言存在与非存在毫无区别，那种区别毋宁只是在抽象的认识活动中被制造出来的。即便存在着的东西被包含于绝对者之内的方式，也无异于在抽象的认识看来不存在的东西（即已存在过的或才将要存在的东西）被包含于其中的方式。

§298. **因而在绝对者内部，即便人类身体的概念也并非在某种单纯转眼即逝的意义上，而是在某种永恒的意义上作为理念的必然后果被包含进来的。**——这一点从前一个命题的证明中阐明的意思里，已经可以推导出来了。更确切地说是这样：

身体的一般概念就是灵魂。然而现在看来，灵魂一方面虽然是有限的，就其是身体的直接概念而言，另一方面却是无限的，就其同时也是其自身的概念而言。然而在灵魂的理念或本质（使得灵魂被接纳到永恒性之中的东西）中，那在无限者之中被设定为可能性、在有限者之中被设定为现实性的东西，**在绝对的意义上却是一体的**——这就是说，灵魂永远在理念中。现在看来，倘若灵魂依照理念或本质而言是永恒的，那么**身体**的概念也是永恒的，而且在同样永恒的意义上被包含在绝对者之中。

附释。身体的实存的这个永恒概念或永恒断定既不是产生出来的，也无法被设想为易逝的。——这一点可以直接从永恒性概念中推出。

§299. **身体的这个永恒概念或人类实存的理念也是灵魂中本**

身永恒的那同一个东西。原因在于，灵魂概念的意思就是对身体的肯定，就是身体的概念。因而身体的永恒概念也必然同时是灵魂本身的本质。

无论作为身体的**直接**概念以及意识的本原的**灵魂**，还是与灵魂同时被设定的灵魂概念，都随着身体而沉浮，这就是说，双方都没有任何永恒的东西，反而是时间性的。原因在于，作为身体概念的灵魂的实存只能由**绵延**来规定。然而现在看来，灵魂就其依照§294是身体和一个实存着的事物的概念而言，根本没有绵延；然而身体的实存却是时间性的、易逝的。因而仅当身体绵延时，灵魂才绵延。——然而即便无限认识活动要被设定为**概念**，要被设定为**可能的**，也只能基于该认识活动被设定为**现实的**，被设定为客体；因而即便A2，或意识的本原，也并非在其自身便是永恒的，而是仅仅通过身体而绵延着的。——**唯一**在其自身便永恒的东西是身体的理念，或身体那在绝对者中以永恒方式表现出来的概念，是第三潜能阶次上的被肯定者；然而这被肯定者若是不在映像的意义上，而是在其自身被设想，便是概念或主观东西与客观东西的绝对同一性本身（事物内部真正的、神圣的自我肯定）。现在看来，这个A3并非产生出来的，也不能被设想为易逝的，这一点根本无需证明，因为它就是灵魂的本质，而任何东西依照本质来看既不可能产生，也不可能消逝。

现在看来，正是因为灵魂的这个与灵魂同时被设定的本质是绝对永恒的，所以这种永恒性既不能被设想为某种经验性的预先实存（Präexistenz），也不能被设想为某种事后延续（Fortdauer）。

在时间上先行于某人的东西，本身在时间中是消逝了；人在理念中的生命却不是在时间的意义上先行于感性生命的；前一种生命是他依照理念而言的在先（Prius），这在先本身既不可能是产生的，也不可能绵延，也不可能消逝。这在先与时间根本毫无关系，反而先于一切时间，是纯粹的永恒性本身。

§300. 正如意识或与灵魂同时被设定的灵魂概念是一切先天（*a priori*）认识的本原，因此构成灵魂本质的那个永恒者便是绝对的或永恒的认识的本原。——作为灵魂的概念的无限认识活动乃是一切先天（a priori）认识的本原，这一点在§283中已经得到证明了。现在看来，我们在绝对者内部存在的方式的直接表现，或者我们内部永恒且神圣的本质的直接表现，正因此也是一切永恒且绝对的认识方式的本原，因而尤其是哲学认识方式的本原。（在这里哲学突破到了它自身的构造这里。）

这样我们就刻画了观念世界的第一潜能阶次的自在体。它就是奠基于灵魂本身的本质之中的那种**永恒的、绝对的知识**，甚或正是灵魂本身的这种本质，正是灵魂本身的神性东西。灵魂就其直接与身体相关联而言，真正说来**在其自身**什么也不是，因而认识就其在**灵魂**中处于**这种**关联之中而言，根本不是什么真实的、充分的认识，根本不是在其自身而言的什么认识，正如前文中指出过的那样。灵魂通过身体的中介获得的认识，即后天（a posteriori）认识，是一种不充分且含混的认识。但先天（a priori）认识同样不具有实在性，因为这种认识的基础在于，作为灵魂**概念**的无限认识活动乃是与灵魂一道被设定的。现在既然灵魂并非**在其自身**，而只是通过与身体的关联被设定的，灵魂的概念便也不是**在其自身**被设定的。在其自身且在绝对的意义上存在的唯有灵魂的本质，即永恒东西，它使灵魂得以在上帝之内存在；而与身体相关联的那种灵魂和同时也是其自身

VI, 537

的无限概念的那种灵魂的对立,只是永恒者的表面对立。

现在过渡到第二潜能阶次(这一过渡直接与刚才所说的相关)。

§301. 每一个充分的理念都直接且必然有一种行动与之结合在一起,正如每一个不充分的理念都有一种受动与之结合在一起。

证明。原因在于,每一个充分的理念都是从灵魂的本质或灵魂的永恒东西中得出的,因为只有后者,即灵魂的永恒东西,才能产生充分的理念(依照前一段①)。一切从某事物的本质(纯粹作为该事物自身)中得出的东西,都是像(比如说)从三角形的理念中得出"它内部三角之和=两直角之和"这一点那样得出的,在这里该事物的本质就是充分的、完备的根据;反过来看,一切并非从在其自身来看的**事物本质**中得出,而是完全或部分从外部规定中得出的东西中,该事物的本质或者根本不是根据,或者是不充分且不完备的根据。——现在看来,一个事物就其是任何东西的实在性的完备根据而言,便显现为**行动着的**。(我说的是完备根据;因为倘若任何外来的规定加入进来,这个事物就此而言不是行动着的,而是受动着的。仅就事物的实在性纯粹从其**本质**中,即该事物内部根本无法加以规定的那个东西——一般而言该东西便是一个事物的本质——中得出而言,我们才能在严格意义上说这事物行动过了。)**因而与每一个充分理念直接结合的都是一种行动**,或者说这样的理念毋宁本身就是这个行动,因为它是灵魂的本质的某种直接后果,而该本质是永恒的,且落于一切规定之外。反之,不充分的理念是那样的理念,

---

① 指§300的第二段(德文版第536—537页,见本书边码)。——译者注

它绝非在绝对的意义上从灵魂的本质或自在体中得出，而是从作为身体的概念，因而与身体一样服从于由其他事物带来的种种规定的那个灵魂中得出的。因此与不充分的理念结合的是某种受动，或者毋宁说这种理念直接且作为其自身就是灵魂的某种**受动**——某种被规定的状态，而不是某种行动。

§302. 一个自由的原因只能意味着那样的原因，它凭借其本质的必然性，无需其他任何规定，便依照同一律行动。①

原因在于，每一个作用若不是来自某个事物的本质，必定来自与这事物相异的、处于这事物外部的某东西，比如过去导致这样一个作用的是受另一个原因规定的原因（起作用者），而那另一个原因又受第三个原因规定。因而此事并非自由的，而是被迫的。但进一步说，来自纯粹**作为其自身的**某事物本质的那个作用，也可以来自这本质而不遵循除了绝对同一性之外的其他任何规律，因为每一事物的本质**在其自身**并撇开一切偏向或规定来看，都是绝对实体本身。但正如一开始就在一般意义上得到证明的那样，绝对实体的行动不是那样的，即它规定了其自身或从其自身中走出了，而是凭借其本性的纯粹必然性，依照单纯的同一律进行的。因此一种自由的作用也1）仅仅出自某事物的单纯本质，并且2）依照同一律而出自该本质。这样一来通常的那种"自由的**自我规定**"（freien *Selbstbestimmung*）概念也就被祛除了；因为从一个事物的**本质**（作为本质）出发是不可能依照因果律得出任何东西的，甚至根本不能紧接着这本质自身得出任何东西；这本质没有必要规定其自身，因为它就是绝对同一性。

VI, 539

---

① "同一律"（Gesetz der Identität）原文直译为"同一性规律"。——译者注

但如果这本质规定其自身,并且如自由自我规定概念那里被假定的**那般**来规定,使得**被规定者**并非在其自身便与它类同,而是仅仅通过规定活动才与它类同,那样的话它便不是依照纯粹同一律在行动了。倘若事情如此,那么在**行动**中,被规定者便必须与在其自身而言的进行规定者相和谐,这是因为两者是同一个事物;这就像在上帝内部被肯定者合乎于肯定性东西并与其相类同,不是因为被肯定者受肯定者规定,而是因为两者是同一个东西,即上帝。

那么自由的自我规定便是个矛盾,因为在绝对自由的行动中被规定者与进行规定者并非两个不同的东西,而不过是同一个东西,正如圆的本质与使圆周上所有的点得以与中点等距的那个规定不是两个不同的东西,而不过是同一个东西一样,而且该规定不是通过中介,而是直接依照绝对同一性便从该本质中得出的。因而自由的行动,或者说(真正说来这只是废话)全部**行动**,只有在那时才是真确的,即出自某个事物的东西乃是凭借同一律而出自该事物的本质。那么由此也就可以看出,除了神性东西内部的自由之外其他一切自由都是微不足道的,而且只有上帝才真正堪称自由。原因在于,上帝的行动乃是上帝自身的本质,而反过来说,并非自动从他的本质的单纯理念中得出并与该本质类同的一切,都不可能出自他。

§303. **只有那样一种行动,即从灵魂的本质中,或者换言之,从神性东西(就其是灵魂的本质而言)中绝对必然会得出的东西,才是一种绝对自由的行动**。这个命题是从前两个命题得出的。原因在于,不从灵魂的本质中得出的每一种设定活动、每一种肯定活动都类同于某种不充分的理念,因而类同于某种受动、某种非行动(Nicht-Handeln)。然而依照前一个命题,只有那样的行动才是自由的，它凭借某个事物本性的单纯必然性而出自该事物的本质，因而对于灵魂而言只是那样一种行动，它出自灵魂的本质，即出自上帝，就上帝是灵魂的本质、根据、自在体而言。

§304. 绝对的认识活动和绝对的行动是同一个东西，只不过是从不同方面看到的。

原因在于，依照§300，灵魂的本质是一切绝对认识活动的本原，或者说灵魂的本质本身毋宁就是这种绝对认识活动，除此之外无他。因此只有在绝对认识活动中，灵魂也才是真正自由的。然而一切真正自由的行动又无非是一种绝对的肯定，即那样一种肯定，它同样出自灵魂的本质，正如"我永远认识到A＝A"这一点出自该本质。

在行动与认识活动之间被制造出来的那种区别乃是该潜能阶次上的某种单纯区别，即某种非本质性区别。

这就是说，正如我在绝对知识或绝对沉思中将有限者直接认作某种无限者，并将其当作无限者而加以肯定，反过来看，**行动**毋宁是肯定了无限者是某个有限者，肯定了观念东西是某个实在东西（但后者同样必然出自灵魂的本质），是"有限者、实在东西类同于观念东西"这一认识。

灵魂的本质是一个东西。没有任何机能，比如说，是像错误的心理抽象所虚构的那样静静地止息于灵魂内部，而不充当某种特殊的认识机能和意志机能的①，灵魂毋宁只有**唯一的**本质，只有**唯一的**自在体，在其内部由前述抽象分离开来的一切都是同一个东西；而且

---

① 指灵魂只是同一个东西具有认识、意愿这些机能，在不断从事各种心理活动，而不是止息不动的许多个东西。——译者注

即便从灵魂的这个自在体中涌流出的东西（无论这东西在知识中还是在行动中）也是绝对的、真实的，既自由又必然的。

VI, 541　　因而将科学颠倒过来的抽象——我一如既往地将事物从大全性那里分离开的做法称作抽象——是那样的抽象，它将全部谬误、全部片面而错误的体系带到科学中，它也正是一切真实行动的死亡，是有关行动的本性的大部分谬误的源头。

关于我们在内部从事认识和行动的是两个不同东西的那种观念，首先引向另一种观念，即存在着一种脱离了必然性的自由。行动与认识活动的分离乃是自由背离必然性本身而堕落，仿佛自由可以是某种自顾自的东西似的。倘若诚实（一切美德的基础）是行动与认识活动的统一，那么后两者的分离就是第一个谎言，而我们当今的道德只不过是延续了这个谎言；当今的道德信赖、促进并颂扬那样一种美德，它并非从人类天性的本质中，从流淌出科学的那同一个神性本原的必然性中涌流而出，或者也可以反过来说，当今的道德信赖一种并非本身直接便是行动的认识。（我在这整个阐述中都必须预设，**诸位**首先仅仅守住对我们的主张的那些证明，而没有被那些仿佛可以对抗它们的反对意见带偏。）

§305. 在灵魂本身中根本没有任何自由，只有神性东西才真正是自由的，而灵魂的本质就其为神性的而言也真正是自由的。（然而在这个意义上也就没有任何个体了。）——将自由归于人的灵魂，这主要是受到了下面这种做法的误导，即人们首先将作为某种特有机能的特殊**意志**归于人的灵魂，而这种做法不过是随意遐想的产物。在灵魂本身中，真正说来我们发现的不过是一个个意愿行动；但在这些个意愿行动之外压根就没有什么特殊的意志，仿佛（比如说）在一个个广延事物之外还有某种特殊的广延似的,或者说在有形事物之外还有某种特殊的形体性似的。但在作为灵魂的灵魂中,一个个意愿行动任何时候都必然是受规定的,因而并非自由的,并非绝对的。这一点在哪里都是显而易见的。

VI, 542

这就是说,灵魂(本身)指的是无限肯定的一种样式,这种样式与一个特殊的事物相关,这就使得对于该事物本身有效的东西,对于灵魂也有效。现在看来,正如该事物时时刻刻都被规定了要**成为**其所是,或者被规定了要如其自行运动那般自行**运动**,那么灵魂也必然作为灵魂而存在。因而在灵魂本身中意愿是根本没有自由的。

在通过因果关联而来的一切可规定性之外,只剩还有绝对先于一切时间的东西;那就是永恒者,即灵魂的本质。但灵魂的本质是神性的;因此绝对自由的唯有作为灵魂本质的神性东西;人并非自顾自地便是自由的,他自顾自地并从自身生命来看毋宁陷入必然性与关系之中,其程度与他将**他的**自由当成私有东西与神性自由分离开的程度成**正**比。人并非自顾自地就是自由的;只有源自上帝的行动才是自由的,正如只有一种类似的知识才是真实的。

注释。与人的个体自由概念关系最密切的是**恶**、**罪**、**责**、**罚**等概念。

依照我们的原理对这些概念做一概观,当有助于阐明这些概念。

这里我首先唤起的是**多年**前的一些想法,那些想法仿佛一开始就有了,俟后又常常浮现出来。

1)没有任何东西**在其自身**来看是**有限的**。作为有限的,一个事物只有在与其他事物形成对立或进行比较时才被认识,因为这里有许多由该事物否定了，而在其他事物那里被肯定的东西。然而倘若它纯粹为其自身且在其自身被看待，即倘若它真真切切被看待，它便不是有限的，由此便得出，2) 事物那里使得它们有限的东西中没有任何肯定性东西，反而只是一种褫夺，而这种褫夺本身又只是一种**想象活动**，或者说只是一种在相互关系中考察事物的活动。仅就我们判定事物缺乏的某种东西属于该事物的本性，归于该事物而言，我们才在该事物中设定某种褫夺。但我们只有在将该事物与其他事物或与某个一般概念进行比较时，即当我们并不在其自身看待它时，方可如此这般判定。举个斯宾诺莎的例子，我们说一个盲人被夺走了视力，我们将他失去视力设定为某种褫夺。但仅就我们拿他与其他一些有视力的人或与过去还有视力时的他本人相比较，甚或与人的一般概念（我们，比如说，将视力机能纳入这个概念中了）相比较时，我们才作如是观。然而倘若我们不在这种关系中，而是在其自身且为其自身看待他，那么我们就不能将他眼盲设定为任何褫夺了，因为依照大自然的秩序，如今视力并不属于这个人的本性，正如并不属于一块石头的本性一样。因而即便这种做法，即我们在他身上将眼盲设定为某种剥夺、某种褫夺，也不过是一件想象的事情，而不是理性的事情。在一些连普通知性都被逼得依照事物本质来看待它们的例子上，因而尤其是在几何学的例子上，这一点再清楚不过。比如说，没人会指责正方形不像圆形那么圆，或者将这一点说成是正方形的不完满之处。原因在于，那样的话它就不是正方形了；因而"不是圆的"（nicht-rund-Seyn）属于它的本质，即属于它的完满之处。**然而**（而且这是要点所在）如果我们不是凭着想象，而是凭着理性或充分地考察事情，那么我要说的是，"不是圆的"在多大程度上必然属于正方形的本质，在前述情况下"盲人看不见东西"就在多大程度上必然属于他的本质；原因在于，倘若他正在看东西合乎大自然的秩序，那么他事实上就会看得见了。因而即便是我们凭借单纯的想象而当作对事物的剥夺的东西，在其自身而言或关联到上帝而言，即在理性的意义上来看，都毋宁只是**否定**；这里指那个意义上的否定，即它表现出**不属于一个事物的本质的东西**，而不是指那个意义上的否定，即褫夺表现出某种我们相信属于某个事物的本质，那事物也真正缺乏的东西。这样一来，比如说，"不是圆的"就正方形而言就根本不是什么褫夺，根本不是剥夺了属于正方形本性的某个东西，它毋宁是否定，即本身又是某种肯定性东西，是对正方形的本性、本质（"是圆的"与该本质相冲突）的某种肯定。

被认为是道德上的非完备性、不道德行为、恶之类的东西，有着与此完全相同的情形。

每一种**行动**在其自身且为其自身来看，都必然包含某种肯定性东西，包含某个特定等级的实在性；仅仅依照这个实在性等级来看，在每一种行动中都具有完备性，而且如果我们在绝对的意义上，而非与其他事物相比来看，我们在该行动中就察觉不到任何非完备性。因而（比如说）快乐以及损害他人的意图在人类当中就被视作**恶毒**，被视作某种恶的东西。然而**在其自身**来看，而且当我们仅仅看到这个行动中的肯定性东西，看到这里显而易见的主动性之类，简言之，当我们在绝对意义上（absolute）[①]看待这种行动，而不是关联到主体来看，以致我们同时也将这个主体与一个一般概念，或与

[①] 拉丁文。——译者注

其他人进行比较，我们就会在这里发觉某种完备性，但绝不会发觉某种非完备性。即便他的主动性仅仅表现为对他人的伤害，这种现象在其自身来看也绝非褫夺，因为这种主动性必然属于这个人的本性，正如它的反面**不属于**他的本性。倘若我们将他与**其他人**进行比较，那么我们自然能在那些积极与人为善的人身上看出更高的实在性，因而也看出更高的完善性，而且倘若我们敬重这些人，我们必定会鄙视前面那类人，但这也只是相对而言的；如果在绝对的意义上，即关联到大自然来看，那么即便他①的行动也包含了一种明显的完备性，这也表明我们在大自然中（当我们撇开与主体的那种关系，转而——比如说——欣赏动物的力量与野性，并认为那也是某种完善性）也设定了，大自然对于其他动物或对于人类仍然极具伤害性。

　　一种广博的、将人类回置到大自然中去的哲学必定产生的成果是，它会教导人们对世界与人类进行健朗的考察；它教导人们，不是关联到主体，而是在其自身且关联到大自然的秩序来考察各种行动与事物，在这种秩序中没有任何东西在其自身而言便是非完备的，万物反而都表现出无限的实在性（尽管是在不同的等级上）。

　　过去当人们在一般的或特殊的意义上，通过想象注视并夸大体现在道德关系中的世俗之恶，注视并夸大不道德行为、坏习惯之后，人们由于容忍了恶事，最终也就有必要顾及为上帝进行某种辩护的需求，并卷入那样一种可悲的"二者必居其一"的状态之中，即或者是将上帝弄成恶的发起者和参与者，或者是让他旁观和许可恶的发生，这两种状态都是能想到的上帝最有失尊严的东西：对于前一种

---

① 即前述发挥主动性但却对人造成伤害的人。——译者注

状态，这当然不言而喻；对于后一种状态，原因在于没有任何事情是无需上帝意志便能发生的，一切都出自他的本性的必然性。这两种假定中不管哪一个都是将恶视作某种肯定性东西这一做法的必然后果。虽然莱布尼茨已经说过，从上帝那里只会流射出事物的肯定性东西，只会流射出它们的完备性，而褫夺或非完备性则仅仅在于它们自身；但莱布尼茨并未达到那样的洞见，即哪怕是这种褫夺或非完备性也只是各自（respective）①发生的，而在其自身来看它们根本不可能是不完备的或有缺陷的。原因在于，存在着的一切都是从无限的本性得出的，而且这一切**如此这般地**得出，乃是因为它们仅仅如此这般才得到无限本性的肯定，因而只有这般的样子（而非其他任何样子）才属于它们的本质。

因而即便褫夺也只是各自（respective）就我们的知性而言的褫夺，但不是就上帝而言的褫夺。

这就是说，我们的知性形成了种种一般概念，比如人的某种概念，而且将知性在不同的人，比如在大部分个人身上认作某种肯定性东西的一切都接纳到这种概念中；现在看来，当我们的知性把一个个人与这个一般概念进行比较，并发现（比如说）他们的行动与这知性在这个一般概念中原以为就有的完备性有出入时，这知性就将这些人的状态视为某种褫夺状态了。只不过在大自然中并不存在任何一般概念，而上帝产生各种事物凭借的也不是关于这些人的一个一般概念，而是直接将这些事物作为**特殊的**事物，作为具体的事物产生出来，这些事物仅仅是凭借上帝的肯定，即凭借上帝的意志才存

---

① 拉丁文。——译者注

在的，而且它们的完备性恰恰在于成为它们之所是。

这种考察方式是唯一真正合乎哲学和理性的考察方式，这是每一个理解这种方式的人都必定会承认的，而且若是我们道德学说的日常概念在此事上不阻碍他，也是会承认的。

然而这样一来，难道正当东西与不正当东西的一切区别，因而随之还有正当行动与不正当行动、一切功劳与一切过错的一切区别不是也失效了吗，就像上述道德学说通常和迄今还一再被误解的那样？我们想看看这个问题。我们说过，在存在着的万物中，以及在每一种行动中，在绝对意义上来看，都表现出某种完善性，因而在绝对意义上来看没有任何东西是不完备的，只有在比较之下才会显得如此。现在看来，既然上帝不是在相互比较之下创造出事物，而是在每一个事物都自顾自地作为一个特殊世界的意义上创造出事物（这不是依照某种共同的定义进行的），因此在上帝面前必然没有任何东西是不完备的，而且人们可以说：相对较低的完备性等级，比如石头相对于植物、植物相对于动物、动物相对于人、坏人相对于善人分别表现出的那种不完备性，对于石头、植物、动物、不高尚的人而言恰恰分别是其完备性，也就是说该等级由以在造物中占有的这个地位能够成为造物的不可分割的部分，这才使该等级得以**存在**。然而一个事物的实在性等级或完善性等级越高，它便越接近神性东西（§61），并分有神性东西的福乐；反过来看，这正如一个事物的实在性等级越低，也便越远离神性实在性，越分有非神性事物的非福乐状态。因而如果说行动不正当的人当然也表现出某种程度的完善性，宇宙的完备性并未因他而受干扰，那么他的卓越性是绝不可与行动正当者同日而语的。原因在于，他实际上表现出的**那个等级**的实

VI, 547

在性，是他无意之中表现出来的，正如石头或动物也表现出它们那个等级的实在性；反之正当行动则出自充分的理念。因而行动不正当的人，依照斯宾诺莎的表述，表现得只像艺术家手中的一个工具，这个工具在无意之中就进行服务，并在服务中被用旧和磨损了。行动正当者却是自觉地做正当之事，甚至还通过服务活动变得更完备。

那么关于美德值得嘉奖的其他方面，在绝对的意义上看，即在上帝面前来看，当然是没有任何功绩的，正如对美德也没有什么报答。对于行动不正当者而言，在他身上表现出的较低的实在性等级本身恰恰就是惩罚。在绝对意义上来看，他作为世界的一员也是有必要的，而且就此而言他不该受惩罚，甚至是可以原谅的。但石头也是可以原谅的，因为它不是人①，尽管如此它还是受到诅咒要当石头，也要忍受一块石头会遭受的那些事情。斯宾诺莎说过，谁若是被疯狗咬了之后怒不可遏，这可以原谅，然而他被当作动物来对待也很有道理。同样，谁若是管束不住自己的欲望、激情，这人虽然由于他的弱点而可以原谅（这弱点同样必然**得其所哉**，因为从最低到最高的完善性等级在宇宙中都必须存在），但他却必然迷失，而且这种弱点本身（即他必定如其正在行动那般行动）正是对他的惩罚。他的行动是他的存在本身，而他的存在也是他的行动。

那样一种学说，即宇宙中存在着的一切都通过上帝才成其所是，以及正因此在上帝面前没有任何东西真正是不完备的，根本没有消除正当东西与非正当东西的永恒区别，从另一方面来看，该学

---

① 谢林这里说的是石头造成伤害的情况：因为石头不是人，并无恶意，所以可以原谅。——译者注

说对于某种健朗而宁静的生活的贡献也非常大。原因在于，该学说向我们表明，一切行动都从神性意志中流淌而出，正当行动本身就是最高的福乐，即对神圣本性的分有。该学说进一步向我们表明，行动不正当者在我们看来只是不幸地**存在着**[①]，却并未伤害其他人；他不幸的直接原因在于，他退回到本质的一个较低层级，但他在这个层级上同时依然属于世界现象的总体性，而这个总体性是我们在他身上加以尊崇的东西，甚至是必须依照他遵守这个层级并在自身中**纯正地**表现这个层级的**程度**来加以尊崇的东西。这里有着真实的宽容，也就是认为一切事物都被囊括进该总体性之中了，并依照它们的地位尊崇之；然而宽容并不在于，企图将一切都强行纳入**唯一**规律之下，并将神性造物的多样性（这种多样性主要表现在人类身上）强行归入某个公式之下（这公式被称作道德规律，它可能是最大的幻想，从中产生的不是健朗与宁静，而是反感与无谓的忙碌，正如在我们那些自负的世俗教育家和世俗改良者那里发生的一般，或者最后产生的是对创世主的抱怨，实际上这位创世主无限的丰盈在所有等级的完善性中都显示出来）。——现在进一步往下走。

灵魂能依照意图与想法规定身体的运动，这也属于那样的掌控力，即被归于人的[②]、对其行动的掌控力。在这个问题上，

§306. 灵魂不能规定身体和身体的运动，正如反过来说身体也

---

① "只是存在着"指降到更低物种的层面，与下文的描述类似。后文中说的"并未伤害其他人"指的是并未对他人在宇宙中所处的层面造成损害。整个这一段中谢林都是在斯宾诺莎所谓的"永恒形态下"（sub specie aeterni）看问题。——译者注

② 依照下一个命题来看，谢林认为人们归结给人这种掌控力的做法是成问题的。——译者注

不能规定灵魂及其思想。——这个命题只是§270中被一般性地证明过的那一点的特殊后果,即实在东西与观念东西之间绝不可能有某种因果关联。

身体的一切运动(依照通常的观点,身体似乎受到灵魂的某种决断或某种意愿规定,要进行这些运动),——因此**一切**这类运动都必定发生,仿佛(尽管这一点是不可能的)根本没有灵魂,只有身体似的。若是没有身体和灵魂的存在,没有任何东西能达致作为实体的成全,但身体与灵魂双方并非两样东西,而是依照实体而言是一体的,因而不能相互规定。因而倘若我只反思身体,那么同样可以在身体中被设定的东西就必须仅仅依照广延实体或物质的规律被理解,但不是通过灵魂的某种作用来被理解,那完全是个矛盾的概念。这个原理很重要,因为它仿佛在一个最高机关中展示出实在世界与观念世界的绝对同一性。**即便通过自由而仿佛在观念世界中自行发展出来的一切**,依照可能性来看也已经包含在物质中了;正因此物质不可能是僵死的、纯粹实在的本质(为了这本质,物质被人接受);物质作为实在实体同时也是观念实体,并囊括了观念实体所囊括的东西。这个有广延且思维着的实体,正如斯宾诺莎表述的那样,不是两个不同的实体,有广延的实体也是思维着的实体本身,正如思维着的实体也是有广延的实体。因此能从物质与大自然的深渊中自行发展出来的东西,乃是像能从灵魂中自行发展出来的东西一样不可规定的一个无限者。原因在于,灵魂的一切演化都必然有物质的某种演化与之并行。

物质性实体**自顾自地**能做到的事情,由**那样一些**例子展示出来,在那些例子中我们甚至看不到灵魂参与的任何迹象,那就是梦游活动、动物的技艺本能,光是这些例子就足以说清**斯宾诺莎**的那个命题了:思想的实体与广延的实体就是那唯一的同一的实体①（quod substantia cogitans et substantia extensa est una eademque substantia）。

然而现在看来,正如在我们身体的运动中,并非作为我们的我们,而是另一个东西（即实体）在行动,而且这类运动以作为我们的我们所不理解,但又完全必然的某种方式伴随着灵魂的种种变更,因此我们的灵魂的行动（作为行动,并非**我们的**行动,而是实体的某种行动）也是必要的;原因在于,倘若该行动并非必要的,倘若在灵魂中行动又通过身体运动表现灵魂的这种行动的并非同一个实体,那么这类运动如何能与灵魂相和谐?在宇宙的一切行动中,只有那普遍的、无限的实体（而非我们的身体,因而亦非灵魂）在行动。②每一个如其必须承认的那般承认如下这一点的人,即一切运动,包括身体的那些貌似自由的运动,也不是由于灵魂的某种肇始活动,而是依照物质固有的规律发生的,都必须承认上述必然性,即便是为了主体的行动也要这样做。当行动在物质中——在身体中——成为必然时,它在灵魂中如何会成为自由的?这个矛盾只能那样来化解,即在身体中（在必然的东西中）和在灵魂中（在自由的东西中）行动着的乃是同一个东西,而且这唯一的东西只可能是绝对实体,因为只

---

① 中译文取自斯宾诺莎:《伦理学》,贺麟译,北京:商务印书馆,1983年,第49页。——译者注

② 本句中前一个"行动"（Handeln）为动名词,后一个"行动"（handelt）为动词。全句无论从德文、中译文来看都很别扭,但文义完全说得通,类似于"一切显现（Erscheinen）中只有本质在显现（erscheint）"。下文中同此。——译者注

有绝对实体才是实在东西与观念东西的绝对同一性本身——通过那种方式,即**一切行动中只有绝对实体**在行动(此时绝对实体既非自由的,亦非必然的)。这个主张唯独与宇宙的和谐相一致,因为如果宇宙中的任何一个特殊东西都出于自身且自顾自地行动,那将是怎样一幅场景?

如果一切行动中只有实体在行动,那么一种行动何以成为个体的行动——成为**我的**行动?——一种行动是**我的**行动,这正好意味着:在我内部行动着的东西和在我内部认知的东西是同一个东西。因而行动是通过**知识**成为我的行动的,而且是在与自由行动成正比,即与它出自某种绝对知识、某种充分理念的程度成正比的情况下生成的。原因在于,除了仅仅在我们以绝对的方式认识的那个东西中之外,我们在任何东西中都不是真正自由的;在任何东西中都不比(比如说)在对上帝理念的肯定中(尽管这种肯定从另一个方面来看乃是绝对的必然性)更自由。在这个关联下,行动正当者和行动不正当者的区别诚如前文所述。即便在行动不正当者身上,无限实体也在行动着,而且就此而言他的行动在客观上也不是恶的,而是如其必须依照整体秩序出现那般,但这秩序**在他一无所知的情况下**便在他身上造就了善;因而他的行动绝非行动,而是一种受动,而他顶多不过是工具,因为他顶多不过是主观上相信自己是自由的。善意而自由地行动者虽然也不能自顾自地行动,而是上帝在他之中行动,但善却并非在他一无所知的情况下被造就的,善出自神性东西(就神性东西是**他的**灵魂的本质而言),因此也是依照一些充分的理念而得出的(这些理念是**他本人**关于这本质的理念,因而只有他才是行动中真正自由者)。

VI, 551

§307. 作为个体的个体归于自身的那种自由根本不是自由，而仅仅是绝对存在于自身内部的趋势，该趋势在其自身而言是虚无的，而且对于该趋势而言，与必然性的牵缠像是一场厄运接踵而来。——大部分人无非将自由理解成任意，即某种遂其所愿做事的能力；即便美德，在他们那里也不过是任意，而他们还称颂这种自由为人最高的善。只不过似乎只有经验才能叫他们明白，这种任意根本不是自由。原因在于，那些大都认为要依照自己的喜好行动的人，恰恰大都完全是由欢乐、仇恨、激情等感受驱使着行动的。这正如大概没有任何有道德的人不是凭借某种支配着他的神性必然性才有道德的。

上述命题我们仍需加以阐释和证明，该命题除上文所述之外还由于下面这一点，即每个事物在无限实体中都有双重生命，即一种在实体内部的生命和一种在其自身内部的生命。在理性看来，后面这种在其自身内部的生命与前面那种在实体内部的生命是类同的，因而理性东西当其同时在绝对的意义上存在于绝对者**内部**时，也大都存在于其自身内部。换言之：**在绝对者内部来看，大自然中事物的必然性同时也成了绝对的自由**。但正如从已有的观点来看不言而喻的，这种自由**根本不**与必然性相分离。现在看来，自由虽然通过绝对者内部的生命，即通过必然性，才被赋予在其自身内存在的可能性，但这种"在其自身内存在"的现实性若是与该现实性的**可能性**，即与必然性相分离，便径直是虚无的，正如每一种现实性若是与其可能性相分离，在其自身而言便是虚无的，也根本不是真实的现实性。因而作为任意，作为"在其自身内存在"的自由给人直接带来的厄运，乃是与虚无性的牵缠，是与有限性的牵缠（这种有限性带有那样一种必然性,那种必然性只赋予存在者本身一种偶然的定在,这就是说,这种有限性带有经验的必然性)。

依照我们的观点,有限性的根据仅仅在于作为特殊东西的那些事物"**不存在于上帝中**"(*nicht*-in Gott-Seyn),它们的这种状况由于它们依照其**本质**而言或在其自身而言仅仅存在于上帝中,也可以被表述为从上帝或从大全那里发生的堕落——某种缺陷(defectio)。[①]脱离必然性的那种自由(即脱离大全而局限于自身生命的那种特殊状态)一文不名,也只能看到它自身的那种虚无性的种种形象。将各种事物那里直接由大全理念本身设定为虚无、设定为事物的虚无性的那种东西理解为实在性,这是罪行。我们的感性生命不是别的,只是我们依照特殊性而来的"不存在于上帝中"这一状态的持续不断的表现;然而哲学乃是我们在大全内部的重生,通过这种重生,我们会再次分有对大全和事物永恒原型的直观。

经验性的必然性支配着虚无性的世界;灵魂在与绝对世界(在绝对世界中,自由在于与必然性的绝对同一性)分离时陷入这种虚无性。理性存在者真实的和最高的追求必定是那样的,即放弃作为自身性的自由(这恰恰是因为这种自由不是别的,只是径直与经验性的必然性牵缠在一起),即放弃**绕开**必然性的那种自由。于是便有了如下几个命题:

§308. **一切真正自由的行动,即神性的行动,都自动与必然性相和谐。**——原因在于,真正自由的行动只是那样一种行动,它出自灵

[①] 参见《哲学与宗教》,第38页。——原编者注
  中译文见谢林:《哲学与宗教》,第50页。——译者注

魂的本质，正如充分的理念出自该本质；这就是说，它是那样一种行动，它本身同时也是必然的。

在上帝内部有着必然性与自由的绝对和谐，上帝是绝对自由的，因为万物都出自上帝的本质的理念，而无需对上帝自身内部或外部进行任何规定。上帝不是由一个诫命、一个意图、他置于自身之前的某种善驱动的：他**是**绝对善的，凭借他的本质的本性。因此上帝的行动作为绝对自由的，同时也是绝对必然的。

必然性与自由的前述和谐也在于我们自身——即在于各种充分理念源出于灵魂的永恒东西之中这一情形。在行动中，人们经常没有意识到这个源发之点，这是必然的，因为他们的行动、他们对外部的追求恰恰是基于自由与必然性的特定分离形态之上的（原因在于他们想象自己是自由的），然而在他们内部行动着的却只有一种永恒而绝对的必然性。他们没有察觉到，这个源发之点（依照这个源发之点，他们归根结底①甚至是在追求将其自由设定为与必然性相和谐的）在他们行动时必然在他们眼前消失，这个源发之点并不在他们面**前**，而在他们身**后**，而他们似乎必须停止行动，才能发现它。但大部分人永远停不下来，永远不从事神性沉思，而通过神性沉思人才能在自身中接纳无限者，他的生命也才永远得以奠基。明白那个源发之点的人，也才获得幸福与真实的宁静；天穹作为总体性的神化形象笼罩在他头顶，而且正如海床透过无底的深渊显现给船长，那个源发之点的永恒同一性也穿透生命中所有的风波与变故照射出来。这使我们宁静，总是令我们超升于一切空虚的渴望、恐惧与盼

---

① 即在客观上而言，而非在他们对此有所自觉的情况下。——译者注

望之上，使我们明白，不是**我们**在行动，而是一种神性的必然性在我们内部行动，我们被当作它的目标，而出自绝对自由的一切都不可能与它相抗争；因为它本身就是这种绝对自由。

在我们内部出自充分的理念、出自对上帝的认识的一切，都不可能与那种必然性相抗争，或者被它消灭，而且一个因行动或思想而伟大的人几乎不会不知晓这种必然性，而且在这个意义上似乎成了宿命论者。这就是说，单纯经验性的合规律性（人类行动一进入外部世界便自动具有这种合规律性）与意志的自由都无法令这样一个人满意。

原因在于，谈到单纯经验性的合规律性，那么若是没有**我们的**全部辅助手段，人类的行动一旦进入外部世界，当然也会服从某种自然机械论。没有任何东西看起来比命运更偶然，部分而言甚至更受制于任意专断（命运是使人进入定在或远离生命①的东西）——然而大自然的永恒歌咏并未被打断。因此很明显，通过某种单纯的自然必然性，从战争中便有和平越来越临近了，而且完全确定的是，通过同样的某种必然性，一种虽非永恒却也更为持久的和平也越来越临近了。但这是一种单纯经验性的合规律性，在其中没有任何圣洁的东西，仅就单纯经验性的合规律性只是那种更高的和非时间性的同一性的遥远反照而言。康德除了在其他课题上，还凭着他有关这个课题的哲学，比如在他的《判断力批判》《永久和平论》中，仅仅站在前述经验性的立场上。

比起这种单纯经验性的合规律性，人在行动中更不能满足于所

---

① 指生与死。——译者注

有人的任意与自由，而期待所有人的任意与自由能产生某种和谐一致和某种合理发展则愚不可及，就像期待一场既没有任何诗人创作，又让所有演员各行其是和随意扮演的戏剧能合理发展一样。

对于行动而言，唯一真实的系统乃是无条件的信仰，那并非某种将信将疑的信以为真，而是对于在**所有人**内部行动着的（同时也是自由的）绝对必然性的坚定信赖。只有这里才有人所需要的那种圣洁东西。

§309. 自由与必然性的绝对同一性就其存在着而言，既不是被产生出来的，也不能被产生出来。——本命题的第一部分也可以这样表述：自由与必然性在其自身**就是**和谐的，独立于一切行动之外。——原因在于，除了实体的必然性和出自充分理念的必然性之外并无真实的必然性，除了实体的自由之外也并无其他的自由。或者也可以说：直接凭借上帝的理念，必然性与自由成为一体，因而它们独立于一切行动之外就是一体的。**其次**①，同一性也只有就其存在着而言，才能被产生出来。在每一种行动中，这种同一性都是人们想要的，但如果不是在行动的自在体中自由与必然性已经和谐了（正如从§304中很容易推断出的那样），这种同一性也不能被产生出来，这就是说，如果它不是已经独立于一切行动之外而**存在着**，便不能被产生出来。

§310. 对上帝的充分认识与行动的绝对本原是同一个东西。——这个命题从§304中似乎就已经得出了，那里证明了绝对认识与绝对行动是一体的。然而现在看来，在对上帝的认识之外根本

---

① 与前文中"第一部分"对照而言。——译者注

没有什么绝对认识活动，因而就有了上述命题。因而更确切地说是这样：依照§301，在我们内部根本不可能有什么充分的理念是**得不出某种行动**的。现在看来，所有其他理念在其中结合起来，或者说成为所有其他理念的本原的**那个充分的理念**，就是上帝的理念。因而对上帝的充分认识与行动的绝对本原是同一个东西。

这就是说，对上帝的充分认识只能是那样一种认识，它吸纳了灵魂的整个本质，因为灵魂的本质就是理性，然而依照§7和§8中已经证明的东西，理性就是对上帝理念的绝对肯定，而不是上帝外部的任何东西。因而如果灵魂的整个本质是它在其自身或依照理念而言所是的东西，也是**现实的**，即对上帝理念的绝对肯定，而非上帝之外的任何东西，那么出自灵魂的行动也不可能是别样的，只可能是上帝理念的表达，即只可能是那类行动，在其中可设想的最高等级的实在性表现出来，因而它们是最完备的行动。——形象地说，灵魂的那种状态，即灵魂现实地成为其依照理念所是的东西，乃是对上帝理念的肯定；这种肯定表现为灵魂对上帝的无限的理智之爱，这种爱在绝对的意义上来看不过是上帝对其自身的那种爱。

VI, 556

在现象中认识活动与行动之间的那种分离并不存在于灵魂的本质中，因而本身也在现象中归于消失，在那里灵魂变得与其本质相类同。在我们内部存在着一种独立于认识之外的行动，或者说这样一种行动为人所信赖，这恰恰是最初的**罪**。

灵魂应当与上帝完全成为一体，正因此它也应当与其自身完全成为一体。在它当中认识活动与行动应当是**一体的**。这是那样一种神圣的必然性，当它使得灵魂不可能不依照上帝理念而行动时，它同时也是绝对的自由本身。①灵魂并非通过强迫和诫命才这样行动,而是因为它的整个本性正好就是要成为对上帝的肯定,而非落于上帝之外。

有必要指出这个学说与道德学说中往往被人提出的类似说法的区别。

1)过去美德被设想为对上帝诫命的遵从,上帝本身则被设想为立法者。人们说,我们必定意愿善,因为那是上帝的律法。(仿佛是道德上的摩西主义。)只不过这里在意愿者和上帝理念之间似乎还有某种差别。作为律法的律法毋宁只被颁布给不善之人;对于处在与上帝同一的状态下的灵魂而言,不再有任何诫命(正如我在下文中还会证明的那样),它依照它的本性的单纯必然性而行动。

2)过去上帝毋宁是作为道德的一个必要悬设而从伦理中被推导出来的。我们希望最善意地对待这种表象,然而这种表象依然是错的,无论我们是否因此就不想(比如说)接受它的反面了,即伦理应当从上帝的认识活动中推导出来;而这反面的成立,也不是因为我们根本不想承认我们当今的道德学家们那个意义上的任何伦理,即作为某种**属人**伦理的伦理。——即便这个词也已经是我们近代启蒙狂热的产物了;只存在着美德(virtus),即存在着灵魂的某种神性

---

① 参见关于**吕克尔特**与**魏斯**的文章,见前一卷第94页。——原编者注

"前一卷"指《谢林全集》第5卷,那里是谢林发表于《哲学批判期刊》上的一篇针对二人的书评:《吕克尔特与魏斯,或无需思维与知识的哲学》。Siehe F. W. J. v. Schelling, "Rückert und Weiß oder die Philosophie, zu dem es keines Denkens und Wissens bedarf", in ders., *Sämtliche Werke*, Band V, Stuttgart und Augsburg 1859, S. 78-105.——译者注

吕克尔特(Joseph Rückert, 1771—1813),德国哲学家。魏斯(Christian Weiß, 1774—1853),德国哲学家、教育家。——译者注

特质，但根本不存在作为个人的个人**自行**给出或可以自诩的道德。在**后面这个**意义上（即作为个人能自行给出的某种美德）我能够并十分乐意向所有希望主张这种伦理的人承认，伦理被排除于我的体系之外。——企图将上帝从伦理中推断出来的做法①是骇人听闻的。这不仅仅（比如说）涉及一些人如何发现关于一位上帝的假定很适合充当促进道德的手段。这些人往往以经济的眼光看待一切，上帝在他们看来好似一件家具，每个人都可能发现自己用得着它，以便借它在那令其伤神的道德问题上自壮声威。这种表象与大人物和所谓国务活动家们尤其欢迎的一种看法同样糟糕，依照他们看来，对上帝的信仰有助于各民族安分守己，并支撑早已腐化不堪又摇摇欲坠的国家机器。这里谈的根本与此无关，而是（正如已经说过的）在最善意地谈论前述表象，但即便最善意地来看，那种认为伦理才设定了上帝的看法也是最彻底的颠倒；原因在于，这包含了那样一种看法，即仿佛灵魂除了有源自于上帝本身的卓越性之外，还有另一种卓越性，仿佛人在没有上帝和先于上帝的情况下还能成为任何东西似的。但话说回来，即便从神性东西中流淌出来的东西，也并非只是伦理（伦理在自身中总是包含着服从的关系），它要多于伦理。我想说的是我设定为这个层面上的绝对者，以便代替伦理概念的东西。它是宗教，它是英雄主义，它是信仰，它是对其自身与上帝的忠诚。我理解的**宗教**（我恳请大家不要如下这般误解）并不是人们所谓的对神性东西的预感，并不是人们所谓的凝神默想；对上帝只有某种预感的人，距离上帝还很遥远。上帝必须是一切思维与行动的实体本身，而不仅仅是对象，

VI, 558

---

① 指康德式的做法。——译者注

无论那是凝神默想的对象还是单纯信以为真的对象，抑或某种被错误理解的认识活动的对象；根本不存在对神性东西的那样一种认识活动，在其中神性东西似乎只是客体；上帝或者根本没有被认识，或者在成为认识活动的主体的同时也成为该活动的客体。**宗教**高于预感和感受。这个经常被误用的词的首要含义是真诚（Gewissenhaftigkeit），它是知识与行动的最高统一性的表达，而这种最高统一性便使得行动与知识相矛盾成为不可能。若是对于某人而言，上述矛盾情形并非在某种属人的、灵魂的或心理学的意义上，而是在某种神性意义上是不可能的，人们就在最高贵的意义上称之为虔诚的、真诚的。比如像那样一个人就不是真诚的，他还是一定会遵守责任规定的，然而只是由于对律法的敬重才规定自己去做正当的行为。真诚的人无需如此；对他而言不像正当行为那样去行动乃是不**可能**的。虔诚（Religiosität）依照词源来看已经意味着行动的某种受缚状态①，但根本不意味着在对立双方之间进行某种选择（就像人们在意志自由中假定的那种含义），并不意味着人们所谓的选择的平衡（aequilibrium arbitrii），而意味着极其果断地做正当之事，没有选择。

正如一个人的宗教乃是在超自然的、神性的意义上将他束缚起来的东西，而不是源自于他的东西，也不是**他的**道德，而是源自于超越一切尺度（甚至包括道德尺度）之上的东西，**英雄主义**也是一种并非源自人的有限本性的行动；那是人自由而美好的勇气，即如上帝教导的那般行动，而不是在**行动**时脱离人们在知识中认识到的东

---

① "宗教"（Religion）一词源自拉丁文，其词源含义可能是"往回收束"（re-ligare）。——译者注

西。真正的宗教乃是英雄主义，而不是某种懒散的冥想、某种多愁善感的向往或预感。人们将那样一些人称作上帝的子民，在他们那里对神性东西的认识活动直接转化为行动，总的来说他们不为世事烦忧就完成了行动。

这样一来，**信仰**也具有了类似的含义。并非在那个意义上说的，即它意味着某种信以为真的态度，在那种态度下主体的**功劳**就在于对某事情信以为真，比如相信上帝存在，而且在那种态度下主体的一种特殊的道德便在于，信仰特别擅长对一切真理的实体信以为真；那根本不是在任何一种关联下显得可疑的某种信以为真的态度，不是通过将"信仰"这个词也用到其他普通事物上而加给这个词的那种含义，而是在首要意义上的信仰，即对神性东西的信赖、信心（这种信心消除了一切选择[①]）。而当我们以宗教、信仰代替人赋予其自身的所谓伦理时，我们就有了基督教本身的**创造者**[②]，那位创造者说道：带来福乐的并非**善工**，而是信仰——而这乃是与摩西主义形成对立的福音。而且我也希望，**诸位**不是将一切自吹自擂的道德，而是将对自身和对神性东西的这种信仰、忠诚当作哲学唯一真实的成果，接纳到生命中来。我们正直的古人曾生活于这种信仰之中，并因此而变得勇敢而坚强，而不像自从有了我们这种称颂意志自由的近代道德学说（依照这种学说，个人有道德乃是他的一项特殊**功绩**）以来，自从有了道德上普遍的自满情怀（这种情怀使善工**高于**信仰，使得伦理高于宗教）以来，信念上的种种阴险与无耻又公然抬头了，而

[①] 即在并无前文所谓的"选择的平衡"的情况下的直接信赖。——译者注
[②] 指耶稣基督。——译者注

且很少有哪个时代像在这个道德的时代①一般，处处任由全部正派的概念化于无形。——在接下来的几个命题中，我们再进一步看看宗教与人们称为道德的东西之间的对立。

§311. 根本不存在那种意义上的绝对伦理，即能被视作个体性自由的某种功绩或某种事工的绝对伦理。

这就是说，倘若伦理是人的某种功绩，那么是否正当地行动便必定取决于他的任意选择，而任意也涵括了一切个体性自由。只不过就人有任意选择正当行动或不行动的资格而言，他也无法在绝对的意义上称作道德的；他的行动可能很**正当**，但他本人并非绝对意义上道德的。他只有通过他的意志的某种绝对受缚状态（凭借这种状态，他不可能有不正当的行为），他才是绝对意义上道德的，即有德性的。但这种受缚状态不可能是有限的、心理学上的受缚状态，因此它不可能出自灵魂，不可能出自个体性自由，而是出自超越于灵魂之上的东西，出自凭借神性力量（这种力量来自作为灵魂本质的绝对者）而制服了灵魂本身的东西。

人在与其偏好作**斗争**而选择正当做法时表现出的自由，并无任何东西在背后支撑着，这从如下现象中已经显示出来了，即这样一种行动总不过是某种被逼迫的状态；人正如往常一样，一遇到说服自己做出其他选择的机会，便试图逃离这种状态，由此便有了这类勉强的道德状态下种种常见而又合理的倒退与失败。但通过下述思索，还可以更确切地表明上面这一点。

哲学家、教士与诗人们将某种原初的作恶倾向归结给人，这种倾

---

① "道德的时代"显然是反讽，指的是重视道德而非宗教的时代。——译者注

向在某种意义上的确不可否认。只不过依照日常的表象方式，这里的不寻常之处在于，应当存在着某种先于一切个别的恶行而进行某种道德归算的倾向。但先行于一切**个别**的恶行的东西不是别的，只能是我们的道德学家们所说的那个意义上的**自由**本身，即绝对地和在其自身存在的那种趋势，从自身出发且为其自身而行动的那种臆想中的能力。因而原初之恶恰恰在于，人希望使某种事物为他自身而存在并从他自身中得出，由此不难推知，道德作为正好出自这种"为其自身且出自其自身而行动"的东西，虽然在个别小事上可能与正当和善良相重合，但在本原和根据中才完全与公正和善良相一致（道德本身只是一个处于对立中的概念，因而根本不是什么绝对者）。

§312. 每一个理性存在者都可以达到对上帝的直接认识。

原因在于，每一个理性存在者的概念在上帝内部都是在永恒的意义上被表现的，而且这个在永恒的意义上被包含于上帝内部的人的概念构成了灵魂的本质或灵魂的那样一种东西，它本身既不能被视作产生的也不能被视作易逝的（§299）；而灵魂本身的这个永恒因素乃是一切绝对认识的本原（§300），因而也是对上帝的直接认识和绝对认识的本原（直接的，是因为类同于灵魂的本质）。

注释。因而否认对绝对者的认识就意味着否认灵魂本身的永恒因素，同时也意味着否认美德、宗教。绝对认识的本原乃是灵魂的本原（灵魂通过该本原而存在于上帝内部），是理智直观的本原（理智直观通过该本原而观看在上帝之中的上帝①）。因此对上帝的理

VI, 561

---

① "在上帝之中的上帝"（Gott in Gott）指的是上帝本身，即并非在其他事物中体现出的上帝。——译者注

智直观是每一个有理性的灵魂都做得到的。这种认识本身是一种永恒的认识，因而它既不可能与身体一道产生，也不可能随着它一道消失，而且根本不可能依赖于任何受限定的东西，或与时间夹缠不清。

"每一个理性存在者都可以达到对上帝的认识"这个命题当然不能理解成那样，即通过作为个人、作为特殊东西的理性存在者自身而达到那种认识。这个命题也不与雅可比等人说过的那一点相矛盾：只有通过某种神性的生命，人才能领悟上帝。原因在于，上帝的充分理念作为充分理念，是不可设想的，倘若人没有从该理念中得出某种神性生命，正如我在§310指出的那样。一种神性生命只有那样才是可能的，即我们的本质的那种永恒概念在上帝中显现出来，即上帝本身在我们的生命中，因而也在作为现象的灵魂中显现出来，灵魂的自在体也成了现实现象。对于灵魂的自在体在其内部也成为现实现象的人而言，上帝并不**外在于**那**领悟到**①他的人。其他的每一个人都将上帝当作他的根据；上帝**仅仅**作为命运而向他启示出来，甚或在无穷远处，作为一个**单纯的对象**——无论他在多大程度上将这个对象当真。对于其灵魂本身被神性东西攫取了的人而言，上帝根本不在他之外，也不是无穷远处的一项使命，上帝就在他之中，他也在上帝之中。

真正的无神论者是那样一些人，他们听见人们说上帝不在我们外部，我们也不在上帝外部时，便将无神论召唤出来。对于他们而

---

① 原文中"领悟到"（innewerden）与前文中的"外在于"（außer）形成字面上的"内外"对照，中译文无法表现这一点。——译者注

言，上帝在他们之外，他们也在上帝之外，这是理所当然的，但这不是他们的什么看法，而是他们的罪过。

§313. **一切理性存在者的最高目标都是与上帝的同一。**——原因在于，一切真实行动的最高目标就是自由与必然性的同一，而既然这同一只在上帝之中，那就要通过他的行动将**上帝**表现出来，即与上帝成为同一的。

注释。与上帝的**同一**本身只有对灵魂中的**永恒东西**才是可能的。现在既然这永恒者是绝对的，因而是**在无时间的意义上**永恒的，那么与上帝本身的那种同一就是一种永恒的同一，即无法在任何自然的或经验的意义上被理解。这种同一消除了一切**时间**，并在时间内部设定了绝对永恒性：与上帝的和解，过去的消失，罪的宽恕。在时间内部发生的这样一种向完全无时间的状态的过渡，非常令人费解，这是每个人都感受到了的。在长期的胡乱摸索之后突然觉察到人在其自身中就有永恒性，这就像意识突然开窍和领悟了，而对于这种开窍和领悟，人们只能从永恒者，即从上帝本身出发才能讲清楚。抓住在自身中被认识到的永恒性，这在行动的立场上来看又只会显现为某种**恩典**、某种特殊的幸福的作用。即便只有少数人能达到此种境界，永恒性也算是在**时间**中表现出来了，那么从此前的论述来看很明显的是，每个人**在自顾自的意义上**也能分有最高级的东西，并真正与上帝成为一体，为此他只在某种程度上才需要其他人。因而个人可能领先于类（它的命运在无穷的时间中被铺展开来），并先行为自身取得最高级东西。只有到最终才达到整个人类可能达到的极完备状态的那条真实的道路在于，每个人都为其自身而努力在自身中呈现最高级东西。没有什么比那样一种骚动不息的追求更远离这种信念的

VI, 563

了，即希望直接改善或促进其他人，而太多的人对于博爱的癖好也是如此（这些人总是将人类的福利挂在嘴上，似乎还想代替天意，将人类的进步提速），他们通常不知道如何改善自身，因而乐于将他们自己打发无聊时做出的成果灌输给其他人；撇下如此之多可以反思的课题（他们在这些课题上一无所获），他们瞄准的是人性，而人性自然是弹性最大的课题。

从这个立场来看，未来黄金时代、永久和平等博爱理念索然无味。黄金时代自会到来，倘若每个人都在心中展现了它①，而心中具有它的人在自身**外部**并不需要它。古人将黄金时代迁延到我们之后时，他们的智慧给我们留下了一种明显的暗示，仿佛是为了借此提点我们不要通过某种无穷无尽又躁动不安的**进步**和**向外使劲**，而毋宁要通过回到每个人由以出发的那个点，即回到与绝对者的内在同一性，来寻求黄金时代。虽说在美与伟大从尘世与我们的国家②中消失不见之后，灵魂公正的要求便是在尘世间新的宏大有机组织中重新唤起美与伟大。只不过这不等于某种躁动不安的进步，在那样的进步中**唯一**的知性东西替代了其他知性东西。只有在知性中才有**进步**，在理性中根本没有。用真实的理性国家替代我们的知性国家，这绝非进步，这是**真实的**革命，这种革命的理念与人们所谓的革命完全不同。

人类无限的可完善性这个时代宠儿般的主题，背后掩盖着大量的误解，而且这个理念在其通常的呈现方式下不是别的，只不过是

---

① 按照前文中的阐述，这里所谓的人在内心中展现黄金时代不是指主观上想象一下黄金时代是什么样，而是人在自身内部依从绝对理念、永恒者而存在。——译者注
② 类似于奥古斯丁意义上的世俗之城。——译者注

将连续律运用到历史上罢了,而关于连续律,前文已经指出过,它只是一个单纯机械规律——一个单纯反思的规律。到处都能看出,人类历史以某种**完全**不同的规律为根基,那个规律我们在考察一切构造的普遍类型时已经正面瞥见过了。

如果说从低级到高级、从糟糕到完善的某种连续的进步发生了,那么我就要请人们指出,比如说,从古代世界到近代世界的连续过渡;我希望人们,比如说,向我指出那位诗人或艺术家比古代最伟大且最崇高的诗人和艺术家还技高一筹。近代世界不是通过某种连续的进步,而是通过某种彻底的转向从古代世界中产生出来的。

正如神性东西在每一个中间节点上都留下某种无法依照连续律来理解的绝对者,在历史上神性的种种显现并非依照某种机械序列相继发生,而是即便在这里也**总是同一个东西**在起作用,只不过是在其他形式下重现罢了(一些螺旋线被不同的线条截断了)。只有这样才能理解,最庄严和最伟大的东西如何能成为**过去**,但同时也能理解,这东西如何能**重现**,但这并不反过来意味着人类在原地打转——重现发生在另一个层面上,即发生在另一个潜能阶次上。

在对某种不断进步的完善化过程的假设中,没有任何重复。这个假设赋予历史的整个考察和人类命运某种感伤的情调。通过这种情调,人们将人这个族类遭受的种种有目共睹的恶事携带前行,看起来殊为可悲。许多哲学家由于整个族类遭受的种种苦难而表现出的多愁善感,是相当不合乎哲学的。

§314. **对于与上帝同一的人来说,根本不存在什么命令,正如也不存在什么报酬,他不过是依照他的本性的内在必然性在行动。**——原因在于,1)对于上帝而言不存在任何诫命(诫命通过某种

"应当"来宣告自身，这就是说，它预设了偏离它的可能性，在恶的概念旁边预设了善的概念），因而对于处在与上帝同一这一状态的人而言也不存在什么诫命。2) 上帝应当被视作同一个，他在完全相同的意义上既是绝对自由，也是绝对必然性：因而有绝对自由的地方，也有绝对必然性，因而处在与上帝同一这一状态的那个人也像上帝一样绝对自由又绝对必然地行动，这就是说，他不过是依照他的本性的内在必然性在行动。

注释。关于人应当出于对伦理诫命的单纯敬重而合乎道德地行动的学说①看似完全正确，如果下面这一点也完全正确的话，即人能达到的最高成就就是**伦理**。只不过对于人而言，他所追求的更高目标乃是，正当之事变成他的本性的某种**规律**，而且他不是出于单纯的敬重，而是出于对他本性中的内在必然性的爱以及出于该必然性的力量，才践行义务的。若不能将伦理直接作为福乐来享受，人就只是出于对律法的奴仆式屈服才成为道德的，失去了爱、欢乐与美。

§315. 每一个灵魂都凭着它的个体性中存在于上帝内部而且是对上帝的肯定的那个部分而是永恒的。——原因在于，在灵魂中也有某种东西相当于对上帝的肯定，这东西属于灵魂在上帝内部的永恒概念，而这概念依照§280乃是对上帝理念的肯定，绝非上帝外部的东西。然而现在看来，这概念是永恒的，既不是产生的，也不可能消逝。因此在灵魂中必然有像它对上帝的肯定一样永恒的东西，那东西根本不在上帝外部；然而其他一切并非对上帝的肯定的东西都必然归于毁灭，而且并非永恒的，而是易逝的，受制于关系。这就是说，

---

① 指康德关于道德与敬重感的关系的学说。——译者注

在灵魂中目前便超出当前身体的概念的东西,乃是永恒的,而仅仅与身体相关的东西则如身体一般易逝。这不过是同一个命题。①只有以不朽的方式**存在着**的东西才可能是不朽的;而如果要求这东西与依照其本性而言有朽的东西一道存在,那就太过分了!即便我们当前的生命,也并非**现在**处在上帝内部,因为在上帝内部根本没有时间;我们当前的生命在永恒的意义上处在上帝内部。因而在**上帝内部**,**未来的**生命并不与当前的生命相分离。世界当前的状态与未来的状态,人当前的生命与未来的生命,以及这种未来生命的未来生命,在上帝内部只是**唯一的**绝对生命。

宇宙最大的秘密是,有限者**作为有限者**能够且应当变得与无限者相类同;上帝给出了事物的理念(这理念在上帝内部),深入到有限性之中,这样一来有限性**作为**一些独立的东西(即作为在其自身中具有某种生命的东西),据说通过永恒的和解而得以永远存在于上帝之中。事物自身的存在中的有限性乃是从上帝那里发生的某种堕落,但这种堕落直接成了和解。这种和解在上帝内部**并非时间性的**,它是无时间的。原因在于,由于上帝将各种事物的有限性设定为虚无性(正如我们在§70表明的),并通过他自己的永恒性磨灭了各种事物的虚无东西,那么在永恒的创世中,上帝因此也便只将无限者直接设定为实在的,这就是说,他将尘世设定为一个得到成全的尘世。——因此现象世界不是别的,只是**现象**,是在各种事物那里并**不存在**的东西(即被得到成全的尘世的理念消灭了的东西)的连续不断的显现,或者说现象世界是各种事物**在上帝内部的**那种**永恒**成

---

① 指这里讲的意思与本节命题是一致的。——译者注

全的连续不断的展现，因为即便一切现象都处于其中的时间，也不是别的，只是在其自身并不**永恒**，并不被囊括于尘世的那种得到成全的理念之中，并**不**属于上帝理念的一切东西的被消灭过程的显现。历史本身不是别的，只是有限者的这种**和解**的展现，而这种和解在上帝内部是永恒的，是没有时间的。

从我们的整个观点可以看出，恰恰是那些最不害怕成为有朽者的人，即那些在其灵魂中最为永恒的人，才是最为不朽的。反之那些其灵魂中几乎完全充斥着时间性事物的人必定最害怕死亡。原因在于，他们并不渴望不朽者的不朽，而是渴望有朽者的不朽；他们乞求的是未来的某种定在[①]，所求者不过是延续当前的定在并在整个无限性中谋求他们的经验性目的。由此便有了他们那种特殊的愿望，即回想起一切微末琐细的东西，因为即便一个正派的人在此生中似乎也会做出许多大都应当忘却的事情。古人让圣洁之人到忘川痛饮其水，忘得干干净净，相比之下古人是何等高贵！他们[②]还想挽救人格性东西及其全部关系，仿佛生活于神性东西的直观中并不更庄严似的。然而对于经验性目的而言，不存在任何永恒性；人们看不出为何应当进展到一切永恒性中去。**因此**在这样的人看来，关于消灭[③]的想法很恐怖，尽管他对于个体性根本感受不到任何痛彻的恐怖。原因在于，正如一位英国作家说过的："死亡啊，我并不害怕你，因为有我的地方，看不见你，而有你的地方，又看不见我。"[④]对有限者的依赖

[①] 这里"未来""定在"（Daseyn）都有时间性或时间性事物的内涵。——译者注
[②] 指当代那些沉溺于时间性事物的人。——译者注
[③] 指消灭有朽性、有限性之类。——译者注
[④] 作者不详。——译者注

必然导致对消灭的恐惧,正如灵魂专注于永恒者便产生对永恒性的确信。原因在于,那些完全充斥着时间性事物的人的灵魂当然是与消灭的状态相宜的,并且越来越接近这种状态;但那些在此生中已充斥着持久东西、永恒者和神性东西的人,也会与他们本质中最伟大的那个部分一道成为永恒的。

VI, 568

因而永恒性在这里已经出现了,而对于那在时间中已然以永恒的方式存在的人而言,永恒性就在当下,正如它对于那在时间中仅仅以时间的方式存在的人而言必然**只是**未来的,同时还是一种半信半疑的信仰的对象或恐惧的对象。

§316. 所有人的行动与命运在与绝对者相关联的情况下,都既**非自由的,亦非必然的,而是自由与必然性的绝对同一性的现象。**

a)并非自由的,乃是因为在我身体内行动着的而且在灵魂的种种变化与欲望中产生了相应运动的,并非作为我的那个**我**,而是普遍实体,因此在灵魂中行动着的也不是作为个人的那个个人,而仿佛是那样的实体,它是精神性东西与形体性东西的绝对同一性,亦即这两者的共同本质。因而人类的行动不是自由的。

b)但人类的行动在其自身也同样不是在下述意义上必然的,即必然性意味着在外部受规定。原因恰恰在于,并非灵魂在行动,而是实体在行动,这实体不可能在外部受规定,而且它由于**绝对是**(也凭其自身而是)**必然的**,正因此也绝对是自由的;——我要说的是,出于这个理由,人类的行动也不是在前述意义上必然的。所以所有人的行动与命运是自由与必然性的绝对同一性的现象。

我还要提醒的只有一点,即**真实的**虔诚恰恰体现在既不将人类行动单纯视作自由的也不将其单纯视作必然的,只有这样的虔诚才带来宁静的生活。这样的虔诚教会我们从上帝那里期待幸福与不幸,期待事物以及我们一切活动的持存与非持存。关于什么东西是永恒而不朽的,我们不断从上帝得到启示,这种启示便是时间,在时间内部来看也是历史。应当持存的东西持存着,应当消逝的东西也归于消逝;这两方面都根本不可阻挡,也根本不可移易。归于消逝的或**将要**消逝的东西,在上帝内部已然**是**消逝了;时间只不过是关于在上帝面前显现为虚无的东西的永恒启示。因此古人称其为真理之**母**,即隐藏着的事情的揭示者。那么一切的操劳与喧嚣追求的是什么?应当发生的事情,还是发生着。没人能将这事情增益一丁点,也没人能将它发端的时间提前一丁点。但反过来看,在上帝不希望的情况下,也不能拿走一丁点东西,没人能使自己少一根毫毛。

§317. 灵魂的本质是一体的;在知识和行动中它表现为自由的必然性和必然的自由。自由的必然性在其中同样既作为知识又作为行动**显现**的那种综合,**乃是艺术**。——凭借这种自由的必然性,人得以认识最高级东西,即上帝;凭借同一种必然性,他的行动类似于上帝。但正因为这种自由的必然性在双重的意义上,即既在知识又在行动中表现出来,一种综合也是必要的,在这种综合中该必然性同样既显现为一方,也显现为另一方。这种综合乃是**艺术**。灵魂的本质在认识活动和行动中既是自由的必然性,也是必然的自由,该本质**原原本本地**且作为认识活动与行动的同一性而在艺术中客观存在。正如人人都承认的,一切艺术(不用说,在此不假思索便冒出来的全部有关艺术的附属概念都与艺术无关)既不基于某种自由的行动,也不基于某种任意的行动,毋宁说艺术的一切行动都是一种受缚的行动,但它从另一方面来看也绝非必然的、在外部受规定的行动。艺的行动在某种神性的意义上是受缚的和必然的。因此支配着艺术的本原正是我们即便在认识活动和行动中也承认的那同一种自由的必然性。但那种必然性在艺术中既非主要表现为某种知识，亦非仅仅表现为某种行动。它在艺术中毋宁显现为某种认知着的行动和某种行动着的知识。——依照这种方式显现的，或者说在艺术中变得客观的并不仅仅是一般意义上的前述自由的必然性，而是在客观上也被规定为认识活动与行动的绝对同一性本身——而在过去，这一点恰恰是需要证明的。——因而艺术与艺术中的行动便回过来显明了我们在知识中认识到和宣称过的那种必然性，也显明了我们在行动中认识到和宣称过的那种自由。

VI, 570

§318. **人的永恒概念**（该概念是必然性与自由的同一性本身）**只有通过如下方式才能客观呈现，即它成为某一个实存着的事物的灵魂，而该事物在客观上将无限者与有限者等量齐观**（之所以要将无限者和有限者等量齐观，是因为本质里的东西出现在了形式中）。——原因在于，一般而言概念只有通过成为概念，即成为一个实存着的现实事物的灵魂，才能成为客观的。此证。

附释。人的永恒概念在其中真正（即独立于人）客观呈现的那样一个实存着的事物，我称为**艺术作品**。原因在于，在人的永恒概念客观呈现的地方，灵魂的本质也客观呈现，而这本质是自由的必然性和必然的自由。但这（依照上文中这个命题）仅仅发生在艺术中，因而人的永恒概念在其中客观呈现的那个现实事物必定是一个艺术事物或一个艺术作品。——下述特殊规定根本无需辩护，即这个永恒概念在其中客观呈现的那个事物必须是一个**独立于人的东西**。原因在于，在人中客观呈现的这个永恒概念，应当**作为**在人之中的东西客观呈现，即应当作为人的永恒概念客观呈现，因而必须在一个独立于人的东西中客观呈现，那东西就此而言并非大自然的一个产物，也不仅仅是知识与行动的一个产物，而恰恰只能是艺术的一个产物。

§319. 每一个可能的对象唯有通过艺术才成为艺术的材料，因而无法与形式相分离。——形式与材料在艺术中正如在有机组织中那样是一体的。这一点最清楚不过地在诗与艺术的关系上（在艺术内部）表现出来，在这个问题上我请读者参阅我的美学①，那里也包含了各种不同的艺术形式与诗艺形式的演绎，而对于这种演绎，这里我没法做了。这里我想提醒的只有下面的话，与艺术的材料有关。

如果说在我们这样一个如饥似渴的时代里还有什么材料在被寻求，那么这必定也可以被视作真实的艺术以及真实的诗的匮乏。人们几乎就想将一首古老的诗对智慧的讨论用到目前语境下的诗上了：但人们想如何发现诗，而诗的方所又何在？——严格意义上的艺术需要某种材料，这种材料已经停止成为单纯元素性的和粗野的东西，本身已经是有机的了。这样一种材料只是象征性材料。在缺少一般象征系统时，诗就必然走向两个极端；在一个极端，诗屈服于材料的粗野状态，在另一个极端，当它努力成为观念性的事物时，它便成为各种理念本身，并且直接如此这般存在（却并不通过实存着的事物呈现）。这或多或少就是我们的诗艺的两极。它们的大量作品就像阿拉伯沙漠里的两尊拙劣的雕像，当地居民说它们会在最近的审判中找它们的创作者索回灵魂，而那灵魂正是创作者忘了赋予它们的；另一类诗必定很想找它们的创作者索回身体。原因在于，正如上

---

① 应指《艺术哲学》。——译者注

帝内部的各种概念只有通过如下方式才客观呈现，即它们作为现实事物的灵魂实存着，那么人类的各种概念在艺术中也是这样，因此艺术不过就是上帝在大自然中的第一个象征系统的重演。

我想简要说说，近代世界缺乏一种真正意义上的象征系统，这一点看来事出何因。

一切象征系统必定来自大自然，也回到大自然。大自然中事事物物同时既意味着什么，又存在着。天才创作的东西必须既是现实的，又比所谓的现实事物更现实，即必须是一些**永恒**形式，这些形式就像植物与人类的族类一样必然延续下去。一种真实的象征材料只存在于**神话**中，但神话本身原本却只是通过它的各种形态与大自然的关联才得以可能的。这就是古老神话中诸神的庄严之处，即他们不仅仅是个人，不仅仅是历史上的人，就像近代诗中的那些人物一样——简言之不是短暂的现象，而是永恒的自然存在者，这些存在者当被纳入历史之中并在其中起作用时，同时也就在其本性中具有了它们永恒的根据，它们**作为**个体的同时也是类。

因此，对大自然的某种象征性看法的重生，似乎便是恢复某种真实的神话的第一步。但如果不是一个伦理总体性，即一个民族，首先将自身作为个体再度构造出来，这种神话将如何产生？因为神话不是个人或一个四分五裂的族类的事情，它只能是被**唯一的**构形本能侵袭并赋灵的那种族类的事情。因而一种神话本身的可能性便将我们引向某种更高级的东西，引向人类再度合一的状态，无论那种状态是在整体上还是在细部发生。**迄今**为止只有局部性神话成为可能，它出自时间的片段，正如在但丁、莎士比亚、塞万提斯、歌德那里一样，但还根本没有出现过一般性的、普遍象征性的神话。

VI, 572

但这是否不太符合每一个特殊种类的诗的情况呢？即便抒情诗，真正说来也只有在一种公共的普遍性生活中才能存活并实存。当一切公共生活都瓦解为私人生活的碎片化绵软状态，诗也便或多或少降格到这个漠无差别的层面。史诗尤其需要神话，并且离开了神话便什么都不是。但神话在碎片化状态下恰恰是不可能的，它只可能诞生于那样一个民族的总体性之中，该民族天生便既表现为同一性，同时也表现为个体。在戏剧诗中，悲剧基于**公共的法**，基于美德、宗教、英雄主义之上，简言之基于该民族的圣洁东西之上。一个民族若是不拥有任何圣洁的东西，或者被剥夺了圣迹，可能也就根本不拥有真实的悲剧了。我想起了索福克勒斯的《俄狄浦斯王》，想起埃斯库罗斯的《欧墨尼得斯》中（与属人的东西一道持存的）法的圣洁性是如何表现于雅典民族的看法中的，在那里只有当正义在命运三女神的人格中得到安抚之后，被命运和一位神的意志驱使走向犯罪的俄瑞斯忒斯才免于被惩罚。一个民族的美德若是在这种意义上以宗教的形式活生生地延续下来，正如埃斯库罗斯悲剧中表现的那样，这个民族便自然拥有了悲剧。喜剧只有在具有公共的自由地方才繁荣起来。我想起了阿里斯托芬。在那些（就像在我们国家那样）公共自由退化为私人生活的奴役状态的地方，喜剧也只能朝着这个方向堕落下去。因而对于诗是否可能有某种一般性材料的追问，正如对于科学与宗教是否可能在客观意义上实存的追问一样，本身就会将我们推向某种更高级的东西。只有从一个民族的精神统一体中，从某种真正具有公共性的生活中，才能产生真实的和普遍有效的诗——正如只有在一个民族的精神统一体和政治统一体中，科学与宗教才能得到它们的客观性。

在我结束这部理念①之前，我还想简要阐述诗与科学，尤其是与哲学的关系。

§320. 在艺术中，一切绝对认识的本原客观呈现了，但不仅仅是作为认识活动的本原，而是同时也作为行动的本原客观呈现的。——这个命题从前一个命题来看已经很明显了。因而在知识和行动中消失不见和在零星的火苗中燃烧掉的东西，只有在某种绝对知识和某种绝对行动中才结合起来——即在艺术中才结合起来——，这东西同时是主观的和客观的。

因而这个命题既说出了科学与艺术的同一性，也说出了它们的差别。

§321. 无限者与有限者的绝对同一性在客观的和映像的意义上被直观到便是美。 原因在于，美是艺术作品的本质。然而现在看来，艺术作品的客观因素恰恰就是无限者与有限者的上述同一性，因而这种同一性在客观的和映像的意义上被直观到便是美。（如果无限者在某种感性映像的意义上于有限者中自行表现出来，使得有限者完全与无限者相称，无限者在有限者中被看出来，这就是美。）

VI, 574

§322. 绝对真理和绝对的美是同一个东西。 原因在于，它们是同一个神性（那种同时也是绝对必然性的永恒自由，反之亦然）的反照。

§323. 最高的美在上帝的理念中被直观。——原因在于，在上帝内部万物都在某种永恒的意义上存在，或者说在上帝内部只有万物的永恒概念。然而现在看来，在每一个事物的永恒概念中，事物的有限方面处在与无限者的绝对同一性中，这就是说，这有限方面在绝

---

① 指《全部哲学尤其是自然哲学的体系》一书。——译者注

对的美中表现出来。因此一切的美的原型都处于上帝之中,而绝对的美本身也在上帝的理念中被直观。

因此宇宙在其自身而言是彻底完备的、没有缺陷的和美的;事物身上错乱的、丑的、非完备的因素仅仅归咎于时间性的考察方式,而非由于这些事物的永恒概念。原因在于,万物在上帝内部的永恒概念都处在绝对的美中。然而现实事物如其在时间中显现的那般,仅仅是真实的(即永恒的)事物的余晖。

§324. 所有人最高的福乐便在于对原初的美的理智直观。——原因在于,在对上帝的理智直观中才有最高的福乐。然而现在看来,上帝是永恒的美或原初的美本身,因而所有人最高的福乐便在于对原初的美的理智直观。

凭着艺术的构造得到的这个成果,现在我们向最后一个主题过渡,整个哲学在那里结束,那就是无潜能阶次者。

§325. 科学、宗教和艺术在其中活泼泼地相互渗透着成为一体并在它们的统一体中客观呈现的那个东西,便是国家。

与其说这一点需要证明,毋宁说它更需要阐明。

正如在重力、光与有机组织中显现的乃是同一个大自然和无限实体,也正如这大自然和无限实体在前三者中的每一个内部仍然为其自身而是绝对的,因此在科学、宗教和艺术中活跃着的是同一个神性东西。只有这三种绝对表现形式才呈现出观念世界的三个潜能阶次。但正如在大自然中实体本身(它孕育与囊括了所有那些潜能阶次)还作为实体、作为无潜能阶次者在天体与世界构造中客观呈现,那么神性东西尽管分化为科学、宗教和艺术,但在其中的每一个里都还是通过国家而在绝对意义上活跃着的。此外,正如重力、光与有机组织只是天体的属性,万物也只有在天体内部才存在和成为可能,无论真实的科学还是真实的宗教、真实的艺术全都不会在国家之外具有什么别样的客观性。

应当留意的是,这里——

a) 指的不是出自现实经验的任何国家形象。

b) 设想的不是任何单纯形式上的国家,即为了某个外在目的而被建立起来的国家,比如(像迄今为止被构造起来的那些国家一样)仅仅为了使人们相互确保对方的权利。那不过是单纯的强制国家和紧急状态国家,正如迄今为止的一切国家那样,尤其是自从康德以来,在科学中构造起来的种种国家形式除了包含一个国家的单纯否定性条件之外便一无所有了,而通过这些条件不可能有任何肯定性东西被设定,根本不可能有任何活生生的、自由的、有机的国家被设定(这样的国家乃是唯一如其在理性理念中那般存在的国家)。

c) 如果我们将国家规定为无潜能阶次者,那么不言而喻的是,它根本没有真实的对立面。只有那样的国家才可能有真实的对立面,它本身中根本不含有自由的、美的、普遍的生活,只是一个强制机构,它必须压制生活的某一个要素,以便维持另一个要素——由此已经显明,那另一个要素本身也必定只是片面性。在一个国家的自由的有机生活中,科学、宗教都自动被一同包含在内。教会并不落于这样一个国家外部,而在它内部。倘若教会落于国家外部,那教会在一个国家内部就只剩下**单纯世俗的目的与机构**了[①];这样的国家也就不

---

① 指教会若是外在于国家,便会与国家陷入种种世俗的争执,这样一来两者皆不合乎自己的理念。——译者注

再是国家了。

d）谈到科学、宗教、艺术被囊括于国家中的**方式**，那不仅仅是就三者中的每一个都必定成为国家的一项特殊事务而言，而是就三者都被囊括于国家的本质本身中而言的；它们三者转变为国家后，在国家本身中客观地延续——科学通过立法（立法本身就是最崇高的哲学，正如柏拉图指出的，在立法中科学本身的活泼泼的整体必定显露出来），宗教通过一个民族的公共伦理和英雄主义，艺术通过创造性精神（这种精神飘荡在整个民族之上，并以艺术的方式，而非机械的方式为整个民族赋灵），通过公共生活的活跃的节律性运动，通过这种生活显现出的美。

§326. 国家在客观上所是的东西，在主观上便是哲学——并非哲学科学，而是——作为在一种公共生活中对一切善与美的和谐享用和和谐分有的哲学本身。

正如国家是客观上无潜能阶次的，哲学是主观上无潜能阶次的。理性之于世界构造，正如哲学之于国家。这个意义上的哲学乃是一切哲学**科学**的目标，虽然哲学也只有在科学的界限内并仅仅作为科学才能存活，而非在其自身便能存活，就它缺乏它在其中才能直观自身的公共生活而言。

哲学——不再是科学，而成了生活——是柏拉图称作理想国（πολιτεύειν）①的东西，是具备某种伦理总体性并处于这种伦理总体性之中的生活。

---

① "理想国"为相沿成习的意译，依照字面意思亦译"政制""王制"。——译者注

人名索引

（译者按：条目后面的页码是指德文版《谢林全集》的页码，即本书正文中的边码。）

A

Aeschylos 埃斯库罗斯 VI, 573
Aristophanes 阿里斯托芬 VI, 573
Aristoteles 亚里士多德 VI, 529—530

B

Baader, Franz von 巴德尔 VI, 254
Bruno, Giordano 布鲁诺 VI, 387

C

Cervantes Saavedra, Miguel de 塞万提斯 VI, 572
Cheselden, William 切泽尔登 VI, 436
Chladni, Ernst Florens Friedrich 克拉尼 VI, 362
Coulomb, Charles-Augustin de 库仑 VI, 326

D

Dante Alighieri 但丁 VI, 572

E

Eschenmayer, Carl August von 埃申迈耶尔 VI, 152—153, 212
Euklid von Alexandria 欧几里得 VI, 166, 526
Euler, Leonhard 欧拉 VI, 264, 361—362
Eumenides 欧墨尼得斯 VI, 573

F

Fichte, Johann Gottlieb 费希特 VI, 143—144, 154

G

Goethe, Johann Wolfgang von 歌德 VI, 364, 395, 468, 572

H

Herder, Johann Gottfried 赫尔德 VI, 454

J

Jacobi, Friedrich Heinrich 雅可比 VI, 561

Jupiter 朱庇特 VI, 268

K

Kant, Immanuel 康德 VI, 139, 143, 149—150, 186, 199, 226, 254, 284, 329—330, 388, 480, 500, 515, 523—525, 527, 529, 554, 575

Kepler, Johannes 开普勒 VI, 245, 285, 480, 489

Kielmeyer, Karl Friedrich 基尔迈尔 VI, 454

L

Leibniz, Gottfried Wilhelm 莱布尼茨 VI, 245, 254, 280, 396, 441, 458—459, 499, 501, 523, 545

M

Möller, Nikolaus J. 默勒 VI, 365

N

Newton, Isaac 牛顿 VI, 252, 254—255, 257—258, 264, 361—362

O

Oedipus 俄狄浦斯 VI, 573
Orestes 俄瑞斯忒斯 VI, 573

P

Pindar 品达 VI, 311
Platon / Plato 柏拉图 VI, 185—186, 266, 523—524, 576
Priestley, Joseph 普里斯特利 VI, 394
Pythagoras 毕达哥拉斯 VI, 254

R

Rückert, Joseph 吕克尔特 VI, 556

S

Shakespeare, William 莎士比亚 VI, 455, 572
Sophokles 索福克勒斯 VI, 573
Spinoza, Baruch de 斯宾诺莎 VI, 157, 160, 183, 234—235, 523, 543, 547, 549

Steffens, Henrich 斯蒂芬斯 VI, 297, 389, 469

V

Volta, Alessandro Giuseppe Antonio Anastasio 伏特 VI, 345—346, 420

W

Weiß, Christian 魏斯 VI, 556

Winckelmann, Johann Joachim 温克尔曼 VI, 491

Winterl, Jacob Joseph 温特尔 VI, 348

主要译名对照

A

Abbild 摹本
Abbildlichkeit 摹本性
abbilden 摹写
Abdruck 刻印物
abdrücken 刻印
Absatz 沉积物
Absolute, das 绝对者
Absolutheit 绝对性
Abstraktum / Abstraktion 抽象物
Accidens 偶性
actio in distans 超距作用
Addition 相加，加法
Additionsbestimmung 相加的规定
Aequator 赤道
ästhetische Urtheilskraft, die 审美判断力
Aether 以太
Affektion 感受，偏向
Affinität 亲合性

Affirmative, das 肯定性东西
Affirmativität 肯定性
affirmiren / Affirmation 肯定
Affirmirende, das （进行）肯定者
Affirmirte, das 被肯定者
Affirmirtseyn 被肯定状态
Agens 动因
Ahndung 预感
Akt 行动，活动
aktiv 主动的，能动的，积极的
Aktuosität / Aktivität 能动性
Alcali / Alkali 碱
All 大全
Alles 万物
Allgegenwart 全在
Allgemeine, das 普遍东西
allgemeine Attraktion / Anziehung / Gravitation, die 万有引力
Allgewalt 万能
Allheit 大全性

All-Leib 大全身体
All-Organisation 大全有机体
All-Organismus 大全有机组织
Allseele 大全灵魂
Allthier 大全动物
Amphibion 两栖动物
Animalismus 动物性
Anorgische, das 无机东西
Anorgismus 无机组织
an sich 在其自身
An-sich 自在体
Antinomie 二律背反
Antipathie 反感
Antipolarität 反两极性
Anziehung 吸引，引力
Anziehungskraft 吸引力
Armuth 贫乏
Art 种类，类型
Arterie 动脉
artikuliren 分节表达
Assimilation 同化
Atheist 无神论者
Atheismus 无神论
Athmen 呼吸
Atmosphäre 大气
Attraktion 引力
Attraktivkraft 吸引力
Attribut 属性

auflösen / Auflösung 溶解，分解
ausdehnen 延展
Ausdehnung 广延，膨胀，延展
Ausgedehnte, das 广延性事物
Außereinander 相互外在
Außenwelt 外部世界
Axiom 公理

B

Begrenztheit 局限性
bejahen 肯定
Beseelende, das 赋灵者
Beseeltseyn 被赋灵状态
Besondere, das 特殊东西
Besonderheit 特殊状态，特殊性
besondern / Besonderung 特殊化
Bestimmbarkeit 可规定性
Betasten 触摸
Beugemuskel 屈肌
Bild 形象，图景
Bilden 构形活动
bilden / Bildung 构形
Bildungstrieb 构形冲动
Blüthenstand 繁盛状态
Bosheit 恶毒
Brechung 折射
Breite 宽度

C

Cartesianismus 笛卡尔主义
Causalreihe 因果序列
Causalzusammenhang /
　　Causalverknüpfung 因果关联
Centralkörper 核心天体
centrifugal 离心的
Centrifugenz 离心运动
centripetal 向心的
Centripetenz 向心运动
Centrum 核心
chemisch 化学的
Chemik 化学
Chemismus 化学反应过程
Circulation 循环
Cirkel 循环
Cohärenz 连贯对接
Cohäsion 凝聚性
cohäsiv 凝聚性的
Cohäsionslinie 凝聚线
Cohäsionslosigkeit 非凝聚状态
coincidiren 重合
Concentration 浓缩
concentrisch 同心的
concresciren / Concrescenz 结合
concret 具体的
Concrete, das 具体东西
Concretion 具体化

concurriren 竞争
Conflikt 冲突
Construktion 构造
Contemplation 沉思
Continuation 连续化，连续体，延续
Continuität 连续性
contrahiren / Contraktion 收缩
Contraktionspunkt 收束点
Cubikzahl 立方数
Cubus 立方体
Cylinder 圆柱体

D

Daseyn 定在
Dauer 绵延
Dehnbarkeit 可延展性
Demonstration 演证
depotenziren / Depotenzirung 去潜能
　　阶次化
desoxydiren 脱氧化
Diamant 金刚石
Dichtigkeit 密度
Dichtkunst 诗艺
Differenz 差别，差别物
Differenzlose, das 无差别东西
differenziiren / Differenziirung 差别化
Dimension 维度
Ding an sich 物自体

Distanz 距离
Divination 预见
Division 相除, 除法
Dogmatismus 独断论
Doppelbild 双重形象
Dreieck 三角形
Dritte, das 第三位的东西
Dualismus 二元论
Dunst 雾气
Duplicität 双重性
Durchdringliche, das 可渗透东西
Durchdringlichkeit 可渗透性
Durchgangspunkt 汇通点
Durchsichtigkeit 透明性, 透明状态
dynamisch 动力学的

E

Eigenschaft 特质
eigentlich 本己的
Einbildung 构形
Einbildungskraft 想象力
Eine / Eines, das 一, 一个东西
einfach 单纯的
Einfache, das 单纯东西
Einfachheit 单纯性
Eins 一体
Einheit 统一性, 统一体, 一, 一体性
Einsseyn / Eins-Seyn 一体存在, 一体状态
Einzelne, das 个别东西
Eisen 铁
Elasticität 弹性
Elektricität 电
Elektrisirmaschine 电机
Element 元素
Ellipse 椭圆
emaniren 流射
Empfindung 感情
Endliche, das 有限者
Endlichkeit 有限性, 有限状态
Endlosigkeit 无限性, 无穷性
Endpol 末端
Endpunkt 端点
Entelechie 隐德莱希
entlassen 放任
Entzweiung 分化
Erde 土地, 地球
Erdmetamorphose 土地变形
Erdprincip 土地本原
Erkältung 冷却
erkennen / Erkennen 认识, 认识活动
Erkenntnis 认识
Erklärungsgrund 说明根据
Erregbarkeit 应激性
Erscheinung 现象, 显现
Erscheinungsding 现象事物

Erscheinungswelt 现象世界
Erste, das 第一位的东西
Evolution 演进
Ewige, das 永恒者, 永恒东西
Ewigkeit 永恒性, 永恒
Existiren 实存活动
Expansion 膨胀, 扩张
Expansivität 膨胀性
Exponent 呈现者
exponentiiren 外显
Extension 延展
Extensität 延展性

F
Faktor 要素
Farbe 颜色
Färbung 着色
Fatalist 宿命论者
Fatum 天命
Feld 领域
Feuerseele 火灵
Figur 形状, 形象
Fläche 面
Flötzgebirge 成层岩
Fluidisirung 流体化
Fluidität 流动性
Fluidum 流体
Flüssige, das 流体

Flüssigkeit 流体, 流动性
Folge 后果
Folgerung 推论
Form 形式
Formlose, das 无形式东西
Formel 公式
Fortsetzung 延续
Fremde, das 异物
Fremdartige, das 异类东西
für sich 自顾自, 为其自身
Fürwahrhalten 当真

G
galvanisch 电的, 流电的
Galvanismus 流电
Ganglia 神经中枢
Gattung 类, 物种
Gebiet 领地
Gebild 产物, 构成物
Gedankending 思想物
Gefühl 触觉, 感觉
Gefühlsmensch 触觉之人
Gefühlssinn 触觉
Gefühlthier 触觉动物
Gegenbild 映像
Gegenbildliche, das 映像性因素
Gegenbildlichkeit 映像状态
Gegenstand 课题

Gegenwart 当前
Gehirn 大脑
Gehör / Gehörsinn 听觉
Gehörmensch 听觉之人
Gemeinschaft 共同性
Gemeinschaftliche, das 共同体
Gemüth 性情
Geruch / Geruchssinn 嗅觉
Geruchsnerv 嗅觉神经
Geschlecht 性别, 性
Geschmackssinn 味觉
Geschöpf 造物
Geschwindigkeit 速度
Gesetz 规律, 定律, 律法
Gesetzmäßigkeit 合规律性
Gestalt / Gestaltung 形态
gewissenhaft 真诚的
Gewissenhaftigkeit 真诚
Gewußte, das 被认知者
Glaube 信仰
Gleiche, das 类同者
Gleichgewicht 平衡
Gleichheit 等同性, 等同
gleichsetzen 等量齐观
Glied 环节, 肢体
Gnade 恩典
Gold 金
Gott 上帝, 神

Gottheit 神性
göttlich 神性的, 神圣的, 上帝的
Göttliche, das 神性东西
Göttlichkeit 神圣性
Grad 等级, 程度
Gravitation 万有引力
Grenze 界限
Größe 大小
Grund 根据
Grundsatz 原理

H

Halbmetall 半金属
handeln / Handlung 行动
Härte 硬度
Hauptsatz 基本原理
Haut 皮肤
Helle 光亮
Heroismus 英雄主义
Herz 心脏
Himmelstrich 天带
Homogene, das 同质东西
Hörthier 听觉动物

I

Ich 自我
Ichheit 自我性
ideal 观念性的

Ideale, das 观念东西
ideale All, das 观念大全
ideale Natur, die 观念大自然
ideale Substanz, die 观念实体
Idealität 观念性
Idee / Idea 理念
Ideegesetz 理念规律
ideelle Princip, das 观念本原
Ideenwelt 理念世界
Identification 同一化
das Identische 同一性东西
Identität 同一性,同一
Identitätsgesetz 同一律
Identitätssystem 同一性体系
Imagination 想象力
Immaterialität 非物质性
Impiriker 经验论者
imponderabel 不可称量的
Inbegriff 总括
Indifferenz 无差别状态
Indifferenzpunkt 无差别之点
indifferen 无差别化
Individualität 个体性
Individuum 个体
Ineinsbildung 一体构形
Infusionsthier 纤毛虫
Inhalt 内容,面积
Innenwelt 内部世界

Insekt 昆虫
in-sich-selbst-Seyn 自内存在
Instanz 主管机关
Instinkt 本能
Intellektualwelt 理智世界
intellektuelle Anschauung, die 理智直观
Intensität 强度
intransitiv 不及物的
Intussusception 摄取
irdisch 属地的
Irdische, das 属地性因素
Iris 虹膜
Irritabilität 敏感性

K

Kakerlak 白化病患者
Kausticität 碱度
Kieselerde 硅土
Klang 声音
Klangseele 声音灵魂
Klappe 瓣膜
Knochen 骨骼
Knochensystem 骨骼系统
Kohle 炭
Kohlenstoff 碳
Komödie 喜剧
Kopf 头,头脑
Körper 物体,形体,身体,天体

Körperliche, das 有形事物
Körperlichkeit 形体性
Kraft 力, 力量
Kreis 圆, 范围
Kreislauf 循环
Kreislinie 圆周线
Kubus 立方体
Kunst 艺术
Kunsttrieb 技艺冲动
Kunstwerk 艺术作品

L

Länge 长度
Leere, das 虚空
Leib 身体, 肢体, 形体
leiblich 有身体的
Leibliche, das 有形事物, 身体要素
leidend 受动的
Leiter 导体
Leitungskraft 导流力
Licht 光
Licht-Gehirn 光明大脑
Lichtgewächs 光明植物
Lichtorganismus 光明有机组织
Lichtpunkt 光点
Lichtsinn 光感
Lichts-Thier 光明动物
Lichtstrahl 光线

Lichtstoff 光素
Lichtwelt 光的世界
Lichtwesen 光明
Logik 逻辑
Loos 命运
Luft 气体, 空气
luftförmig 气状的, 气态的
Lunge 肺脏

M

Magen 胃
Magnet 磁体
magnetisiren 磁化
Magnetismus 磁
Magnetnadel 磁针
Mannichfaltigkeit 多样性
maschinistisch 机械论的
Maß 尺度
Masse 团块, 质量
materialistisch 物质主义的
Materialität 物质性
Materie 物质, 题材
Materielle, das 物质性要素
Maximum 最大值
mechanisch 机械的
Mechanismus 机械论, 机理, 机械装置
Mehrheit 杂多性
Menschenorganismus 人的有机组织

Menschenreich 人类王国
Metallität 金属性
Metallkalk 金属石灰
Metamorphose 变形
Mikrokosmus 小宇宙
Mikroskop 显微镜
Minimum 最小值
Mittel 介质
Mittelpunkt 中点
mittheilen / Mittheilung 传播, 传递
Mittler 中保
Modifikation 变种
Modus 模式, 样式
Möglichkeit 可能性
Molluske 软体动物
Moment 环节
Monade 单子
Mosaismus 摩西主义
Multiplication 相乘, 乘法
Muskel 肌肉
Muskelfaser 肌纤维
Muskularsubstanz 肌肉实体
Muskularsystem 肌肉系统
mütterlich 母性的
mystisch 神秘主义的
Mythologie 神话

N
Nachbild 仿像
nachbilden 仿制
Nacheinander 相继
Nacht 暗夜
Natur 大自然, 本性
Natura naturans 创生的自然
Natura naturata 被生的自然
Naturforscher 自然科学家
Naturgeschichte 自然史
Naturgesetz 自然规律
Naturkraft 自然力
Naturnothwendigkeit 自然必然性
Naturphilosophie 自然哲学
Naturseele 自然灵魂
Naturursache 自然原因
Nebeneinander 并列
Negation 否定
Negative, das 否定性东西
Nerv 神经
Nervensystem 神经系统
Nichtabsolute, das 非绝对者
Nicht-Existenz 非实存
nicht-Ganzes Seyn, das 非整体状态
nicht-Ganzheit 非整体性
Nicht-Handeln 非行动
Nicht-Ich 非我
Nicht-Identität / Nichtidentität 非同一

性，非同一

Nichtige, das 虚无性东西

Nichtigkeit 虚无性

Nichtleben 非生命

Nichtleiter 非导体

Nicht-Licht 非光

Nicht-Realität 非实在性

Nichtseyn 非存在

Nicht-Wesen / Nichtwesen 非东西，非本质

Nichts 虚无

Nichtseyn 非存在

niederschlagen 沉淀，凝结

Norm 规范

Nullpunkt 零点

numerisch 计量的

O

Obersatz 大前提

Objekt 客体

Objektive, das 客观东西，客观因素

Objektivität 客观性

Ohnmacht 无力

Oktaeder 八面体

Ordnung 秩序

Organ 器官

Organisation 有机体，有机组织

Organische, das 有机物

organische Natur, die 有机自然

organische Potenz, die 有机体潜能阶次

organische Proceß, der 有机反应过程

organische Sonne, die 有机体太阳

organische Wesen, das 有机东西

Organismus 有机组织

Oxydation 氧化

Oxydationsproceß 氧化反应过程

P

Pantheismus 泛神论

passiv 被动的，消极的

Perception 知觉

Perceptivität 感知性

Perfektibilität 可完善性

Perfektion 完善性

Peripherie 圆周

Phlogiston 燃素

Phosphor 磷

physische Astronomie, die 自然天文学

Platina 铂

Plus 增量

Pol 极，极点

Polarisation 两极化

Polarität 两极性，两极结构

ponderabel 可称量的

Position 断定

Positive, das 肯定性东西，肯定性因素
postuliren 假定
Potenz 潜能阶次，幂
potenziren / Potenzirung 潜能阶次化
potenzlos 无潜能阶次的
Potenzlose, das 无潜能阶次者
Prädicat 谓语
prädiciren 谓述
Prädicirende, das 谓述者
Primzahl 质数
prästabilirte Harmonie 前定和谐
Princip 本原
Privation 褫夺
Privative, das 褫夺性东西
Privatleben 私人生活
Proceß 反应过程，过程
Produkt 产物
Produktive, das 生产性东西
Produktivität 生产力
Propagation 传播
Psyche 心灵
Pyramide 棱锥体

Q

Quadrat 平方，正方形
Quadratzahl 平方数
qualitas occulta 隐秘的质
Qualität 质

Qualitätslose, das 无质的东西
qualitativ 质的
quantitativ 量的
Quantum 定量
Quecksilber 汞

R

Reagens 试剂
Reale / Reelle, das 实在东西
reale All, das 实在大全
reale Natur, die 实在大自然
reale Substanz, die 实在实体
Realität 实在性
rechnen / Rechnen 演算，演算活动
Rede 言语
reelle Princip, das 实在本原
reflektirende Urtheilskraft, die 反思判断力
Reflex 反映，反射
Reflexion 反思，反射，反映
Reflexionsbegriff 反思性概念
Refraktion 折射
Region 区域
reiben / Reibung 摩擦
Reichthum 富足
Relation 关联
Relativität 关联性
religiös 虔诚的

Religiosität 虔诚
Reproduktion 再生
Reproduktionsthiere 再生动物
Repulsivkraft 排斥力
Resorption 吸收
Respiration 呼吸
Respirationsorgan 呼吸器官

S

Sauerstoff 氧
Säugethier 哺乳动物
Säure 酸
Schall 声响
Schalthier 软体动物
Schein / Scheinbild 假象
Schema 模式
Schematismus 模式论
Schicksal 命运
Schlafzustand 沉睡状态
Schluß 推论
Schlußsatz 结论
Schöne, das 美
Schönheit 美
Schöpfer 造物主
Schwamm 多孔动物门
Schwefel 硫
Schwere, das 重物
Schwere / Schwerkraft, die 重力

Schwere-Gehirn 重力大脑
Schwere-Thier 重力动物
Schwerpunkt 重心
Secretion 分泌
Seele 灵魂
Selbstbewußtseyn 自我意识
Selbsterkenntniß 自我认识
Selbstheit 自身性
selbstisch 自身性的
Seligkeit 福乐
Sensibilität 敏觉性
Seyn 存在
Silber 银
Sinn 感官, 意义
Sinnbild 形象
Sinnenwelt 感性世界
sittlich 伦理的
Sittlichkeit 伦理
Sonnensystem 太阳系
Sonorität 响亮度
specifische Wärme, die 特殊的热
Speculation 思辨
Sphäre 层面, 球体
Starrheit 僵硬性, 僵直性
Staubfaden 花丝
Stern 星体
Stetigkeit 连续性
Stetigkeitsgesetz 连续律

Stickgas 氮气
Stickstoff 氮
Stille 宁静
Stoff 材料，质素
Stoß 撞击
Strahl 光线
Strahlbüschel 光束
Streckmuskel 伸肌
Streckung 延长
Stufe 层级
Stufenfolge 层级序列
Subjekt 主体，主语
Subjekt-Objektivirung 主观—客观化
Subjektive, das 主观东西，主观因素
Subjektivität 主观性
Subjektivitätphilosophie 主观性哲学
Substanz 实体
Substrat 基体
subsumirende Urtheilskraft, die 归摄判断力
Subsumtion 归摄
Subtraktion 相减，减法
Succession 连续系列
Sünde 罪
Syllogismus 三段论
Symbolik 象征系统
Sympathie 同感，好感
Synthese 综合

Synthesis 合题
System 体系，系统

T

Teleskop 望远镜
Temperatur 温度
Tendenz 趋势，倾向
thätig 能动的
Thätigkeit 行动，活动，能动性
theilbar 可分割的
Theilbarkeit 可分割性
theilen / Theilung 分割
Thesis 正题
Thierreich 动物王国
Tiefe 深度，秘奥
Ton 音调
Totalität 总体性，总体
Total-Organismus 总有机体
träg 惰性的
Trägheit 惰性
Tragödie 悲剧
transitiv 及物的
Traumzustand 睡梦状态
Trieb 冲动
Triplicität 三元结构，三重性
tropfbar 液态的
Typus 原型

U

Uebergewicht 超重，过量
Ueberwiegen 优胜
Umkreis 圆周
Unbegrenztheit 无局限性
Undurchdringliche, das 不可渗透者
Undurchdringlichkeit 不可渗透性
Unendliche, das 无限者
Unendlichkeit 无限性
Universum 宇宙
Unmöglichkeit 不可能性
Unorganische, das 无机物
Untersatz 小前提
Unterscheidbarkeit 可区别性
Unterschied 区别
untheilbar 不可分割的
Untheilbarkeit 不可分割性
Unveränderliche, das 不变者
Unvernunft 非理性
Unvollkommenheit 非完备性
Unwesentliche, das 非本质性东西
Unwirklichkeit 非现实性
Urbild 原型
Urgestalt 原始形态
Urkeime 原胚
Urkraft 原力
Urmetalle 元金属
Urprincip 原初本原

Urquell 源头
Ursache 原因
Ursprung 本源
ursprünglich 原初的
ursprünglich Böse, das 原初之恶
Urstoff 原始材料，元素
Ursubstanz 原始实体
Urwesen 原初本质

V

Variation / Varietät 变体，变体形式
väterlich 父性的
Vene 动脉
Verborgenheit 遮蔽
verbreiten / Verbreitung 扩展
verbrennbar / verbrennlich 可燃的
Verbrennlichkeit 可燃性
verflüchtigen / Verflüchtigung 挥发
Vergangenheit 过去
Verhältniß 关系，比例，比例关系
Verklärung 神圣化
Verknöcherung 硬化
Vermögen 机能
Vernunft 理性
Vernunfterkenntniß 理性认识
Vernunftwesen 理性存在者
Vernunftwissenschaft 理性科学
Vernunftzusammenhang 理性关联

Verschiedenheit 差别
Verstand 知性
Versuch 实验
vertheilen / Vertheilung 分布
Verwandtschaft 亲缘关系, 亲缘性
Viele, das 多
Vieles 众多
Vielheit 多样性, 杂多
vis inertiae 惰性力
vollenden / Vollendung 成全
Vollkommenheit 完备性
Volumen 体积, 容积
Voraussetzung 预设
Vorbegriff 前概念
Vorgefühl 预感
Vorsehung 天意

W

Wachstum 植物, 植物生长
Wachzustand 清醒状态
Wahrheit 真理, 真
Wärmesinn / Wärmegefühl 热感
Wasser 水
Wasserstoff 氢
Wechsel 交替
Wechselerscheinung 交互现象
wechselseitig 交互性的
Wechselwirkung 交互作用

Weichheit 柔软性
Welt 世界
Weltall 世界大全
Weltanschauung 世界直观
Weltbau 世界构造
Weltgegend 世界地带
Weltgesetz 世界规律
Weltkörper 天体
Weltphänomen 现象
Weltsystem 世界体系
Welttypus 世界原型
Wesen 本质, 东西
Wesenheit 本质, 本质性
Wesentliche, das 本质性东西
Widerschein 反照, 映照
Widerstand 阻抗
Winkel 角
Wirklichkeit 现实, 现实性
Wirkung 作用
wissen 认知
Wissen 知识
Wort 言
Wurm 蠕虫
Wurzel 根源

Z

Zahl 数
zählen / Zählen 计数, 计数活动

Zahlenreihe 数列
Zeit 时间
Zeitliche, das 时间性东西
Zerlegbarkeit 可分解性
zerlegen 分解，裂解
Zeugung 生育
Ziehkraft 牵引力
Zoophyte 植形动物

Zukunft 未来
Zusamenfluß 汇流
Zusammengesetztheit / Zusammengesetztseyn 聚合状态
Zusammenhang 整体关联
zusammensetzen / Zusammensetzung 聚合